国家出版基金项目
NATIONAL PUBLICATION FOUNDATION

"十三五"国家重点出版物出版规划项目
体系工程与装备论证系列丛书

装备保障物流系统规划与仿真

王铁宁　曹钰　刘旭阳　等　著

電子工業出版社·
Publishing House of Electronics Industry
北京·BEIJING

内 容 简 介

本书介绍了装备保障物流系统的概念和装备保障物流系统规划的内容。运用运筹学和现代物流技术，规划了基于筹供中心的装备保障物流系统，对装备保障物流中心选址问题进行了建模和仿真计算，对装备器材需求进行了预测和仿真计算。针对装备器材联合库存控制问题，建立了多目标优化模型并进行仿真。针对装备器材调剂供应问题，建立了调剂模型并进行仿真。针对装备战备器材基数组配和装箱问题，建立了优化模型并进行仿真。针对装备器材应急调度问题，基于多式联运模式，建立了优化模型并进行仿真。针对装备保障物流过程，建立了 Petri 网模型；基于HLA 架构，建立了装备保障物流系统仿真模型，设计了仿真系统，通过仿真系统运行，分析了基于筹供中心的装备保障物流系统的可行性。

本书可供从事物流系统研究的硕士、博士研究生学习参考，也可供从事物流系统规划、物流系统仿真技术研究的相关人员借鉴。

图书在版编目（CIP）数据

装备保障物流系统规划与仿真 / 王铁宁等著. —北京：电子工业出版社，2021.12
（体系工程与装备论证系列丛书）
ISBN 978-7-121-42536-3

Ⅰ. ①装⋯　Ⅱ. ①王⋯　Ⅲ. ①军事装备－装备保障－物流－系统规划 ②军事装备－装备保障－物流－系统仿真　Ⅳ. ①E145.6

中国版本图书馆 CIP 数据核字（2021）第 271216 号

责任编辑：宁浩洛
印　　刷：涿州市京南印刷厂
装　　订：涿州市京南印刷厂
出版发行：电子工业出版社
　　　　　北京市海淀区万寿路 173 信箱　邮编 100036
开　　本：720×1 000　1/16　印张：26.25　字数：457 千字
版　　次：2021 年 12 月第 1 版
印　　次：2021 年 12 月第 1 次印刷
定　　价：99.00 元

凡所购买电子工业出版社图书有缺损问题，请向购买书店调换。若书店售缺，请与本社发行部联系，联系及邮购电话：(010) 88254888，88258888。
质量投诉请发邮件至 zlts@phei.com.cn，盗版侵权举报请发邮件至 dbqq@phei.com.cn。
本书咨询联系方式：(010) 88254465，ninghl@phei.com.cn。

体系工程与装备论证系列丛书
总　序

1990 年，我国著名科学家和系统工程创始人钱学森先生发表了《一个科学新领域——开放的复杂巨系统及其方法论》一文。他认为，复杂系统组分数量众多，使得系统的整体行为相对于简单系统来说可能涌现出显著不同的性质。如果系统的组分种类繁多，具有层次结构，并且它们之间的关联方式又很复杂，就成了复杂巨系统；再如果复杂巨系统与环境进行物质、能量、信息的交换，接收环境的输入、干扰并向环境提供输出，并且还具有主动适应和演化的能力，就要作为开放复杂巨系统对待了。在研究解决开放复杂巨系统问题时，钱学森先生提出了从定性到定量的综合集成方法，这是系统工程思想的重大发展，也可以看作对体系问题的先期探讨。

从系统研究到体系研究涉及很多问题，其中有 3 个问题应该首先予以回答：一是系统和体系的区别；二是平台化发展和体系化发展的区别；三是系统工程和体系工程的区别。下面先引用国内两位学者的研究成果讨论对前面两个问题的看法，然后再谈谈自己对后面一个问题的看法。

关于系统和体系的区别。有学者认为，体系是由系统组成的，系统是由组元组成的。不是任何系统都是体系，但是只要由两个组元构成且相互之间具有联系就是系统。系统的内涵包括组元、结构、运行、功能、环境，体系的内涵包括目标、能力、标准、服务、数据、信息等。系统最核心的要素是结构，体系最核心的要素是能力。系统的分析从功能开始，体系的分析从目标开始。系统分析的表现形式是多要素分析，体系分析的表现形式是不同角度的视图。对系统发展影响最大的是环境，对体系形成影响最大的是目标要求。系统强调组元的紧密联系，体系强调要素的松散联系。

关于平台化发展和体系化发展的区别。有学者认为，由于先进信息化技术的应用，现代作战模式和战场环境已经发生了根本性转变。受此影响，以美国为首的西方国家在新一代装备发展思路上也发生了根本性转变，逐渐实现了装备发展由平台化向体系化的过渡。1982 年 6 月，在黎巴嫩战争中，以色列和叙利亚在贝卡谷地展开了激烈空战，这次战役的悬殊战果对现代空战战法研究和空战武器装备发展有着多方面的借鉴意义，因为采用任何基于武器平台分析的指标进行衡量，都无法解释为何会产生如此悬殊的战果。以色列空军各参战装备之间分工明确，形成了协调有效的进攻体系，这是取胜的关键。自此以后，空战武器装备对抗由"平台对平台"向"体系对体系"进行转变。同时，一种全新的武器装备发展思路——"武器装备体系化发展思路"逐渐浮出水面。这里需要强调的是，武器装备体系概念并非始于贝卡谷地空战，当各种武器共同出现在同一场战争中执行不同的作战任务时，原始的武器装备体系就已形成，但是这种武器装备体系的形成是被动的；而武器装备体系化发展思路应该是一种以武器装备体系为研究对象和发展目标的武器装备发展思路，是一种现代装备体系建设的主动化发展思路。因此，武器装备体系化发展思路是相对于一直以来武器装备发展主要以装备平台更新为主的发展模式而言的。以空战装备为例，人们一般常说的三代战斗机、四代战斗机都基于平台化思路的发展和研究模式，是就单一装备的技术水平和作战性能进行评价的。可以说，传统的武器装备平台化发展思路是针对某类型武器平台，通过开发、应用各项新技术，研究制造新型同类产品以期各项性能指标超越过去同类产品的发展模式。而武器装备体系化发展思路则是通过对未来战场环境和作战任务的分析，并对现有武器装备和相关领域新技术进行梳理，开创性地设计构建在未来一定时间内最易形成战场优势的作战装备体系，并通过对比现有武器装备的优势和缺陷来确定要研发的武器装备和技术。也就是说，其研究的目标不再是基于单一装备更新，而是基于作战任务判断和战法研究的装备体系构建与更新，是将武器装备发展与战法研究充分融合的全新装备发展思路，这也是美军近 30 年装备发展的主要思路。

关于系统工程和体系工程的区别，我感到，系统工程和体系工程之间存在着一种类似"一分为二、合二为一"的关系，具体体现为分析与综合的关系。数学分析中的微分法（分析）和积分法（综合），二者对立统一的关系是牛顿-莱布尼兹公式。它们构成数学分析中的主脉,解决了变量中的许多问题。系统工程中的"需求工程"(相当于数学分析中的微分法)和"体系工程"(相当于数学分析中的积分法),二者对立统一的关系就是钱学森的"从定性到定量的综合集成研讨方法"(相当于数学分析中的牛顿-莱布尼兹公式)。它们构成系统工程中的主脉,解决和正在解决着大量巨型复杂开放系统的问题。我们称之为"系统工程 Calculus"。

总之,武器装备体系是一类具有典型体系特征的复杂系统,体系研究已经超出传统系统工程理论和方法的范畴,需要研究和发展体系工程,用来指导体系条件下的武器装备论证。

在系统工程理论方法中,系统被看作具有集中控制、全局可见、有层级结构的整体,而体系是一种松耦合的复杂大系统,已经脱离了原来以紧密的层级结构为特征的单一系统框架,表现为一种显著的网状结构。近年来,含有大量无人自主系统的无人作战体系的出现使得体系架构的分布、开放特征愈加明显,正在形成以即联配系、敏捷指控、协同编程为特点的体系架构。以复杂适应网络为理论特征的体系,比单纯递阶控制的层级化复杂大系统具有更丰富的功能配系、更复杂的相互关系、更广阔的地理分布和更开放的边界。以往的系统工程方法强调必须明确系统目标和系统边界,但体系论证不再限于刚性的系统目标和边界,而是强调装备体系的能力演化,以及对未来作战样式的适应性。因此,体系条件下装备论证关注的焦点在于作战体系架构对体系作战对抗过程和效能的影响,在于武器装备系统对整个作战体系的影响和贡献率。

回顾 40 多年前,钱学森先生在国内大力倡导和积极践行复杂系统研究,并在国防科学技术大学亲自指导和创建了系统工程与数学系,开办了飞行器系统工程和信息系统工程两个本科专业。面对当前我军武器装备体系发展和建设中的重大军事需求,由国防科学技术大学王维平教授担任主编,集结国内在武器装备体系分析、设计、试验和评估等方面具有理论创新和实践经验的部分专家学者,编写出版了"体系工程与装备论证系列丛书"。该丛书以复杂系统理论和体系思想为指导,紧密结合武器装备论证和体系工程的实践

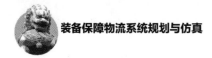

活动，积极探索研究适合国情、军情的武器装备论证和体系工程方法，为武器装备体系论证、设计和评估提供理论方法和技术支撑，具有重要的理论价值和实践意义。我相信，该丛书的出版将为推动我军体系工程研究、提高我军体系条件下的武器装备论证水平做出重要贡献。

汪浩

前 言

军队信息化建设加速推进，部队转型、编制体制调整，新装备不断列装部队，这些都对陆军装备保障工作提出了越来越高的要求。快速、精确、高效的装备保障物流是保持部队战斗力的重要保证。装备保障物流作为装备保障过程的重要环节，在整个装备保障体系中发挥着关键性作用，是装备保障不可或缺的重要组成部分。

面对信息化条件下日趋复杂的陆军装备保障和多样化军事任务的新特点，以及新时期军队转型建设、新装备部署对装备保障提出的新要求，陆军装备保障物流工作必须相应地调整装备器材管理与运行机制，探索新的装备器材保障模式，进一步优化器材保障资源配置，实现对器材保障科学有效的管理。

本书以提高装备器材保障能力为目标，以现代物流管理和决策优化理论为基础，针对现行装备保障物流系统中存在的主要问题，从系统优化的角度在整体上规划了基于筹措供应协调决策中心（简称"筹供中心"）的装备保障物流系统，利用"精确"信息流引导和控制，形成"效益"物流的"精确效益型"装备保障物流模式；构建了基于筹供中心的装备保障物流系统决策模型，通过优化算法的运用，解决器材订货、分配和调度供应等环节的决策问题，以实现装备器材"适时、适地、适用、适量"的精确保障。

　　基于筹供中心的装备保障物流系统能否有效运行并实现整体优化的目标，需要设计一种可行的方法对其进行检验。随着计算机仿真技术的不断发展，物流系统仿真已成为当前仿真领域研究的热点和难点。本书在分析装备保障物流流程的基础上，针对器材保障这种多因素、多目标、动态复杂的离散事件系统，首先，通过传统的解析方法，建立了决策模型，通过多目标优化算法，解决了优化决策问题；其次，通过建模仿真方法对装备保障物流筹措、储存、供应决策过程进行了仿真评估；最后，运用层次模块化的 Petri 网建模方法构建了装备保障物流过程模型，应用 HLA 技术构建了装备保障物流系统的仿真模型，进行了多节点分布交互式仿真，模拟了装备保障物流系统的运行过程，基于仿真环境检验了精确信息流引导和控制效益型物流的装备保障物流模式，从而论证了基于筹供中心的装备保障物流系统的可行性。

　　本书共 11 章。其中，第 1 章介绍了装备保障物流系统的概念，装备保障物流系统规划的概念、过程与意义，以及装备保障物流系统仿真的分类、目的与内容。第 2 章介绍了装备保障物流系统规划的方法、实施过程控制以及规划评价。第 3 章从储供管理、业务管理、指挥控制、应急调度等方面规划了装备保障物流筹供中心的功能。第 4 章以自动化立体库为核心，从软硬件角度对装备保障物流中心建设内容进行了规划。第 5 章针对装备保障物流中心选址问题进行了建模和仿真计算。第 6 章应用预测方法，从基于大数据样本和小数据样本角度对装备器材需求进行了预测和仿真计算。第 7 章针对装备器材联合库存控制问题，进行了多目标建模和仿真优化分析。第 8 章对装备器材调剂供应问题进行了研究，建立了调剂模型，进行了仿真计算和分析。第 9 章针对装备战备器材基数组配和装箱优化问题进行了建模及仿真优化研究。第 10 章针对装备器材应急调度问题，基于多式联运模式，建立了应急调度模型，进行了仿真优化计算和分析。第 11 章针对装备保障物流过程，建立了 Petri 网模型；基于 HLA 架构，建立了装备保障物流系统仿真模型，设计了仿真系统，通过仿真系统运行，分析了基于筹供中心的装备保障物流系统的可行性。

本书内容丰富，研究性、学术性、理论性较强，可供从事物流系统研究的硕士、博士研究生学习参考，也可供从事物流系统规划、物流系统仿真技术研究的相关人员借鉴。

　　本书由王铁宁、曹钰、刘旭阳、汪琳、于双双撰写完成，书中内容参考借鉴了刘洪水、徐胜良、梁波、可荣博等博士研究生的部分成果，博士研究生杨帆负责了本书的整理、校对工作，在此一并表示感谢。

王铁宁

2021 年 1 月

目 录

第 1 章

装备保障物流系统规划及仿真概述

装备保障物流作为装备领域装备保障活动的重要组成部分，担负着为装备维修提供器材物质基础、为装备恢复战斗能力创造条件的重任，在现代战争中具有重要的地位和作用。本章解释了装备保障物流、装备保障物流系统的概念，论述了装备保障物流系统规划的概念、过程及意义，阐明了装备保障物流系统仿真的分类、目的与内容。

1.1 装备保障物流与装备保障物流系统

1.1.1 装备保障

装备保障的定义有广义与狭义之分。

广义的装备保障，是指对装备全系统、全寿命的保障，是对装备从"生"到"死"各个环节一系列保障活动的总称，包括装备发展的预测、规划、论证、试验、生产、订购、调拨、保管、动用、保养、维修、器材供应、退役报废等活动。装备全寿命过程的保障通常分为装备发展保障和装备使用保障两个阶段。装备发展保障是指装备全寿命过程中装备列装之前的保障活动，也称装备采办。装备使用保障是指装备列装之后对装备进行的保障活动，主要包括装备的调拨、保管、动用、保养、维修、器材供应、退役报废等活动。

狭义的装备保障，是指部队从接收装备开始，直到装备经批准退役报废为止，即装备从服役开始到退役为止这一全过程的一系列保障活动，主要包括装备日常动用、维修、器材供应、保障训练、保障战备等活动。本书所说的装备保障均是指狭义的装备保障。装备器材供应是装备保障的一个重要环

节，在装备保障活动过程中具有重要的作用。装备器材供应活动亦称作装备保障物流。

1.1.2　装备保障物流

随着科学技术以及经济、军事的发展，现代物流在地方和军队得到了快速发展，其理论和技术手段日益成熟，应用越来越广泛。在军事领域，物流已经成为现代军事的重要组成部分，充分体现了物流的应用共性价值，同时表现了其在军事领域的特色。

物流（Logistics）起源于军事。美军军事物流在第二次世界大战中所发挥的作用，催化了物流理论和物流技术，并反作用于军事领域，推动了军事思想的进步和战争观念的更新，促进了作战方式、保障理论的发展变化。

物流在现代军事中的作用我们可以从海湾、伊拉克等地的局部战争中看到。物流在不同领域的定义有所不同，但总的来说物流是指物品从供应地向接收地的实体流动过程，根据实际需要，将运输、储存、装卸、搬运、包装、流通加工、配送、信息处理等基本功能进行有机结合。

装备保障物流（Equipment Support Logistics）作为装备领域装备保障工作的重要组成部分，担负着为装备维修提供物质基础、为装备恢复战斗能力创造条件的重任，在高技术条件下的局部战争中具有重要地位和作用。装备保障物流作为军事物流的一个分支，它反映了装备保障活动中的维修器材流动过程，体现了现代条件下军队装备训练、作战活动中对装备器材和物资的全系统管理方式。装备保障物流也可以说是一种现代科技条件下的装备保障，它继承了现代物流的许多新思想、新技术、新方法。同时，装备保障物流也有自己的区别于现代物流的特点，其最终目标是服务于装备保障。

依据现代物流、军事物流、装备、装备保障的概念，装备保障物流是指装备器材和物资的计划、筹措、生产、包装、储存、分配、运输、使用、回收、再利用等一些活动的总称。或定义为：军事装备在平时训练、执勤和战时所需的装备器材和物资通过在研制、生产、采购、储存、运输、供应、使用、报废、回收等环节以及包装、加工、保养、修理等活动的全生命周期内，实现其时间和空间转移的全过程。

1.1.3　装备保障物流网络

装备保障物流网络是指以各级装备保障物流中心等保障实体和港口、火车站、机场等中转实体以及各需求点为网络的节点，以连接实体的各类运输保障通道（铁路、公路、航线等）为网络的边，以装备器材为传输对象，在时间和空间上满足一定传输性质的网络。一体化联合作战样式下，装备保障更加强调横向与纵向的网络化保障。

1．装备保障物流网络构成

通常，描述一个网络的构成都从节点和边两个方面入手。节点在网络中通常具有某种特殊的职能或意义，例如在物流网络中，重要的港口、物流基地、火车站，它们在物流网络中担负着物资中转、停靠的重要职能，可以视为物流网络中的节点。边是节点的连接载体，在不同网络中有不同的含义，例如，在道路交通网络中，边代表铁路、公路；在通信网络中，边代表通信线路。

1）节点

节点是装备保障物流网络中连接器材供应线路的结节，也是供应线路的起点和终点。这里，把所有的保障实体、交通枢纽及被保障实体抽象为节点。保障实体指各级装备保障物流中心（全军装备保障物流中心、区域装备保障物流中心、基点装备保障物流中心）；交通枢纽包括火车站、汽车站、港口码头等；被保障实体，这里特指部队需求点，主要是装备保障物流网络中的各级修理单位和部队器材仓库，如旅（团）的修理所（连）及器材仓库等。装备保障物流网络中的节点按照其主要功能的不同，可以分为保障节点、连接节点和需求点 3 种类型。

（1）保障节点。在装备保障物流网络中，在一定的时间、空间范围内，能够接收、存储或发送器材的节点称为保障节点，又称资源点，包括生产工厂、全军装备保障物流中心（全军资源点）、区域装备保障物流中心（战区资源点）、基点装备保障物流中心（队属资源点）。装备保障物流中心又简称物流中心。

（2）连接节点。在装备保障物流网络中，仅仅具有器材中转的职能，而不能够进行器材接收、存储或发送职能的节点即连接节点。一般取一些重要的交通枢纽作为连接节点，如火车站、码头等。

（3）需求点。指装备器材消耗单位，如各级部队的修理机构、按照战区进行保障的对象，不论是修理所、修理连、修理营，还是修理大队，它们都属于被保障对象。当需要器材时，均向相应的基点物流中心提出申请。同时，由于同级别的资源点间存在联合保障关系，即基点物流中心与基点物流中心之间、区域物流中心与区域物流中心之间也存在保障与被保障的关系，从广义概念上来看，也属于需求点。

2）边

边，代表装备保障物流网络节点之间的相互作用、相互关联。节点之间的关系，主要体现在以下两个方面。

（1）依据装备保障的关系和层级权限，采用直接供应、逐级供应、越级供应、同级协调保障、区域内调剂供应和跨区域调剂供应相结合的方式，建立物流网络不同节点间的协同供应关系。

（2）装备保障物流网络中的节点之间可通过公路、铁路、水路、航线等方式连接到一起，形成保障输送的路网载体，以便实施装备器材运输配送、支援交换、协调分配及资源调度等保障任务。装备器材供应网可看作抽象的道路交通网络，按照边的性质，可分为公路网、铁路网、水路网和航空网等。网络的边采用择近、择优的原则选取。一般情况下，网络中节点之间存在多条连通路径，特别是公路网，其任意两个保障实体之间有多条公路可以互相连通，而这种多重边的网络非常不利于学术研究和相关计算。为了构建可用于计算的网络，两个节点之间有多条直达路径时，综合考虑容量、负载能力、安全性等多方面因素，选择距离比较近、等级比较高（安全性高、容量大、费用小、速度快）的公路作为两节点的连接边。

3）网络层次

装备保障物流网络实质上是一种以道路交通网络为主体的物流网络，网络中的节点同时包含军事设施和一般设施，网络中的物资流是用于军事保障目的的装备器材的转移活动。与一般的道路交通网络一样，装备保障物流网络对外表现出自身的网络拓扑结构，主要包括网络中的保障设施和基础设施（如交通中转枢纽）以及连接各节点的交通道路，这是网络的物理层，所对应的网络称为物理网络。通常情况下，物理层的网络拓扑结构相对比较稳定，不容易遭到破坏。此外，装备保障物流网络是一个业务网络，该业务网络是一个非常态的网络，即只有当网络中有器材需求、保障节点向需求点运输器材时才存在，因此，业务网络实际上是物理网络的一个子网络。

总体而言，装备保障物流网络分为物理网络和业务网络。业务网络是装备保障物流网络的应用层（或功能层），物理网络是装备保障物流网络的支撑层，业务网络运行在物理网络之上，物理网络对业务网络起支撑作用，物理网络的拓扑结构完整性直接影响到保障业务的运行。

2．装备保障物流网络模型

结合军队装备器材保障实际，构建如图 1-1 所示的装备保障物流网络模型。将装备保障物流网络分成 5 个区域供应子网，同时为简化网络结构，图中省略了连接节点。

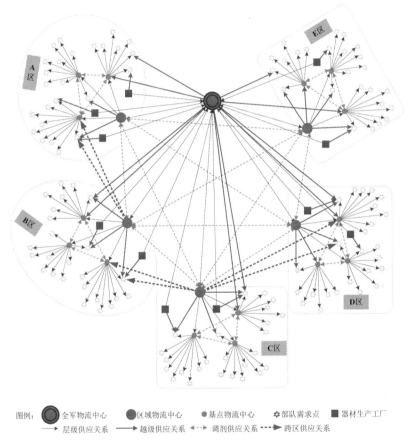

图例：◎ 全军物流中心　● 区域物流中心　● 基点物流中心　✿ 部队需求点　■ 器材生产工厂
⟶ 层级供应关系　⟹ 越级供应关系　⇢ 调剂供应关系　⇠ 跨区供应关系

图 1-1　装备保障物流网络模型

整个装备保障物流网络的主干框架由保障节点和部队需求点构成，器材生产工厂是装备保障物流网络的最顶层，全军物流中心是装备保障物流网络的心脏，是整个网络的指挥决策信息中心。它们之间主要依靠层级供应关系构成主干网络，各区域物流中心之间、各基点物流中心之间还存在协调供应关系（存在双向物流，用双向箭头表示），区域物流中心与部队需求点之间、全军物流中心与部队需求点之间、器材生产工厂与基点物流中心之间、器材

生产工厂与部队需求点之间也存在越级供应关系，各区域供应子网之间还存在跨区供应关系。

在实际的装备保障物流网络中，还需要加入连接节点，如车站、码头、机场等交通枢纽，它们可以被多条供应线路所共用，体现了供应网的网络交叉特性。同时，每条边所涉及的器材的运输数量、品种也各有不同，也就是说网络中的每条边具有不同的权值。

装备保障物流网络涉及的节点成员众多，节点间关系多样，具有以下结构特征。

1）节点的复杂性

装备保障物流网络中每个节点成员的特性、业务活动和规模各有不同，这些差异性导致整个网络结构的复杂性增大。每个节点所包含的装备器材保障机构划分为不同的保障层级，在其进行决策时，不仅会受到其他节点的影响，而且也会对其他节点的决策和行为产生影响，这些都体现了网络节点成员的层次复杂性。

2）保障关系的复杂性

装备保障物流网络节点成员之间的保障关系不仅包括建制保障关系，还存在着越级保障、跨区保障、调剂保障等保障关系，但是不同的保障关系各有侧重。因此，所构建的装备保障物流网络是一种有向加权网络。

3）内外部因素的关联性

装备保障物流网络节点之间彼此相互作用，同时受到内外部多种不确定性因素的影响。这些不确定性因素主要来自网络中的各个环节及其外部环境，是网络管理和控制复杂性与困难性的主要原因。

1.1.4　装备保障物流系统

1. 装备保障物流系统的概念

"系统"是由相互作用和相互依赖的若干组成部分，为了某一目标（或者说是具有某种特定功能）结合而成的有机整体。例如，生物系统、环保系统、武器装备系统、教育系统、人事管理系统等。

系统的一般模型包括输入、处理和输出三部分，如图 1-2 所示。定义和描述一个系统的各种特征构成了系统的边界。系统属于边界之内，边界之外称为环境（Environment）。确定系统的边界是分析系统和建立系统的一项重要工作。

图 1-2　系统的一般模型及其与环境的关系

依据系统的概念，现代物流系统是指在一定的时间和空间内，由所需位移的物资、物流设备、物流设施、人员及信息等相互关联的要素组成的，以完成物流活动为目的，具有特定功能的有机整体。物流系统的目的是实现物资的时间和空间效益，在满足社会需求的前提下，取得最佳的经济效益。其基于系统的含义，将系统的内涵本质应用于物流领域，对物流系统的硬件要素之间的关系做出了更加明确的说明。

结合前述定义，装备保障物流系统可概括为：在装备保障领域内，把装备器材的计划、筹措、储存、运输、信息处理等一些相对分散的活动，归纳成一个体系，由所需的器材、运输工具及交通环境、仓储设施、操作人员等若干相互制约的动态要素构成具有特定功能的有机整体。

装备保障物流系统是为装备器材保障活动的需要而建立的专门系统，是一个由诸多要素构成的多层次的庞大体系。构成装备保障物流系统的诸要素，通过一定的结构形式来实现器材的物流活动，并通过运用系统理念、现代物流技术、信息技术等，使得装备器材各物流环节合理衔接，不断变革和优化，实现保障资源的有效配置和最佳整合，以取得最佳保障效果，提高保障能力。

2. 装备保障物流系统的构成要素

装备保障物流系统的要素主要包括人的要素、财的要素、物的要素、信息要素和体制要素，是保证装备器材物流过程顺利实施的基础。其构成概念模型如图 1-3 所示。

其中，人的要素即装备保障物流人员，是指从事装备维修器材保障活动的人。主要包括仓储技术人员和业务管理人员，也包括一些地方的物流人员。这些人员的素质水平、技术成熟度以及管理水平等因素对装备保障物流系统的高效运作产生制约和决定作用。

财的要素即资金要素，是指装备保障物流活动中不可缺少的系统建设资金和系统维护资金及其有效的利用。通过对装备保障物流系统的合理规划，形成科学、合理、顺畅的资金流，可以避免资金的浪费，提高器材保障的经济效益。

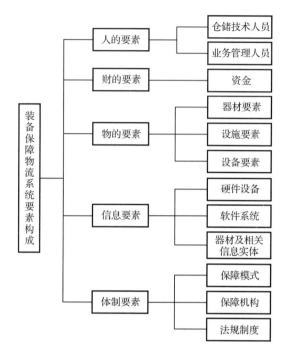

图 1-3 装备保障物流系统构成概念模型

物的要素主要包括器材要素、设施要素和设备要素。其中，器材要素是指装备使用与维修中所需备件与消耗品，是装备保障的物质基础。合理确定器材的计划、筹措、储存、供应体系，以及实现器材保障的标准化、通用化、互换性，对提高装备保障物流的总体水平至关重要。设施要素是位置固定或相对固定的要素，可以将其看作不移动或不常移动的装备保障物流装备。主要包括各种器材储存设施、库区道路交通设施、安全防护设施、指挥通信设施等。设备要素包括包装设备、仓储设备、集装单元器具、装卸搬运设备、流通加工设备、运输设备等。装备保障物流系统优化的最终目标就是要实现对装备器材物流的有效控制，形成"效益型"物流，提高保障效率。

信息要素是指与装备器材物流活动有关的内部和外部信息，包括各种统计资料、数据、报表、图纸、账目等。其是装备保障物流系统的重要因素。信息流是指在物流过程中，为器材流通服务的情报、指令、信号、文件等的流动过程。信息流与物流在系统中是相辅相成的，及时、准确、完整地收集、处理、传递器材保障信息，是提高器材保障效能的重要条件。

体制要素是关于装备保障物流的组织体系、机构设置、职能划分、关系确定以及法规制度的总称，是军队体制的重要组成部分。如果说，装备保障物流人员、保障装备、保障器材等构成了装备保障物流的"硬件"，那么，体制要素则相当于"软件"。只有"硬件"和"软件"同时发生作用，才能形成强劲的装备保障物流能力。

3．装备保障物流系统的活动过程

装备保障物流系统的活动过程是指为了满足部队装备平时训练和战时作战需要而进行的装备器材的保障过程。按照功能环节划分，主要包括装备器材筹措、装备器材储备、装备器材供应 3 个方面。

1）装备器材筹措

装备器材筹措，就是装备保障主管部门通过各种形式和渠道，有组织、有计划、有选择地进行申请、采购、调剂及生产等系列筹集器材的活动。筹措的器材包括装备维修专用配件和通用器材两大部分。目前我军器材筹措的管理方式是统一筹措、分级管理。

虽然各级器材主管部门各有不同的筹措分工，但概括起来筹措工作主要包括：编制器材的订货、采购（调剂）与申请计划；组织实施器材订货、采购（调剂）和请领；组织器材检查验收、接运入库和结算；会同修理部门组织部队用户有计划地进行修复件和专用自制件的生产和库存器材余缺调剂工作等。

2）装备器材储备

装备器材储备根据储备的目的不同，可以分为战备器材储备和周转器材储备两类。战备器材储备是为保证完成战时装备维修任务需要而设置的储备。这种储备一般实行较长时间的储存，平时未经批准不得动用，但要适时更新以保证器材的使用价值。战备器材储备按统一规划、分级管理的原则，分为战略储备、战役储备和战术储备 3 种。周转器材储备是为保证完成平时训练任务，进行装备维修而设置的器材储备。这种储备以平时供应为目的，按现行体制，主要设置了三级仓库进行储备，即总部直属仓库、战区仓库、部队仓库。

器材仓储布局是指仓储器材在各供应环节之间、供应机构与使用单位之间、地区之间的配置数量及其比例关系。因此，合理的器材仓储布局能够方便供应、节省运力，有利于提高器材保障能力和器材周转速度，降低器材仓储费用。

3）装备器材供应

装备器材供应是指器材供应部门向部队用户实施器材保障的过程。它是通过对拟定的种种可行方案进行评比选优，及时、准确、齐全配套、经济合理地向装备维修部（分）队提供器材的活动。它通过对所需器材从供应者向需求者的转移，实现器材的使用价值，使有限的器材资源得到最充分、最合理的利用，降低供应过程的流通费用，以取得较好的军事经济效益。

装备器材供应采用的方法，主要受国家经济体制、经济条件、器材资源量和器材消耗特点等多种因素的影响。专用器材在正常情况下，一般是以部队装备维修的实际需要以及仓库的储备能力为基础，经与器材资源量综合平衡后，按计划下达实施供应的。目前，装备器材供应采用的是实物供应与经费供应相结合的方式，实行"实物限额与经费限额相结合，以经费限额为主；计划分配与计划申请相结合，以计划分配为主"的办法，即分配给器材需求单位的器材的总价值不超过分配给该单位的经费数量。

1.2 装备保障物流系统规划

1.2.1 装备保障物流系统规划的概念

作为军事物资的重要组成部分，装备器材包括了军械、装甲、车船、工化等装备的维修器材，因此装备保障物流系统是一个复杂的系统，影响其发展的内外部因素很多且是不断变化的。规划则是运用系统分析的思想、科学的方法，确定系统的目标，协调系统要素间的关系，提高系统的性能。即规划是指确定目标与设计实现该目标的策略和行动的过程。因此，装备保障物流系统规划是指确定装备保障物流系统发展目标，以及设计实现装备保障物流系统发展目标的工程、措施、解决方案、管理模式、政策法规等的过程。

装备保障物流系统规划按照内容可以分为模式规划、布局规划、工程规划、方法规划；按照层次可以分为全军级、区域（战区）级、基点（部队）级；按照规划的工作阶段可分为总体规划、控制性详细规划、建设及维护性详细规划等。

1.2.2 装备保障物流系统规划的过程

装备保障物流系统规划是装备保障的一项重要内容，主要涉及整体供应布局问题、节点设备设施建设问题，以及各级储备品种与规模设置、供应方式问题等。选取恰当的设备数目、合理确定设施能力、恰当进行品种和数量的储备、优化确定分派供应保障单位、正确安排运输车辆及路径，可以降低整个系统的物流成本，提升装备保障物流管理水平，提高对部队需求的响应速度，增强保障能力，降低供应成本。

装备保障物流系统规划是一个系统的过程。尽管各个系统的地域、规模、环境、功能等不尽相同，但它们的规划过程大致上都可以概括为以下步骤：调查分析、需求预测、规划与设计、评价与实施，如图 1-4 所示。

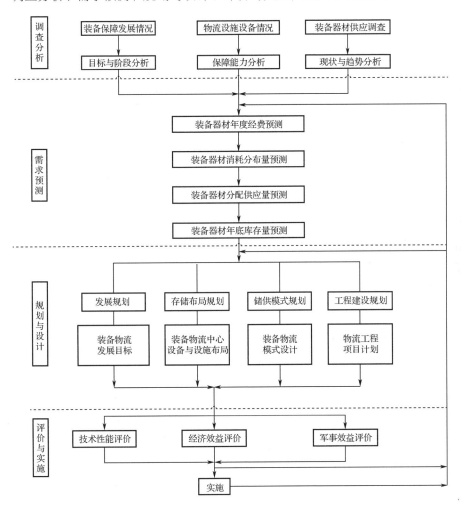

图 1-4　装备保障物流系统规划步骤

（1）调查分析。这一步的主要任务就是对系统的内外环境、单位的战略

和目标、单位的组织结构和人员配置、设备设施状态、系统的器材和物资的供应情况、整体保障能力及其发展趋势等进行全方位的调查、分析和研究。由此所得的数据和资料将成为装备保障物流系统需求预测和规划与设计的依据，所以务必要保证其真实性和完整性，为装备保障物流系统规划设计的高质量顺利完成奠定坚实的基础。

（2）需求预测。这一步在调查分析的基础上，对全军器材经费需求、器材消耗、消耗分布、训练与器材消耗关系、器材库存及分配计划情况进行预测，为器材科学计划、合理筹措、优化分配奠定基础。

（3）规划与设计。依据初步调查分析结果以及器材需求预测情况，提出装备保障物流系统的整体规划方案，进行装备保障物流系统的模式以及各部分的设计。这是整个装备保障物流系统规划设计过程的关键一步，获得系统规划设计方案也是上述过程的目的所在。

（4）评价与实施。装备保障物流系统规划的评价体系通常包括3个主要方面，即规划的技术性能评价、规划的经济效益评价和规划的军事效益评价。

在评价阶段完成后，装备保障物流系统的实施工作就将全面开展，不仅包括机制、体制建设方面，还包括人才、资金筹措、招标、规划建设与运行管理方面。

1.2.3　装备保障物流系统规划的意义

从现代的几场局部战争行动中可以看出，装备保障物流在战争以及非战争军事行动中都扮演了极其重要的角色。因此，对装备保障物流系统进行科学合理的规划设计，意义重大。

装备保障物流系统规划有利于提高信息化条件下体系作战的装备保障能力。与机械化理论不同，信息化建设在过程上要由局部到总体，但在指导上必须从总体到局部。为此，必须深入总结借鉴国内外、军内外在物流信息化方面的理论与实践，尽快掌握信息化条件下装备保障物流建设的特点和规律，按照先理论后实践、先构想后设计、先规划后发展的路线向前推进，切实加大装备保障物流信息化理论的创新力度，尽快扭转"拿着机械化理论指导信息化建设"的不对称局面，要逐渐形成既有宏观理论指导，又有具体技术系统集成的一个完整的、崭新的科学理论体系和建设思路。

装备保障物流系统规划有利于构建一体化的装备保障物流储供体系。未来的联合作战，使得各军兵种武器装备综合应用于战场，装备保障的难度和复杂性空前增大，而装备保障物流已成为武器装备发挥效能和部队战斗力"再生"的至关重要的因素和环节。因此，为适应现代战争形态及作战样式变化对装备保障的需求，完善以往"相对分散、各成体系"的专业物流体系，将各军兵种武器装备、器材物资、弹药的供应保障作为一个大系统，将各种物流保障力量作为一个整体，统一组织、指挥，构建"高效一体"的综合装备保障物流系统，实现高效的一体化保障，最大限度地利用有限的物流资源，实现各军兵种装备保障物流的协调一致和一体化。

装备保障物流系统规划有利于构建统一的装备保障物流业务管理体系。统一的装备保障物流业务管理体系，就是将全军各级物流节点通过信息网络连接，应用装备保障物流信息管理系统，规范各个节点的业务管理功能，实现装备保障物流统一的业务管理和信息共享。

装备保障物流系统规划有利于装备器材储备布局的合理配置。通过准确获取部队需求，系统规划器材储备的布局，以便于适时、适地、适量地实施保障，从而实现保障的最优化。对于提高保障效能，发挥物流系统的整体力量，实现资源优化、整体协作，达到快速、准确、综合、高效的"一体化"物流保障，形成"资源优化配置、环节协调高效"的装备保障物流系统具有非常重要的意义。

1.3　装备保障物流系统仿真

系统仿真是 20 世纪 40 年代末以来伴随着计算机技术的发展而逐步形成的一门新兴学科。它是建立在控制理论、相似理论、信息处理技术和计算机技术等理论基础之上的，以计算机和其他专用物理效应设备为工具，利用系统模型对真实或假设的系统进行实验，并借助于专家经验知识、统计数据和信息资料对实验结果进行分析研究，进而做出决策的一门综合性的实验性学科。

装备保障物流系统组成因素复杂、物流规模大、不确定因素多、决策难度大。面对装备保障物流环节复杂性（采购、运输、存储、保管及供应等多环节）和形式多样性，以及未来多样化任务对装备保障的高要求，装备管理部门要科学、客观地掌握信息化条件下装备保障物流系统的运行状态，同时不仅要强调经济效益，更要强调军事效益。因此，要实现对装备保障物流系统的评价和度量，以不断纠正系统运行过程中存在的偏差，提高装备保障物

流决策的科学性，改善装备保障物流系统的执行效率和保障可靠度，提高装备保障物流系统的灵活性和动态适应性。物流系统仿真为装备管理部门提供了分析、研究、评价、决策的重要手段。

1.3.1 装备保障物流系统仿真的分类

装备保障物流系统仿真根据模型不同，可以分为物理仿真、数学仿真和物理-数学仿真（半实物仿真）；根据仿真时钟与实际时钟的关系，可以分为实时仿真、欠实时仿真和超实时仿真等；根据其系统状态变量随时间变化的特性，可以分为连续系统仿真、离散时间系统（采样系统）仿真和离散事件系统仿真。

其中，连续系统仿真是指对系统状态变量随时间连续变化的系统进行仿真，其常用的方法是解析法，涉及常微分方程、偏微分方程、线性规划等。离散事件系统仿真是指对系统状态变化在一些离散的时间点上，由于随机事件的驱动而发生变化的系统进行仿真，其常用的数学工具包括概率论、排队论、形式语言/有限自动机、极大代数、Petri 网等。上述仿真方法采用的系统体系是由物理上集中的一个计算机系统及相关的仿真设备针对一个仿真对象构造的仿真系统，即单平台仿真体系。

1.3.2 装备保障物流系统仿真的目的和内容

计算机仿真技术运用于装备保障物流系统，可以使装备管理人员通过对装备保障物流方案的模拟仿真，对各类装备保障器材的消耗、补充与调整进行预测和决策。在未来战场状况不确定的情况下，利用计算机系统仿真模拟所得的数据科学地拟订各种装备保障方案预案。

1. 装备保障物流系统仿真的目的

1）有助于对真实装备保障物流系统的分析

由于装备保障物流系统具有结构复杂性、不确定性、组织机构动态性等特点，一方面，可以利用解析法把物理系统抽象成一种数学表达式，通过求解数学表达式找到最优解。这是一种完全通过逻辑推理来获得启发和借鉴的方法，如运筹学中的线性规划和动态规划等。但是解析法过于拘泥于数学抽象，应用抽象的模型和逻辑，人们很难获得系统运行的真实感受。另一方面，可以采用系统建模与仿真方法再现实际的装备保障流程，实现对装备保障物流系统各元素和过程关系的建模，在仿真环境中研究装备保障的全过程，还可以提供装备保障物流过程运行的数据，分析其机制并检验理论的正确性，从而得到较为合理的装备保障物流系统的优化方案。

2）有助于提高复杂的装备保障物流系统的适应性

系统仿真所建立的模型是实际系统的映像，它既可以反映系统的物理特征、几何特征，又可以反映系统的逻辑特征。研究信息化条件下的装备保障新模式的保障过程，涉及对现有保障机构和业务管理的优化与重组。而对新的装备业务流程的检验不能完全依靠解析法解决，若采用实际试验方法，经费投入多、试验周期长、资源耗费大。因此，采用仿真建模方法进行仿真实验。仿真技术允许在研究装备保障过程时，方便地设置各种试验环境、想定多种保障方案、重复各种试验过程，仿真结果直观、便于理解。

3）有利于正确反映装备保障物流系统随机因素的影响

作为一种随机模型，装备保障物流系统仿真模型能够充分体现真实系统参数受随机因素影响所发生的变化情况。复杂的装备保障物流系统往往受很多随机因素影响，忽略随机因素的影响，用确定性模型代替随机模型研究系统，将会使分析结构有很大的误差。利用系统仿真技术可以研究单个变量或参数变化对物流系统整体的影响，为装备保障影响因素和优化方案的确定提供可行解。

4）有利于实现装备保障物流系统的优化

系统仿真可以依据对装备保障物流系统模型动态运行的效果，多次修改参数，反复仿真。对于多目标、多因素、多层次的装备保障物流系统来说，不单纯是追求最优解，而是寻求改善系统行为的途径和方法，系统仿真方法正是提供了这种环境与平台。运用仿真建模这一研究工具进行虚拟验证，能够暴露装备保障业务流程的"瓶颈"所在，以便及时解决。借助仿真方法优化装备保障物流系统时，对每次仿真过程反映出的结果进行深入的综合分析，提出改进建议，再仿真检验改进措施的效果。这种优化过程是很灵活的，优化路径常常是多种多样的。

2. 装备保障物流系统仿真的内容

利用系统仿真方法主要研究装备保障物流的筹措、仓储、运输等物流功能过程，装备保障物流管理中的筹措决策、物流网络的规划、库存控制策略，以及装备保障物流成本的控制等问题，主要体现在以下几个方面。

1）装备保障物流网络系统规划和设计

装备保障物流网络系统规划和设计，即按照任务分配合理、能够协同运作的原则，对装备保障物流系统中的器材筹措、储备、分配等功能进行统一规划，对装备保障物流中心的分布、规模、功能等进行统一设计。在没有现实系统的情况下，把系统规划转换成仿真模型，通过运行模型，评价规划方案的优劣并修改方案。系统仿真运行可以准确地反映未来装备保障物流系统在有选择地改变各种参数的情况下的运行效果，从而使设计者对规划与方案的实际效果更加胸有成竹。

2）装备保障物流库存控制与优化

装备保障物流仓储管理从经验管理上升到科学管理阶段，需要引入现代管理科学和先进的科学技术。应用计算机仿真技术，对装备器材库存的问题进行定量分析和描述，建立数学模型，从数量上明确物与物之间的制约关系及其影响的程度。通过运行仿真，分析仿真结果，选择最优方案，做出科学合理的决策。具体应用主要包括以下两个方面：①库存系统的规划设计与分析。通过对规划设计的系统模型进行仿真分析，对规划方案的优劣做出评价，及时进行调整和修改，减少系统实施的风险。②库存控制优化。通过对物流系统各个环节的库存系统状态进行仿真，动态地模拟入库、出库及库存水平的实际状况，有利于实现库存系统的合理控制。

3）装备保障物流供应系统决策优化

装备保障物流供应是把装备器材从装备保障物流中心送给维修分队的活动，其中包括计划、分配、拣选、包装、组配等工作。现代战争对物流供应有着很高的要求，也对装备保障物流的供应规划决策提出了更高的要求。合理的装备保障物流供应规划有利于实现装备器材的合理配置、精确供应，取得军事效益和经济效益的"双赢"。

采用最优化理论和方法对配送路线进行分析，建立相应的数学模型，进行计算机仿真，得出最优方案。通过对装备保障物流中心选址、供应中心的布局以及供应中心建设规划进行建模仿真，可利于决策部门进行优化决策。

4）装备保障物流运输系统合理调度及优化决策

信息化条件下要求装备保障具有快速反应能力和应急保障能力，这给装备保障物流运输系统提出了更高的要求。装备保障物流运输系统经常包含若干运输车辆、多种运输路线。在确保实现战时物资保障适时、适地、适量的要求下，合理选择运输方式、规划运输路线、保障运输路线的通畅和高效等不是一件容易的事。运输调度常常是物流系统最复杂、动态变化最大的一个环节，很难用解析法描述运输的全过程。建立运输系统模型，动态运行此模型，再用动画将运行状态、道路堵塞情况、器材供应情况等生动地呈现出来。仿真结果还提供各种数据，包括车辆的运行时间、利用率等。通过对运输调度过程仿真，调度人员对所执行的调度策略进行检验和评价，就可以采取比较合理的调度策略。

5）装备保障物流系统成本评估

装备保障物流与一般民用物流相比，具有军事与经济的双重属性。我们在不断提高装备保障物流的军事效益的同时，也不能忽略经济效益的重要性。物流成本包括运输成本、库存成本、装卸成本等。装备保障物流系统仿真是对物流整个过程的模拟。通过仿真，统计物流过程中所产生的花费，进而计算物流的成本。这种计算物流成本的方法，比用其他数学方法计算，更简便、更直观，并且可以建立起成本与物流系统规划、成本与器材库存控制、成本与器材运输调度策略之间的联系，从而用成本核算结果来评价物流系统的各种策略和方案，保证系统的经济效益。

6）装备保障物流系统的反应能力分析

战时装备保障物流具有物流规模大、时间要求紧、物资消耗大、不确定因素多等特点，这就决定了在装备保障物流系统中另一个重要的关注方向是系统的反应能力。系统的反应能力考察一个物流系统在响应部队需求时各个环节的处理时间和处理质量。当部队的需求有规律地在合理范围之内波动时，物流系统，不论设计和协调的质量如何千差万别，都可以比较容易地满足。但是当部队的需求剧烈变化时，物流系统的反应能力和抗波动能力的优劣就一清二楚了。然而，往往在装备保障过程中造成损失的不是日常的部队需求，而是不经常的低概率突发事件。通过仿真技术，可以模拟物流中心的分布、容量、供应模式与流程、供应策略等对装备保障物流系统各个分系统的影响。更重要的是，可以模拟战场情况、天气变化、突发事件、设备损坏等诸多因素的波动所带来的影响，不断修改物流方案，选择最优方案，使得装备保障物流系统即便在小概率的冲击事件下也可以在规定的范围内得到很好的恢复。

3．常用物流仿真软件介绍

目前，在仿真系统的实现方面有 3 种方案：①基于专用仿真语言（如

GPSS、SIMAN、SIMSCRIPT、SLAM 等）或通用过程语言（如 Visual Basic、FORTRAN、C/C++等）进行开发，这种方法的优点是建模灵活，但由于特定语法规则的限制，编程较复杂且容易出错，只适合规模较小的开发。②选用成熟的仿真器（如 Supply Chain Builder、e-SCOR 等），可以很好地解决专用仿真语言和通用过程语言使用复杂的问题，采用直观的鼠标驱动图形用户界面、菜单和对话框等典型操作，简单易用，但同时也损失了建模的灵活性，因此这种方法比较适合一些功能相对单一的仿真。卡内基·梅隆大学、宾夕法尼亚州立大学、爱尔兰国立大学等面向学术研究而开发了各自的仿真器，这些仿真器采用了具有各自特点的技术，但功能并不完备，多着重于某一特定方面。③在通用过程仿真平台（如 Arena、Simprocess、AutoMod 等）的基础上进行二次开发，将专用仿真语言、通用过程语言和仿真器的优点有机地整合起来，兼备易用和建模灵活两个方面的优点，可以省去开发仿真规则和算法占用的大量人力、物力，是目前比较成功的方案。IBM、Compaq 等公司开发的商业化仿真器，大多具有良好的用户界面，功能强大，并且是基于 Arena、Simprocess 等通用过程仿真平台开发的仿真器，仿真结果可以输出到 Excel 等其他分析工具中。

由于物流系统变得越来越复杂并且内部关联性越来越强，仿真成为检验物流系统及决策的高效技术。下面列举一些典型的用于物流系统设计评价的仿真软件。

（1）Arena 是美国 System Modeling 公司于 1993 年开始基于仿真语言 SIMAN 及可视化环境 CINEMA 研制开发的可视化交互集成式商业化仿真软件，目前为美国 Rockwell 公司旗下的产品。Arena 提供了建模、仿真、统计分析、优化和结果输出的基本功能。该软件可以用来模拟服务、制造、运输、物流、供应链和其他系统。

（2）AnyLogic 是以复杂系统设计方法论为基础，对离散、连续和混合系统进行建模和仿真的工具，是支持混合状态机这种能有效描述离散和连续行为的语言的商业化软件。AnyLogic 提供的仿真方法可以在任何 Java 支持的平台，或是 Web 页上运行模型仿真，可以创建真实动态模型的可视化工具，即带有动态发展结构及组件间互相联络的动态模型。它的应用领域包括控制系统、交通、制造业、网络、计算机系统、机械、军事、教育等。

（3）SIMAnimation 是美国 3i 公司设计开发的集成化物流仿真软件，使用的是先进的基于图像的仿真语言，这种语言可以简化仿真模型的创建。

SIMAnimation 使用 OpenGL 三维建模技术，集三维实体光照、材质视点变换、漫游于一体，提供真正的三维动画和虚拟的现实世界，使仿真模型更加容易理解，同时使管理、生产、工程人员的意见交流更加容易。在算法上，SIMAnimation 在保证出库有限的情况下，按路径最短原则进行自动定位和设计路径，实现多回路运输。

（4）Witness（SDX）提供离散事件仿真，该软件具备的多种工具使得对自动化制造系统进行仿真非常容易。周转时间、损坏模式和定时、调整模式和定时、缓冲设备容量和保存时间、机器类型等连同路径信息都为仿真提供了方便。该软件还拥有物料流动优化、虚拟现实功能。

（5）FlexSim 由位于美国犹他州奥勒姆市的 FlexSim Software Products 公司出品，是一款商业化离散事件系统仿真软件，用来对生产制造、物料处理、物流、交通、管理等离散事件进行仿真，应用面向对象技术体现三维实体模拟系统。

（6）SDI Supply Chain 提供了研究需求、物流决策和生产策略的变化对系统核心绩效指标冲击的工具。它用来对从原始资源到最终用户的整个供应链进行动力学建模，包括全面的规划、资源调度、制造和配送过程。它允许用户设计、分析和研究诸如供应链能力、瓶颈识别、物品调度、资源调度、系统周转率和可靠性等领域的问题。它还可以对供应商、仓库和运输渠道网络建模。供应链绩效从产品总成本、系统滞留成本、系统滞留时间和可靠性等方面进行测量。

第2章

装备保障物流系统规划方法

装备保障物流系统的规划应该围绕如何提高装备保障能力这一目标进行。其是装备保障系统规划的重要组成部分，同时也是一项复杂的、涉及面很广的工程。本章系统论述了装备保障物流系统规划的目标与原则，明确了装备保障物流系统规划的层次结构划分，阐述了装备保障物流系统规划的分析要素、实施控制过程与方法，介绍了系统规划的评价方法。

2.1 装备保障物流系统规划的目标与原则

装备保障物流系统承担着装备保障的重要任务，因此装备保障物流系统的规划应该围绕如何提高装备保障能力这一目标进行。要达到这一目标，装备保障物流系统规划就是核心和关键，并且应该适应装备保障模式和要求。

装备保障物流系统规划是装备保障系统规划的重要组成部分，同时也是一项复杂的、涉及面很广的工程，因此在系统规划之前，必须充分地进行相关准备。

2.1.1 装备保障物流系统规划的目标

制订装备保障物流系统的规划，必须明确装备保障物流系统的设计目标。根据装备保障物流系统的任务及其面临的资源环境约束，装备保障物流系统规划设计的目标应为：平时为部队装备提供良好的维修器材保障，具有快速、顺畅的物流网络，具备强大的信息共享和信息处理能力，能够实现装备维修器材的规模化、精确化供应，实现装备器材的优化配置，努力提高装备保障物流系统的军事、经济效益；战时能够快速、准确供应，确保适时、适地、适量地实施保障。

2.1.2　装备保障物流系统规划的原则

按照军队转型建设要求,进行装备保障物流系统规划时,应遵循如下原则。

1. 系统集成原则

装备保障物流系统集成化是指在不同职能部门之间、不同层次部门之间通过资源整合和共享,减少不需要的环节和流程,实现装备器材的快速反应、准确供应、及时保障。

装备保障物流系统包括装备器材供应过程中所涉及的军队内外的各种实体,涉及企业与部队两个领域,在信息沟通与反馈上存在一定程度上的差异和障碍,并在装备器材供应过程中,存在着从生产、筹措、储备到供应的多个阶段及多个环节。由于这些复杂问题的存在,要实现对装备保障物流的有效管理,必须对装备保障物流系统进行集成。

系统集成的核心是利用现代化的信息网络和技术平台,精确掌握装备器材的需求和状态,优化整合军内外各种资源和力量,科学计划、合理决策,提高装备保障的综合能力。这种集成,一方面是对军队内部各部门之间进行"纵向"集成;另一方面要扩展到供应商和部队用户,将军队外部供应资源和部队最终用户进行有机的"横向"集成。

2. 经济高效原则

装备保障物流系统规划的最终目标就是要实现整个物流体系运作的最优化。保障能力的提高、供应周期的缩短、交货质量的改善等不同目标之间的冲突与博弈,伴随物流系统规划过程的始终。因此,需要通过运用物流体系一体化的管理思想,从系统的观点出发,整体上规划物流系统,缩短周期时间,既提高装备保障能力,改善供应服务质量,又能削减库存和降低供应链总成本,从而实现各种目标之间的协调和最优,使得装备保障模式由数量型向效能型转变,保障力量由军队保障向军民融合保障转变,筹措模式由单一的筹措模式向多元模式转变,从而提高装备保障的经济性和高效性。

3. 信息共享原则

信息共享是指装备保障物流系统的各环节之间,通过建立信息共享机制,实现各环节之间的信息交互和应用。一是要实现装备器材管理部门和企业供应链之间信息沟通和共享。一方面，军方装备器材管理部门需要完全了解企业的信息，如器材供应商的资质能力、技术水平、经营规模、生产进度、产品质量、售后服务等基本信息；另一方面，企业需要及时掌握军方器材的需求，军方需要对企业开放部分与业务相关的信息，出于安全的考虑，军方的需求信息应经过必要的整合处理，通过安全保密的传输手段，实时适量地提交给器材供应商。二是要建立装备保障物流系统内部各环节之间的信息共享机制。全军、战区、部队各级器材业务管理部门，后方仓库、队属仓库器材储存管理单位，以及相关保障单位之间要建立高效的信息沟通和共享机制，使得需求和资源信息能被有效地掌握和利用。

2.2　装备保障物流系统规划的层次结构

装备保障物流系统是一个复杂的系统。从装备保障物流的全过程看，包括装备器材消耗预测、申请计划制订、供应商选择、器材订货合同制定、分配计划生成、器材运输供应、库存管理、装备保障物流中心选址、库房建设、包装保养、旧品回收等各种活动，包含了装备器材整个流通的过程。

装备保障物流系统是在军队统一领导下为装备提供器材保障的装备保障系统，因此，依据装备保障体制，其系统规划是分全军级、战区级、部队基点级，逐级、有层次地进行的。根据装备保障物流问题的重要性和层次，将装备保障物流系统划分为决策层（经费分配、器材订货、分配计划、供应标准、储供模式）、控制层（器材调度、区域计划控制、通用物资订货、设备设施建设、运输管理）和作业层（库房管理、出入库作业、保管保养、旧品回收、器材申请)，装备保障物流系统规划决策的层次和内容如图 2-1 所示。

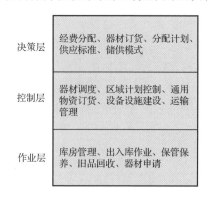

决策层	经费分配、器材订货、分配计划、供应标准、储供模式
控制层	器材调度、区域计划控制、通用物资订货、设备设施建设、运输管理
作业层	库房管理、出入库作业、保管保养、旧品回收、器材申请

图 2-1　装备保障物流系统规划决策的层次和内容

2.3　装备保障物流系统规划分析

物流系统的规划分析是物流系统规划设计的关键步骤之一，它将初步调研得到的数据和资料进行分析，依据组织的目标和战略来制订可行的方案，然后再选用恰当的方法评价各个方案，以便于决策者制订最后的规划设计方案。装备保障物流系统规划分析指的是在装备保障物流网络或者供应链中有序、有计划地对一个或多个部分进行观察，以决定每个部分和整个系统如何有效运转。

2.3.1　装备保障物流系统规划分析的目的

一是系统规划分析作为一种决策的工具，其主要目的在于为决策者提供直接判断和决定最优方案的信息和资料。二是系统规划分析把任何研究对象均视为系统，以系统的整体最优化为工作目标，并力求建立数量化的目标函数。三是系统规划分析强调科学的推理步骤，使所研究装备保障物流系统中各种问题的分析均能符合逻辑和事物的发展规律，而不是凭主观臆断和单纯经验。四是应用数学的基本知识和优化理论，从而使各种替代方案的比较不仅有定性的描述，而且基本上都能以数字显示其差异。至于非计量的有关因素，则运用直觉判断及经验加以考虑和衡量。五是通过对装备保障物流系统的规划分析，使得待开发的系统在一定的条件下被充分挖掘潜力，做到人尽其才、物尽其用。

2.3.2　装备保障物流系统规划分析的准则

在进行装备保障物流系统规划分析时，应认真考虑以下准则。

1. 局部效益与整体效益相结合

在分析装备保障物流系统时，要将该系统纳入装备保障系统中，以提高装备保障能力为大目标统一考虑，同时，要将装备保障物流系统内部环境与社会市场环境等相结合，强调整体与局部的有机结合，着眼全局，统筹考虑装备保障物流系统方案。

2. 平时保障与应急保障相结合

装备保障物流系统分析的初步调研基于装备保障业务流程和数据，是装

备保障物流系统规划与设计的基础，因此在装备保障物流系统方案设计和优选时，要遵循装备保障管理的程序和要求，满足平时装备保障的需要。此外，还要考虑装备保障任务的突发性和时效性，规划和设计应急情况下装备保障物流系统的保障方案。

3. 器材业务人员知识与保障部队的需求相结合

装备保障物流系统的具体业务操作和实施情况只有器材业务人员最清楚，器材业务人员不但能够客观准确地掌握业务资料，而且能够了解到每个业务存在的改进潜力和措施。同时，装备保障物流系统是为部队保障服务的，以保障部队的需求为最高目标。因此，保障部队的需要和器材业务人员知识相结合才能为新装备保障物流系统的设计提供合理化建议。

4. 定量分析与定性分析相结合

对装备保障物流系统进行规划分析不仅要进行定量分析，还要进行定性分析。装备保障物流系统分析要遵循"定性—定量—定性"的循环过程。定性和定量二者结合起来综合分析，才能达到优化的目的。

2.3.3 装备保障物流系统规划分析的要素

进行装备保障物流系统规划分析时，必须把握以下几点：明确期望达到的目的和目标；确定达到预期目的和目标所需要的资源条件；建立各种可行方案所需要的模型；计算达到各种可行方案所需要的资源、费用和效益；为选择最优化方案，建立一定的判别准则。因此，装备保障物流系统规划分析有5个基本要素：目的、可行方案、模型、费用和效益、评价基准。

1. 确定问题构成和目的

为了正确获得优化装备保障物流系统方案所需的各种有关信息，装备保障物流系统分析人员的首要任务就是要充分了解建立装备保障物流系统的目的和要求，同时还应确定装备保障物流系统的构成和范围。

2. 探索可行方案

装备保障物流系统分析从系统角度出发，根据初步调研提供的统计数据，分析系统中的相互关系和建设要求，如器材供应商和需求部队之间的关系，物流系统的总体结构中各个子系统之间的关系，物流信息系统建设单元的技术要求和整合要求，物流基础设施规模、位置、功能要求、设施间协调关系等问题。通过确定合理的分析方法，合理实施各种资源配置，寻求解决问题的各种可行方案。

3．建立模型

模型是对实体物流系统抽象的描述，为便于分析，应建立各种模型，借助模型来有效地求得物流系统规划设计所需要的参数，并据此确定各种制约条件。利用模型预测每一个方案可能产生的结果，并根据其结果定量说明各方案的价值与优劣。

4．计算费用和效益

费用和效益是分析和比较物流方案的重要标准。利用模型和其他资料所获得的结果，将各个方案进行定量和定性的综合分析，预测每一个方案的利弊得失和成本效益。同时将各种相关的政治、经济、军事、理论等所有因素合并考虑并研究，获得综合结论。

5．综合评判

综合评判是装备保障物流系统规划分析中确定各种可行方案的重要环节。通过评价标准对各方案进行综合评价，确定出各方案的优先顺序。综合评判一般根据物流系统的具体情况进行。

2.4　装备保障物流系统规划实施控制

2.4.1　装备保障物流系统规划的组织

在装备保障物流系统的规划设计开始前，首先要根据规划的系统类型和规模、系统的实际功能和涉及的管理与技术领域，由装备管理部门来确定组织装备保障物流系统规划的机构与人员结构。其次要根据组织结构安排恰当的人员，以形成为实现装备保障物流系统规划目标而努力的权责角色结构。

装备保障物流系统规划的组织分成两部分：一部分是由装备保障管理业务机关的主要决策者负责的规划领导小组；另一部分是由所要实现的物流系

统中各个相关部门的主要负责人和物流方面的专家、分析咨询人员、工作人员组成的物流规划项目组。其中，规划领导小组的职责在于把握决策方向、制定规划的目标、协调各方利益。具体职责包括计划决策职责、沟通协调职责、管理物流业务职责等，涉及对物流流程各环节的管理与指导、控制物流成本与各项费用支出、预测物流成果、评价物流服务水平、收集和处理物流信息、进行物流管理和控制方法及物流运作的创新和发展等。而物流规划项目组的职责就是按照规划领导小组的指示，完成有关数据及业务的调研和分析工作。物流方面的专家、分析咨询人员起到帮助分析、研究、评估和辅助决策的作用。

2.4.2　装备保障物流系统规划实施的工作流程

装备保障物流系统规划实施过程需要装备管理部门根据我军物流基础设施现状、装备保障物流管理组织机构配置等情况，推动装备保障物流基础设施建设。装备保障物流系统规划实施流程包括 3 个阶段，如图 2-2 所示。

1．计划阶段

军队出台支持装备保障物流系统发展的体系规划、物流网点规划、综合交通规划等相关政策，整合地方物流相关资源，建立装备保障物流管理协调机构，为装备保障物流基础设施的建设和军队物流的快速发展营造良好的政策环境和发展氛围。

2．建设阶段

建设阶段包括硬平台和软平台及相关配套的建设。硬平台方面，主要是建设装备保障物流节点，完善装备保障物流业务平台和信息服务平台。软平台方面，出台推动装备保障物流发展的政策保障体系，挖掘装备保障物流需求，优化配置装备保障物流资源，积极引进物流专业人才和先进技术，保障装备保障物流快速健康发展。相关配套的建设主要包括有关运输资源的确立与协调、相关信息网络的协调等。在此基础上，根据确定的规划系统总进度要求，用多种或某种计划方法制订出具体的工作内容与要求，并具体到各个成员，限定行动方案的完成时间。

3．调整阶段

调整阶段按照规划要求，在实施过程中必须进行目标管理和过程监控，及时收集实施过程中的信息，据此发现问题，及时采取预防措施消除风险。遇到与规划条件不一致的新情况时，应及时根据实施情况，做出停止规划的实施、修改调整规划内容后再实施的决策。这既是现代规划的基本特性，又是动态规划的体现，也是落实规划的必然。

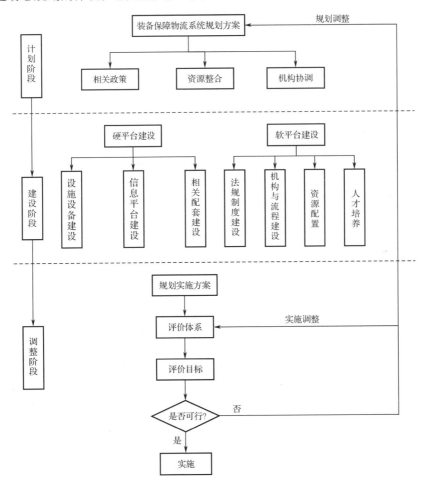

图 2-2　装备保障物流系统规划实施流程

2.4.3　装备保障物流系统规划实施的影响因素

影响装备保障物流系统规划实施的主要因素可以分为内部因素和外部

因素两类。内部因素包括物流技术要素、物流信息要素、物流管理要素；外部因素包括物流网络的范围和规模、网络节点物流能力以及供应链集成程度等。

1．物流技术要素

物流技术主要是指物流装备或物流硬技术。它包括组织器材实物运动存储所涉及的各种机械设备、包装器材、运输车辆、装卸搬运工具和仓库设施等，还包括计算机、通信网络设备等信息技术的硬件设备（我们把信息技术归于信息要素来论述）。物流技术要素是物流能力的基础，物流过程、物流系统是建立在一定的技术基础之上的，先进的物流技术极大地提高了物流的效率和能力。

2．物流信息要素

物流信息要素包括各种信息技术、物流信息系统，以及信息流动和信息可获性、可靠性等因素。物流信息技术是提高装备保障物流保障能力的主要支撑。信息系统对装备保障物流管理提供决策支持。信息在辅助计划、业务管理、器材控制等功能中正变得日益重要，信息可获性不仅影响计划过程，而且影响与装备保障物流表现有关的日常决策，物流能力是高度依赖信息的。物流信息的快速流动能够极大地缩短供应周期，增强对部队需求的快速反应能力。

3．物流管理要素

物流管理是指为组成高效率的装备保障物流系统而进行的计划、实施、控制、权衡过程。装备保障物流管理的核心是库存管理，即是对库存的合理定位和控制。同时要考虑到整个装备保障物流供应链的管理，包括对各种物流设施设备的最佳调配和使用，对物流过程中各种作业活动的整合和衔接管理、组织协调等。物流管理在不改变现有的物流技术装备的情况下，使现有技术基础得到充分的应用和发挥，从而提高物流能力和效率。

4．物流网络的范围和规模

物流系统的结构将不是单一的结构，而是一种纵横交错的网络结构。复杂的装备保障物流网络意味着物流系统中包含更多的平行活动、更多的节点和连线，随着装备保障的转型，装备保障物流系统覆盖的范围更大，保障能力更强。但是，环节太多增加了管理难度，也可能意味着运作效率和灵活性的降低。可见，整体装备保障物流能力不仅与装备保障物流系统网络的结构复杂程度有关，也与装备保障物流系统的规模有关。

5．网络节点物流能力

物流网络的覆盖范围和规模再大，如果网络节点的物流能力有限，那么会在节点造成拥堵，限制整个网络的物流运作效能。在物流系统的各个环节之中，对器材的流动管理包括地理定位、库存决策和控制、安全库存的设定、包装、流通加工等，这不仅对器材保障的物流成本有很大影响，而且对部队维修器材的满足性也有影响，因而，在很大程度上决定了整个物流体系的运作效能。

6．供应链集成程度

供应链中存在供应、需求和节点运作的不确定性。因此，装备保障物流供应链之间要建立起有效的关系就必须使供应链实现一定程度的有效集成，协调一致、相互配合。按照集成化的要求，进行信息集成，协同工作流，提高资源的有效利用率，降低成本，提高节点的物流运作水平。

2.4.4　装备保障物流系统规划实施的控制方法

在装备保障物流系统规划实施中常用的控制方法包括：成本控制法、质量控制法、物流系统审计等。

1．成本控制法

成本控制是为了核实成本支出与项目计划是否一致，如果不一致，就要判断怎样才能消除偏差。在成本控制过程中通常采用以下步骤。

1）职责分配

用明确的职责分配表来明确每个人在项目过程中的责任。无论是出现什么偏差，都可以落实到每个责任人身上。这样便于对偏差以及产生偏差的原因进行追溯和分析。

系统实施管理的精髓之一就是任务分解，指派给合适的人合适的工作，分配各种资源。这样才能高效率、高质量地完成任务。

2）生成累计预算成本

在系统的成本规划中，总预算是分配到每一项任务中去的。一旦每一项工作任务（工作单位或子项目）都有了自己的子预算，就可以根据完成该任务的各个活动所需要的时间（工期），把子预算成本分配到整个工期中去，这样就可以确定在任何工期用了多少预算。把截止到该工期的预算成本汇总而得到的成本，就是累计预算成本（Cumulative Budget Cost，CBC）。累计预算成本是控制项目成本的基准。

3）记录实际成本

实际成本（Actual Cost，AC）就是某一会计期间所发生的实际成本支出。记录项目的实际成本非常有用，把它和累计预算成本相比较，便成为控制和分析项目成本的有效工具。

4）分析成本绩效

要想有效地控制系统的成本，关键就在于经常及时地分析成本绩效（成本绩效法），尽早地发现实际成本和预算成本之间的差异，考察成本的工作绩效，以便在情况恶化之前就能够采取纠偏措施。

2．质量控制法

质量控制是质量管理的主要内容，质量管理的范畴很大，包括了除质量控制以外的质量政策、质量目标、质量保证、质量审计、质量规划等内容。

装备保障物流系统质量控制是要保证物流系统规划目标的实现。物流系统规划实施中的质量控制是保证系统每一阶段的输出都满足全局的质量标准和质量计划，并以此确保整个系统最终质量的实现。

3．物流系统审计

从本质上看，系统审计就是一种项目评估。通常称为项目审计（Project Audit），它是一种对项目的各个方面进行规范化详查的方法。习惯上经常把"审计"一词同详查一个机构的财务状况相联系，但事实上，项目审计要比财务审计的内涵更广，它几乎涉及项目主管关注的所有问题。

物流系统审计或称为物流系统评估，是指按一定的标准对物流系统项目的进展和表现进行评估，以发现存在的问题，从而为物流系统实施管理中的各种决策提供依据，这里的标准可以是物流系统规划实施的成本、进度和绩效计划等。因为物流系统实施过程的复杂性，实施系统的审计控制是很有必要的。

物流系统实施项目审计的方法主要有：

（1）检验。指运用审阅、比较、盘存、调查等专门方法，证明物流系统物理架构上所有硬件设施是否已经建设完好，物流信息系统网络环境是否畅通；核实系统的建设成本、维护成本与收益，比较系统功能与预计目标之间的对应程度，评估目前系统利用的范围与深度；获取内部员工与外部用户对系统满意度等指标数据。

（2）评估。指在检验的基础上，引用同行业其他物流系统建设应用的经验教训，围绕物流系统建设的趋势，结合专家意见和实际情况，对该物流系统的经济性、效率、效益进行评估。包括对其投资成本—收益的评估、数据质量的评估、系统设计先进性的评估、系统功能实施程度的评估、系统实施效果的评估等。

（3）咨询。在评估的基础上，结合物流系统规划实施中存在的问题或不完善的环节，提供经济适用的解决方案，为系统的改善升级和未来发展规划提出建设性意见。

2.5 装备保障物流系统规划的评价

2.5.1 装备保障物流系统规划评价的意义

装备保障物流系统规划评价，是指以装备保障的目标为牵引，建立装备保障物流系统规划评价指标体系，运用统计和运筹学的方法，通过定性和定量分析，对装备保障物流系统在一定期间内的运作效能，做出客观、公正和准确的综合评估。

有效地对装备保障物流系统规划进行合理评价，对物流系统运用的各种资源、物流系统运作的效率与物流系统建设的目标进行比较，从而为更好地规划装备保障物流系统提供决策基础。具体的评价意义如下。

一是能够对装备保障过程中的物流运作效率和物流能力做及时的了解和判断。

装备保障物流系统规划评价的过程就是对其保障过程和运行结果进行价值判断的过程，通过对各种指标的统计和计算，反映物流系统内部的运作管理状况；并将统计的结果与评估目标、装备保障整体战略规划目标和保障物流体系发展水平进行全方位的比较，从而客观、全面、公正地判断现行装

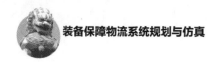

备保障物流系统的运作能力、发展潜力和综合保障能力，并据此制定或改进今后的物流规划发展战略。

二是能够对装备保障的一切物流活动环节进行监督和控制。

对装备保障物流系统规划进行评价可以追踪其物流活动目标所达到程度，并做出度量，对已发生的物流活动进行评估。其作用是为规划和决策者提供关于物流系统运作效果的真实信息，以便利用这一信息修订装备保障物流系统的建设和运作策略。

三是有利于正确引导装备保障物流系统的运作流程和实施程序。

装备保障物流系统规划评价包括了器材保障能力、基础管理水平、成本绩效、安全风险、创新发展能力等多方面的评估内容，可以全面系统地剖析装备保障物流系统运作效能和长远发展的诸方面因素，促使将装备保障物流系统的近期目标与长远目标结合起来。

总之，开展装备保障物流系统规划评价有利于装备保障物流系统的科学管理和合理规划，提高整体管理能力和保障能力。只有把装备保障物流系统规划评价与科学合理的创新规划有机结合起来，才能更好地满足装备保障的需求，为信息化条件下的现代作战提供强有力的保障。

2.5.2 装备保障物流系统规划评价的步骤

装备保障物流系统规划评价涉及内容多，其工作流程如图2-3所示。

1. 明确评价前提

首先，须明确评价立场，即明确评价主体是系统使用者还是规划者，这与评价目标的确定、评价指标的选择等都有直接的关系。

其次，要明确评价的范围和时期，即评价对象涉及哪些范畴和部门，评价处于系统实施的哪个时期。不同时期的评价目的和要求各不相同，其评价方法也不完全一样，一般由定性分析过渡到定量分析。

2. 研制评价指标体系

首先要明确评价目标，这是评价的依据。目标是分层次的，可分为总目标和具体目标。目标结构确定后，就要建立评价指标体系。评价指标可以说是目标的具体化，应根据具体目标设立相应的评价指标。

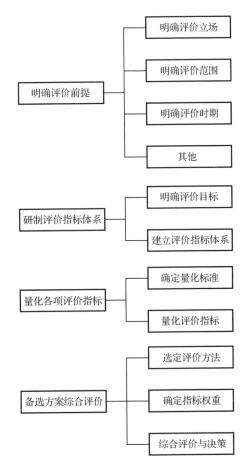

图 2-3 装备保障物流系统规划评价工作流程

3．量化各项评价指标

要量化各项评价指标，需要确定相应的量化标准。每项评价指标都应有详细的评价标准，对于可用成本、时间、器材保障率等可衡量的指标，可进行定量的分析评价。对每项评价指标，均需确定计算方法，并对评价标准做恰当的说明。评价标准确定后，就可根据该标准对评价指标评分。在确定评价指标的量值时，可采用直接定量、模糊定量或等级定量等方法，视具体指标的特点分别加以应用。

4．备选方案综合评价

首先，需选定综合评价方法，即根据各指标间的相互关系及对总目标的

贡献确定各项指标的合并计算方法。然后，按选定的合并方法计算上层指标的值。如果评价指标体系有多个层次，则逐层向上计算，直到得到第一层次指标值为止，并据此排出备选方案的优先顺序，进行分析和决策。

2.5.3 装备保障物流系统规划评价的指标体系

装备保障物流系统规划评价的指标体系主要包括业务评估指标体系和综合评估指标体系两大类。

1. 业务评估指标体系

装备保障物流系统业务评估是从物流系统的主要功能因素考虑的，着重于活动和过程与作业目标的角度。装备保障物流系统的功能要素包括计划制订、合同执行、仓储控制、信息化程度、包装配送、装卸搬运以及流通加工等，其中计划制订（申请与供应）指标体现了装备维修器材保障部门对器材需求的掌握程度，以及对基于训练任务的器材消耗规律的把握，也体现了机关对全军器材库存、订货经费、订货品种的掌握程度。合同执行指标体现了器材订货后供应商的整体供货水平和能力，仓储控制指标体现了器材到货后仓库存储和收发水平及能力，是装备保障物流系统的主要功能，因而在装备保障物流系统中处于主要功能要素的地位。另外，物流信息贯穿整个装备保障物流过程中，信息系统在装备保障物流系统中起着中枢神经系统的作用。因此，本节以合同执行、仓储控制、信息化程度为对象阐述装备保障物流系统运作效能的评估指标的建立。

1）合同执行指标体系

合同执行是装备保障物流系统的一项重要活动，主要解决器材从生产工厂到物流中心的运输配送问题。合同执行是指器材生产工厂按照合同完成器材生产并将器材运输至指定装备保障物流中心的情况。其主要目的就是要以指定的时间和最可靠的方式完成器材的生产和供货任务。具体进行分析与评估时，应依据生产与供货活动评估标准，保证器材生产与运输供应数量准确、质量良好、供货及时；要求充分提供并合理利用生产运输资源，以提高合同执行能力；同时，还要满足战时供货与运输要求。因此，合同执行的评估指标应考虑合同完成率、供货准时率、途中缺损率和器材合格率 4 个方面的因素。

① 合同完成率：指实际完成量与筹措合同规定的器材量的比值，反映

了合同执行数量情况。

$$合同完成率 = \frac{已完成的器材数量}{合同规定的器材量} \times 100\%$$

② 供货准时率：与最短时限运输问题有关。准时运送是器材流转通畅的保证，准时运输率就是对运输供应环节的评估，反映了运输调度的效率。

$$供货准时率 = \frac{供货运送准时次数}{供货运送总次数} \times 100\%$$

③ 途中缺损率：体现了器材供应过程的可靠性。显然，避免丢失损坏是用户和运输供货方的共同要求。

$$途中缺损率 = \frac{器材途中丢失量 + 器材途中损失量}{供货运输量} \times 100\%$$

④器材合格率：体现了器材供应过程的质量状况。该指标可以通过到货器材质量检验得到，反映了合同商器材生产的质量。

$$器材合格率 = \frac{订货器材总量 - 不合格器材量}{订货器材总量} \times 100\%$$

2）仓储控制指标体系

仓储控制是指对器材的存储与管理，它包括提供存储和周转器材的一系列保障服务。仓储控制是装备保障物流系统运作过程中的关键节点，担负着器材收发、存储、保养、控制等多项业务职能。结合仓储活动的特点，给出以下量化指标。

（1）收发作业能力因素指标。

① 收发差错率。

$$收发差错率 = \frac{出现差错的总量}{总吞吐量} \times 100\%$$

式中，出现差错的总量包括因验收不严、责任不明确造成错收、错发的物资总量。

② 库存周转率：评估器材在入库分拣、存货保管、发货配送等环节的管理状况的综合性指标。库存周转率在反映器材保障效率及库存占用水平的同时，也反映物流系统的内部运作状况。

$$库存周转率 = \frac{期内配送单位量}{期内平均单位库存量} \times 100\%$$

式中，期内平均单位库存量是指年初库存量与年末库存量的平均值。

（2）仓库资源利用水平因素指标。

① 设备利用率：反映仓库能力的利用情况，因器材的接收量、存储量、

发放量而异。

$$设备利用率 = \frac{全部设备实际工作时数}{设备工作总能力（时数）} \times 100\%$$

② 仓容利用率：反映仓库能力的利用情况和仓库规划水平的高低，因器材的性质、保管的设备及器材的放置方式和库存管理方法而异。

$$仓容利用率 = \frac{期内仓库平均库存量}{最大库存量} \times 100\%$$

（3）仓储质量水平因素指标。

仓储质量是指器材经过仓库存储阶段，使其满足部队需求的程度。反映仓储质量水平的指标主要是器材完好率。

$$器材完好率 = \frac{期内仓库平均库存量 - 期内损坏、变质的器材总量}{期内仓库平均库存量} \times 100\%$$

式中，期内损坏、变质的器材总量包括由于保管条件或保管方法不恰当或没有及时进行维护保养或保养不善及其他原因造成的器材损失量。

（4）战时保障能力因素指标。

反映仓库战时保障能力的指标是仓库应急保障率，主要反映仓库战备器材保障能力，能否在有限的要求时间内完成所需器材的分拣配送。由于战争是突发的，而且持续时间不能精确把握，因此，必须储备一次作战所需的所有器材，不仅要种类全，而且要分类集装化存储。

$$仓库应急保障率 = \frac{满足应急所需的次数}{应急保障总次数} \times 100\%$$

3）信息化程度指标体系

在计算机技术和网络信息技术日益发达和广泛应用的今天，信息化已经成为现代物流技术应用的重要方面。装备保障物流系统的信息化程度是指物流体系信息网络的建设、信息资源的开发和信息技术的充分应用，从而实现人力、财力和物质资源的优化配置。物流信息不仅对物流活动具有支持保障的功能，而且具有连接整合整个装备保障物流系统使其运作效率提高的功能。因此，提高物流信息化水平，提供迅速、准确、及时、全面的物流信息，是建立高效装备保障物流系统的必要条件。

信息化程度评估应注重科学性、实用性、可比性、可操作性和通用性。本节从物流系统信息技术水平、信息管理水平和信息安全性3个方面的因素来构建装备保障物流系统信息化程度的评估指标。

（1）信息技术水平因素指标。

信息技术在现代物流体系中有很多方面的具体应用，根据装备保障物流系统的实际情况及其特点，可以从以下两个方面进行定性评估。

① 信息基础设施水平。

信息基础设施水平是物流体系信息化水平的基础。衡量装备保障物流系统的信息基础设施水平，主要考虑其拥有的计算机数量、网络性能水平（网络带宽、数据流量、服务器容量等）等方面。

② 信息共享度。

信息的透明共享是判断一个物流系统效益的重要标准。信息共享度是指装备保障物流系统内部各环节的信息互相传递和共享的程度。具体体现为：可以利用网络直接进行内部各业务网络之间和与用户之间的联系，并且可以通过网络随时了解各种的信息，如器材库存信息、在途状态信息等。

（2）信息管理水平因素指标。

物流系统信息管理水平可以通过信息传递及时率和信息传递准确率指标来进行评估。

① 信息传递及时率：反映物流系统内部各个运作环节之间传递信息的及时程度。信息只有按时到达，物流系统的各个运作环节才能及时沟通。

$$信息传递及时率 = \frac{信息传递及时次数}{信息传递次数} \times 100\%$$

② 信息传递准确率：反映物流系统内部各个运作环节之间传递信息的准确程度。信息传递准确率越高，越容易提高物流系统内部业务流程的效率。

$$信息传递准确率 = \frac{信息传递准确次数}{信息传递次数} \times 100\%$$

（3）信息安全性因素指标。

信息安全性反映物流系统内部信息传递的安全程度。信息安全性程度的提高对于物流系统风险的降低、物流系统效率的提高都有显著的影响。可以通过信息加密技术水平指标进行定性评估。

信息加密技术水平：通过对信息的加密，可以保护信息传递的安全。装备保障中所涉及的信息虽然不如作战信息那样关键，但也有一些信息（如保障时间、保障地点、器材数量等）暗含着某些作战信息。对信息加密后，即使被敌方侦获到信息数据，也由于无密钥而无法知道其中的信息。

2．综合评估指标体系

1）用户服务水平指标体系

从物流的角度来分析，用户服务是物流系统所有物流活动或物流系统过程的产物。用户服务可以定义为：发生在供应方、需求方及物流服务提供方之间的一个保障过程，这个过程使保障器材和物流服务实现增值，而这种增值意味着供需双方都获得了更多的价值。因此，用户服务水平是衡量物流系统为用户创造时间和空间效应能力和价值的尺度。对用户服务水平的评估可从以下几个方面进行。

（1）服务质量因素指标。

部队满意率：部队对器材保障服务质量进行登记，通过对一年的器材保障服务质量进行统计，确定部队的满意程度。该指标是对器材保障服务质量的总体评估。

$$部队满意率 = \frac{满意服务次数}{年总服务次数} \times 100\%$$

（2）服务可靠性因素指标。

安全交货率：可以通过检查每次交货的质量进行统计。安全交货率满足用户要求，说明器材保障物流系统的运作可靠性强。

$$安全交货率 = \frac{按规定质量交货次数}{总交货次数} \times 100\%$$

（3）应急保障能力因素指标。

应急需求处理时间：指的是对用户应急订货的处理时间，它反映了器材保障服务的灵活性与机动性。不同的作战样式需要消耗器材的数量和种类不同，如何才能反映应急保障效率水平：只要能够在用户规定的时间内处理，就满足了用户的需求。因为对于部队这样特殊的用户，时间就是一切！通过统计应急需求处理时间满足用户需求的次数就可以有效地反映装备保障物流系统应急保障能力。

2）管理水平指标体系

装备保障物流系统不仅要在体系内部完成各项物流功能，而且要进行有效的物流管理活动，将各项物流功能有机衔接起来，实现高效的物流系统运作，提高物流管理水平和控制能力，为计划、筹措和采购提供有效支撑。因此，不仅要对装备保障物流系统的服务水平进行评估，还要对物流管理水平进行评估，具体包括计划管理、安全管理、人员素质3个方面的因素。

（1）计划管理因素指标。

保障率：指在一定的期间（一年）内，实际完成的器材保障次数占计划内所需的器材保障次数的比例。此项指标反映了装备保障物流系统内部的分析预测能力以及计划执行能力。

$$保障率 = \frac{期间实际完成的器材保障次数}{期间所需的器材保障次数} \times 100\%$$

（2）安全管理因素指标。

安全作业率：对于物流系统的整体运作而言，安全作业是一个基本而又至关重要的管理目标。因此，引入安全作业率指标来反映装备保障物流系统内部的安全管理水平是比较合理的。采用一定期间内物流作业中发生意外的次数来衡量此项指标。

（3）人员素质因素指标。

人员培训比率：通过对人员进行不同层次的专业培训，提高领导层的组织管理能力、操作层的技术运用能力。不同层次人员的相应素质提高了，自然而然在管理水平上也会得到一定的提高。

$$人员培训比率 = \frac{定期内进行培训的人员数}{总工作人员数} \times 100\%$$

需要进一步指出的是，在进行装备保障物流系统评估研究时，评估者要结合实际情况，对上述指标进行增加、删减或细化，以便找到更适合、更完善的指标体系。

为了能综合评价系统总的效用，需要对评价指标体系的每一条指标进行量化。常用的系统评价指标量化方法有排队打分法、体操计分法、专家评分法、两两比较法、关联矩阵法等，这些方法能帮助评价者方便地进行指标的量化。

第 3 章

装备保障物流系统规划

筹措、储存与供应是装备保障物流系统的主要功能。目前,我军各级物流中心基本都具备了一定的器材储备能力,筹措与供应的完善和能力提高是我军建设的主要内容。充分利用现代物流和信息管理技术,将装备器材生产企业、各级器材保障机构和保障对象(部队用户)连接为一个有机的整体,通过对系统各个物流环节、各个子系统功能的系统整合,对系统中的物流、信息流进行优化,使得系统内部相互协调,形成一个低成本、高效率、适应性好、具有敏捷性感知与响应的系统,能够为部队提供"适时、适地、适量"的器材保障,是装备保障物流系统建设的一项重要工作。

本章从业务流、物流、信息流等方面系统地对基于筹措供应协调决策中心的装备保障物流系统进行了建设规划。

3.1 装备保障物流系统筹供现状分析

目前,军队施行的是"专业分割、多头管理"的组织结构,器材保障采取的是机关"统一筹措、逐级供应"的保障体制,尽管这种分散、局部的管理有利于各功能环节、各专业的建设与发展,但从系统的角度看,由于缺乏整体性、系统性,往往造成各功能环节的盲目发展、各专业的盲目建设,不利于各功能环节之间、各专业之间的衔接与协调,从而造成资源浪费,不能发挥系统的整体效能。

3.1.1 装备保障物流系统筹供流程

装备器材筹供工作的衔接主要由各级器材管理部门和各级物流中心仓库完成,在现有保障模式下,器材需经逐级申请、统一订货、逐级供应,才能最终到达使用部队。按照器材供应的时机不同，供应流程可分为年度批量供应和临时请领两个方面，基本上是采用一年供应一次（年度批量供应）为主和一次补充供应为辅的办法，特殊需要时，可临时请领器材。

1．器材年度批量供应流程

器材年度批量供应流程如图 3-1 所示，对于年度批量供应，部队库存和器材申请等信息逐级上报至全军机关，并由全军机关依据部队需求和经费情况向工厂订货；工厂依据订货合同组织生产并向全军物流中心供应器材；全军机关根据战区器材申请及其库存水平，结合工厂生产情况，制订分配计划；全军物流中心根据分配计划将器材供应到区域物流中心或基点物流中心，并向全军机关反馈分配计划的执行情况。基点物流中心（队属仓库）接到器材后即可开展本年度的维修保障工作，并在年末向部队机关上报消耗及库存情况，进而产生下一年的器材申请。

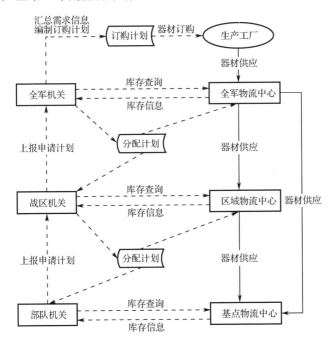

图 3-1　器材年度批量供应流程

2．器材临时请领流程

对于临时请领的器材，其基本保障流程如图 3-2 所示。

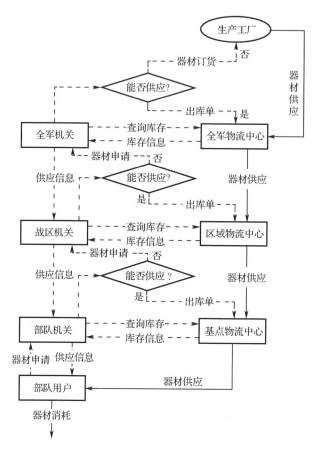

图 3-2　器材临时请领流程

图 3-2 所示是一种比较典型的供应方式，即下级单位向上级单位提出申请，上级单位检查本级库存，如果库存可以满足需求，就由本级仓库供应所需器材，如果库存不足，就向更高一级单位进行申请，更高一级单位再检查本级库存，如此往复，最终向生产厂家订货，满足部队器材需求。

3.1.2　现行装备保障物流系统筹供流程中存在的主要问题

通过对上述现行装备器材筹供流程的分析可以看出，目前军队的器材保障基本上是采用"信息逐级汇总、器材逐级供应"的运行模式。随着时代的发展，这种依托传统"数量规模型"的器材保障模式已经难以满足部队维修保障任务的需求，暴露出许多问题。

1．缺乏信息共享，信息集成化程度低

目前，由于器材筹供信息化集成度偏低，信息不能共享，从而导致工作效率低下，需求变异放大严重。器材筹供信息分散在不同的物流环节和不同的职能部门，信息的流动以"串行"的方式进行，物流系统的下游节点需求只有在上游节点的活动完成后才能予以响应，保障需求和保障响应之间存在着巨大的"时间差"和"信息差"。例如，器材申请是由修理分队开始逐级汇总上报直至全军机关的，受"牛鞭效应"的影响，机关获得的需求信息往往是基层实际需求变异放大的结果，需求信息的准确性难以得到保证。近年来，尽管装备器材保障信息化水平有了较大的提高，但信息处理手段仍较为落后，没有完全形成供应保障信息网络。一是大多数单位仍是手工作业模式，器材的申请、补给依然采用年初预算请领、信息逐级上报的方式，从而导致工作效率低、重复性工作多、信息逐级变异放大等问题。二是缺乏规范的信息标准和统一的系统规划，使器材保障的各系统之间不能实现数据的同步传输和信息资源共享。三是信息传递效率低，缺乏有效及时的信息反馈，使得装备机关不能全面及时地掌握现有的器材保障资源和器材需求的变化情况，无法实施及时有效的器材保障调控，难以实现精确、高效保障。

2．供应周期长，需求响应慢

从用户提出申请到器材供应至使用部队所需的时间即为物流系统的响应周期。装备保障物流系统以满足修理分队器材需求为目标，器材的供应需要经过工厂生产、各级物流中心的储存和供应，最终才能达到分队。据调查统计，在整个供货周期中，大量时间花在了信息处理、订货处理、运输及仓储等待上，尤其是仓储等待时间占整个物流周期的 40%～50%。在现行的保障条件下，器材逐级申请，导致申请环节过多，信息传递不畅，需求信息不准确；器材逐级供应，导致供应环节过多，供应周期长，器材回流现象严重。在器材筹措与供应系统的实际运行中，部队从提出需求到获得上级器材补充往往需要一个月以上的时间，而这种需求反映到生产厂家往往是半年甚至一年，而器材生产完毕后，先由各生产厂家运抵全军物流中心再向各战区进行逐级分发，直至修理分队。这一过程中出现了大量的器材回流现象，既增加了运输费用又延长了供货周期，无法满足器材保障的时效性要求。

3. 缺少有效的合作协调机制

装备保障物流系统在建立有效的合作协调机制方面有待加强。一是目前器材保障体系采用逐级申请、分级供应的管理体制，缺乏有效的调剂供应机制，不能充分地协调和利用现有资源，使得装备保障物流系统整体效率低下；二是军方与器材生产企业尚未形成协作伙伴关系，导致器材质量不能得到很好的控制，器材生产、储存、运输过程中的风险不能共同担当，器材采购的价格不能随市场变化进行调整，价格过高导致军队采购成本上升，价格过低导致生产积极性受影响。

4. 缺少对社会资源的充分利用

长期以来，装备保障都是纵向一体化管理模式，承担了过多的社会保障职能。各种保障基本上都是自我封闭、自成体系的，没有充分发挥地方各种资源的优势，没有很好地实现军地双方优势互补、强强联合，没有突出装备保障部门的核心业务，而是使部队甚至一个单位都形成了无所不包、无所不管的自我经营管理模式。这种自我封闭的保障模式，割裂了部队与社会的联系，看不到大量廉价又丰富的社会资源，只能使器材保障投入的人力、资金更多，而效率更加低下。

因此，为进一步适应军队转型建设、新型装备大量研制与使用和装备维修保障的需要，装备器材保障建设必须总结、梳理、深化和推广原有成果，系统规划新型装备保障物流系统，从而进一步推动装备器材保障的整体建设。

3.2 装备保障物流系统规划的目标

装备保障物流系统规划的目标可以概括为：充分利用计算机网络和信息管理技术，将器材生产企业、各级器材保障机构（包括保障机关和物流中心）和保障对象（部队用户）连接为一个有机的整体，通过对系统各个物流环节、各个子系统功能的系统整合，对系统中的物流、信息流进行优化，使得系统内部相互协调，形成一个低成本、高效率、适应性好、具有敏捷性的系统，为部队提供"适时、适地、适量"的器材保障。

3.3　基于筹供中心的装备保障物流系统总体规划

基于筹措供应协调决策中心（简称"筹供中心"）的装备保障物流系统，是依据系统集成的观点，针对现行物流系统中存在的主要问题，以实现系统整体的最佳保障效益为出发点和最终目标，对器材保障的功能要素进行优化组合，形成以筹供中心为核心的集成化、一体化系统。该系统结构如图 3-3 所示。

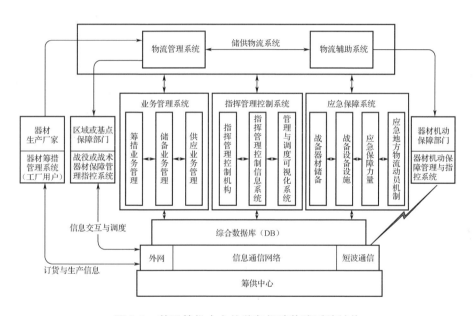

图 3-3　基于筹供中心的装备保障物流系统结构

应用系统集成的理论思想，以综合数据库与筹供中心为基础，将装备保障物流系统划分为彼此独立又相互紧密联系的系统组成。基于筹供中心的装备保障物流系统主要由 7 个功能模块组成，即：筹供中心、储供物流系统、业务管理系统、指挥管理控制系统、应急保障系统、综合数据库和高速通信网络。重组后的装备保障物流系统进一步整合了军队现有的器材保障资源，改变传统的各自为政的体系结构，使之更趋合理化，形成精干高效、一体化的装备保障力量。

3.3.1 筹供中心

筹供中心由军队机关器材保障部门抽调的器材管理和业务人员组成，履行信息中心和决策控制中心的职能，在全军层次上总体规划器材的筹措、储存和分配供应等业务，协调控制平/战时的器材保障。筹供中心的具体职能包括以下几个方面。

（1）信息管理。筹供中心通过适时掌握各级部队的需求、各级仓库的库存情况和消耗情况，以及军工厂的生产情况，为全军提供筹措与供应的决策依据，同时适时监控各级仓库器材储存情况和库存控制水平。

（2）筹措管理。筹供中心通过接收各级部门的器材申请计划，并依据各级部队的器材库存情况和年度训练任务，制订全军器材筹措订购计划，实施全军器材筹措工作。

（3）供应管理。筹供中心通过统一计划、协调和组织全军器材的供应和调剂任务，负责全军装备器材筹措供应的结算，制订全军装备器材保障支援预案。

（4）协调控制。筹措中心通过积极协调有关部门，落实年度订货合同，执行订货价格分析与审查，控制器材交货进度和质量等。

3.3.2 储供物流系统

储供物流系统包括物流管理系统和物流辅助系统两个方面，主要功能是构建网络化物流保障模式，实现网络化的器材保障。通过在整体上优化整合储供物流中心，规划各级仓库的自动化储供能力建设、设备设施建设以及运输渠道与手段建设等内容，实现高效、精确的器材储供物流活动。

储供物流系统是装备保障物流系统的核心模块，合理规划储供物流系统是装备保障物流系统整体规划的核心目标。

3.3.3 业务管理系统

业务管理系统由筹措业务管理、储备业务管理和供应业务管理3个部分组成，主要功能是规划各级器材仓库、器材保障机关和业务管理部门的器材筹措、储备及分配供应等业务。通过构建的筹供中心，对系统中的信息进行集中和共享，并对信息进行统计、分析和处理，为保障计划的生成提供辅助决策支持，实现物流系统中保障信息的数字化存储、网络化传输、集成化处理和智能化决策，提高装备保障业务管理的信息化水平。

业务管理系统为完成准确的器材筹措、储备和分配供应提供精确的信息流，是装备保障物流活动顺利实施的保证。

3.3.4　指挥管理控制系统

指挥管理控制系统包括指挥管理控制机构、指挥管理控制信息系统以及管理与调度可视化系统 3 个分系统。该系统主要规划装备保障指挥控制机构的建设；通过信息基础设施建设、信息网络建设，规划装备保障指挥信息系统建设；通过构建管理与调度可视化系统，实现器材保障"在筹""在储""在运"资源调度信息的全维可视、全程可控。

指挥管理控制系统主要依托业务管理系统提供的准确信息，完成对器材保障的指挥调度，是器材保障物流活动顺利实施的关键。

3.3.5　应急保障系统

应急保障系统建设主要包括战备器材储备优化、战备设备设施建设、应急保障力量建设与应急地方物流动员机制建设 4 个方面。

应急保障系统主要完成战时或应急条件下器材保障资源的调度和保障力量的调配，是实施战时应急器材保障的依托。

3.3.6　综合数据库

物流系统综合数据库主要存储 3 类数据：一是基础数据，是指在系统运行过程中主要为各功能模块提供基础的数据；二是业务数据，是指为完成器材保障业务处理功能所必需的数据；三是综合数据，是指通过系统集成，能满足各级器材保障部门指控决策所需的数据。

3.3.7　高速通信网络

物流系统中节点之间的通信，一方面，可以依托全军综合信息，实现全军物流中心与战区、战术器材保障部门之间信息的集中和分级管理，以及全军物流中心与器材生产厂家之间的订货与生产信息的交互；另一方面，依托无线通信网络实现与器材机动保障部门之间信息的实时传输。这样，依托高速通信网络形成了物流系统内外部信息的无缝对接和交换。

信息化条件下，随着高速网络通信技术的不断发展，借助网络化的信息

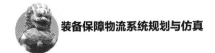

系统，可以实现修理分队乃至单个平台、单兵的器材保障需求信息直接传送到有决策权力和执行能力的保障部门（筹供中心），大大缩短了保障信息的流程和传递时间。特别是随着保障资源"可视化"系统的研发和应用，保障机构掌握动态保障信息的能力空前提高，应用 GPS/北斗、GIS 技术的物流信息管理系统，不仅能够大大提高器材物流运输的效率，使器材运输动态过程管理得到有效保障，而且能够使器材保障物流的信息得到高效、安全的管理和应用，有助于提高器材保障的实时性和有效性。

3.4 储供物流系统规划

装备保障储供物流系统建设，一是要改变传统的逐级保障为网络化保障；二是通过加强物流中心自动化建设与改造，提高物流中心的作业能力和管理能力；三是通过加强运输渠道和手段建设，形成多样化的保障方式，提高运输保障能力。

3.4.1 并行物流流程规划

基于目前的由上至下逐级"串行"器材保障业务流程，在信息化水平、管理协调、储存和供应效率等方面存在信息失真、协调困难和效率低下等弊端，已成为制约信息化条件下全军器材保障能力提高的瓶颈，因此，构建了基于筹供中心的装备保障物流系统。

由军队机关及各战区、物流中心抽调的部分器材保障管理及业务人员组成的筹供中心，通过高速通信网络对装备保障物流系统内的信息流进行收集处理、协调控制，实施装备器材保障指挥调度和协调决策等职能。通过建立筹供中心，将改变传统的按部门（或按专业）划分的装备保障模式为新的按功能划分的物流模式。构建的基于筹供中心的装备保障业务流程，如图 3-4 所示。

如图 3-4 所示，各级器材管理机构通过通信网络实现器材业务信息的上传下达，同时与生产工厂和各级物流中心之间进行器材申请与调拨等信息交互，信息汇总至筹供中心，筹供中心经过分析处理，发出调拨信息，最终通过第三方物流和部队输送两种方式实现器材保障资源在生产工厂、各级物流中心和部队之间的物流。筹供中心是装备保障物流系统运作的核心，总体规划装备保障业务，协调控制平/战时的装备保障，并承担全军装备器材的筹措、供应任务。

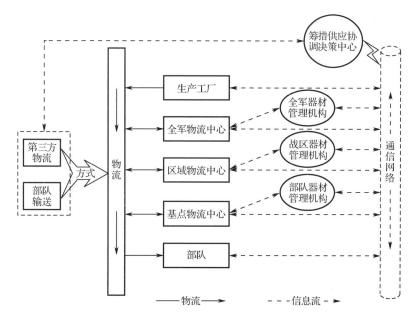

图 3-4   基于筹供中心的装备保障业务流程

　　基于筹供中心的装备保障业务流程也是全军统一调度、资源共享的一体化、网络化的"并行"装备保障业务流程。通过构建以筹供中心为核心的装备保障业务流程，将筹供中心、各级器材管理机构、生产工厂、各级物流中心、部队等供应环节有效集成，形成一个有机的整体。

　　一方面，通过对装备保障物流系统中的信息流的合理规划，使各保障实体能够共享信息，实现对系统中信息流的有效协调与控制，以及信息流的实时、快速、准确传递，形成"精确"信息流。

　　另一方面，改变目前基于职能的装备保障物流系统结构，把装备保障物流的采购、生产、加工、包装、储存、运输、配送以及回收等供应保障环节和过程连成一体，通过流程重组，集成各个环节，精简不必要的供应层次和中间环节，降低装备保障物流运作成本，形成"效益型"物流，提高装备保障物流系统的保障能力和效率。

　　同时，加强装备保障物流环节中的生产厂家、各级器材管理机构、各级物流中心以及部队用户等实体之间的合作和支持，扩大联供、通供范围，拓展装备保障渠道，整合各种资源，促进各实体间的同步协调运行，实现业务流程跨实体无缝连接，从而提高整个物流系统中物流、信息流和资金流的通畅和快速响应，使所有与装备供应流程相关的人员、技术、组织、信息及其

他资源有效地集成，形成全局最优。

依托筹供中心进行统一的器材筹措、储存、分配和供应，一方面使机关业务人员从繁杂的器材业务中解脱出来，将精力重点放在物流系统整体运作的协调控制上；另一方面提高了器材保障的科学性、规范性和时效性。另外，通过建立基于筹供中心的装备保障物流模式，改变传统的按部门（或按专业）划分的保障模式为按功能划分的模式，使之更趋合理化。该模式的建立具有以下特点。

（1）基于筹供中心的装备保障物流模式可以实现装备保障物流系统所有节点之间信息的实时共享。这些信息都是反映物流系统内外实际状况的原始信息，因此，克服了因信息的逐级传递造成的"牛鞭效应"。同时，当局部节点出现意外或保障需求发生变化时，信息的实时共享保证这种信息可被瞬间传送到整个物流系统，使各节点能够及时调整自己的状态，并同步做出反应，提高了物流系统整体的快速反应能力。

（2）基于筹供中心的装备保障物流模式为所有节点提供了一个信息交流的场所。筹供中心的建立可以使这些在物理上处于分散的节点，共同对某些问题进行探讨和决策，这样就使物流系统由原来分散决策的分散系统转变为一个集中决策的集中系统，从而大大提高了物流系统的整体协调能力。

（3）基于筹供中心的装备保障物流模式提高了系统处理信息的速度和质量。通过构建的筹供中心可以为物流系统内的各个节点提供其需要的信息，各节点可以根据所得到的信息调整自己的计划安排，从而使得物流系统能够更好地保持自身平稳运行状态。

（4）基于筹供中心的装备保障物流模式增强了物流系统的开放性和伸缩性。当面对外部需求者（主要是作战部队）需求结构的变化时，物流系统可以针对外部环境和任务的变化不断进行调整，从而适应新的变化。

（5）筹供中心是物流系统内的一个独立节点，它不受物流系统中某一具体节点的控制，也不受节点间利益冲突的影响，具有一定的独立性，这种独立性能够保证信息的透明度和信息流运行的稳定性。

3.4.2　网络化保障机制规划

物流网络化包括网络构建和网络运用两个方面。网络构建包括网点布局与机制建设；网络运用包括优化器材储备布局、构建多级联合库存的管理体制等。

建立以筹供中心为信息中心，生产工厂、全军物流中心、前伸的方向仓库（区域物流中心）与队属仓库（基点物流中心）为节点的网络化物流保障机制。筹供中心通过对器材消耗规律的准确分析和器材需求量的确定，制订科学的筹措计划；依托全军物流中心，负责全军的器材保障；依托方向仓库，实施对相应方向的保障任务；队属仓库实施伴随保障。通过网络构建，实现由传统的纵向"树状"保障机制向横向"网状"保障机制的转变，如图 3-5所示。

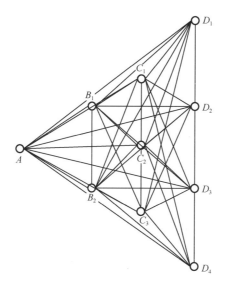

图 3-5　器材保障网络化结构拓扑图

　　在图 3-5 中，A 代表生产工厂，B_i 代表全军物流中心，C_i 代表方向仓库（区域物流中心），D_i 代表队属仓库（基点物流中心）。在这种网络化保障模式下，生产工厂通过筹供中心了解需求信息，做到准确生产，在特定条件下参与直达供应保障；生产工厂（A）与全军物流中心（B_i）在筹供中心的统一计划、协调、管理和控制下，完成对各重点区域的方向仓库（C_i）的资源调度和保障，特殊条件下，以直达供应的方式，向队属仓库（D_i）实施应急保障；各全军方向仓库向下一级队属仓库提供保障。同时，在筹供中心的协调控制下，各全军物流中心之间、方向仓库之间以及队属仓库之间按照任务需求也可以实现应急器材保障与调剂任务。

　　网络化物流保障机制下，每个全军物流中心可向不同的区域物流中心提供保障，而每个区域物流中心可同时依靠不同的全军物流中心，每个区域物

流中心可同时为不同的基点物流中心实施保障。通过构建这种网络化的物流保障机制，可以减少器材保障不必要的中间环节，提高了保障的效率和效益。

依托筹供中心的统一协调和控制，统一进行器材的筹措、储存、分配和供应管理。首先，筹供中心通过高速通信网络提供的信息流实时掌控各级物流中心、器材保障机构以及部队的器材消耗和库存情况，并对信息进行分析处理，在掌握供应商生产能力的基础上，制订器材筹措计划，器材管理部门按照筹措计划进行器材的采购和订货；然后，在筹供中心的统一控制下，按照各级节点的器材需求，确定器材分配计划、调拨计划和供应计划，并依据计划实现器材资源的网络化保障，以满足部队的训练和作战需求。同时，筹供中心可以通过保障过程中的反馈信息，对物流系统的整体运作情况进行绩效评价，从而找出系统中的缺陷并进行改进，实现对系统的协调运作，提高物流系统的保障效率。平时以逐级、区域供应为主，越级、跨区供应为辅；战时或应急情况下，以直达、联合供应为主，建立全军（区）统一调度、资源共享的一体化保障网络。依托全军（区）统一调度、资源共享的一体化储备体系和信息管理系统，实行点对端的直达供应，可以减少保障层次，把部队器材保障的中间环节减少到最低限度，提高器材保障的时效性。

3.4.3　集成化信息流程规划

装备保障物流系统中的信息包括器材的需求计划、筹措、储存、分配供应、优化调度等信息，装备保障信息流是集信息采集、加工、传输和决策处理等环节构成的信息链，在装备保障物流活动中起着神经系统的作用。只有通过加强对信息流的规划与管理，不断疏通其渠道，强化其功能，使之高效地运行，才能够使器材业务成为一个有机的整体活动。在整个器材业务中，不仅要对各个环节的活动进行计划、预测、分析，还要及时提供器材费用、装备生产（维修）、保障器材、保障力量等信息。只有通过加强物流信息综合管理，及时收集、传输、加工处理有关信息，才能使整体器材业务通畅，并确保各种业务决策的准确、科学、合理。

信息在节点间的流动形成信息流，信息流在装备保障物流系统中起到协调和控制作用，其运行的好坏对装备保障物流系统的顺利实施产生直接影响，甚至具有决定性的作用。基于筹供中心的集成式信息流运作机制是一种与传统的直链式信息流运作机制完全不同的运作模式，如图3-6所示。

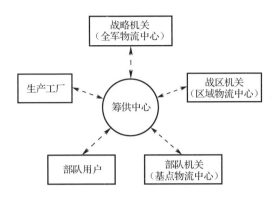

图 3-6　基于筹供中心的集成式信息流运作机制

这种集成式信息流运作机制，以筹供中心为信息集成中心，为所有节点提供了一个信息交流的场所。筹供中心的主要功能有信息存储、信息处理、信息收集与发送。通过把物流系统中各节点的主要信息，包括需求信息、库存信息、消耗信息、需求预测和运输供应信息等收集于此，形成信息共享源。筹供中心还负责对收集到的信息进行加工处理，再把加工后的信息发送到需要这些信息的节点。物流系统中的所有节点与筹供中心建立了高速信息通道，这个信息通道保证各节点与筹供中心实时互通信息，实现所有信息在整个物流系统中的实时共享。

3.4.4　多级联合库存体系规划

通过建立基于成本控制的多级联合库存体系，采用透明的库存管理手段和统一的库存管理，使得物流系统各级库存形成一个整体。通过统一协调与整体控制，使各级部门之间能够合理地储备和供应装备器材。这种多级联合库存体系，运用库存控制策略，利用信息管理手段，可以降低平均库存水平，加快周转速度，降低采购成本、库存成本和缺货成本，达到装备保障物流系统库存成本整体效果最佳，实现整个物流系统绩效的显著提升。同时采用军地一体化的联合库存管理策略，形成以筹供中心为核心的联合库存管理模式，实现降低库存、提高效益的目标。

3.4.5　物流中心储供能力建设规划

物流中心是整个储供物流系统的核心环节，因此，提升物流中心的信息化、自动化水平，加强物流中心的储供能力建设是提升储供物流系统整体作

业能力的关键。要强化物流中心的自动化储供能力，一是要提高原有库房的存储能力；二是要增强新建库房的自动收发能力；三是要配套机械化、自动化仓储作业设备。

1）提高原有库房的存储能力

对原有库房可实行立体化、自动化改造，提高器材存储能力和收发自动化水平。一是全面整修在用库房，为装备器材特别是重点装备器材提供良好的储存环境；二是系统改造作业条件，通过引入计算机技术、自动控制技术和人工智能等高新技术，对仓储作业设备进行信息化改造，提高仓储设备的技术性能。

2）增强新建库房的自动收发能力

自动收发是物流中心遂行应急保障任务、全面提高保障能力的重要环节和基本要求。对新建设的库房要加强高密度存储和自动收发能力建设。一是要按照保障任务要求对拟建的自动化立体库要加强论证并搞好总体设计。系统作业能力要满足日常最大作业量的需要，并有一定的扩展空间；既要考虑实际作业流程，又要根据自动化立体库作业特点进行优化设计，充分发挥各种设施、设备的最大效能，实现全系统最优。同时加强对自动化立体库的管理，确保设施设备的状态完好。二是要搞好配套辅助系统建设，如温湿度控制、视频监控、消防监控、出入库设备等要配套。三是要综合使用信息化手段，做到和业务管理系统无缝连接。射频技术、条形码技术、无线数据传输等技术要尽可能地应用于自动化立体库的器材管理过程中，要设计好相关的数据接口，实现仓库器材管理一体化。

3）配套机械化、自动化仓储作业设备

配备相关的自动化装卸搬运设备，提高出入库能力。后方装甲器材仓库通过更换新一代搬运能力大、可靠性高、操作简便的自动搬运机械，提高搬运的自动化水平。例如，配备载重量大、机动性强、操作方便、可维修性好的叉车、无人叉车、牵引车、托盘搬运车、码垛机、管道输送机、带状输送机、自动拣选机等。

3.5 业务管理系统规划

通过建立业务管理系统，一是形成基于筹供中心的业务管理流程，形成信息的共享和统一管理，实现一体化的装备器材保障；二是通过实行消耗规律统计分析制度，形成器材消耗科学预测，实现装备器材科学筹措；三是建立分级分类管理机制、限额储备机制和库存器材质量管控机制等；四是通过建立按需供应、快速响应机制和落实合同商保障制度，实现器材的及时供应。

3.5.1　筹措业务管理

建立基于筹供中心的业务管理系统是装备保障物流顺利实施的首要任务。主要包括建立基于筹供中心的筹措业务模型，科学分析器材消耗规律，建立供应商战略协作关系，拓宽器材筹措渠道等。

1）科学分析器材消耗规律

装备器材消耗规律分析，是根据过去装备器材的使用情况和当前装备器材的状态来确定未来一段时间内装备器材可能的消耗数量的，它是装备器材保障的基础。在准确确定装备器材消耗量的基础上，能够合理地进行装备器材配置，科学地确定装备器材优化存储策略，实现装备器材供应最优化等。

2）建立供应商战略协作关系

建立供应商战略协作关系实现了供应与需求的关系从简单的买卖关系向协作伙伴关系的转变。在传统的采购模式中，供应商与需求方之间是一种简单的买卖关系，因此无法解决一些涉及全局性、战略性的问题，而基于战略协作关系的采购方式为解决这些问题创造了条件。

一是建立信息共享机制。这种机制的建立能提高预测准确性，有效降低库存。一方面，传统模式下供应链各级节点之间无法共享库存信息，各自独立地采用订货点技术进行库存决策，这样不可避免地产生需求信息的扭曲现象，导致库存过高、整体效率偏低。通过供需双方建立协作伙伴关系，双方可以共享库存数据，使采购的决策过程变得更加透明，减少了需求信息的失真现象。另一方面，传统模式下供需关系是临时的或短时期的合作关系，由于缺乏合作与协调，很多时间消耗在解决日常问题上，通过建立协作伙伴关系，可以避免这些繁杂的日常工作，把更多的时间和精力用到长期性预测与计划工作上，供应方与需求方之间的合作气氛减少了供需的不确定性。

二是加强质量控制。传统采购的重点放在交易过程和价格比较上，一般选择价格最低者来合作，对于质量、交货期等都是采用事后把关的方法来进行控制的。这种事后控制的方法导致质量控制的难度增大，对于出现的问题难以采用行之有效的弥补措施。在建立的协作伙伴关系中，军方可以参与供应商的生产组织过程和有关质量控制活动，相互的工作是透明的，对于质量

和交货期能全过程有效监督和控制。通过遵循相关法律法规，执行相关的国际、国家标准，采用科学的方法手段，进行质量和交货期控制，将大大降低采购风险。

三是执行价格透明机制。传统采购过程是典型的非对称信息博弈过程，由于信息不共享、不对称，一方面在集中采购时谈判的主动权由部队掌握；另一方面在关键部件是独家垄断生产与供应的情况时，装备保障业务部门对于生产厂家动辄提出的几万元、几十万元甚至上百万元的器材预报价格，由于大多没有充足的参考依据进行审核，导致相当数量的维修器材订购价格远远超出其实际价值。通过建立协作伙伴关系，实施信息共享和价格透明机制，使得企业的利润能够长期得到保障，军方的采购价格也比较合理，同时避免了许多不必要的手续和谈判过程，避免由于信息不对称决策造成的成本损失，使得供需双方都从降低交易成本中获得好处。

四是提高需求响应能力。传统的采购过程，由于供需双方在信息的沟通方面缺乏及时的信息反馈，当需求发生变化时，采购方不能改变已签订的订货合同，在需求减少时库存大量增加，在需求增加时又出现缺货情况。供需双方对用户需求的响应不能同步进行，缺乏面对需求变化的应对能力。供需双方通过建立协作伙伴关系，信息能够共享，供需双方共同关注需求信息变化，面对需求的波动，共同商讨解决方案，共同决策，可以大大降低由于不可预测的需求变化带来的风险。

3）拓宽器材筹措渠道

目前，器材的筹措主要来源于军工企业，由于渠道单一，造成这些企业吃"军粮"的思想严重，不注重企业改造、技术更新和减耗增效，久而久之，导致器材质量和技术含量低、供货成本高。器材筹措渠道的不断拓宽，可以有效地缓解器材供需矛盾。

（1）改革准入机制，实施招标采购。在采购过程中，一是通过改变目前器材采购的准入制度，允许其他同样具有生产能力和生产工艺的企业进入军方采购范围，扩展采购的渠道，打破军工企业垄断的局面，解决器材订货渠道单一的问题。二是落实器材订购招投标管理办法，通过采用多厂家招标竞争的订购方式，坚持公平竞争的原则，优化订购环境，增加器材的采购质量，提高军方的经费使用效益。

（2）采用器材修复措施，加强器材调剂。一是采用器材修复措施。通过部件集中项修、零件规模修复，解决整装换件修理所需部分器材的筹措问题。

修理机构对更换下来的零件、部件进行集中回收、鉴定，待修品送交指定的修理机构进行部件集中项修、零件规模修复。通过修理机构的部件项修和零件修复，可以有效地缓解整装换件修理时所需部（组）件的供需矛盾，提高器材保障效益。二是加强器材调剂工作。由于维修器材消耗的不稳定性和器材筹措供应的相对准确性，各级器材保障机构现有器材在品种和数量上都会或多或少地出现积压或短缺现象。通过器材调剂，能够使各单位的器材得到互补和交流，形成本级资源与下级资源的整体保障优势，避免器材的重复购置，减少器材积压，加速器材周转，缩短装备待修时间，提高装备保障效率，在一定程度上可以弥补装备保障经费的不足，是发挥器材效用和提高经济效益的重要措施。

3.5.2 储备业务管理

建立科学的装备保障器材储备，是装备保障物流系统的关键任务。建立基于筹供中心的储备业务管理，必须扎实地做好以下诸项工作：科学制定器材库存标准；优化器材储备结构；建立库存器材质量管控机制。

1）科学制定器材库存标准

器材库存标准是为了满足装备维修需求，对各级器材库存品种、数量所做的具体规定。该标准是各级根据全军确定的器材消耗定额，结合单位训练的实际情况，遵循一定的编制方法、程序确定出来的，是组织器材筹措、储备和供应的最直接依据。一方面，要按照"五个区分"（区分保障任务、区分训练任务、区分装备型号数量、区分修理能力、区分所处环境）的要求，确定出各级库存标准的基本量、保险量、标准上限、标准下限；另一方面，库存标准要科学合理，具有弹性，既要满足年度正常维修任务，又要满足部队面对紧急任务和突发事件时的需求，以及器材筹措供应延滞期内的装备维修需要。

2）优化器材储备结构

优化器材储备结构是根据保障任务及维修改革要求，修改完善器材消耗定额和库存标准，合理确定器材储备的品种和数量，使其达到最佳比例。

目前，装备器材存在老装备器材多，新装备器材少；主战装备器材多，保障装备器材少；长线器材库存多，短线器材库存少；车体部分器材多，上装部分器材少等问题。各级器材管理部门应当结合本单位库存标准、消耗特点和规律，优化器材储备结构。

3）建立库存器材质量管控机制

由于储运环境、储存时限以及材料本身性能特点等因素，器材质量在储存过程中会不可避免地发生变化。在现行的有关装备器材的各种规章制度中，对于器材质量管理的相关要求不够明确，对质量发生变化的器材的管理缺乏依据。由于没有建立报废机制，对部分失效报废的器材，通常仍按新品管理。这类器材如果当作新品下发部队使用，将会严重制约全军装备的战斗力；如果不下发部队，长期积压在库，又会给器材管理造成不必要的负担。为完善、优化器材储备体系，提高器材供应效能，迫切需要进行装备器材质量分级管理，全面掌握器材的质量情况，促进器材的有效周转。主要是研究复杂电磁环境下器材管理的对策措施，制定器材质量分级标准和贵重器材管理办法。依据器材储存时间、返修情况、技术性能、锈蚀程度、老化程度等，科学区分和确定新品、修复品、堪用品、待修品、报废品5级质量等级，明确器材质量转级标准、程序、方法和要求。强化重点器材管控，优化使用与分发去向，并逐步建立器材报废机制，不断提高器材储存质量。

3.5.3　供应业务管理

装备保障物流系统供应的高效、顺畅是装备保障物流活动能否顺利实施的决定性因素。由于传统的基于计划的供应存在供货周期过长、对需求的反应速度慢、保障手段单一等弊端，器材供应必须在供应频率、响应速度和保障手段上进行改进，才能实现按需供应。通过筹供中心统一计划、协调和组织全军装备器材的供应和调剂任务，可以有效解决上述问题。

1）调整维修周转器材供应频率

供应频率直接影响库存量和供应质量。供应周期长导致库存周转慢以及器材可得性降低。长期以来，军队向战区、战区向部队通常每年只定时批量供应器材1～2次，临时零星供应较少，导致部队紧缺器材在短时间内无法得到满足。为确保全年装备维修任务的顺利完成，部队往往要人为加大器材申请和储备量，各级部队在年初通常储备不低于1.5年的器材量，用于全年的装备维修保障，这也是形成"规模型"保障的主要原因之一。

要解决以上问题，必须增加器材供应频次。依据实际需要，结合总成本节约的原则，适当增加每年批量供应的次数。可视单位的距离和器材品种等情况增加供应次数；同时各级还要视情况加大临时供应的力度，这样既可以及时满足部队维修需求，又可以缩短器材周转周期，减少部队器材库存量，提高器材需求的满足率。

2）建立周转器材快速响应机制

周转器材快速响应机制能大大提高器材供应速度和器材供应质量。在以往的器材保障实践中，周转器材申请与供应时机一直是困扰器材保障人员的一个难题。由于信息技术不够发达，上级不能快速、准确、实时地掌握部队在何时、何地需要何种器材；同时，部队也不了解上级资源配置情况和保障能力，只能机械地将需求信息定期集中、逐级上报，造成器材需求信息传输缓慢，反应周期漫长，器材供应时效性弱、准确性差。因此，应当充分利用先进的信息技术，依托完善的装备器材信息管理系统，规范对需求的响应时限和保障方法，确保物流和信息流的有效对接，实时掌握和预测部队的器材需求，按需供应。

3）建立合同商保障机制

在部队训练和作战过程中，保障任务极其繁重，由于部队编制规模不断缩减，再加上装备保障任务日趋复杂艰巨，单独依靠军队进行保障已经非常困难。而随着科学技术的发展和军民融合战略的实施，利用民间力量完成军队保障工作的可行性越来越高，也越来越受到各国军队的重视。

一是借助合同商的保障力量，解决建制保障力量不足问题。由于现代化战争条件下的装备保障情况复杂，任务繁重，加之保障力量编制有限，如果完全由建制保障力量承担保障任务，势必影响战斗兵力的部署数量。通过借助合同商的保障力量，将有利于解决保障任务重和保障力量不足的问题。目前，军队新装备的器材存在一定的特殊性，由于新装备中、小修数量相对较少，器材消耗规律在短时间内不易准确把握，对确定新装备器材订购的品种、数量带来很大难度，装备正常使用过程中所需的器材通常由装备制造工厂负责，广泛开展合同商保障可以有效解决新装备器材保障问题。

二是利用合同商的先进技术，解决高新技术装备保障力量不足问题。现代战争对高技术武器装备的依赖性高，这些装备技术复杂，保障要求高，部分保障任务超出了现役部队和预备役保障力量的能力范围。新装备维修器材保障力量不足是制约新装备尽快形成保障能力的主要因素之一。一方面，由于合同商往往也是武器装备的制造商，具备这些武器装备维修和技术保障的先天优势，可以很好地解决部队技术力量不足的问题；另一方面，通过合同商的技术支持，也可以培养部队的技术保障人才，提高部队的技术保障能力，使得部队快速形成对高新技术装备的保障能力。

三是充分利用合同商的售后服务，降低军队的保障经费。一方面，在武器装备采办过程中，为了降低装备采办的全寿命周期费用，军方越来越倾向于签署全寿命的装备采办合同，让合同商承担装备服役后的保障工作，甚至战时的装备保障任务；另一方面，由合同商提供装备保障服务，也可以充分利用民间企业的竞争机制，扩大装备保障的来源，以最合理的价格获得最适当的保障服务。

要充分利用合同商的技术优势、人才优势、资源优势，加强新装备待修品的修复，特别是对于新装备高新技术部件和精密总成部件，采购新品价格昂贵，实行待修品送厂修复的办法，可以有效缓解器材保障经费压力，提高器材保障效益。同时要修订完善合同商保障管理办法，进一步规范合同商保障行为。

3.6　指挥管理控制系统规划

装备保障物流系统中指挥管理控制系统的建立，一是要构建顺畅的装备器材保障指挥管理控制机构，明确指挥层次关系及职责，使各组成要素联结成为有机的整体，为器材保障机关和各级仓库提供覆盖器材保障全过程的指挥管理控制；二是要建立完善的器材保障指挥管理控制信息系统；三是要建立器材保障资源的管理与调度可视化系统，实现能够根据保障任务，确定最佳的保障单位、保障方式及保障路线，并能对保障过程中的器材资源情况适时进行跟踪和控制。

3.6.1　指挥管理控制机构

装备保障物流系统的顺利实施必须通过建立起具有权威性、统一性的组织指挥体系，指挥协调组织内部与外部关系，实现既定目标。以崭新的视角，积极探索适应多样化军事行动和非战争行动的装备保障物流指挥管理控制机构。装备保障物流指挥管理控制机构主要包括陆军装备器材保障指挥管理控制机构、装备器材保障机关、各级保障仓库、器材基本保障队和器材机动保障队。

1）全军装备器材保障指挥管理控制机构

全军装备器材保障指挥管理控制机构负责制订全军装备器材规划计划、战备保障预案、政策法规和标准；负责装备器材经费的申请、分配、使用、管理、检查和监督；指导全军装备器材的计划、筹措、储存，以及人员培训、科学研究、学术交流、技术革新、成果推广等组织计划工作；负责重要武器装备、大型零部件、油料轮胎等正常周转器材和陆军储备维修器材的具体筹措、储存、供应等管理工作；负责全军战备储备器材、出厂配套器材和正常周转器材数据的统计工作。

2）装备器材保障机关

装备器材保障机关包括全军装备器材保障机关和战区装备器材保障机关。全军装备器材保障机关是器材调配与运输的最高指挥机构。装备器材保障机关获得器材的态势信息，包括全军、战区、队属器材仓库的器材储存情况、器材种类数量、位置分布情况，并通过全军机动保障力量进行器材运输保障。全军装备器材保障机关还应对前送器材的运输情况有指挥管理控制能力，包括能够确认前运器材的内容并掌握整个前送情况，能够临时调整器材供应对象和运输路线。战区器材保障机关是本战区器材的调配与运输的最高指挥机构，一般是指战区一级；它完全掌握本区的器材仓库的储存情况，可对战区、战术器材仓库进行指挥管理控制，并最终通过仓库实现器材的运输保障。

3）各级器材保障物流中心

器材保障物流中心主要包括全军、区域、基点三级物流中心。它们是装备器材保障机关下一级器材执行机构。物流中心的主要业务是器材的储存与分发，以及战时机动保障力量的组建。

4）器材保障队

器材保障队分为基本保障队和机动保障队，基本保障队是器材保障的基本保障力量，负责逐级或越级器材保障供应任务；机动保障队是装备器材的机动前送运输力量，通常需要脱离仓库本部独立承担器材直接供应任务。机动保障队应获得自身携带器材的内容信息，包括器材种类、数量。机动保障队还应具有自动导航能力，包括最佳路线选择、自身位置定位、导航，并可将自身的信息及时传递到上级指挥机构。

3.6.2　指挥管理控制信息系统

指挥管理控制信息系统是信息化装备保障的"中枢神经"，是覆盖装备保障所有业务的分布式综合系统。

1）信息基础设施建设

装备保障信息基础设施的建设就是要通过多手段、高可靠、大容量、宽频段的数字化"信息高速公路"，全面推行宽带化、数字化、智能化、综合化、标准化、一体化技术，大力推进数字光纤与卫星通信网络建设。具体包括：适应装备指挥体系的一体化装备保障信息网络体系建设，实现全军全面互联互通，集信息收集、传输、处理一体化，全面提高保障效率；装备保障信息资源开发和利用，建成源数据实时采集与服务系统，抓好中心数据库和终端数据库建设，建立信息共享的装备保障数据库，提高装备保障的信息化水平；开发适应信息化作战装备指挥信息系统的各种业务软件和制定各类技术标准。

2）信息网络建设

进一步加快网络硬件和软件建设，尽快建成未来一体化的战场信息化作战装备保障网络体系，实现保障人员的互联互通和信息的实时交互。在战场上，通过装备保障互联网络将作战力量与装备保障力量之间、各种装备保障设施平台之间有机相连，实现战场环境的高度透明，使装备指挥管理人员对战场装备保障实施全方位、立体化、不间断的监视和控制。

在建设过程中，要加强网络的互联、互通和互操作能力。互联是指网络在物理和逻辑上的连接；互通是指两个或多个网络之间可以交换数据；互操作是指网络中不同计算机系统之间具有透明地访问对方资源的能力。实现上述功能关键是标准化，只有较好地实现标准化，才能使纵向和横向的信息系统实现信息流动的一体化。

3）指挥管理控制信息系统建设

依托国家、国防信息基础设施建立的指挥管理控制信息系统要实现全域器材保障动态的实时掌控和指挥的全程全维可视可控。

依据已建指挥管理控制信息系统的使用情况，并借鉴外军指挥自动化建设的经验教训，从实现功能上考虑，该系统通常由信息收集分系统、信息传输分系统、信息处理分系统、信息显示分系统、指挥决策分系统5个系统组成。系统工作时首先由信息收集分系统收集各种保障信息，经信息传输分系统将收集到的有关器材保障的信息送到指挥中心；然后由指挥中心的信息处理分系统进行处理，做出分析判断，通过信息显示分系统给出结果数据；最后依据指挥决策分系统输出，指挥人员制定决策，并把保障计划和保障命令通过信息传输分系统下达给所属部队。部队按照命令采取相应的行动后，把执行情况或结果回报给指挥中心。指挥中心的指挥人员再根据新的情况开始第二轮指挥活动，依次下去。可见指挥管理控制信息系统把器材保障中的监测、判断、决策、行动等各个阶段贯穿为一个整体，形成了反复循环的过程。

3.6.3 管理与调度可视化系统

及时准确地掌握部队所需的装备品种、数量、时间、位置，以及正在补给的物资的品种、数量、补给对象、到达时间，使各方面人员能全面、准确、及时地掌握整个装备保障物流的保障态势，使装备保障物流管理机构能有效地实现精准、快速、高效的物流保障，使作战指挥人员能够根据装备保障能力正确下定作战决心，使作战部队能根据所得的装备支援正确展开作战行动。

利用器材保障资源综合数据库，依托器材网络管理信息系统，通过网络实现全军装备器材保障资源的信息采集与汇总。采用地理信息系统实现器材保障资源的管理和形象直观显示；采用 GPS/北斗技术，结合 PDA 等，实现"在运"器材可视化；利用 PDA、二维码技术实现维修器材射频标签识别，实现器材信息的采集和识别，以及"在储"器材可视化；依托互联网或军队通信网络，实现"在筹"器材可视化。在此基础上，建立器材保障资源管理与调度系统，进行平时装备器材保障资源的管理和战时的应急调度。管理与调度可视化系统总体结构如图 3-7 所示。

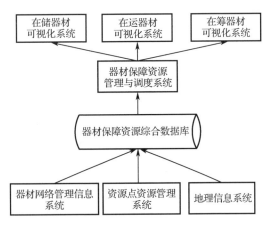

图 3-7 管理与调度可视化系统总体结构

系统中，器材网络管理信息系统为战区以上机关使用，负责提供有关器材决策信息；资源点资源管理系统提供保障资源（人员、设备、设施）信息；

地理信息系统提供环境信息；"在储""在运""在筹"器材可视化系统具体提供各种器材品种、位置、数量信息；器材保障资源管理与调度系统实现器材保障资源管理决策和保障计划制订优化。

3.7　应急保障系统规划

应急决策问题的显著特点有时间紧迫性、突发性、非正常性以及物流需求的随机性，要求快速准确地做出决策；同时应急决策问题往往以非结构化的形式出现，通过构建应急保障系统可以提高应急决策的有效性和效率。应急保障系统主要完成战时保障力量的调配、器材资源的调度，是实施战时应急器材保障物流的依托。

3.7.1　战备器材储备

要适应未来作战对装备器材保障提出的要求，做到及时、准确、适量、高效地进行装备器材保障，在战备器材储备上应进一步进行优化规划。

1）器材集装箱化，提高仓库的快速反应能力和器材快速保障能力

要将战备器材集装标准化，适应战备训练的需要。要根据各类器材的外形尺寸及部队运输车辆的装载能力，采用隔板式、开顶式、折叠式、框架式、组装式、托盘式、轨道式等结构，运用适当的支（衬）垫定位措施，设计出便于器材装卸作业和发放的战备器材集装箱，使战备器材集装箱规范化、标准化。这样，即使战备器材未配发部队，部队也清楚战备器材需要多少运力，保管员在平时也可以熟悉各种战备器材所在的集装箱号、架（区）位、层（栏）号、存放数量等内容，便于平时战备训练。

要将战备器材集装箱化，便于装卸、搬运、保管和运输。战备器材集装箱化简化了器材外包装和作业程序，是提高仓库快速反应能力的有效途径。战备器材集装箱化，战时可以箱代库，将集装箱按器材分类摆放，利用集装箱组建器材供应点，也可将集装箱放在运输车上，组成机动器材供应点，实施机动保障或伴随保障，从而提高战时器材快速保障能力。

2）器材分装成套储备，适应战时多点保障的需要

战时，一般将器材保障机构编成基本器材保障所和若干个前进器材保障组。基本器材保障所携带部分器材运行量，随维修中心行动，担负着向各前进器材保障组携带部分器材运行量的任务，保障抢修分队所需器材。因此，

战备器材在平时的储备中，就要着眼于战时需要，将战备器材按一定的比例分装成套储备。这样，战时可以很方便地将战备器材分组、成套运载，各组可独立地执行器材保障任务。

3）建立携行器材机制，适应应急保障及快速抢修的需要

将战备器材的一部分作为部队携行战备器材，平时配发到部队各级修理分队（运行部分仍可由战区统一储备）。这样，修供合一，可以减少器材请领过程，确保部队一旦有应急任务，修理分队便可携带携行战备器材实施技术保障，从而提高部队应急保障能力和快速抢修能力。

4）应急器材信息化管理和野战化保障手段建设

为满足战时器材保障要求，大力加强野战化保障手段的建设，配套野战器材信息管理设备，配发野战仓库管理信息系统和便携式管理信息系统，为战备器材集装箱配备射频标签，实现战备器材收、发、管、运的信息化管理，提高战时保障效率。研制集指挥、作业、生活于一体的野战仓库保障方舱车组和运输车组，有效提高野战器材保障组织指挥效率和快速保障能力。配备野战装卸设备，针对不同任务下的器材保障要求，配备野战装卸载设备，确保能够有效完成野战条件下战备器材的装卸载任务。

3.7.2　战备设备设施

战备设备设施建设水平是应急保障系统建设的重要保证，提高战备设备设施建设水平对于提高应急保障能力具有重要意义。

1）配备相关的自动化装卸搬运设备，提高出入库能力

通过更换新一代搬运能力大、可靠性高、操作简便的自动搬运机械，提高搬运的自动化水平。

2）根据装备发展和技术特点，加大专用器材设施的投入力度

增加和完善对电器、电子、光学等精密仪器/器材的储存能力，如恒温恒湿库建设、精密器件库建设等。按照器材管理规定，制定专用器材管理制度，逐步形成专用器材储供能力。

3）配备配套的野战仓库保障设备

后方仓库要针对战时保障问题，把野战仓库开设、野战器材保障设备建设提到重要位置，有计划、有重点地进行建设；要按照配备标准，配齐野战叉车、野战吊车、野战渡桥以及其他必要的装卸搬运设备，配备野战运输保障车组。

　　同时针对保障方向以及技术发展，适时研制与应用其他便利的野战保障手段，在保障装备的使用上，研制装备一批具有良好越野性能的大吨位运输车辆，装备必要的救援车、抢修工程车和设备故障检测仪器等。不断改进仓库保障装备，提升立体化输送能力，使野战保障能力不断提高。

3.7.3　应急保障力量

　　在应急保障力量建设上，应突出仓库储供能力建设和人才素质建设两个方面。对于仓库储供能力建设，应不断加强硬件建设，拓展器材筹措渠道，积极吸收先进的技术手段，将扩大储存面积与改善储存条件相结合，改进储存方式与更新供应手段相结合，从最初的肩背手抬式的"作坊式"手工作业，发展到现在的立体库存储、机械化作业和信息化管理，从"质"和"量"上，使储供能力达到根本性的跃升；在人才素质建设上，适应未来信息化作战装备保障，要坚持军队和地方相结合的装备保障力量体系。仓库储供能力建设是保障力量建设的基础，人是器材保障活动的主导因素，两者都是保障力量的组成部分，仓库储供能力建设侧重硬件建设，而人才素质建设则侧重软件建设，只有两者兼顾、相辅相成，才能促进装备器材保障力量建设协调发展。

　　在信息化作战中，武器装备战损量大，保障任务异常繁重，作战节奏快，装备保障时效性强，信息斗争激烈，组织指挥难度大，保障对象点多、线长、面广，保障行动艰难，战场环境险恶，自身安全威胁大。在这样的复杂情况下，必须正确、合理地运用应急保障力量。

　　一是搞好与其他保障力量的密切配合。应急保障力量遂行应急保障任务时，应在上级装备指挥机构的指挥下，准确把握上级意图，明确保障任务，与其他保障机构密切协调，形成统一的整体，共同完成保障任务。

　　二是解决好指挥管理控制问题。应急保障力量通常遂行战区保障任务，但自身又是战术级单位，在各保障群配置分散、相距较远的情况下，科学的指挥管理控制非常重要。第一，建立有线与无线通信网络。与各级装备指挥机构、装备保障部（分）队、地方支前机构建立协作网，确保指挥管理控制不间断。第二，及时、准确地掌握各保障群的进展情况。作战中，通过多种渠道、多种手段，保持与各保障群的通信联络，随时掌握情况，及时下达命令，保持不间断的指挥。第三，采取灵活机动的指挥方式。针对不同的保障对象、作战阶段和具体行动，因地制宜，采取指导式指挥、命令式指挥、协调式指挥以及委托式指挥相结合的方式，实施对各保障群的指挥。第四，采取严密的防护措施，确保系统的安全可靠运行。

三是把握好运用时机。应急保障力量是装备保障的"拳头"力量，应运用在重点方向和重要时机。首先，从特点上把握运用时机。应急保障力量通常采取的是积木式组合，自身编组非常灵活；配备的保障装备、修理工具野战化程度较高，机动性能较强，因此，在作战中，要注意发挥其机动、灵活、快速的优势。其次，从任务上把握运用时机。应急保障力量遂行的是应急装备保障任务，因此，运用时应着眼作战全局，相机投入。最后，高度重视应急保障力量的安全。应急保障力量是敌重点打击的目标之一，在执行任务时易暴露，自身防卫能力较差，时刻受到威胁。因此，应坚持严密防护、积极打击、以防为主、打防结合的原则，根据敌袭击破坏的手段和可能的威胁，采取有效措施，积极防护，严密伪装，确保安全。

3.7.4　应急地方物流动员机制

应急地方物流动员机制是指为满足应急情况下部队器材支援保障能力的提升和增强战时地方物流保障能力的需要，地方物流系统内相互关联、相互制约的各构成部分所显示出来的应变机能和作用方式。构建应急地方物流动员机制，是提高地方物流保障力量应变能力和适应能力的基本途径之一，也是加强军事斗争物流动员准备的有效措施。

1）规范动员法规制度

构建适应未来作战的应急地方物流动员机制需要的法规制度，是实现未来战争环境下快速高效动员的保证。要以《中华人民共和国国防法》和《动员工作条例》为基本依据，制定符合国情和未来作战要求的相关物流动员法规制度，包括制定快速动员实施办法、技术人员征召办法、物资器材征用补偿办法等实施细则。同时，要建立健全与信息作战、联勤保障相适应的动员执行机构，完善平/战快速转换的运行机制。

2）加强动员预案建设

对战时部队物资保障任务所需的保障力量，军队本身只能提供一小部分，绝大部分是以地方物流业为主的地方物流保障力量，因此平时就应该在军地联合机构的领导下，根据现代战争的物资保障需求，充分做好地方物流保障力量动员预案工作。一是要把高技术条件下现代战争中部队物资保障可能发生的各种情况都尽量考虑；二是要突出重点，结合热点地区、作战部队的预定作战地区，做好利用地方物流的空运、海运、铁路运输和公路运输的

动员预案以及相关技术人员和装备、器材的动员预案。同时，预案要具有极强的可操作性，具体适用、操作方便是应用地方物流力量的基本要求，且要定保障地区、定单位、定运输工具的数量。

3）完善动员信息系统

现代战争由机械化向信息化的转型，对地方物流动员的内容和手段都提出了新的要求。因此，需要加强地方物流动员信息化建设，完善动员信息系统。首先，要搞好统筹规划。开发地方物流动员信息系统，关键是要按照"统筹规划、联合建设、平战结合"的思路，采用纳入或结合发展的方式，有效利用地方和军队的信息系统资源，实现统一规划、同步实施。其次，要统一信息化技术标准。军队、地方物流信息系统必须在信息化基础设施的建设、技术标准的制定，以及信息网络的连通、安全防护系统的构建等方面设定统一标准，为实现地方物流动员信息系统的高度兼容奠定基础。最后，要提高重大信息基础设施的军民兼容程度。我们应借鉴美军的做法，提高重大信息基础设施的军民兼容程度，在确保信息安全的前提下，逐步将目前各地的物流动员信息系统与军队物流信息系统连接起来，为最终实现军民信息系统的相互兼容和高效利用创造条件。

4）做好动员潜力调查

及时、全面、准确地掌握地方物流动员潜力和准确预测战时物资保障需求，是完成准时、持续、高效保障任务的需要，是合理运用地方物流力量的依据，因此要在平时就摸清地方物流的可动员潜力，包括铁路运输、公路运输、航空运输拥有的物流设施设备类型、数量、质量、技术状况，地方物流相关技术人员的年龄结构、素质状况等情况，为战时顺利开展地方物流动员工作做好准备。

第 4 章

装备保障物流中心规划设计

装备保障物流中心是军队装备器材仓库的统称，主要担负着装备维修和战备器材的储存与供应任务，有重要的地位与作用。因此，合理规划、统筹建设装备保障物流中心是装备保障工作的重要内容。

本章主要对某装备保障物流中心的自动化立体库进行了规划与设计，同时规划了"指挥控制中心"的建设方案，对物流中心的装备器材信息管理系统、办公自动化系统、战备综合管理系统进行了系统规划，为物流中心的自动化、信息化建设提供了借鉴和指导。

4.1 装备保障物流中心规划的目标

本章紧紧围绕装备器材平/战时保障的机械化、自动化、信息化建设，应用和综合集成各种技术，包括计算机技术、网络技术、GIS 技术、GPS/北斗技术、RF 技术、PDA 技术、条码技术、数据库技术、无线通信技术、自动控制和现代物流等技术，规划以自动化立体库为核心，以装备保障指挥控制中心为中枢的装备保障物流中心建设，以最终实现装备器材的信息数字化存储、网络化交换，器材保障的智能化决策，器材的立体化存储和自动化收发，全面提升装备器材的综合保障能力。

具体规划目标如下。

（1）针对装备器材保障需求以及现代化物流中心建设要求，充分利用现代技术，优化物流环节，建设先进的自动化物流中心，形成自动化的装备器材存储与收发作业体系。

（2）建立装备器材保障指挥控制中心。运用信息技术，通过物流中心网络体系和信息系统建设，实现装备器材信息的数字化交换、汇总、存储、联

机服务与管理，为装备器材平/战时保障提供准确、高效、快速、及时的信息服务，形成信息化的装备器材业务管理体系。

（3）通过指挥调度室的建设，利用 GIS、GPS/北斗等技术，逐步实现装备器材保障资源信息的可视化管理与优化调度，实现对装备器材保障的指挥控制，为装备器材保障部门科学决策提供手段和依据，形成装备器材保障指挥控制体系。

（4）通过信息监控室的建设，对物流中心业务及器材进行全面监测，如温湿度测量和防火、防盗监测等，全面提高装备保障物流中心的综合管理水平和信息监控能力。

（5）通过物流中心网络体系建设，开发办公自动化系统，实现日常办公及业务管理的自动化。与信息监控系统一起，形成装备保障物流中心办公和信息监控体系。

4.1.1 指挥控制中心建设

（1）从提高平/战时器材保障快速反应能力的角度规划装备保障物流中心的具体建设内容。利用现代信息技术，建设装备器材保障指挥调度室、信息管理室、信息监控室。

（2）针对装备器材管理工作的内容和特点，规范装备器材保障指挥体系，规划指挥流程。研究器材保障决策机制，建立器材优化调度模型，实现器材管理与调度决策的优化。

（3）建立物流中心网络体系，形成装备器材管理平台、装备器材保障指挥控制平台、器材业务处理平台和办公监控平台；以数字形式实施装备器材信息管理和指挥调度，实现物流中心器材信息、办公信息、监控信息的网络化交换、存储、联机服务与管理。

（4）开发装备器材信息汇总与管理、资源调度与管理、指挥控制、战备管理、器材业务信息管理、办公自动化等软件系统，实现信息资源共享，为装备器材保障提供高效、准确、快速、及时的信息服务，为器材保障部门科学决策提供依据，确保器材保障的高效指挥和快速执行。

4.1.2 自动化物流中心建设

通过遵循有关标准、优化物流环节、选择物流设备并验证性能指标等措施，充分考虑与装备器材业务管理系统和监控系统的信息互通问题，提出科学、合理、实用的基础设施、物流设备、物流控制与物流管理技术方案，建成具有器材立体化存储和自动化作业、视频监控、自动消防、温湿度监控、设备监控等功能的自动化物流中心。

4.2 装备保障物流中心自动化立体库规划

4.2.1 装备器材存储管理现状分析

目前，装备保障物流中心的存储主要是根据器材的理化性质进行的，按车体、通信、橡胶制品、玻璃制品、石棉制品以及发动机、变速器、传动箱等分类存放于库房，战备器材存放在单独的库房。器材基本上都是按照车型、组别、规格图号以及工厂的包装进行识别的。

目前，多数担负装备器材保障任务的物流中心，由于建设时间早，设备老化，机械化、自动化程度不高，硬件建设亟须提高，归结起来，表现在以下 3 个方面。

1）无法适应现代战争对器材保障的要求

现有库房多为普通地面平库，配有行吊、叉车等简单机械设备，用人多、劳动强度大、作业效率低。随着编制体制调整的进一步深化，物流中心的编制人数一再减少，所承担的器材保障任务日渐繁重。

而现代战争的显著特点是作战时间短，军事物流强度大，要求补给速度快。战时器材收发量与平时相比将成倍增加，传统作业方式无法在短时间内完成大批量的器材收发任务，适应现代战争对器材保障及时、快速、高效的要求。

2）作业手段落后，自动化程度低下

物流中心的机械化、自动化建设在近 20 年间有了长足的进步，配备了一批库房行吊和叉车等机械化设备，摆脱了以往"人抬肩扛"的作业方式，降低了劳动强度。由于库房建设年代久远，各种设备缺乏或使用不当，导致器材储存环境较差、自动化程度低。此外，由于器材供应量逐年增大，型号复杂、品种多，保管员缺少有关新装备器材的知识，导致器材管理水平不高，器材收发差错率较大。收发速度慢、作业能力低的弊端严重制约了物流中心快速反应能力和快速保障能力的提高，无法适应新时期器材保障任务的要求。

3）管理模式落后，信息化程度不高

努力完成机械化和信息化建设的双重历史任务，是我军建设的一项重要

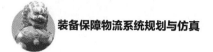

内容。近些年来，为提高物流中心信息化建设水平，物流中心先后配备了一批计算机设备，初步实现了装备器材的计算机管理，但配备的计算机主要用于库存器材的管理，器材的定期保养和发陈储新无法严格落实，无法实现对器材的全程可视化管理。

上述问题的存在，严重制约了物流中心综合保障能力的整体提高，不能满足目前军队建设要求。

4.2.2　自动化立体库技术

自动化立体库又称立库、高层货架仓库、自动仓储系统（Automatic Storage/Retrieval System，AS/RS），是一种用高层立体货架（托盘系统）储存物资，用电子计算机自动控制堆垛运输车进行存取作业的仓储系统。一般自动化立体库由相应的建筑结构和高层货架、巷道机、输送机、穿梭车、搬运设备、计算机管理控制系统及相应的辅助系统组成，涉及机械、电子、自动控制、计算机等多种技术。自动化立体库是实现高效率物流和大容量储藏的关键系统，在现代化生产和物资流通中具有举足轻重的作用。目前，机械、电子、医药、烟草、储运、配送行业以及军事仓储领域都已开始应用或计划建造自动化立体库。建造一般的仓库，建设方只需提出一些建筑外观、结构形式、建筑面积、存储面积、设备配备等简单要求，设计和承建部门就可以开展设计和施工工作。但建造自动化立体库技术要求高、投资大、周期长、自动化程度高，与其他物流环节衔接紧密，甚至涉及物资管理流程的再造。因此，需要很好地组织前期规划论证。

1.　自动化立体库技术与特点

现实已充分证明，使用自动化高层立体库能够产生巨大的社会效益和经济效益。其主要技术与特点如下。

（1）高层货架存储技术，提高了空间利用率。

采用高层货架储存货物，存储区可以大幅度地纵向发展，充分利用仓库地面面积和空间，因此节省了库存占地面积，提高了空间利用率。采用高层货架存储，并结合计算机管理，可以容易地实现先入先出（First In and First Out，FIFO），防止货物的自然老化、变质、生锈或发霉。立体库也便于防控货物的丢失及损坏，对于防火防盗等大有好处。

（2）电气与电子设备技术，实现了立体库内部操作的自动化。

自动化立体库中的电气与电子设备主要指检测装置、信息识别装置、控制装置、通信设备、监控调度设备、计算机管理设备以及大屏幕显示、图像监视等设备。

在自动化立体库中，为了完成物流信息的采集，通常采用条形码、磁条、光学字符和射频识别等识别技术。条形码识别技术在自动化立体库中应用最普遍。

仓库管理系统（主机系统）是自动化立体库的指挥中心，相当于人的大脑，它指挥着仓库中各设备的运行，主要完成整个仓库的账目管理和作业管理，并担负着与上级的通信。对比较大的仓库管理系统也可采用微型计算机。随着计算机的高速发展，微型计算机的功能越来越强，运算速度越来越快，微型机在这一领域中将日益发挥重要的作用。计算机管理还能有效地利用仓库储存能力，便于清点和盘库，合理减少库存，加快储备资金周转，节约流动资金，从而提高管理水平。

采用电气与电子设备技术实现自动存储，降低了劳动强度。同时，自动存储能方便地纳入物流系统，使物流更趋合理，还能较好地适应黑暗、低温、污染、有毒和易爆等特殊场合的物品存储需要。

（3）机械设备技术，实现了货物搬运的机械化作业。

目前，军事物流系统所建设的高层立体库门类众多，配置的机械设备也呈现出百花齐放的状态。自动化仓库的机械设备一般包括存储机械、搬运机械、输送机械、货架、托盘或货箱等。存储、搬运、输送都可以由巷道式堆垛机来完成。巷道式堆垛机由运行机构、起升机构、装有存取货机构的载货台、机架（车身）和电气设备5个部分组成，可以直接由计算机控制。在自动化立体库中主要由计算机来控制巷道式堆垛起重机完成各种存取作业。巷道式堆垛起重机是高层立体库内的主要作业机械，它的主要特点：一是整体结构小而窄；二是金属结构除满足强度要求外，还具备一定刚性，并满足精度要求；三是配备有专门的取货装置；四是动力拖动系统满足快速、平稳、准确的要求；五是装配有齐全的安全设置，并在电气控制系统中采取了一系列的连锁和保护措施。

此外，还有桥式堆垛起重机和高架叉车。桥式堆垛起重机是最早用于高层立体库作业的一种设备。它是在桥式起重机基础上发展起来的，可以视为起重机与叉车的结合物。既保留了桥式起重机能跨越地面障碍物、起升高度比较高的优点，又具备叉车运行灵便、不用人工挂钩等优点。主要用途：一是在仓库内储存搬运货物，尤其对大长重物的搬运更为适宜；二是作为一种动力设备附带多用途的设备完成其他作业；三是完成一些工序的作业，如用于铸铝锭、往热处理炉内装工件等。高架叉车又称为无轨巷道堆垛机。它是一种变形叉车，主要适用于高度不高、作业不太频繁的储备库。从结构上分析，高架叉车相比一般叉车有下述特点：采用多节门架；备有特殊的货叉机构；设有导向装置。高架叉车的控制方式有手动、半自动、全自动 3 种。

（4）电源配置技术，确保了立体库的不间断工作。

配电系统多采用三相四线制供电，中性点可直接接地，动力电压为交流 380V/220V（50Hz），根据所有设备用电量的总和确定用电容量。同时，考虑配备备用电源。

配电系统中的主要设备有：动力配电箱、电力电缆、控制电缆和电缆桥架等。

（5）电子监控系统、自动消防系统，确保了立体库作业安全。

面对自然环境，物流人员决不可望洋兴叹，任其摆布，正确的做法是：充分利用有利的自然环境，发挥其优势为军事物流的节点——器材仓库服务；同时积极主动地改造自然环境，变不利为有利、变小利为大利，使改造后的自然环境适宜于军事物流工作的顺利开展。由于仓库库房一般都比较大，货物和设备比较多而且密度大，又由于仓库的管理和操作人员较少，自动化仓库的消防系统大都采用电子监控系统和自动消防系统。由电子监控系统随时监控现场作业情况，由温湿度检测传感器（温度、流量、烟雾传感器等）不断检测现场温度、湿度等信息，当测量值超过危险值时，自动消防系统发出报警信号，并控制现场的消防机构喷出水或二氧化碳粉末等，从而达到灭火的目的。这种消防系统也可以由人工强制喷淋，即手动控制。

在消防控制室内设置有火警控制器，能接受多种报警信号，它的副显示器一般设在工厂的消防站内，同时向消防站报警。

2. 自动化立体库在装备器材存储中的作用

进行自动化立体库建设，向科技要保障力、要效率，是装备保障物流中心保障能力建设的重要任务之一，是确保物流中心在任何条件下都能收得进、管得好、发得出、效率高、准确无误，适应军队现代化建设要求的重要手段。装备保障物流中心是器材储备、供应的基地，担负着军队平/战时器材保障的重要任务。实现物流中心仓库作业的机械化、自动化、信息化，能够大大提高器材保障能力、工作效率，减轻劳动强度，缩短器材收发时间，改进器材堆码，保障器材数量质量，充分利用库房容量。

自动化立体库的经济效益和军事效益巨大，能为全军装备提供有力的保障，符合军队"机械化、信息化"建设的大方向。

进行装备保障物流中心自动化立体库建设，应着眼"打赢"要求，以"保障有力"为目标，坚持以业务工作为中心，突出安全工作重点，以法规制度为依据，以科技兴库为动力，不断提高应急机动保障和安全防范能力，逐步实现安全监控数字化、收发作业机械化、物资管理可视化。

（1）增加了库房高度，提高了仓容利用率。

装备保障物流中心采用自动化高层立体库，能够使现有库房的占地面积大大减少。因为高层立体库高度可达 40 余米，其单位面积上的器材储存量要比普通库房高得多，比如一座约 15m 高的立体库，其单位面积的储存量可达 2.15t，是普通库房的 4～7 倍。

（2）有利于提高仓库保障能力和管理水平。

自动化立体库采用计算机系统实施管理，处理信息准确及时，有利于器材数量质量管理和快速分发。计算机系统的应用可使仓库实现器材收发作业的机械化、自动化和管理的信息化、可视化。通过网络，可实现仓库信息的适时查询和监控。

自动化立体库储存系统按照规定把器材存放到指定的货格单元。运用计算机进行货格管理，根据事先制定的原则，为需要入库或出库的器材自动选择最佳位置，可实现"先进先出、均衡管理、快速收发"，能够大大提高作业效率。器材存取和输送系统能够自动将器材存放和取出并输送到指定的运输平台，便于向所属部队运输，提高了仓库器材保障能力和管理水平。

（3）有利于保证器材质量。

环境温湿度是影响物资质量变化的重要因素之一。能否将环境温湿度控制在适宜于器材储存的范围之内，将直接影响到器材的质量。自动化立体库在器材质量监测管理系统的控制下，能够对库存器材进行定时分批的保养、储存，依据器材的环境和储存周期变化进行器材保养提示，自动实现保养出库，保养后可实现自动入库。

（4）有利于开展机械化作业。

自动化立体库内一般都使用巷道车或升降机进行搬运作业，降低了劳动

强度，节省了人力，从而大大提高了工作效率，改善了工作环境。高层立体库为开展机械化流水作业提供了"用武之地"。

在自动化立体库中，各个系统是相互协调、相互联系进行工作的。自动化立体库技术的应用，彻底改变了军事物流领域的许多传统观念，使得国内外军事仓储界十分注重发展高层立体库，并取得一定的建设成果。

4.2.3 装备保障物流中心自动化立体库规划与设计

1．建筑结构

采用轻钢结构建筑形式比较好。轻钢结构建筑的主要优点：一是建筑造价相对较低；二是钢结构有较大韧性；三是建设周期短，对施工现场压力小；四是可最大限度地增加仓库的使用面积；五是建筑外形美观、可维修性好。

2．存储单元的选择

拟定选用通用的标准存储单元，尺寸为：长 1.2m、宽 1m、高 1m，载重量为 500kg。理由如下：若选用尺寸大于前述尺寸、载重量大于 500kg 的存储单元，将使堆垛机、输送机等自动化设备的外形尺寸和载重量相应加大，造价显著增加，同时加大了器材分发的拣选量，降低了出库作业效率；若选用尺寸小于前述尺寸、载重量小于 500kg 的存储单元，将大幅度降低自动化立体库的存储能力。

3．作业能力

考虑现有需求及未来发展，自动化立体库收发作业能力应设计为每小时 120～150 盘。

由于在器材分发中，存在拣选作业，根据经验及器材逐项组盘得出的结论，目前从货架上取出的实托盘中有 50%需进行拣选作业，每 5 盘拣选出的器材可组成 1 盘出库实托盘。为此，要满足立体库每小时出库 150 盘的要求，由堆垛机、输送机等设备组成的作业系统实际作业能力应不低于 375 盘，其中 125 盘为整托盘出库，125 盘进行拣选作业，得到 25 盘出库实托盘，合计出库 150 盘，同时还应及时将 125 盘拣选后剩余器材送回货架。

4．总体布局

自动化立体库一般设存储区、输送区、出入库作业区、暂存区、功能区。其典型总体布局示意图如图 4-1 及图 4-2 所示。

自动化立体库总体布局示意图

图 4-1 自动化立体库总体布局示意图 1

5．作业流程

1）器材验收

器材验收采用抽检方式，要求到货器材各种包装均有条码标签。首先，通过无线手持终端确认验收作业，获取合同信息，然后扫描包装箱上的二维码，获得箱内器材的总体信息，然后用同样的方式依次检查箱内各种包装，对比系统工作站提供的参考资料，检查器材是否正确、质量是否达到要求、箱内和箱外信息是否一致。验收信息的回填可通过网络同步传输到装备器材仓库业务管理系统。具体验收作业信息流程如图 4-3 所示。

2）入库作业

入库作业以离线方式进行组盘，并遵循单项组盘原则。器材组盘前要求对箱条码标签进行检查，缺损的补打补贴。在扫描器材箱条码的同时，系统根据包装箱的尺寸、重量提供组盘方案，利用无线手持终端扫描器材箱的二维码进行组盘，最后检测托盘的一维条码，将托盘编号及对应的器材编号、数量和批次等信息记录到数据库。入库流程如图 4-4 所示。

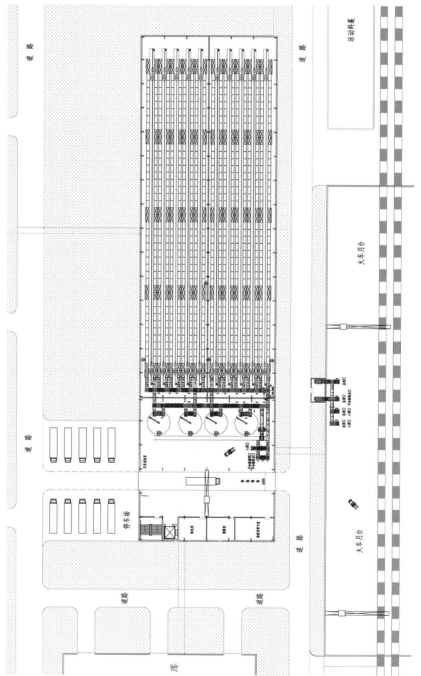

图4-2 自动化立体库总体布局示意图2

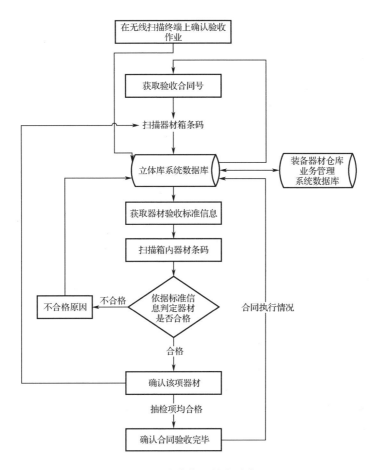

图 4-3 验收作业信息流程

3）出库作业

对整盘出库的器材，利用堆垛机将托盘从货架上取出，经廊输送线、提升机等，按分发单位送至指定出库口，由叉车、桥式堆垛起重机装载，空托盘用叉车送至站台空托盘堆放区；需要分拣的托盘，由堆垛机取出后，经一层输送线送到拣选台，利用条码扫描设备进行拣选，出库的器材在拣选作业区按收货单位分区存放，重新装箱，贴上标识器材信息的条码，并在组盘台按单位重新组盘；拣选剩余的器材更改箱条码，经过输送线，由堆垛机送回到货架。组合出库实托盘由穿梭车送至组合托盘出库口，重量、尺寸检测合格后，经输送线、堆垛机、二层输送线，沿整盘出库路线，按分发单位送至指定出库口装载。

系统按照先进先出的原则自动安排出库器材。出库信息可通过网络同步传输到装备器材仓库业务管理系统。暂存区出库流程如图 4-5 所示。

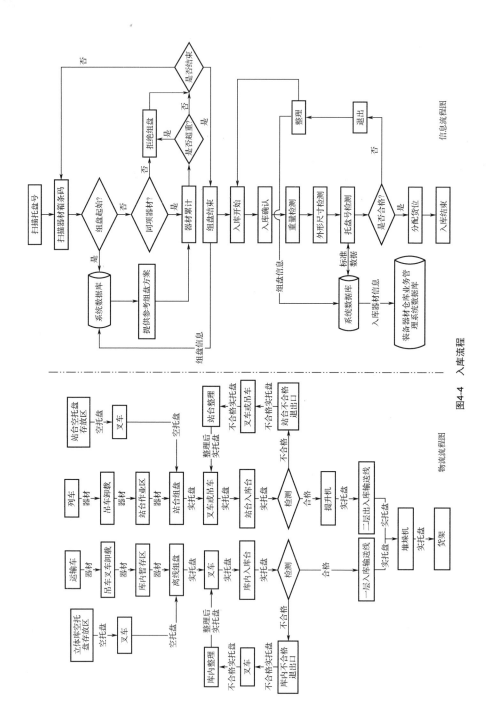

图4-4 入库流程

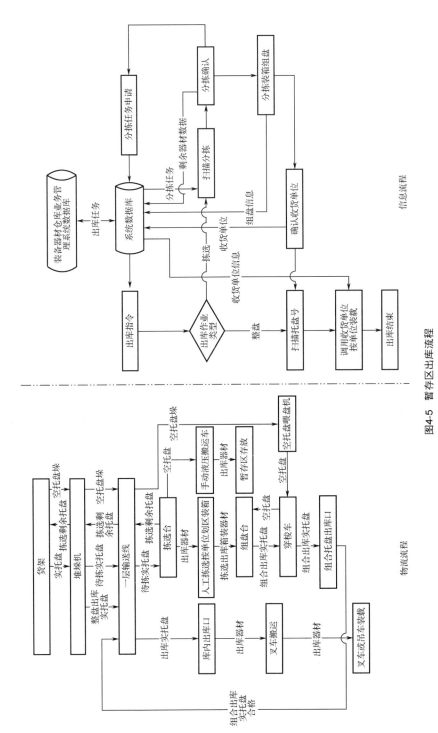

图4-5　暂存区出库流程

4）盘库作业

盘库作业可对器材进行全盘或零盘，以零盘为主要方式。零盘即只盘检有零箱的托盘。对于托盘存储的器材，系统根据用户要求，把需要盘检的托盘送到分拣台，利用分拣台条码扫描设备进行盘检。盘检正确的，自动送回货架；不正确的，生成错误清单，重新打印箱条码，再送回货架，待上级审批后，修改系统信息。小件器材的盘库作业，以系统提示、利用手持终端进行人工扫描盘检的方式进行。

盘库作业同时检查器材质量，对有质量问题的器材，系统自动标识，并可提供同批次器材货位信息，便于同批次器材的统一盘检。盘库信息可通过网络同步传输到装备器材仓库业务管理系统。器材盘库作业信息流程如图4-6所示。

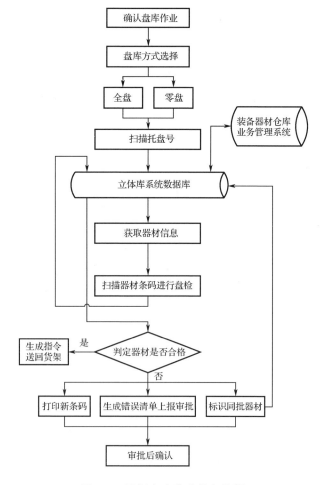

图 4-6　器材盘库作业信息流程

5）倒库作业

为了提高器材分发效率，改善货架的承重分布，可在器材大批量分发之后，或是器材存储严重违反存储原则时，进行倒库作业。倒库作业同样要遵循就近存放、均匀存放、分区存放等各项原则，一般以系统提示、人工确认的方式确定倒库方案，托盘存储的器材由系统自动完成倒库；小件器材由人工方式完成。倒库信息可通过网络同步传输到装备器材仓库业务管理系统。器材倒库作业信息流程如图 4-7 所示。

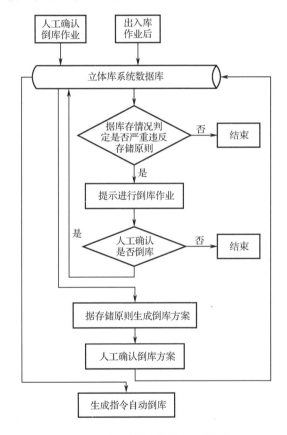

图 4-7　器材倒库作业信息流程

6）器材保养作业

器材保养作业主要针对达到保养期限的器材和盘库过程中发现有质量问题的器材。保养器材清单可由系统自动生成或人工指定。待保养的器材按出库流程进行整盘或分检出库，系统自动标识；保养完的器材经过封存包装，更换条码后，按入库流程进行入库，同时更新立体库系统数据库和装备器材仓库业务管理系统中的相应信息。器材保养作业信息流程如图 4-8 所示。

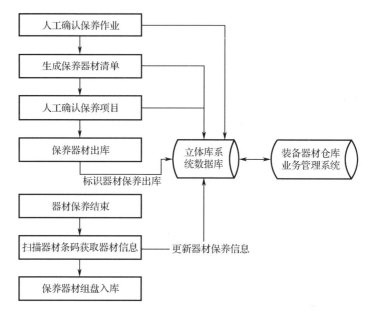

图 4-8　器材保养作业信息流程

6．主要设备和配套系统

自动化立体库配置的主要设备包括：巷道堆垛机、输送机、穿梭车、货架、托盘、蓄电池叉车、起重机、无线射频终端等。

除以上主要设备外，立体库还配有物流管理系统、辅助监控系统、对讲通信系统、备用电源系统和照明防雷系统等配套系统。

立体库系统设计存储容量大，作业能力强。该系统集成了网络、数据通信、红外传输、现场总线、条码识别等先进技术，可实现器材存储立体化、器材管理信息化、信息传输网络化、数据处理智能化、收发作业自动化。规划设计采用了二维码识别技术，运用了无线射频终端，应用了在线拣选与离线组盘，优化了器材物流流程，提高了出入库效率。

4.3　装备保障物流中心指挥控制中心规划

4.3.1　指挥控制中心的作用

指挥控制中心是装备保障物流中心的重要组成部分，其规划建设以满足战时指挥与平时训练的需求为目标。指挥控制中心由作战室、信息室、监控室组成。在战时，指挥控制中心作为指挥场地，可用于装备器材保障的组织与指挥，可为装备保障指挥机构提供器材或装备保障信息咨询，也可作为装备保障指挥机构进行器材或装备保障的指挥场所。在平时，作为战备训练场地，提供战备方案拟制与研讨、战备演练指挥的软硬件环境。为满足以上功能，指挥控制中心运行软件系统包括：指挥管理控制系统、器材资源调度可视化系统、战备综合管理系统、装备器材业务管理系统。

平时，指挥控制中心信息室负责物流中心器材业务日常管理，完成器材计划、合同、库存等数据管理与统计分析；实现仓库办公自动化，对仓库综合信息进行全系统、全过程的管理；维护仓库指挥控制、监控、办公等局域网络，确保网络正常运行及数据安全可靠。

指挥控制中心监控室的视频监控系统实现对办公室、库房及重要场所的实时昼夜监视；消防监控系统对所有消防报警点进行设防。监控室视频监控系统与消防监控系统联动，实现报警点的视频切换（显示报警点的位置、实时图像）、录像等功能，能够实现对自动化立体库、恒温库等的安全信息的共享。温湿度监控系统可按用户设定的间隔时间定时自动采集或随时手动采集各传感器的数据；安全监控系统实现对仓库等重要场所安全防盗情况的监控、报警；数字化钥匙柜管理系统融合创新理念及计算机应用科技，遵循"双人双锁"的管理原则，集识别技术、门禁技术、通信技术、图像处理技术、网络技术于一身，实现了对钥匙的科学化管理。

4.3.2　指挥控制中心建设规划

1）总体布局

作战室分 3 个功能区：情报中心与指挥控制区、首长决策区和参谋作业区。情报中心与指挥控制区作为作战室的通信情报枢纽，提供各种通信及情报收集手段，收发各种保障报告、指示，收集汇总各种保障信息；首长决策区，在此召开作战会议，下达保障任务，形成首长决策；参谋作业区，是参谋进行装备保障作业的场所，该场所提供各种作业环境。

2）设备配备

情报中心与指挥控制区设备包括：会议桌 1 套；短波电台 3 部；北斗指挥装置 1 部；卫星电视 1 台；计算机数套，此外还包括音响、电话交换设备等。

首长决策区设备包括：显示设备；作战会议桌；便携计算机等。

参谋作业区设备包括：纸图板；作业桌1套；便携计算机；文件柜等。

4.4 装备保障物流中心软件系统规划

4.4.1 装备器材业务管理系统

装备器材业务管理系统是为适应全军信息化发展要求，针对机关和仓库器材业务管理模式和特点而开发的用于网络环境下的管理系统。系统涵盖了各级器材管理部门和仓库，由战役以上机关器材业务管理系统、战役以上仓库器材业务管理系统、野战仓库器材业务管理系统和便携式器材业务管理系统等组成。

通过建立全军装备器材网络信息管理中心，将装备保障物流中心、各个战区机关、仓库、军师、旅团通过计算机网络联网，开发应用各级装备器材业务管理系统，规范设计各级装备器材信息传递的接口，利用计算机网络对全军装备器材各级业务的信息进行传递、汇总和管理。

此外，为加强器材管理，提高决策和保障能力，在装备器材业务管理系统基础上，建立器材资源调度可视化系统，综合集成"在储""在运""在筹"器材管理系统，初步形成装备器材保障可视化系统。

这些系统的建立，可以实现全军装备器材信息管理的网络化、自动化、可视化，为全面实现装备保障体系信息化，研究和探索适合我军建设实际的信息保障平台。

1．装备器材业务管理系统的体系结构

1）总体构成

根据装备器材管理特点，充分考虑系统灵活性、兼容性、可移植性及可扩展性的要求，装备器材业务管理系统的体系结构示意图如图4-9所示。

2）功能结构

器材保障信息化主要功能是：在器材筹措、储存、供应的管理和战时器材保障中，对各种器材信息有效地实行全系统、全过程的管理，为各级用户的计划、组织、协调和控制管理提供信息管理、信息服务和辅助决策支持，具体见表4-1。

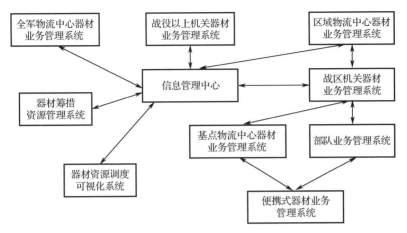

图 4-9　装备器材业务管理系统体系结构示意图

表 4-1　装备器材业务管理信息系统主要功能

信息管理及服务								辅助决策	
计划、组织、协调、控制									
筹措			储存		供应			战时保障	
经费管理	需求预测	订货合同	器材收发	器材保管	器材保养	需求分析	器材调配	资源分布	保障方案
机关器材业务管理系统	器材资源调度可视化系统		装备器材筹措资源管理系统		物流中心器材业务管理系统		便携式器材业务管理系统	战备综合管理系统	
器材保障资源数据库									

2. 机关器材业务管理系统

用于完成机关（全军、战区）维修器材筹措、供应、统计和经费管理等功能。由系统管理、基础数据维护、经费分配管理、分配计划管理、器材订货管理、订货合同管理、器材出库管理、器材决算管理、库存账目管理、援外业务管理、历史数据管理和战备基数管理等子系统构成。其功能构成如图 4-10 所示。

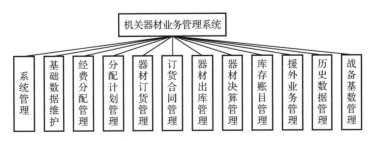

图 4-10　机关器材业务管理系统功能构成

3. 物流中心器材业务管理系统

用于完成物流中心器材入库、器材出库、器材库存等管理功能。由器材业务管理子系统和保管员工作站子系统两个独立的子系统构成。其中，器材业务管理子系统主要用于装备器材仓库维修、战备和援外（军援军贸）等类别器材业务的管理，由系统管理、基础数据维护、订货合同管理、分配计划管理、器材入库管理、器材出库管理、器材库存管理、旧品器材管理、历史数据管理、战备基数管理和援外器材管理等功能模块构成。其功能构成如图 4-11 所示。

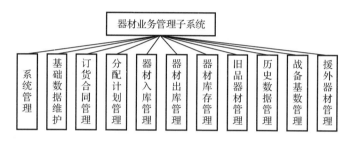

图 4-11　器材业务管理子系统功能构成

保管员工作站子系统主要用于库房保管员日常业务的管理，由库存业务管理、库房日志管理和单据回填处理 3 个模块组成。其功能构成如图 4-12 所示。

图 4-12　保管员工作站子系统功能构成

4. 器材资源调度可视化系统

针对装备器材资源应急保障工作的特点，依据装备器材应急保障任务的需要，将对各物流中心的有关信息实行管理，实现应急作战器材保障的计算机信息化处理。结合军事地理信息系统功能和战时器材保障的业务工作流程，划分了系统功能，如图 4-13 所示。

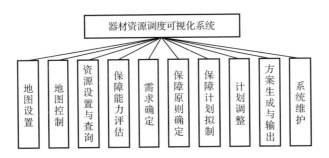

图 4-13　器材资源调度可视化系统

5. 装备器材筹措资源管理系统

根据系统需求，装备器材筹措资源管理系统划分为两大子系统，通过 C/S 子系统和 Internet 访问的 B/S 子系统，其中，C/S 子系统是系统的主要组成部分，包含辅助决策、生产管理、业务管理等功能；B/S 子系统主要对地方生产企业进行管理，涉及的内容比较少，而且管理的是非保密信息，通常用于某些通用器材的筹措管理。其中，C/S 子系统的功能构成如图 4-14 所示，B/S 子系统的功能构成如图 4-15 所示。

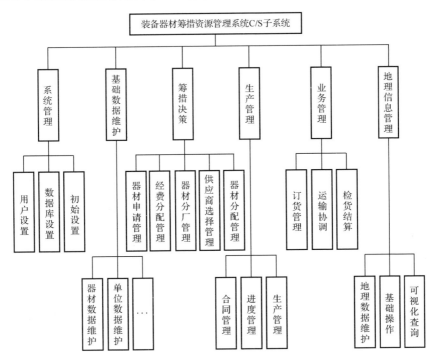

图 4-14　C/S 子系统功能构成

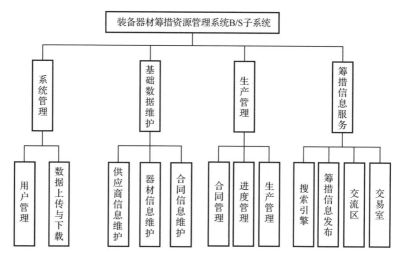

图 4-15　B/S 子系统功能构成

6. 便携式器材业务管理系统

便携式器材业务管理系统借助于二维条形码识别技术，主要由 PDA 手持设备（通过无线数据传输技术）和笔记本电脑组成，用于战时对装备器材进行快速、准确识别和管理。

系统主要利用计算机、掌上电脑、二维码识别技术、无线网络技术，实现在野战条件下对装备器材的识别、收发和管理，系统通过无线数字通信，实现战备器材消耗信息的实时报送，为器材保障决策提供准确依据。

系统由"装备器材识别发放系统"和"装备器材野战仓库管理系统"组成。整体构成如图 4-16 所示。

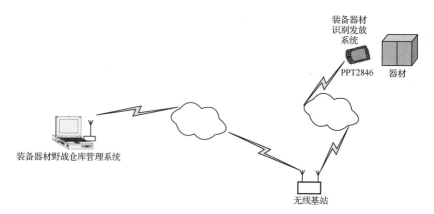

图 4-16　便携式器材业务管理系统构成

1）装备器材识别发放系统

系统用以存储装备器材的位置和数量等有关信息，主要用于完成野外条件下的器材信息自动识别、快速定位、收发处理、信息查询等功能，具体包括器材出库管理、器材入库管理、信息查询等功能模块，如图 4-17 所示。

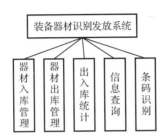

图 4-17　装备器材识别发放系统功能构成

器材入库管理主要功能包括：有单据入库和无单据入库。该模块主要实现战备器材入库和单据回填功能。

器材出库管理主要功能包括：有单据出库和无单据出库。该模块实现战备器材出库处理（主要是器材出库和单据回填）的功能。

出入库统计主要功能包括：入库统计和出库统计。该模块主要包括出入库的流水统计，按照单据查询出入库的流水号、器材信息和处理业务的时间。

信息查询主要功能包括：器材代码查询、图号规格查询、器材名称查询、战基序号查询、装载位置查询、条件查询。查询的手段主要有精确查询和模糊查询。系统既可以根据保管员手工输入的信息进行查询操作，又可以根据扫描条码的信息进行自动查询。

条码识别主要功能包括：一般条码识别、器材条码识别、集装箱条码识别。

2）装备器材野战仓库管理系统

系统可以实现战时装备器材基数信息的 PDA 装载，本野战仓库器材消耗的统计和器材收发管理。

其业务管理子系统用于完成器材信息维护、统计、查询等功能，由系统管理、基础数据维护、战备基数管理、申请计划管理等功能模块构成。

系统功能构成如图 4-18 所示。

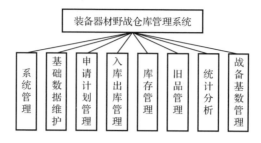

图 4-18　装备器材野战仓库管理系统功能构成

4.4.2　战备综合管理系统

战备综合管理系统是收集、分析、运用、评估仓库战备情况的软件系统，对各级器材保障单位的战备工作进行全过程管理，其中包括实现从平时管理向战时器材保障的平滑过渡这一过程。

战备综合管理系统是由多个分系统的集成的，其结构如图 4-19 所示，其中主要分系统功能如下。

图 4-19　战备综合管理系统结构

1）战备方案管理系统

战备方案管理系统将建成一个供物流中心拟制、调用、维护战备方案的软件系统，是连接器材保障平时管理与战时指挥控制的桥梁和纽带。系统依据作战任务，确定器材保障行动；按照器材保障原则，确定战备方案的结构和组成要素，最后形成完整的战备方案。

战备方案管理系统将依据平时物流中心的资源情况，建立战备方案管理系统与器材保障资源综合数据库的实时数据对应关系，在战备方案中将器材保障资源统一、高效地运用。

2）战备信息查询系统

战备信息查询系统提供战备信息的综合查询，系统的基本功能框架见图 4-20。具体功能包括：战备方案查询、战备评估指标查询；单位信息、概况查询；人员的基本情况、专业分类、能力水平、动态查询；保障装备的类型、功用、储备及动态查询；器材种类、数量、位置查询等。

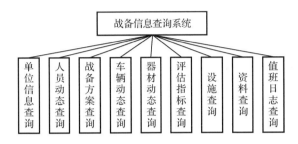

图 4-20 战备信息查询系统功能构成

3）战备综合评估系统

战备综合评估系统是对物流中心战备水平进行达标评估的软件系统，是战备工作的试金石，通过对物流中心战备工作进行量化评估，为物流中心开展战备工作提供依据。

此系统依托建立的战备工作评估指标体系，将平时各环节的业务管理效果转换为战备工作质量的评估指标，使战备管理的重点工作环节有据可依，有数可查，从而使战备管理工作走向量化管理。通过将各业务管理系统提供的人员、装备、器材、训练等方面的数据转化为评估指标中的数据，计算出战备率的量化值，从而实现对战备工作水平的评估。

第 5 章

装备保障物流中心选址决策

装备保障物流网络中的节点包括保障节点、连接节点和需求点。装备保障物流网络的保障节点是装备保障物流网络中节点的主要构成要素，包含全军物流中心、区域物流中心和基点物流中心。

本章把装备保障物流中心即资源点的选址问题划分为两个阶段：第一阶段，基于群决策理论确定候选资源点，是初选阶段；第二阶段，基于双层混合整数规划模型确定资源点与需求点的服务关系，是终选阶段。初选阶段充分利用了专家知识及经验，终选阶段采用的基于攻防博弈的双层混合整数规划模型，是基于可靠性和抗毁性优化的模型，所设计的物流网络也就是抗毁性优化的。

5.1 装备保障物流中心选址问题分析

装备保障物流网络中节点包括保障节点、连接节点和需求点。这 3 类节点中，需求点是确定的，包括需求点的数量、地理位置分布，同时我们假设某段时间内需求点的器材需求量也是确定的；连接节点代表重要的交通枢纽，如重要的港口码头、铁路车站等，它们存在于实际路网中，也是确定的；保障节点带有不确定性，包括保障节点的数量、位置以及保障节点与需求点之间的服务与被服务的关系，这是我们要通过选址问题确定的对象。

装备保障物流网络的保障节点是装备保障物流网络中节点的主要构成要素，保障节点包含全军物流中心、区域物流中心和基点物流中心，这 3 类保障节点相互之间又存在保障与被保障的关系，同时它们又都是我们要选址的对象。如果同时研究这 3 类保障节点的选址问题，即在一个模型中包含 3 个层次的选址对象，即使能够建立数学模型，在模型求解阶段也会遇到相当大的阻力，甚至无法求解。鉴于此，我们将需求点和保障节点放在一起考虑，构建它们的上下级关系：需求点——基点物流中心——区域物流中心——全军物流中心。我们可以发现，这个关系链中，任何相邻两个节点之间都是服务与被服务的关系，例如，对于"需求点——基点物流中心"而言，需求点是服务接受者，基点物流中心是服务提供者；对于"基点物流中心——区域物流中心"而言，基点物流中心是服务接受者，区域物流中心则是服务提供者；对于"区域物流中心——全军物流中心"而言，区域物流中心是服务接受者，全军物流中心则是服务提供者。因此，我们假设这样一种网络，网络中只有两类节点，一类是服务接受节点（需求点），另一类是服务提供节点（保障节点），研究该网络中保障设施的选址方法。很显然，将该方法分别依次运用到"需求点——基点物流中心""基点物流中心——区域物流中心""区域物流中心——全军物流中心"选址问题中，就可以解决装备保障物流网络的各级物流中心选址问题。选址问题研究思路可以用图 5-1 表示。

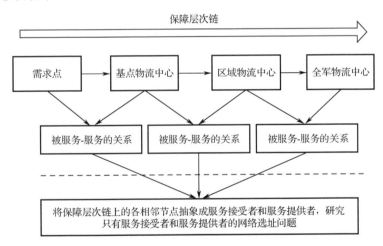

图 5-1　选址问题研究思路

我们对研究问题进行具体定义和描述，并给出总体研究思路。

用图 $G = \{V, E\}$ 表示所要研究的网络，其中 $E = \{e_{ij}\}$ 表示网络中的边集合，$V = \{v_i\}$ 表示网络中的节点集合。e_{ij} 表示资源点 i 向需求点 j 提供服务，因此，网络中的边代表的是服务与被服务的关系。节点集合中包括服务接受者和服务提供者，通过下标进行区分，则 $V = \{v_{ri}, v_{pi}\}$，其中 v_{ri} 代表第 i 个服务接受者，v_{pi} 代表第 i 个服务提供者，其中服务接受者在网络中的位置信息、数量信息、需求信息已知，而服务提供者的数量、服务能力信息未知。选址优化的目的是确定服务提供者的数量、位置分布，以及每个服务提供者分别为哪些需求点提供服务，使得整个网络系统在受到最坏情况的中断时服务损失最小。

为此，分为两个阶段来研究选址问题：第一阶段，运用群决策理论确定候选装备保障物流中心的数量及位置分布；第二阶段，运用双层混合整数规划模型候选装备保障物流中心中确定最终的装备保障物流中心的选址点以及与它们与需求点的建制保障关系，如图 5-2 所示。

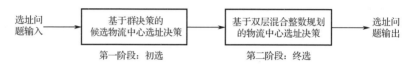

图 5-2　选址问题研究总体思路

5.2　基于群决策的候选装备保障物流中心初选决策

5.2.1　候选装备保障物流中心选址评价指标体系

遵循以下原则构建候选装备保障物流中心选址评价指标体系。

1）科学性原则

候选物流中心的选址，除了考虑经济性，还要考虑安全性，但特别是在考虑安全性时，只能从定性的角度衡量，很难从定量的角度去量化。因此，在建立指标体系时，需要坚持科学性原则，评价指标体系的大小必须适宜，即指标体系的设置应有一定的科学性。如果指标体系过大，指标过细，势必将决策者的注意力吸引到细小的问题上；而指标体系过小，指标过粗，又不能充分反映各个候选物流中心的实际情况。

2）军事需求牵引原则

装备保障与作战需求息息相关，没有作战需求就没有装备保障。因此，无论平/战状态下，都应当以需求为向导，这是由装备保障的服务性质决定的。平时的装备保障基地建设须与潜在的作战方向相一致，战时保障系统的建设目的更是直接用于满足作战部队在保障资源的数量、品种、时间、地点等方面的需求，这体现了装备保障工作的"拉"式特征，美军也称之为"基于配送的军事物流"（Distribution-based Logistics，DBL）。通用装备保障物流中心的选址，也需要根据部队的实际军事需求，建立"拉"式保障系统，真正实现"聚焦保障"。

3）安全性与生存性并存原则

各级物流中心的建设，往往投资巨大，一旦建成将在很长一段时间内保持使用。在平时，对自然灾害等带来的安全性问题不应忽视；在战时，这些保障设施也是敌方重点侦查和打击的对象，存在生存性问题。因此，在保障设施选址时，必须考虑保障设施的安全性和战场生存能力。

4）可行性原则

可行性原则主要是考虑候选设施的地幅条件和交通条件是否适合构建物流中心。该原则需要从两个方面考虑：一是所选站址要地幅大小适合、平坦，地质良好且适宜建筑；二是候选物流中心必须要具备方便的交通运输条件，靠近主要公路，支路最好有两条以上，候选物流中心内也要有方便的道路或便于修筑道路的地形，使来往车辆畅通无阻。

根据以上选址原则，构建候选装备保障物流中心选址评价指标体系如图 5-3 所示。

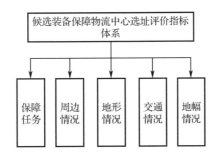

图 5-3　候选装备保障物流中心选址评价指标

依据选址的评价指标体系，可以从保障任务、周边情况、地形情况、交通情况和地幅情况 5 个方面对物流中心备选设施集合进行选址评价，从而形成满足装备器材保障需求的选址方案。

5.2.2　语言型多指标群决策问题

1．语言型多指标群决策

在多指标群决策问题中，由于受决策者知识结构、判断水平和个人偏好等主观因素以及事物本身的模糊性、不确定性和复杂性的影响，决策信息通常具有模糊性和不确定性，决策者常用诸如"很好、满意、一般、较差"等语言形式给出定性的决策信息。许多研究人员针对这种语言评价信息类型的多指标群决策问题展开了深入研究，并逐渐形成了一个新的研究方向——语言型多指标群决策。语言型多指标群决策作为多指标群决策科学的一个分支，其理论和方法尚未完全成熟，然而由于在群体语言决策过程中，决策者的评价信息以自然语言短语给出，更接近实际，且决策者给出的评价信息更具有真实准确性，对于难以定量的大系统问题的作用极为突出，因而语言型多指标群决策近些年来得到国内外学者的广泛关注，也取得许多的研究成果。目前语言型多指标群决策理论和方法已经被应用于解决各种实际问题，在工程、经济、管理和军事等诸多领域中有着广泛的应用，如投资决策、项目管理、维修服务、武器系统性能评定、设施选址、投标招标和经济效益综合评价等。

语言型多指标群决策问题可以描述为：设 $X = \{x_1, x_2, \cdots, x_m\}$ 称为备选方案集，$F = \{f_1, f_2, \cdots, f_n\}$ 为方案的指标集，$\lambda = \{\lambda_1, \lambda_2, \cdots, \lambda_n\}$ 为指标的权重集，$D = \{d_1, d_2, \cdots, d_m\}$ 为决策专家集，$\boldsymbol{P} = \{\boldsymbol{P}^1, \boldsymbol{P}^2, \cdots \boldsymbol{P}^k \cdots, \boldsymbol{P}^g\}$ 为 g 个决策专家的判断矩阵集合，其中 $\boldsymbol{P}^k = (P_{ij}^k)_{m \times n}$，$P_{ij}^k$ 表示第 k 个专家对 i 方案在第 j 个指标下的评判，为一语言短语，即 $P_{ij}^k \in S$，S 为语言评价集，$1 \le k \le g$，$1 \le i \le m$，$1 \le j \le n$，且 $\sum_{j=1}^{n} \lambda_j = 1$。通过运算，要求选择综合语言评价值最高的一个方案。

在现实决策过程中，由于决策问题本身的模糊性和不确定性，决策者的最好表达方式就是自然语言。决策过程中，决策者往往从给出的自然语言评价集中选择合适的语言评价等级来表示相应的偏好。自然语言评价集 S 一般是由奇数个预先定义好的语言短语元素组成的集合，由于实际决策问题的多样性，各语言短语的实际含义不同，这里统一定义自然语言评价等级为 $S = \{S_0, S_1, S_2, \cdots, S_{2t}\}$，并且 S 有以下属性：

（1）有序性：$i > j \Leftrightarrow S_i > S_j$，这里"$>$"表示"优于"；

（2）可逆性：存在一个逆运算算子"Neg"，当 $i + j = 2t$ 时，有 $S_i = \mathrm{Neg}(S_j)$，这里"$=$"表示"等于"。

（3）极值运算：当 $i < j$，极大值 $\max(S_i, S_j) = S_j$，极小值 $\max(S_i, S_j) = S_i$，这里"$<$"表示"劣于"。

自然语言评价集往往可以表示许多决策信息，比如决策指标值、权重系数等，因此，语言决策问题在实际中很普遍。自然语言评价集在现实决策问题中的应用，引起了对语言信息集结运算理论的广泛研究。总体上说，目前存在着 3 种语言信息处理模型。

1）基于扩展原理的近似运算模型

基于扩展原理的近似运算方法是将语言值转化为模糊值进行运算的，语言集结运算模型可表示为

$$S^n \xrightarrow{\tilde{F}} F(R) \to \begin{cases} \xrightarrow{app_1} S \\ \xrightarrow{\tilde{o}} R \end{cases}$$

这里 $S = \{S_0, S_1, S_2, \cdots, S_{2t}\}$ 是预先给定的语言评价集，S^n 表示 S 的 n 维笛卡儿乘积，$\tilde{F}$ 是一个基于扩展原理的集结算子，$F(R)$ 是实数 R 上的模糊集，app_1 是语言近似方法，$\tilde{o}$ 是模糊集的排序方法。

2）语言值直接运算的语言符号集结模型

语言值直接运算的语言符号集结方法是利用语言评价集的有序结构对语言标度值直接进行运算的，这种符号集结模型可表示为

$$S^n \xrightarrow{C} [0, g] \xrightarrow{app_2} \{0, 1, \cdots, g\} \to S$$

这里 C 是语言符号集结算子，app_2 是近似函数。

3）二元语义信息处理方法的分析模型

基于二元语义信息处理的方法是利用二元语义表达形式及它的特性对语言值进行运算的，这种分析模型可表示为

$$S^n \xrightarrow{H} (S \times [-0.5, 0.5])^n \xrightarrow{T} S \times [-0.5, 0.5]$$

这里 H 是转换函数，它将自然语言转换成二元语义表达形式，T 是二元语义运算算子。

以上 3 种语言信息处理模型中，基于扩展原理的近似运算模型需要事先假设模糊数的隶属函数，而且根据扩展原理进行模糊数运算时往往进一步增加了模糊性，在一定程度上会造成信息损失或扭曲。另外，模糊数的运算结果通常与初始语言评价信息没有直接联系，很难让决策者理解决策分析结果的具体含义。语言值直接运算的语言符号集结模型由于事先定义的语言评价集是离散的，语言信息经运算后，很难精确对应到初始的语言评价集，通常需要寻找一个最贴近的语言短语进行近似，也会产生信息损失。而二元语义信息处理方法的分析模型，采用二元语义表示语言评价信息并进行运算，可有效避免语言评价信息集结和运算中出现的信息损失和扭曲，也使语言信息计算结果更为精确。因此，本节重点研究和探讨基于二元语义的语言型多指标群决策问题。

2．二元语义相关概念

1）二元语义

二元语义是一种基于符号平移概念，针对某指标（或方案）给出的评价结果，由 (S_k,α) 表示语言评价信息的二元组。其中，S_k 为语言评价集 S 中的第 k 个元素，表示语言评价集中的语言短语或符号；$\alpha \in [-0.5,0.5]$ 表示由计算得到的语言信息 (S_k,α) 与初始语言评价集中最贴近的语言短语 S_k 之间的偏差。

例如：假设在语言评价集 $S = \{S_0,S_1,S_2,S_3,S_4,S_5,S_6\}$ 上进行一个集结运算，其结果为 $\beta = 2.7$，那么这个信息用二元语义形式表示为：$\Delta(2.7) = (S_3,-0.3)$，如图 5-4 所示。

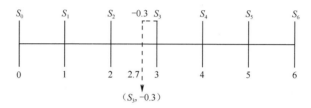

图 5-4　符号平移计算的例子

定义 5-1　设 $S_i \in S$ 为语言短语，则其相应的二元语义可通过下面转换函数 θ 得到：

$$\theta : S \to S \times [-0.5,0.5]$$
$$\theta(S_i) = (S_i,0), S_i \in S \tag{5-1}$$

定义 5-2　设语言评价集 $S = \{S_0,S_1,S_2,\cdots,S_T\}$，$\beta \in [0,T]$ 是一个数值，表示语言符号集结运算的结果，则与 β 相应的二元语义可由下面函数 Δ 得到：

$$\Delta : [0,T] \to S \times [-0.5,0.5]$$
$$\Delta(\beta) = (S_i,\alpha), \quad 其中 \begin{cases} S_i, i = \mathrm{Round}(\beta) \\ \alpha = \beta - i, \alpha \in [-0.5,0.5] \end{cases} \tag{5-2}$$

式中，Round 表示四舍五入取整运算。

定义 5-3　设存在语言评价集 $S = \{S_0,S_1,S_2,\cdots,S_T\}$，$S_i \in S(S_i,\alpha)$ 是一个二元语义，则存在一个逆函数 Δ^{-1}，使二元语义可转换成相应的数值 $\beta \in [0,T]$，即：

$$\Delta^{-1} : S \times [-0.5,0.5] \to [0,T]$$
$$\Delta^{-1}(S_i,\alpha) = i + \alpha = \beta \tag{5-3}$$

假设 (S_i, α_1) 和 (S_j, α_2) 为任意二元语义，则有以下性质：

① 有序性

如果 $i < j$，则 (S_i, α_1) 劣于 (S_j, α_2)。

如果 $i = j$，那么当 $\alpha_1 = \alpha_2$ 时，(S_i, α_1) 和 (S_j, α_2) 表示相同的信息"相等"；当 $\alpha_1 < \alpha_2$ 时，(S_i, α_1) 劣于 (S_j, α_2)；当 $\alpha_1 > \alpha_2$ 时，(S_i, α_1) 优于 (S_j, α_2)。

② 存在逆算子"Neg"

$$\mathrm{Neg}(S_i, \alpha) = \Delta[T - \Delta^{-1}(S_i, \alpha)]$$

其中，$T + 1$ 是集合 S 中元素的个数，有 $S = \{S_0, S_1, S_2, \cdots, S_T\}$。

③ 存在极大（小）运算

当 $(S_i, \alpha_1) \geqslant (S_j, \alpha_2)$ 时，$\max\{(S_i, \alpha_1), (S_j, \alpha_2)\} = (S_i, \alpha_1)$；当 $(S_i, \alpha_1) \geqslant (S_j, \alpha_2)$ 时，$\min\{(S_i, \alpha_1), (S_j, \alpha_2)\} = (S_j, \alpha_2)$。

2）二元语义运算

为了便于计算和避免决策信息丢失，在原有标度 $S = \{S_i\}$ $(i = 0, 1, \cdots, T)$ 的基础上定义一个拓展标度：$\bar{S} = \{S_i\}$ $(i = 0, 1, \cdots, T, \cdots, q$，其中 q 是一个充分大的自然数）。若 $i = 0, 1, \cdots, T$，则称 S_i 为本原术语；若 $i = T + 1, \cdots, q$，则称 S_i 为拓展术语。在此基础上，可定义二元语义的一些运算。

定义 5-4　设 $S_i, S_j \in \bar{S}$，且 (S_i, α_1) 和 (S_j, α_2) 是两个二元语义，则二元语义的加法、乘法、除法、乘方、开方可分别定义为

$$(S_i, \alpha_1) + (S_j, \alpha_2) = \Delta[\Delta^{-1}(S_i, \alpha_1) + \Delta^{-1}(S_j, \alpha_2)]$$

$$(S_i, \alpha_1) \times (S_j, \alpha_2) = \Delta[\Delta^{-1}(S_i, \alpha_1) \times \Delta^{-1}(S_j, \alpha_2)]$$

$$(S_i, \alpha_1) \div (S_j, \alpha_2) = \Delta[\Delta^{-1}(S_i, \alpha_1) \div \Delta^{-1}(S_j, \alpha_2)]$$

$$(S_i, \alpha_1)^n = \Delta[\Delta^{-1}(S_i, \alpha_1)]^n$$

$$\sqrt[n]{(S_i, \alpha_1)} = \Delta[\sqrt[n]{\Delta^{-1}(S_i, \alpha_1)}]$$

3）二元语义集结算子

在二元语义集结算子研究方面，可以按照不同的准则集结二元语义信息。式（5-2）、式（5-3）中的函数 Δ 和 Δ^{-1} 可以毫无信息损失地将数值转换为二元语义形式，所以一些数值集结算子可以很容易地被推广来处理二元语义信息。目前常用的二元语义集结算子主要有以下 3 个。

定义 5-5　设 $x = \{(x_1, \alpha_1), (x_2, \alpha_2), \cdots, (x_n, \alpha_n)\}$ 是一个二元语义集合，则基于二元语义的算术平均（T-AA）算子 $\bar{x}$ 定义为

$$\bar{x} = \Delta\left(\sum_{i=1}^{n} \frac{1}{n} \Delta^{-1}(x_i, \alpha_i)\right) = \Delta\left(\frac{1}{n} \sum_{i=1}^{n} \beta_i\right) \qquad （5-4）$$

定义 5-6 设 $x = \{(x_1, \alpha_1), (x_2, \alpha_2), \cdots, (x_n, \alpha_n)\}$ 是一个二元语义集合，相应的权重向量为 $\boldsymbol{\lambda} = [\lambda_1, \lambda_2, \cdots, \lambda_n]$，$\lambda_i \in [0,1]$，$\sum_{i=1}^{n} \lambda_i = 1$，则基于二元语义的加权算术平均（T-WA）算子 $\tilde{x}$ 定义为

$$\tilde{x} = \varDelta\left(\sum_{i=1}^{n} \lambda_i \varDelta^{-1}(x_i, \alpha_i)\right) = \varDelta\left(\sum_{i=1}^{n} \lambda_i \beta_i\right) \tag{5-5}$$

定义 5-7 设 $x = \{(x_1, \alpha_1), (x_2, \alpha_2), \cdots, (x_n, \alpha_n)\}$ 是一个二元语义集合，位置加权向量为 $\boldsymbol{p} = [p_1, p_2, \cdots, p_n]$，$p_i \in [0,1]$，$\sum_{i=1}^{n} p_i = 1$，则基于二元语义的有序加权算术平均（T-OWA）算子 $\hat{x}$ 定义为

$$\hat{x} = \varDelta\left(\sum_{i=1}^{n} p_i \varDelta^{-1}(x_{\sigma(i)}, \alpha_{\sigma(i)})\right) = \varDelta\left(\sum_{i=1}^{n} p_i \beta_{\sigma(i)}\right) \tag{5-6}$$

其中，$\sigma(i)$ $(i = 1, 2, \cdots, n)$ 是二元语义的一个排列，使得 $(x_{\sigma(i)}, \alpha_{\sigma(i)})$ 为第 i 个大的 (x_i, α_i)。

5.2.3　候选装备保障物流中心选址的二元语义群决策

1．问题描述

物流中心选址属于宏观决策问题，在决策中，需要对各个备选点进行分析、比较和评价，从而最终选择最优的位置建立物流中心。由于物流中心选址涉及多因素的影响，而且这些影响因素主要来自过去的经验和专家们的主观判断，传统的确定性决策模型往往不能很好地反映出各评价信息的不确定性和模糊性。而基于模糊语言评价的方法很好地描述了这些影响因素，决策专家们可以用"优、良、中、差、较差"等模糊语言形式对备选点的保障任务、周边情况、地形情况、交通情况和地幅情况等方面进行评价，进而整合群体意见，全面分析和科学权衡，从而在备选方案集中选择安全可行的选址位置。因此，可以从物流中心选址的实际需求出发，引入模糊群决策理论，将物流中心选址决策问题转化为语言型多指标群决策问题，进行分析和求解。基于语言型多指标群决策理论的装备保障物流中心选址决策问题可以描述如下。

根据预定保障任务，需要在某区域设置一个装备保障物流中心，现在有 m 个物流中心备选点集合，记为 $X = \{x_1, x_2, \cdots, x_m\}$，其中，$x_i$ 表示第 i 个物流中心备选点；物流中心选址评价指标集为 $P = \{p_1, p_2, p_3, p_4, p_5\}$，其中 p_1 表示

"保障任务"，p_2 表示"周边情况"，p_3 表示"地形情况"，p_4 表示"交通情况"，p_5 表示"地幅情况"；$\omega = \{\omega_1, \omega_2, \omega_3, \omega_4, \omega_5\}$，表示评价指标相应的权重组成的权重集，且满足 $\sum\limits_{j=1}^{5}\omega_j = 1$（$\omega_j \geqslant 0$，$j=1,2,3,4,5$）；设有 n 个装备保障决策专家参与选址决策，记为 $E = \{e_1, e_2, \cdots, e_k, \cdots, e_n\}$，其中 e_k 表示第 k 个决策专家，假设决策专家的权重集为 $\lambda = \{\lambda_1, \lambda_2, \cdots, \lambda_k, \cdots, \lambda_n\}$，$\lambda_k$ 代表决策专家 e_k 在决策中的权重；决策专家 e_k 给出具有语言评价信息的评价矩阵记为 $\boldsymbol{B}^k = [b_{ij}^k]_{m \times 5}$，其中 b_{ij}^k 表示决策专家 e_k 从预先定义好的自然语言（或自然语言符号）评价集 S 中选择一个元素作为对备选点 x_i 对应于指标 p_j 的评价值。其中，自然语言评价集 S 是一个预先定义好的由奇数个元素组成的有序集合。本节中考虑的自然语言评价集 S 是由 7 个元素（语言短语）构成的集合，如表 5-1 所示。

表 5-1　自然语言评价集 S 的元素组成

元素名称	评价值	含义
S_0	FC	非常差
S_1	HC	很差
S_2	C	差
S_3	YB	一般
S_4	H	好
S_5	HH	很好
S_6	FH	非常好

　　要求依据各个决策专家针对装备保障物流中心备选点集合给出的评价意见，采用语言型多指标群决策方法，综合分析和科学计算，从而获得一个综合评价值最高的选址点，以及各个备选点的排序。

2．评价矩阵的转化

　　物流中心选址二元语义群决策，首先要考虑的问题就是将各个决策专家针对各个备选点情况给出的语言评价矩阵，转化二元语义决策矩阵的形式。

　　在物流中心选址决策中，决策专家 e_k 给出具有语言评价信息的评价矩阵为 $\boldsymbol{B}^k = [b_{ij}^k]_{m \times 5}$，$\boldsymbol{B}^k$ 可以描述如下：

$$
\boldsymbol{B}^k = \begin{array}{c} \\ x_1 \\ x_2 \\ \vdots \\ x_m \end{array}
\begin{array}{ccccc}
p_1 & p_2 & p_3 & p_4 & p_5 \\
\left[\begin{array}{ccccc}
b_{11}^k & b_{12}^k & b_{13}^k & b_{14}^k & b_{15}^k \\
b_{21}^k & b_{22}^k & b_{23}^k & b_{24}^k & b_{25}^k \\
\vdots & \vdots & \vdots & \vdots & \vdots \\
b_{m1}^k & b_{m2}^k & b_{m3}^k & b_{m4}^k & b_{m5}^k
\end{array}\right]
\end{array}
\tag{5-7}
$$

采用式（5-1）中的二元语义转换方法，将 $\boldsymbol{B}^k$ 中的每个评价值 b_{ij}^k 转化为二元语义形式，则得到 $\boldsymbol{B}^k$ 对应的二元语义决策矩阵形式如下：

$$
\theta(\boldsymbol{B}^k) = \begin{array}{c} \\ x_1 \\ x_2 \\ \vdots \\ x_m \end{array}
\begin{array}{ccccc}
p_1 & p_2 & p_3 & p_4 & p_5 \\
\left[\begin{array}{ccccc}
(b_{11}^k,0) & (b_{12}^k,0) & (b_{13}^k,0) & (b_{14}^k,0) & (b_{15}^k,0) \\
(b_{21}^k,0) & (b_{22}^k,0) & (b_{23}^k,0) & (b_{24}^k,0) & (b_{25}^k,0) \\
\vdots & \vdots & \vdots & \vdots & \vdots \\
(b_{m1}^k,0) & (b_{m2}^k,0) & (b_{m3}^k,0) & (b_{m4}^k,0) & (b_{m5}^k,0)
\end{array}\right]
\end{array}
\tag{5-8}
$$

例如，假设有 4 个物流中心备选点，某个决策专家针对这些备选点的评价矩阵如下：

$$
\boldsymbol{B} = \begin{bmatrix}
H & YB & C & HC & HH \\
YB & HH & FH & C & HC \\
FH & C & YB & HC & YB \\
FH & YB & H & C & YB
\end{bmatrix}
\tag{5-9}
$$

则通过式（5-1）中的二元语义转换方法，该评判矩阵的二元语义形式可以表示为：

$$
\theta(\boldsymbol{B}) = \begin{bmatrix}
(H,0) & (YB,0) & (C,0) & (HC,0) & (HH,0) \\
(YB,0) & (HH,0) & (FH,0) & (C,0) & (HC,0) \\
(FH,0) & (C,0) & (YB,0) & (HC,0) & (YB,0) \\
(FH,0) & (YB,0) & (H,0) & (C,0) & (YB,0)
\end{bmatrix}
\tag{5-10}
$$

3. 指标权重的确定

在装备保障物流中心选址决策过程中，保障任务、周边情况、地形情况、交通情况和地幅情况等评价指标的权重确定是一个复杂问题，由于这些影响指标的复杂性及人类思维的模糊性，决策专家往往难以给出明确的指标权重，甚至会出现各个评价指标权重完全未知的极端情况。对于假设装备保障物流中心选址各个指标权重评价信息已知的情况，可以直接应用二元语义相关算子，进行群决策及求解，获得权重值。本节重点对权重信息未知情况下的选址决策问题进行研究，并采用偏差最大化的思想，探讨了一种各指标权重未知情况下的权重求解方法。

1）权重评价信息已知的情况

假设决策专家 e_k 针对装备保障物流中心选址评价指标集 P 给出具有语言评价信息的权重集为 $R^k = \{r_1^k, r_2^k, r_3^k, r_4^k, r_5^k\}$，其中 r_j^k（$j=1,2,\cdots,5$）表示决策专家 e_k 从预先定义好的自然语言（或自然语言符号）评价集 L（见表 5-2）中选择一个元素作为对指标 p_j 的重要度的描述。

表 5-2　自然语言评价集 L 的元素组成

元 素 名 称	评 价 值	含　　义
L_0	FBZ	非常不重要
L_1	HBZ	很不重要
L_2	BZ	不重要
L_3	YB	一般
L_4	Z	重要
L_5	HZ	很重要
L_6	FZ	非常重要

采用式（5-1）中的二元语义转换方法，将 R^k 中的每个指标权重评价值 r_j^k 转化为二元语义形式，则得到 R^k 对应的二元语义形式如下：

$$\theta(R^k) = \{(r_1^k, 0), (r_2^k, 0), (r_3^k, 0), (r_4^k, 0), (r_5^k, 0)\} \qquad (5\text{-}11)$$

假设所有决策专家中各个决策专家相应的权重相同。首先，采用二元语义加权算术平均算子［见式（5-5）］对各个专家指标权重语言评价信息进行集结，从而获得专家群体指标权重语言评价集 $\theta(R) = \{(r_1, \alpha_1), (r_2, \alpha_2), (r_3, \alpha_3), (r_4, \alpha_4), (r_5, \alpha_5)\}$，然后，通过式（5-3）即可获得装备保障物流中心选址指标的权重集 $\omega = \{\omega_1, \omega_2, \omega_3, \omega_4, \omega_5\}$。

2）权重评价信息未知的情况

物流中心选址决策问题的解决，其实质是对各个备选点的综合评价值的排序比较。若所有备选点在指标 p_j 下的评价值差异越小，则说明该指标对选址决策与排序所起的作用越小；反之，如果指标 p_j 能使所有备选点的评价值有较大差异，则说明其对选址决策与排序将起重要作用。因此，从对物流中心备选点进行排序的角度考虑，备选点评价值间偏差越大的指标（无论其本身的重要性程度如何）应该赋予越大的权重；特别地，若所有备选点在指标 p_j 下的评价值无差异，则指标 p_j 对备选点的排序将不起作用，可令其权重为零，这就是偏差最大化方法的主要思路。因此，在装备保障物流中心选址中各个指标权重评价信息未知的情况下，拟采用基于偏差最大化的求解思想对各个选址决策专家给出的二元语义决策矩阵进行分析和处理，从而获得各个选址指标的相应权重。

首先，给出两个二元语义信息之间的距离定义：

定义 5-8 设 (S_i, α_1) 和 (S_j, α_2) 为任意两个二元语义信息，则它们之间的距离为

$$d[(S_i, \alpha_1), (S_j, \alpha_2)] = \Delta(|\Delta^{-1}(S_i, \alpha_1) - \Delta^{-1}(S_j, \alpha_2)|) \tag{5-12}$$

在二元语义决策矩阵 $\theta(\boldsymbol{B}^k) = [(b_{ij}^k, 0)]_{m \times 5}$ 中，对于评价指标 p_j，若备选点 x_i 与其他所有备选点的偏差用 $D_{ij}^k(\omega)$ 表示，可以表示为

$$D_{ij}^k(\omega) = \Delta\left\{ \sum_{q=1}^{m} \Delta^{-1} d[(b_{ij}^k, 0), (b_{qj}^k, 0)]\omega_j \right\} \tag{5-13}$$

式中，$i = 1, 2, \cdots, m$；$q = 1, 2, \cdots, m$；$j = 1, 2, 3, 4, 5$；$k = 1, 2, \cdots, n$。

令

$$D_j^k(\omega) = \Delta\left(\sum_{i=1}^{m} \Delta^{-1} D_{ij}^k(\omega) \right) = \Delta\left\{ \sum_{i=1}^{m} \sum_{q=1}^{m} \Delta^{-1} d[(b_{ij}^k, 0), (b_{qj}^k, 0)]\omega_j \right\} \tag{5-14}$$

式中，$i = 1, 2, \cdots, m$；$q = 1, 2, \cdots, m$；$j = 1, 2, 3, 4, 5$；$k = 1, 2, \cdots, n$。

对于指标 p_j 而言，$D_j^k(\omega)$ 表示第 k 个选址决策专家评价的所有选址方案与其他选址方案得到的总偏差。则指标权重集 ω 的选择应使所有决策专家的所有指标对所有选址方案的总偏差之和最大。为此，构造偏差函数：

$$\max D(\omega) = \Delta\left(\sum_{k=1}^{n} \lambda_k \sum_{j=1}^{5} \Delta^{-1} D_j^k(\omega) \right) \tag{5-15}$$

即

$$\max D(\omega) = \Delta\left\{ \sum_{k=1}^{n} \lambda_k \sum_{j=1}^{5} \sum_{i=1}^{m} \sum_{q=1}^{m} \Delta^{-1} d[(b_{ij}^k, 0), (b_{qj}^k, 0)]\omega_j \right\} \tag{5-16}$$

因而，求解权重集 ω 等价于求解如下单目标最优化问题：

$$\max D(\omega) = \Delta\left\{ \sum_{k=1}^{n} \lambda_k \sum_{j=1}^{5} \sum_{i=1}^{m} \sum_{q=1}^{m} \Delta^{-1} d[(b_{ij}^k, 0), (b_{qj}^k, 0)]\omega_j \right\} \tag{5-17}$$

$$\text{s.t.} \sum_{j=1}^{5} \omega_j = 1, \omega_j \geq 0, j = 1, 2, 3, 4, 5$$

为方便求解上述模型，可构造如下优化模型：

$$\max \Delta^{-1} D(\omega) = \sum_{k=1}^{n} \lambda_k \sum_{j=1}^{5} \sum_{i=1}^{m} \sum_{q=1}^{m} \Delta^{-1} d\left[\left(b_{ij}^k, 0\right), \left(b_{qj}^k, 0\right)\right] \omega_j \tag{5-18}$$

$$\text{s.t.} \sum_{j=1}^{5} \omega_j = 1, \omega_j \geqslant 0, j = 1, 2, 3, 4, 5$$

解此模型，作拉格朗日（Lagrange）函数，即

$$\Delta^{-1} D(\omega, \lambda) = \sum_{k=1}^{n} \lambda_k \sum_{j=1}^{5} \sum_{i=1}^{m} \sum_{q=1}^{m} \Delta^{-1} d[(b_{ij}^k, 0), (b_{qj}^k, 0)] \omega_j + \lambda \left(\sum_{j=1}^{5} \omega_j - 1\right) \tag{5-19}$$

求其偏导数，并令

$$\frac{\partial \Delta^{-1} D(\omega, \lambda)}{\partial \omega_j} = \sum_{k=1}^{n} \lambda_k \sum_{i=1}^{m} \sum_{q=1}^{m} \Delta^{-1} d[(b_{ij}^k, 0), (b_{qj}^k, 0)] \omega_j + 2\lambda \omega_j = 0$$

且

$$\frac{\partial \Delta^{-1} D(\omega, \lambda)}{\partial \omega_j} = \sum_{j=1}^{5} \omega_j - 1 = 0$$

得到求解各个选址评价指标权重的公式：

$$\omega_j = \frac{\sum_{k=1}^{n} \lambda_k \sum_{i=1}^{m} \sum_{q=1}^{m} \Delta^{-1} d[(b_{ij}^k, 0), (b_{qj}^k, 0)]}{\sqrt{\sum_{j=1}^{5} \left[\sum_{k=1}^{n} \lambda_k \sum_{i=1}^{m} \sum_{q=1}^{m} \Delta^{-1} d[(b_{ij}^k, 0), (b_{qj}^k, 0)]\right]^2}} \tag{5-20}$$

然后对权重作归一化处理，得到：

$$\omega_j = \frac{\sum_{k=1}^{n} \lambda_k \sum_{i=1}^{m} \sum_{q=1}^{m} \Delta^{-1} d[(b_{ij}^k, 0), (b_{qj}^k, 0)]}{\sum_{j=1}^{5} \left[\sum_{k=1}^{n} \lambda_k \sum_{i=1}^{m} \sum_{q=1}^{m} \Delta^{-1} d[(b_{ij}^k, 0), (b_{qj}^k, 0)]\right]} \tag{5-21}$$

通过计算，就可以获得物流中心选址各个评价指标的群体综合权重值。

4．基于二元语义的候选装备保障物流中心选址群决策流程

结合物流中心选址要求，运用二元语义群决策方法，设计物流中心选址二元语义群决策流程，如图 5-5 所示。

（1）针对决策专家们给出的语言评价矩阵 $\boldsymbol{B}^k = [b_{ij}^k]_{m \times 5}$，利用式（5-1）中的二元语义转换方法，将其转化为二元语义决策矩阵 $\theta(\boldsymbol{B}^k) = [(b_{ij}^k, 0)]_{m \times 5}$。

（2）若各指标权重评价信息已知，即已给出各个指标的权重评价集 $R^k = \{r_1^k, r_2^k, r_3^k, r_4^k, r_5^k\}$，则同样将其转化为二元语义形式 $\theta(R^k) = \{(r_1^k, 0), (r_2^k, 0), (r_3^k, 0), (r_4^k, 0), (r_5^k, 0)\}$，则采用二元语义加权算术平均（T-WA）算子对

各个专家指标权重语言评价信息进行集结，从而获得专家群体指标权重语言评价集 $\theta(R) = \{(r_1, \alpha_1), (r_2, \alpha_2), (r_3, \alpha_3), (r_4, \alpha_4), (r_1, \alpha_5)\}$，并通过式（5-3）获得装备保障物流中心选址指标的权重集 $\omega = \{\omega_1, \omega_2, \omega_3, \omega_4, \omega_5\}$。

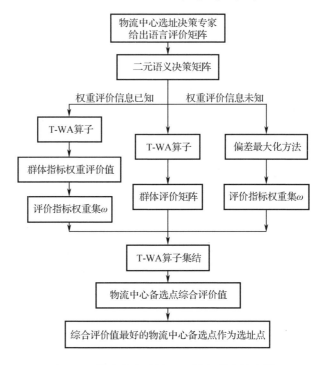

图 5-5　物流中心选址二元语义群决策流程

（3）若各指标权重评价信息未知，则根据式（5-5）采用二元语义加权算术平均（T-WA）算子对各个决策专家给出的二元语义决策矩阵 $\theta(\boldsymbol{B}^k) = [(B_{ij}^k, 0)]_{m \times 5}$ 进行集结，从而获得群体的二元语义决策矩阵 $\theta(\boldsymbol{B}) = [(\tilde{b}_{ij}, \alpha_{ij})]_{m \times 5}$，并采用偏差最大化方法，通过式（5-21），获得装备保障物流中心选址指标的权重集 $\omega = \{\omega_1, \omega_2, \omega_3, \omega_4, \omega_5\}$。

（4）在获得各个指标的权重值后，则采用二元语义加权算术平均（T-WA）算子对每个备选点的各个指标群体评价值进行集结，即：

$$x_i(\omega) = (x_i, \alpha_i) = \Delta\left(\sum_{j=1}^{5} \omega_j \Delta^{-1}(\tilde{b}_{ij}, \alpha_{ij})\right) \tag{5-22}$$

从而获得各个备选点的综合评价值。最后，就可以选择综合评价值最好的备选点作为物流中心选址点。

5.2.4 候选装备保障物流中心选址仿真实例

根据作战任务需求，将在某区域设置一个装备保障基点物流中心。经过初步考察，该区域现有 4 个备选点可供选择。有 3 位装备保障方面的选址决策专家进行评价，专家们根据这 4 个备选点的具体情况，从语言评语集 $S = \{S_0, S_1, S_2, S_3, S_4, S_5, S_6\}$（具体元素见表 5-1）中选择一个元素，对各个基点物流中心备选点的保障任务、周边情况、地形情况、交通情况和地幅情况 5 个方面进行评价。3 位选址决策专家给出的具有语言形式的评价矩阵为

$$\boldsymbol{B}^1 = \begin{bmatrix} H & C & HC & YB & H \\ FC & HH & HC & YB & FC \\ FH & YB & H & YB & C \\ HH & C & H & C & YB \end{bmatrix}$$

$$\boldsymbol{B}^2 = \begin{bmatrix} FC & YB & C & H & YB \\ YB & H & FC & C & C \\ H & HH & YB & C & YB \\ YB & YB & YB & FC & C \end{bmatrix}$$

$$\boldsymbol{B}^3 = \begin{bmatrix} C & YB & C & HC & HH \\ YB & H & FH & C & FC \\ H & YB & HH & YB & YB \\ H & YB & H & C & YB \end{bmatrix}$$

假设在所有决策专家中各个决策专家相应的权重相同，即 $\lambda = \left(\dfrac{1}{3}, \dfrac{1}{3}, \dfrac{1}{3} \right)$。

各个选址评价指标的权重评价信息分为已知和未知两种情况。在权重评价信息已知的情况下，各个选址决策专家给出的选址评价指标的权重评价信息如下：

$$R^1 = \{HZ, Z, Z, HZ, YB\}$$

$$R^2 = \{FZ, HZ, HZ, Z, Z\}$$

$$R^3 = \{HZ, YB, HZ, YB, Z\}$$

要求采用二元语义群决策方法，针对权重评价信息已知和未知的两种情况，进行基点物流中心选址决策，从而选择综合评价值最高的备选点作为最终的基点物流中心。

该实例问题的选址实施过程如下。

首先，利用式（5-1）中的二元语义转换方法，将各个决策专家给出的具有语言形式的评价矩阵转化为二元语义决策矩阵：

$$\theta(\boldsymbol{B}^1) = \begin{bmatrix} (H,0) & (C,0) & (HC,0) & (YB,0) & (H,0) \\ (FC,0) & (HH,0) & (HC,0) & (YB,0) & (FC,0) \\ (FH,0) & (YB,0) & (H,0) & (YB,0) & (C,0) \\ (HH,0) & (C,0) & (H,0) & (C,0) & (YB,0) \end{bmatrix}$$

$$\theta(\boldsymbol{B}^2) = \begin{bmatrix} (FC,0) & (YB,0) & (C,0) & (H,0) & (YB,0) \\ (YB,0) & (H,0) & (FC,0) & (C,0) & (C,0) \\ (H,0) & (HH,0) & (YB,0) & (C,0) & (YB,0) \\ (YB,0) & (YB,0) & (YB,0) & (FC,0) & (C,0) \end{bmatrix}$$

$$\theta(\boldsymbol{B}^3) = \begin{bmatrix} (C,0) & (YB,0) & (C,0) & (HC,0) & (HH,0) \\ (YB,0) & (H,0) & (FH,0) & (C,0) & (FC,0) \\ (H,0) & (YB,0) & (HH,0) & (YB,0) & (YB,0) \\ (H,0) & (YB,0) & (H,0) & (C,0) & (YB,0) \end{bmatrix}$$

然后，则根据式（5-5），采用二元语义加权算术平均算子对各个决策专家给出的二元语义决策矩阵进行集结，从而获得群体的二元语义决策矩阵：

$$\theta(\boldsymbol{B}) = \begin{bmatrix} (C,0) & (YB,-0.3) & (C,-0.3) & (YB,-0.3) & (H,0) \\ (C,0) & (H,0.3) & (C,0.3) & (C,0.3) & (HC,-0.3) \\ (HH,-0.3) & (H,-0.3) & (H,0) & (YB,-0.3) & (YB,-0.3) \\ (H,0) & (YB,-0.3) & (H,-0.3) & (HC,0.3) & (YB,-0.3) \end{bmatrix}$$

1）权重评价信息已知的情况

首先，利用式（5-1）中的二元语义转换方法，将各个决策专家给出的具有语言形式的权重评价信息转化为二元语义形式：

$$\theta(R^1) = \{(HZ,0),(Z,0),(Z,0),(HZ,0),(YB,0)\}$$

$$\theta(R^2) = \{(FZ,0),(HZ,0),(HZ,0),(Z,0),(Z,0)\}$$

$$\theta(R^3) = \{(HZ,0),(YB,0),(HZ,0),(YB,0),(Z,0)\}$$

然后，则采用二元语义加权算术平均算子对各个决策专家给出的二元语义指标权重评价值进行集结，从而获得群体的二元语义指标权重评集：

$$\theta(R) = \{(HZ,0.3),(Z,0),(HZ,-0.3),(Z,0),(Z,-0.3)\}$$

利用式（5-3）进行转化和计算，获得基点物流中心选址指标权重集：

$$\omega = (0.2442, 0.1843, 0.2166, 0.1843, 0.1706)$$

采用二元语义加权算术平均算子，用式（5-22）对每个备选点的各个指标群体评价值进行集结计算，从而获得各个备选点的综合群体评价值：

$$x_1(\omega) = (\text{YB}, -0.47) \qquad x_2(\omega) = (\text{C}, 0.32)$$
$$x_3(\omega) = (\text{H}, -0.12) \qquad x_4(\omega) = (\text{YB}, 0.31)$$

通过各个基点物流中心备选点的综合群体评价值可以看出，最佳选址点为第 3 个备选点。同时，基点物流中心备选点的优劣排序为：

$$x_3 > x_4 > x_1 > x_2$$

2）权重信息未知的情况

权重信息未知的情况下，首先采用偏差最大化方法，利用式（5-21）进行计算，获得基点物流中心选址各个指标的权重集：

$$\omega = \{0.2124, 0.1307, 0.2484, 0.2061, 0.2024\}$$

在获得各个指标的权重值后，采用二元语义加权算术平均算子，利用式（5-22）对每个备选点的各个指标群体评价值进行集结计算，从而获得各个备选点的综合评价值：

$$x_1(\omega) = (\text{C}, -0.24) \qquad x_2(\omega) = (\text{C}, 0.17)$$
$$x_3(\omega) = (\text{H}, 0.06) \qquad x_4(\omega) = (\text{YB}, 0.23)$$

通过各个基点物流中心备选点的综合评价值可以看出，最佳选址点为第 3 个备选点。同时，备选点的优劣排序为：

$$x_3 > x_4 > x_2 > x_1$$

通过以上选址决策实例可以看出，在权重信息已知和未知的两种情况下，二元语义群决策方法都能很好地将各个决策专家给出的语言评价信息进行精确处理和集结，并且选择出决策专家群体最为满意的备选点，具有较好的实用性。

5.3 基于双层混合整数规划的装备保障物流中心选址决策

在初选阶段，我们主要从保障任务、周边情况、地形情况、交通情况、地幅情况 5 个方面来衡量装备保障物流中心的选址。对这 5 个因素的评价，适合从定性的角度衡量，专家的经验知识在选址中也有很重要的作用，因此，我们采用基于群决策的方法来完成装备保障物流中心的初选。通过初选阶段，我们可以按评价值的优劣排序，选择前 m 个候选装备保障物流中心，从而构成包含 m 个元素的候选装备保障物流中心集合。接下来，为了使装备保障物流网络具有良好的抗毁性，我们将采用双层规划建模的思想，上层规划

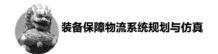

模拟防御者，下层规划模拟攻击者，从 m 个候选装备保障物流中心中选择 p 个作为最终的装备保障物流中心选址点，同时确定每个装备保障物流中心为哪些需求点提供服务，即确定它们之间的建制保障关系。

5.3.1 模型建立

1. 问题描述

这里所研究的双层混合整数规划模型，实际上是 p 中值问题和 r 中断中值问题的结合。p 中值问题研究的是如何从候选网络保障节点中建设 p 个服务设施，使得服务设施和需求节点间的总服务代价（服务成本）最小；r 中断中值问题是 p 中值问题的对立问题，研究的是在 p 个已有的设施中，如何选择其中的 r 个设施实施中断（破坏），使得这 r 个设施被中断后网络系统的运行成本最大，本节所研究的双层规划选址就是这两个问题的结合。

基于双层混合整数规划的装备保障物流中心选址决策问题可以描述为：

在含有 n 个需求点和 m 个候选装备保障物流中心的网络中，每个需求点的需求量一定，每个需求点与每个候选装备保障物流中心之间的权重距离已知，围绕网络运行成本最小化与最大化，防御方和攻击方展开攻防博弈。将 p 中值问题看作上层防御者，其目的是从 m 个候选装备保障物流中心中选择 p 个作为装备保障物流中心开设基点，使得网络的权重距离最小；将 r 中断中值问题看作下层攻击者，其目的是从上层防御者的决策结果中选择 r 个未被防御的装备保障物流中心作为中断（破坏）目标，使得这些目标被中断后网络系统的运行成本最大。

为了便于进一步研究，对所研究的问题做如下假设。

（1）攻击资源与防御资源均有限，在资源约束下，攻击方不能对所有装备保障物流中心实施攻击，防御方也不能对所有装备保障物流中心实施防御，即有 $r < p < m$。

（2）装备保障物流中心一旦被防御，我们认为该装备保障物流中心受到完全防护，不会遭到攻击方的中断；同理，装备保障物流中心一旦被攻击，则认为该装备保障物流中心遭到完全攻击，其保障能力完全丧失，防御方对其施加防御将不会起任何作用。

（3）攻击方和防御方都是理智的，攻击与防御信息是透明的。这意味着双方具有同等的战场态势掌握能力，攻击方不会去中断受到防御的装备保障物流中心，防御方也不会浪费防御资源对遭到攻击的目标施加防御。

2．目标函数分析

模型中，攻防双方以网络运行成本最小化或最大化为目标函数，双方围绕网络运行成本展开攻防博弈。因此，要明确攻防双方具体的目标函数，首先对网络的运行成本构成进行分析。

将网络运行成本分为中断前运行成本（或常规运行成本）和中断后运行成本，中断前的成本用 BI 表示，中断后的成本用 AI 表示。其中，中断前的成本 BI 包括以下 3 个部分。

BI_1：建立 p 个装备保障物流中心的固定成本，每个装备保障物流中心建设的固定成本不同；

BI_2：p 个装备保障物流中心的边际成本，该成本可能会因为装备保障物流中心的不同而不同，主要取决于边际容量购置成本和总的需求点满足率；

BI_3：需求点与其最近的装备保障物流中心之间的需求权重距离成本，可以从不同的角度理解需求权重距离成本，例如运输费用、运输时间等。

上层防御者进行选址决策，下层攻击者进行攻击决策，选择不超过 r 个的装备保障物流中心实施攻击。当一个装备保障物流中心遭到攻击后，由于该装备保障物流中心丧失服务提供能力，相应的需求点将被重新分配到其他装备保障物流中心，从而致使部分装备保障物流中心的服务负载增大，为了应对服务负载的增加，装备保障物流中心按一定的单位比例扩容，从而产生容量扩张代价。由于空间限制、缺少人力或设备等原因，某些装备保障物流中心的容量扩张代价可能会增加到无穷大，此时，我们认为该装备保障物流中心的容量超出其允许的负载限制。基于以上分析，我们将中断后的成本 AI 分成以下 3 个部分。

AI_1：由于需求重新分配，未被中断的装备保障物流中心收到新的需求，导致容量扩充，相应的容量扩充成本用 AI_1 表示；

AI_2：装备保障物流中心被中断后，相应的需求重新分配给未被中断的装备保障物流中心，相比中断之前与原装备保障物流中心的需求权重距离，需求点与新的装备保障物流中心之间的需求权重距离增大，从而导致额外的运输成本，这部分成本用 AI_2 表示；

AI_3：对于未遭受攻击的装备保障物流中心，它们与各自需求点之间的需求权重距离成本用 AI_3 表示，很明显，AI_3 包含 AI_2。

中断前成本 BI 代表了装备保障物流中心建立的固定成本和中断前的正常运行成本，应当纳入防御者的目标函数中，另外，中断后的成本 AI_1 和 AI_2 也是防御者成本优化的范畴，因此，上层防御者的目标是最小化以下 5 项成本之和：

$$f_1 = \min\{BI\_1 + BI\_2 + BI\_3 + AI\_1 + AI\_2\} \qquad （5-23）$$

这里将 AI_2 而不是 AI_3 加入防御者的目标函数中，是为了避免重复计算成本，因为在装备保障物流中心遭受攻击后，有一部分需求点不会受到影响，它们不会参与重新分配，因此也就不会产生成本变动。

显然，下层攻击者的目标则是最大化 AI_1 和 AI_3 的和，即：

$$f_2 = \max\{AI\_1 + AI\_3\} \qquad （5-24）$$

3. 模型建立

对相关变量及其含义说明如下：

$I = \{1, 2, \cdots, n\}$，需求点集合。

$J = \{1, 2, \cdots, m\}$，候选装备保障物流中心集合，来源于第一阶段的装备保障物流中心初选结果。

d_{ij}：需求点 i 和装备保障物流中心 j 之间的权重距离成本。

q_i：需求点 i 的需求量。

f_j：建立装备保障物流中心 j 所需要的固定成本。

c_j：装备保障物流中心 j 的边际成本。

b_j：装备保障物流中心 j 的防御成本。

b_{tot}：防御者的防御资源预算。

r：攻击者最多可以中断的装备保障物流中心数量。

决策变量有：

X_j：如果在 j 处建立装备保障物流中心，则值为 1，否则为 0。

Y_j：如果装备保障物流中心 j 被防御，则值为 1，否则为 0。

S_j：如果装备保障物流中心 j 由于中断而丧失服务能力，则值为 1，否则为 0。

U_{ij}：中断前，需求点 i 被分配给装备保障物流中心 j，则值为 1，否则值为 0。

V_{ij}：中断后，需求点 i 被分配给装备保障物流中心 j，则值为 1，否则值为 0。

另外，我们引入辅助变量 F_{ij} 表示候选装备保障物流中心的子集，这部分候选装备保障物流中心离需求点 i 的权重距离成本不大于装备保障物流中心 j 离需求点 i 的权重距离成本，即 $F_{ij} = \{k \in J \mid d_{ik} \leq d_{ij}\}$。

在问题描述及目标函数分析的基础上，建立装备保障物流中心的双层混合整数规划选址模型，模型分为上层决策模型和下层决策模型，上层决策者的目的是使网络运行成本最小，下层决策者则通过破坏上层决策结果，使网络运行成本最大。

上层决策模型：

$$\min_{U,X,V} Z_{\text{def}} = \sum_{j \in J} f_j X_j + \sum_{i \in I} \sum_{j \in J} (c_j + d_{ij}) q_i U_{ij} +$$

$$\sum_{i \in I} \sum_{j \in J} (c_j + d_{ij}) q_i (1 - U_{ij}) V_{ij} \tag{5-25}$$

$$\text{s.t.} \quad \sum_{j \in J} X_j = p \tag{5-26}$$

$$\sum_{j \in J} U_{ij} = 1, \forall i \in I \tag{5-27}$$

$$\sum_{i \in I} U_{ij} \leq n X_j, \forall j \in J \tag{5-28}$$

$$\sum_{k \in F_{ij}} U_{ik} \geq X_j, \forall i \in I, \forall j \in J \tag{5-29}$$

$$Y_j \leq X_j, \forall j \in J \tag{5-30}$$

$$\sum_{j \in J} b_j Y_j \leq b_{\text{tot}} \tag{5-31}$$

$$U_{ij}, X_j, Y_j \in \{0,1\}, \forall i \in I, \forall j \in J \tag{5-32}$$

下层决策模型：

$$\max_{S,V} Z_{\text{att}} = \sum_{i \in I} \sum_{j \in J} c_j q_i (1 - U_{ij}) V_{ij} + \sum_{i \in I} \sum_{j \in J} q_i d_{ij} V_{ij} \tag{5-33}$$

$$\text{s.t.} \quad \sum_{j \in J} V_{ij} = 1, \forall i \in I \tag{5-34}$$

$$\sum_{j \in J} S_j \leq r \tag{5-35}$$

$$S_j \leq X_j - Y_j, \forall j \in J \tag{5-36}$$

$$\sum_{i \in I} V_{ij} \leq n X_j (1 - S_j), \forall j \in J \tag{5-37}$$

$$\sum_{k \notin F_{ij}} V_{ik} \leq 1 + S_j - X_j, \forall i \in I, \forall j \in J \tag{5-38}$$

$$V_{ij} \geq U_{ij} (1 - S_j), \forall j \in J \tag{5-39}$$

$$V_{ij}, S_j \in \{0,1\}, \forall i \in I, \forall j \in J \tag{5-40}$$

4．模型分析

在上述模型中，式（5-25）到式（5-32）是上层（选址和防御）决策模型，式（5-33）到式（5-40）是下层（中断）决策模型。

式（5-25）是防御者的目标函数，函数由 3 部分组成，第 1 部分是建立 p 个装备保障物流中心的固定费用（BI_1），如果每个装备保障物流中心的建立费用一样，则在建设装备保障物流中心数量一定的前提下，该部分为常数，可以从模型中去除。第 2 部分等于 BI_2＋BI_3，即装备保障物流中心容量的边际成本和装备保障物流中心与需求点之间的运输成本之和。第 3 部分等于 AI_1＋AI_2，即需求点重新分配导致装备保障物流中心扩容产生的容量扩张成本和需求权重距离增大导致的成本之和，第 3 部分中的 $(1-U_{ij})V_{ij}$ 是为了保证只有受中断影响的装备保障物流中心和需求点才纳入目标函数的计算中。

约束式（5-26）表示总共选择 p 个装备保障物流中心。约束式（5-27）表示中断前每个需求点有且仅有一个装备保障物流中心为其提供服务，这是为了确保选址结果是标准的建制保障关系，即网络中任何一个节点至多有一个父节点。约束式（5-28）的目的是防止需求点被分配到非装备保障物流中心节点上。约束式（5-29）表示网络中的需求点均按照就近原则寻找为其服务的装备保障物流中心节点，并且网络中的每个需求点均可以得到服务。式（5-29）的约束过程可以描述为：对于任意一对节点 (i,j)，如果在节点 j 处不建立装备保障物流中心，即 $X_j=0$，则约束式（5-29）不影响原问题的求解；如果在节点 j 处建立装备保障物流中心，即 $X_j=1$，则需求点 i 将会到节点 j 或者距离不会比节点 j 远的节点去寻求服务分配。当存在多个与 j 离 i 距离一样的装备保障物流中心时，由于约束式（5-28）的存在，约束式（5-29）同样成立。约束式（5-30）表示如果节点 j 不是装备保障物流中心节点，则防御者不会对它实施防御。约束式（5-31）对防御者的防御资源进行了限制。式（5-32）是决策变量的 0-1 约束。

通过求解上层决策模型，可以获得决策变量 U_{ij}，X_j，Y_j 的值，将其作为下层决策模型的输入参数。式（5-33）表示下层决策者（攻击方）的目标函数，其值为 AI_1＋AI_3，即中断后的容量扩张成本与需求权重距离成本之和。约束式（5-34）表示中断后每个需求点有且只有一个装备保障物流中心节点为其提供服务。约束式（5-35）表示攻击者至多中断 r 个装备保障物流中心。约束式（5-36）是逻辑约束，表示只有是装备保障物流中心且未被防护时才会被中断，同时该不等式也连接了上下两层约束规划模型，由于约束式（5-30）的存在，约束式（5-36）右侧的值必然非负，因此，中断决策变量的值非负，这在模型求解的时候有利于提高求解效率。约束式（5-37）也是一个逻辑约束，防止需求点被分配给已经被中断的装备保障物流中心或者非装备保障物流中心节点，对于给定的 X_j（上层决策模型已经求解出 X_j 的值），约束式（5-37）右侧表达式已经是线性的，因此在求解下层决策模型的时候，没有必要因为要转化成线性问题求解而将 $X_j(1-S_j)$ 线性化。约束式（5-38）确保需求点在重新分配时能够被分配到离其最近的装备保障物流中心，式（5-38）的约束过程可以描述为：首先，对于给定的需求点 i 和装备保障物流中心节点 j，约束式（5-38）左侧的求和对象为所有离 i 比 j 远的装备保障物流中心节点，如果装备保障物流中心节点 j 被中断（$S_j=1$），则约束式（5-38）变为 $\sum_{k \notin F_{ij}} V_{ik} \leq 1$，由于每个需求点最后都会被分配到某个装备保障物流中心，因此，$\sum_{k \notin F_{ij}} V_{ik} \leq 1$ 恒成立；如果节点 j 不是装备保障物流中心节点（$X_j=S_j=0$），则约束式（5-38）同样变为 $\sum_{k \notin F_{ij}} V_{ik} \leq 1$；如果节点 j 是装备保障物流中心节点并且没有被攻击（$X_j=1, S_j=0$），则约束式（5-38）变为 $\sum_{k \notin F_{ij}} V_{ik} \leq 0$，也就是说需求点 i 不会被重新分配到比离节点 j 远的装备保障物流中心节点。当存在多个装备保障物流中心到 i 的距离一样时，由于逻辑约束式（5-37）的存在，约束式（5-38）仍然成立，因此约束式（5-37）不能在约束条件中被忽略。U_{ij} 是上层决策模型的输出值，在下层决策模型中作为参数输入，相对于下层决策模型来说就是常量，因此，与约束式（5-37）类似，约束式（5-39）可以看作线性约束。约束式（5-39）表示，在上层决策模型中，若需求点 i 被分配给装备保障物流中心 j（$U_{ij}=1$），那么在下层决策模型中，除非装备保障物流中心 j 被中断，在重新分配需求时，需求点 i 仍然保持被分配给装备保障物流中心 j 的状态不变（$V_{ij}=1$）。在重新分配需求时，当有多个装备保障物流中心离 i 的距离与 j 离 i 的距离一样时，该约束严格限制了需求点 i 寻求装备保障物流中心的方式，有利于提高模型的求解效率，换句话说，如果没有该约束，那么需求点 i 会被重新分配，分配的结果是新的保障节点与 i 的距离与先前 j 与 i 的距离一样，但是却导致了多余的计算，降低了求解的效率。最后，式（5-40）是下层决策变量的 0-1 约束。

5.3.2 模型求解算法设计

1. 算法的总体思路

到目前为止，求解双层规划主要有以下几类算法：

① 极点搜索法。这类算法主要针对线性双层规划，其基本思想是：线性双层规划的全局最优解一定会出现在问题对应的约束域的极点上，也就是说，在约束域空间的极点上能搜索到问题的全局最优解。该性质是 Candler 和 Townsley 在讨论不含上层约束的线性双层规划时发现的，随后 Bard 和 Bialas 在约束域有界的假设下证明了该结论。基于这个性质，极点搜索算法被提出，具有代表性的有 Candler 和 Townsley 提出的极点枚举算法和 Bialas 和 Karwan 提出的"k 次最好"算法，邓键对传统极点算法和"k 次最好"算法进行了改进，并以此为基础，研究了包括多跟随者、线性分数型在内的多种双层规划问题。

② 分支定界法。分支定界法是一种求解整数规划问题的常用算法，这种方法的基本原理是将双层规划的下层问题用它的 K-T 条件代替，构造与原双层规划等价的 K-T 模型，然后用分支定界技术处理 K-T 模型中的互补项，求解一个易于求解的标准数学规划问题。此类方法主要用于求解线性和凸双层规划。由于互补松弛项的存在，转化后的问题一般是非凸的。不同的处理松弛项的方法，形成了不同的分支定界法。

③ 罚函数算法。该方法主要应用非线性规划理论中的罚函数原理，利用不同形式的惩罚项，把下层问题转化为一个无约束数学规划，然后把惩罚项加到上层目标函数中，将问题转化为一个带惩罚参数的单层问题，再通过求解一系列非线性规划问题来获得全局最优解。

④ 下降方法。这类方法主要利用非线性规划中常用的最速下降方向法和基于旋转尺度的方法，针对不同类型的双层规划问题，提出求解问题的局部最优策略或全局最优策略。

⑤ 互补旋转算法。其主要思想是将问题转化为一个带参数的互补问题，然后用受限基算法，也就是带参数的互补主元算法进行求解。

⑥ 非数值优化方法。主要包括遗传法和模拟退火算法等，这种非数值优化方法目前主要用于求解工程问题，但收敛性一般难以保证。

从目前的文献来看，求解线性双层规划问题的算法要好于求解非线性双层规划问题的算法，这是因为线性问题比非线性问题更加容易求解。自 20

世纪 90 年代开始，国内也有学者开始研究和应用双层规划模型和优化技术，但主要集中在应用方面，对双层规划理论和求解方法的研究还较少，并且与国外学者的成果存在不小的差距。

一般来说，求解双层规划问题是非常困难的，主要原因有两个方面。第一，双层规划问题是一个 NP-Hard 问题，Jeroslow[1]第一个证明了线性双层规划问题是 NP-Hard 问题。第二，双层规划问题的非凸性，即使双层规划问题的形式简单到上下层都只包含连续型变量，一般来说它也是一个非凸优化问题，求解也非常困难，即使能找到最优解，通常也只能是一个局部最优解，而非全局最优解。为了求解双层混合整数规划问题，我们设计一种两阶段算法对其进行求解。通过分析我们不难发现，装备保障物流中心选址问题包含"选址—防御—攻击" 3 个子问题，在算法的第一阶段，运用禁忌搜索算法从 m 个候选装备保障物流中心节点中选择 p 个最佳的节点，完成选址决策，从而将原问题变为只有"防御—攻击"两个子问题的决策问题，即防御者确定 p 个候选装备保障物流中心节点中哪 q 个需要实施防御，攻击者从未被防御的装备保障物流中心节点中确定哪 r 个节点需要实施中断。对于该子问题，我们在算法的第二阶段运用隐枚举算法对其求解。

用伪代码表示算法的总体思路如表 5-3 所示。

表 5-3 算法总体思路的伪代码

用禁忌搜索算法求解选址问题，从群决策的 m 个初选结果中确定 p 个装备保障物流中心
对于每个选址结果 J_p，将 J_p 作为下层问题的输入，运用隐枚举算法求解防御方和攻击方的最优目标函数值
记录求解结果
比较各求解结果，选择最优解作为问题的最终输出结果

算法的总体思路如图 5-6 所示。

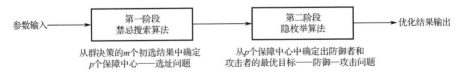

图 5-6 选址算法总体思路

2. 禁忌搜索算法设计

禁忌搜索算法是著名的全局搜索算法，能够有效引导最优解从局部最优

向全局最优转化。1997 年 Glover 和 Laguna 对禁忌搜索算法进行了深入探讨，之后该算法迅速在组合优化求解领域得到广泛应用，禁忌搜索算法成功地在 p 中值问题及其扩展问题中得到应用。

禁忌搜索算法的核心元素包括初始可行解、领域结构、禁忌条件、特赦条件和终止条件，本节中的禁忌搜索算法相关说明如下。

初始可行解：确定该初始可行解的思路是如果选择某 p 个节点作为上层问题的最优解，则可设这 p 个装备保障物流中心节点的固定成本加上所有需求点到各个节点的旅行成本之和最小。具体做法是：从 m 个候选装备保障物流中心节点中选择 p 个节点作为装备保障物流中心节点，则共有 C_m^p 种选法，循环每种选法所对应的集合，对于其中的装备保障物流中心节点 j，计算所有需求点到 j 的需求权重距离并记录累加值。对于特定的节点 j，建立该节点的固定成本 f_j 是一定的，将前面的累加值和固定成本 f_j 求和，记为 b_j。最后，按照 b_j 的大小对集合中的装备保障物流中心按降序排序，取 b_j 最低的装备保障物流中心集合作为初始可行解。

领域结构：通过 3 次交换来产生当前解的领域结构。在第 k 次交换时，从当前解空间中选择 k 个装备保障物流中心节点，将这 k 个节点与 k 个非装备保障物流中心节点进行交换，由于是等量交换，始终保持解的个数是 p，因此可以防止维数不是 p 的解向量（这部分解是非可行解）进入解空间，减小算法搜索空间。每步交换都产生相等数量的领域解，使得防御者目标函数值最小的邻居作为下一步中的当前解。

禁忌条件：通过禁忌搜索迭代更新当前解，禁忌条件则是用于防止搜索算法再次搜索已被搜索过的解空间，满足禁忌条件的解被加入禁忌表。

特赦条件：禁忌表中某个对象能够提供比当前最优解更好的目标函数值时，该对象即被特赦。

终止条件：这里使用两条终止规则，第一条是循环迭代次数达到最大值，第二条是在循环迭代过程中目标函数值连续一定的次数没有改变。只要上面任何一个条件满足，禁忌搜索均终止。

3. 隐枚举算法设计

隐枚举算法是运筹学中的经典算法，我们将运用该算法来求解"防御—攻击"子问题。令 $J_p = \{j_1, \cdots, j_p\}$ 代表禁忌搜索迭代过程中当前解的一个邻居，如果选址决策变量 X 已知，则我们可以通过式（5-28）和式（5-29）快速对攻击前的需求点分配做出决策。我们假设用矩阵 $[U_{ij}^*]$ 表示需求点分配方案，将 $[U_{ij}^*]$ 作为第二阶段隐枚举算法的参数输入。当运用禁忌搜索算法完成第一阶段的选址决策后，第二阶段中原问题就退化成"防御—攻击"子问题，此时，原模型变为

上层决策模型：

$$\min_{Y} Z_{\text{def}}(J_p) = \sum_{i \in I} \sum_{j \in J_p} (c_j + d_{ij}) q_i (1 - U_{ij}^*) V_{ij} \tag{5-41}$$

$$\text{s.t.} \quad \sum_{j \in J_p} b_j Y_j \leq b_{\text{tot}} \tag{5-42}$$

$$Y_j \in \{0,1\}, \forall j \in J_p \tag{5-43}$$

下层决策模型：

$$\max_{S,V} Z_{\text{att}}(J_p) = \sum_{i \in I} \sum_{j \in J_p} c_j q_i (1 - U_{ij}^*) V_{ij} + \sum_{i \in I} \sum_{j \in J_p} q_i d_{ij} V_{ij} \tag{5-44}$$

$$\text{s.t.} \quad \sum_{j \in J_p} V_{ij} = 1, \forall i \in I \tag{5-45}$$

$$\sum_{j \in J_p} S_j \leq r \tag{5-46}$$

$$S_j \leq 1 - Y_j, \forall j \in J_p \tag{5-47}$$

$$\sum_{i \in I} V_{ij} \leq n(1 - S_j), \forall j \in J_p \tag{5-48}$$

$$\sum_{k \notin F_{ij}} V_{ik} \leq S_j, \forall i \in I, \forall j \in J_p \tag{5-49}$$

$$V_{ij} \geq U_{ij}^*(1 - S_j), \forall i \in I, \forall j \in J_p \tag{5-50}$$

$$S_j, V_{ij} \in \{0,1\}, \forall i \in I, \forall j \in J_p \tag{5-51}$$

Maria 等人设计了一种隐枚举算法用于求解此类模型，其基本思想是构造一个二叉树，然后遍历二叉树寻找模型的最优值。我们将采用 Maria 等人使用的二叉树隐枚举算法来求解"防御—攻击"子问题，隐枚举算法用于计算第一阶段禁忌搜索循环过程中当前解每个邻居 J_p 所对应的最优防御目标函数值和最优攻击目标函数值。

利用隐枚举算法的核心思想可以归纳为：假设 R 是不考虑防御时的下层中断问题中攻击方最优攻击策略下含有 r 个元素的攻击目标集合，那么防御方最优防护策略下含有 q 个元素的防御目标集合至少应该包含 R 中的一个元素。应用该算法生成二叉树的具体步骤如下。

第一步，不考虑防御寻找下层问题的最优解，即在攻击资源约束下，寻找 r 个节点实施中断，使得式（5-44）的值最大。

第二步，将第一步的优化计算结果作为防御者的防御候选节点集合，防

御者随机从集合中挑选一个节点 j，对是否对节点 j 实施防御进行决策。

第三步，如果防御者决定对 j 进行防御，则重新计算下层问题（注意，此时节点 j 不能被中断），然后跳转回第二步。如果防御者决定对 j 不进行防御，则防御者需要对除 j 之外的候选节点集合中剩下的节点是否实施防御进行决策，此处要分两种情况：①如果将节点 j 从候选集合中移除后，候选节点集合为空，则终止；②否则，从剩下的节点中任意选择一个，并重新执行第三步，进行新一轮的决策。

第四步，按照上面的步骤一直循环，直到所有节点都为叶子节点。

第五步，比较所有叶子节点的中断值，其中中断值最大的项为下层问题的最优策略。

图 5-7 显示了 $p=6, q=2, r=2$ 时算法的执行过程。其中，I 表示中断集合，Z_i 表示对第 i 个节点实施防御。根节点 T_0 表示在没有防御的情况下，对下层中断问题进行求解，求解结果是攻击 1 号和 2 号节点时，式（5-44）的目标函数值最大。接下来，考虑上层防御者的行为：如果防御者对 1 号节点进行防御（$Z_1=1$），则重新求解下层中断问题（注意，此时 1 号节点不能被攻击），求解结果为攻击 3 号和 6 号节点可以使得下层目标函数值最大（T_1）；如果防御者对 2 号节点进行防御（$Z_2=1$），则重新求解下层中断问题（注意，此时 2 号节点不能被攻击），求解结果为攻击 1 号和 3 号节点可以使得下层目标函数值最大（T_2）。按照此方法不断循环，直到所有节点都是叶子节点为止。对于每一个叶子节点（T_3，T_4，T_5，T_6），下层问题都有一个目标函数值，它们构成集合 $Z_{att}=\{Z_{att1}, Z_{att2}, \cdots, Z_{attn}\}$，取集合中值最大的项所对应的中断 I 作为最终的中断目标集合，从该节点往根节点逆向追溯，可以找到最终

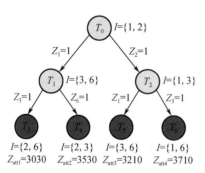

图 5-7 $p=6, q=2, r=2$ 时隐枚举算法 执行过程

的防御目标集合 Z。图 5-7 中，最终求解结果为：中断集合 $I=\{1,6\}$，防御集合 $Z=\{2,3\}$。

4. 算法执行流程

下面给出算法的具体执行步骤，如图 5-8 所示。

算法流程图中的相关符号说明如下。

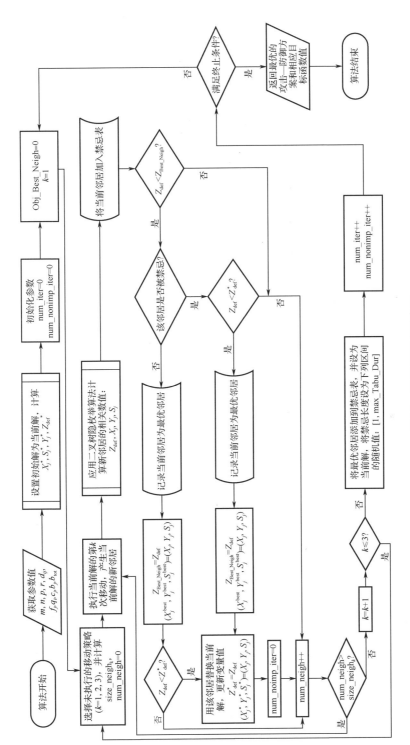

图5-8 选址算法执行流程图

num _ iter：当前的迭代累计次数。

max _ Iter：设置的最大迭代次数，当 num _ iter 达到 max _ Iter 时，认为在可接受的时间内无法求得最优解，算法终止。

num _ noimp _ iter：当前解没有改善的连续迭代累计次数。

max _ Noimp _ Iter：设置的解连续没有改善迭代累计次数最大值，当 num_noimp _ iter 达到 max_ Noimp _ Iter 时，认为解趋于稳定，算法终止。

num_neigh：当前迭代循环中产生的邻居数量。

size _ neigh$_k$：当前迭代循环中，第 k 次移动的邻居数量，$k = 1, 2, 3$。

Obj：新产生的邻居的目标函数值 Z_{def}。

Obj_ Best _ Neigh：当前邻域所有邻居中的最优目标函数值 Z_{Best_Neigh}。

Obj*：防御者当前最优目标函数值。

tabu _ duration(k)：当前解的禁忌长度。

max_Tabu_Dur：禁忌长度的最大可能值。

5.3.3　装备保障物流中心选址实例仿真

假设某地域内有 150 个器材保障需求点，涉及军械、装甲、车辆、工程等专业的修理单位，为了保障该区域内各装备的正常维修作业，决定在该区域内建立若干装备保障物流中心，对区域内的维修作业点实施器材保障。有关部门组织相关领域专家对该区域内装备保障物流中心的建设数量、建设地点进行评估，初步确定开设 10~30 个装备保障物流中心。为此，专家用群决策的方式确定了 40 个候选装备保障物流中心，接下来需要做的就是从这 40 个候选装备保障物流中心中挑选 10~30 个作为正式的装备保障物流中心开设地点。在正式的装备保障物流中心的确定过程中，要求同时兼顾经济性和应急条件下的生存性。

为了便于说明所研究的双层选址模型与传统的 p 中值选址模型的区别，本实例用传统的 p 中值模型以及 p 中值问题最优解下的 r 中断中值模型进行了求解。为了方便表述，我们称 p 中值模型为 M_1，用 Z_P^B 表示 p 中值问题的最优目标函数值（即 M_1 中断前的运行成本），用 Z_P^A 表示对 M_1 运用 r 中断中值模型求解的最优目标函数值（即 M_1 中断后的运行成本）；本节的双层选址模型为 M_2，用 Z_{PR}^U 和 Z_{PR}^L 分别代表 M_2 的上层目标函数值和下层目标函数值，用 Z_{PR}^B 和 Z_{PR}^A 分别代表中断前后网络的平均运行成本。

$$Z_{PR}^{B} = \frac{Z_{PR}^{U} - (1-\alpha)Z_{PR}^{L}}{\alpha}, Z_{PR}^{A} = Z_{PR}^{L} \qquad (5\text{-}52)$$

这里的 α 代表网络正常运行的概率，那么 $1-\alpha$ 就表示网络的中断概率，本算例中取 $\alpha = 0.5$。根据 p 和 r 值的不同，我们求解了 5 种不同的情况，(p,r) 我们分别取 $(10,5)$、$(20,10)$、$(30,10)$、$(20,5)$、$(30,5)$，计算结果如表 5-4、表 5-5 及图 5-9、图 5-10 所示。

表 5-4　中断前网络运行成本比较

序号	p	r	Z_P^B	Z_{PR}^B	$\frac{Z_{PR}^B}{Z_P^B}$
1	10	5	14785421396	15118119857	1.0225
2	20	10	8030381377	9323518581	1.161
3	30	10	4767376494	5392013734	1.131
4	20	5	8030381377	8485025239	1.0566
5	30	5	4767376494	4819539864	1.0109

表 5-5　中断后网络运行成本比较

序号	p	r	Z_P^A	Z_{PR}^A	$\frac{Z_{PR}^A}{Z_P^A}$
1	10	5	57181201559	41261973647	0.7216
2	20	10	46405600786	29085643969	0.6268
3	30	10	29716135321	17798580324	0.599
4	20	5	24282092133	17950882823	0.7393
5	30	5	13089312531	11095299305	0.8477

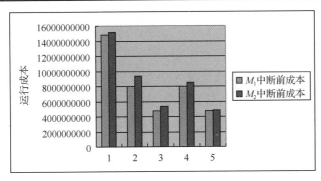

图 5-9　中断前网络运行成本对比图

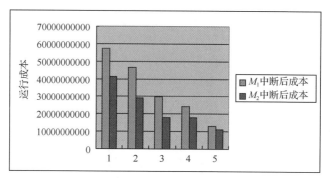

图 5-10　中断后网络运行成本对比图

从计算结果可以看出，在中断前，M_2 的运行成本 Z_{PR}^{B} 并不比 M_1 的运行成本 Z_{P}^{B} 低，在测试问题中 Z_{PR}^{B} 是 Z_{P}^{B} 的 1.01～1.16 倍；在中断后，M_2 的运行成本 Z_{PR}^{A} 则明显比 M_1 的运行成本 Z_{P}^{A} 低，在测试问题中 Z_{PR}^{A} 是 Z_{P}^{A} 的 59%～84%。由此可见，按照本节的选址思路，在正常情况下，网络的平均运行成本会比按普通的 p 中值选址模型计算的网络运行成本略微偏高，但是一旦发生应急情况，网络中的资源点面临中断威胁时，本节所研究的选址模型就表现出比普通 p 中值选址模型更强的抗毁性。

图 5-11～图 5-14 描述了 $p=10, r=5$ 的情况下，M_1, M_2 中断前后的解情况。图中，正方形代表装备保障物流中心节点，菱形代表中断的装备保障物流中心节点，小圆点代表中断前分配的需求点，星形点代表中断后重新被分配的需求点。如图 5-11 中描绘了 10 个中值问题的最优解（M_1 中断前），图 5-13 是在 p 中值问题最优解的情况下网络遭到中断，用 r 中断中值模型的求解结果（M_1 中断后），图 5-12 展示了运用本节所研究的双层选址模型的求解结果（M_2 中断前），图 5-14 展示了有 5 个装备保障物流中心被中断的情况下的求解结果（M_2 中断后）。图中的连线表示需求点与装备保障物流中心的建制供应关系。

通过对图 5-11～图 5-14 的分析，可以得出所研究的双层选址模型比普通 p 中值选址模型具有更强的抗毁性。由图中可以发现，M_1 与 M_2 的主要区别在于是选择节点 21 还是节点 5 建立装备保障物流中心，而节点 35 与节点 16 几乎处于同一位置，在正常情况下，M_1 模型中选择节点 21 比 M_2 模型中选择节点 5 更加有效，但只服务一个需求点的节点 21 远离了其他的需求点，当中断发生后，节点 21 不能接受新的需求点。因此，当中断发生后，M_1 的最优目标值从 14785421396 增长到 57181201559，而 M_2 的最优目标值从

15118119857 增长到 41261973647，增长幅度出现较大差异，M_2 表现出更强的抗毁性。

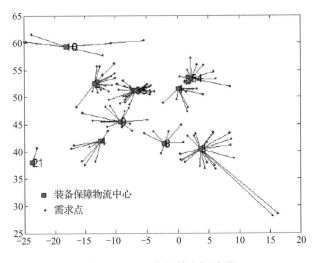

图 5-11　M_1 中断前求解结果

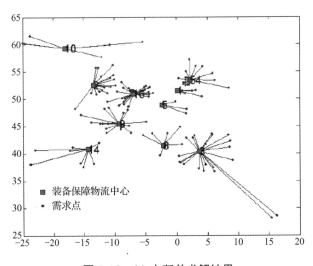

图 5-12　M_2 中断前求解结果

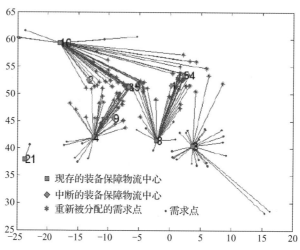

图 5-13 M_1 中断后求解结果

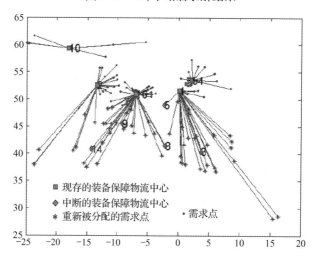

图 5-14 M_2 中断后求解结果

第6章

装备器材需求预测模型与仿真

随着我军新装备更新换代速度日益加快，装备器材需求种类和数量不断增多，给部队装备器材的品种需求确定和数量需求预测增加了许多难度。准确地预测装备器材需求成为困扰部队的问题，尤其是一些新型装备，在部队服役时间短、历史数据少，部队对装备器材品种数量需求情况确定存在困难，这就会导致装备器材的种类和储备数量与部队实际消耗器材种类和数量不相适应，出现"超储"和"欠储"现象，进而影响部队的保障能力。

精确高效的装备保障目标的实现，必须依靠精确化的装备器材保障计划，即装备物流保障计划。而要制订精确化的装备物流保障计划，就需要采用科学、有效的方法，进行装备器材需求预测，因此需要灵活运用各种预测方法，相应选取恰当的预测模型，提高器材需求预测能力，为实现"精确高效"保障提供科学的决策。本章针对装备器材需求实际，研究提出了不同的预测方法，并结合实际数据进行了仿真验证。

6.1 装备器材需求预测概述

6.1.1 装备器材需求预测的概念

在装备保障物流需求中，装备维修器材（简称"装备器材"）的需求是其主要的内容。

装备器材是进行装备使用和实施维修保障任务的重要物质基础，其保障能力对于装备的战备完好性和战斗力有着直接的影响。科学、准确地预测装备器材的数量、品种和经费需求等，是装备器材保障工作的重要环节和装备器材计划管理的基础，更是保证器材准确供应、满足装备维修和训练需要的前提。

装备器材需求预测是指为了满足装备维修和训练需要，保证器材准确供应，而预测未来一段时间内的装备器材需求量，为器材库存计划调整和库存控制管理提供决策。

由于装备器材需求有很大的不确定性及间断性，影响因素多，且具有复杂性、随机性及非线性等特点，如果预测结果与实际需求有较大的偏差，有可能导致装备器材库存量过多，致使军队仓库器材积压；也可能因库存过少造成装备失修，进而影响军队装备的完好性及训练任务的执行。因此，装备器材需求预测已经成为军内外研究人员越来越关注的问题。

6.1.2 装备器材需求预测的影响因素

1）装备保障物流目标的确定

如今的装备保障已不再是被动式的保障，主要军事强国都在进行主动式保障研究，后方工厂、仓储部门等装备器材供应方主动了解使用者的物资需求，并根据需要向使用者输送物资。部队物资储备应达到多大规模，在物流系统的设计上，对物资送达的时间、成本、完好性及其他要求有何限制，都需要在确定保障要求时加以明确，而这些物流目标确定的合理性将直接影响对装备器材需求的判断。

2）物流信息收集的能力

美军有较完善的装备保障物流可视化系统，可以清楚掌握当前的物流状况，并且有丰富的历史信息可供参考，在物流需求预测上有较大的优势。而我军在这方面还有差距，如何清楚掌握当前的物流状况，明确当前的物流需求，是个重要问题。在物流信息的收集、处理等环节上的研究还需加强。在无法掌握准确物流信息的情况下对未来的物流需求做出的预测必然带有很严重的主观性，参考价值不高。

3）需求预测方法的选择

大多数情况下采用不同的方法会得到不同的预测结果，虽然关于预测方法的研究工作已取得了很多成果，不时有新思想、新方法得到应用，但这些方法都有其局限性，在解决问题时只能针对某一方面进行优化，因此，在方法的选择上并没有统一的认识。预测方法的选择必然会影响装备器材需求预测结果。

4）需求预测结果的处理

无论采取何种方法进行装备器材需求预测，都会存在一定的偏差，得出的结果也各不相同。如果预测值与实际值相差过大，那么预测的实际意义就大打折扣，这样得到的结果是没有意义的，不能用于实际的需求预测。在确定最终的装备器材需求时，如何对初步得出的结论进行修正，使其尽可能地符合未来的实际情况，是增强预测结果合理性的一个难题。需求预测结果的处理决定了最后的预测结果，也会影响装备保障物流系统未来的运行状况。

6.2　装备器材需求预测方法介绍

通过对装备器材预测方法的研究，选择恰当的方法和预测模型，能够给各级装备保障部门准确预测装备器材需求提供必要支持，确保保障部门能够做出合理的计划决策，进而有效地保证装备器材供应。

6.2.1　常见的需求预测方法

1. 回归预测法

回归预测法原理：根据各个数据和现象之间的因果关系，首先分析存在的各种因果关系，然后找到两者或几者之间存在的规律，并根据规律得到预测模型，最后运用预测模型对未来的状态进行预测。回归预测法通过分析数据的变化趋势，从中找出数据之间的因果关系，然后根据因果关系找出各变量之间的回归方程并且确定回归方程参数，从而得到具体预测模型，最终依据预测模型对未来的状态进行预测，并且运用历史数据对预测模型的准确性进行误差检验。

回归预测法特点：回归预测法在做预测时，相对简单和方便；在运用回归预测法的时候，需要使采用的预测模型和所选的数据相同，运用标准的统计方法就能够算出一个唯一的结果，但如果是在图表形式中，数据间关系的解释常常是因分析者不同而不同的，不一样的分析者所刻画出的拟合曲线可能不一样；回归预测法能够精确地计算出各个因素间的相关程度以及回归拟合程度的强弱，有利于提高预测方法的效果；在使用回归预测法预测时，因为实际的变量常常不只受单个因素影响，因此需要考虑预测模型的适用范围，一元回归预测法适合在确实存在一个对因变量影响作用比较明显的变量时使用，而多元回归预测法比较适合实际的经济问题，在受到多因素综合影响时使用。

回归预测法是建立在各种影响因素与预测对象的回归分析或关联分析

基础上的，其预测模型的建立也就非常复杂，且会随着影响因素的增加而更加复杂。多元统计回归分析还要求观测数据服从一定的统计分布，而在实际问题中这点很难做到，尤其是对于小样本问题；对于非线性问题，需要事先给出具体的非线性函数，这在实践中也很难得到满足，因为过于简单的函数往往不能真实反映实际问题，而过于复杂的函数又很难处理。

回归预测法主要应用于连续需求预测，而器材需求往往都是间断需求，所以回归预测法在器材需求预测领域的应用有一定的局限性。

2．时间序列法

时间序列法原理：时间序列法主要通过找出数据自身过去的变化规律来预测未来的状态，依据历史数据组成的序列，得出符合序列变化规律的函数。时间序列法首先通过对过去观察值所组成的序列样本进行分析和研究，找出其动态变化特性，利用最佳的数学模型对统计的结果进行拟合，计算得出模型参数；然后利用数学模型进行预测，并且进行精度检验。

时间序列法特点：时间序列法对历史数据组成序列有平稳性要求。只有当时间序列具有稳定的变化趋势时，即序列的过去发展变化规律以及今后的发展变化规律是一样的或者是大致一样的，时间序列法得出的预测结果才会是相对准确的。当时间序列具有不确定性或者有时间上的间断以及受到外界的干扰因素影响比较大时，采用时间序列法得到的预测结果是不够准确的。

目前，部队装备在快速的发展变化中，部队装备器材的需求也越来越受到多种因素的影响，其需求也在不停地变化。相对于其他的方法，时间序列法将会越来越不适用于部队装备器材的需求预测。

3．灰色预测法

灰色预测法原理：灰色预测指的是运用灰色预测模型对相关的问题进行预测。灰色预测能够发掘不确定的、无秩序的序列或现象的潜在规律。灰色预测通过鉴别各因素之间的变化趋势差异程度，对原始数据进行累加处理或是运用其他的处理方式来使数据的变化规律凸显出来，然后根据所形成的新的数据序列，来建立相应的预测模型，从而可以实现对未来发展趋势的预测。

灰色预测模型是在离散时间序列数据的基础上建立的近似连续微分方程模型。灰色预测法首先对无法发现其规律性的原始数据序列进行累加，然后生成新的有规律可循的数据序列，并建立相关的灰色预测模型，最后通过累减的方法对数据进行还原，从而得到原始数据的灰色预测模型。

灰色预测法特点：灰色预测可以在数据较少、不确定性强的情况下进行预测而且具有很高的预测精度。灰色预测法对于简单的模型预测具有很好的解释性；主要用来解决数据具有平稳性特点的预测问题；对时间序列短、波动较小的数据序列，进行短期预测可以取得很高的预测精度，但是在长期预测上的预测效果就不是很理想。

灰色预测法的优势在于短期预测，缺点在于对长期预测和波动性较大的数据序列的拟合性较差。由于现实装备器材数据情况往往比较复杂，如各变量历史数据不一定是满足同样时间间隔的时间序列，灰色预测模型的应用也因此受到了限制。

4．神经网络预测法

神经网络的原理：神经网络全称是人工神经网络（Artificial Neural Network，ANN），是由大量的简单处理单元（称为神经元）经过极其丰富和完善的相互连接而形成的复杂的网络系统。神经网络具有许多人脑功能的基本特征。神经网络法是通过利用相关的技术手段去模拟人脑，以便使神经网络具有人脑神经系统的结构及功能且用其能够学习的特点来解决实际问题的方法，其本质是大规模并行处理的自适应非线性系统。

神经网络预测法是较新的预测方法，相比较一些传统的预测方法，神经网络预测法具有以下特点：神经网络拥有很强的自适应、自学习和自组织能力，可以处理考虑到的多个影响因素和条件的具有不确定性的模糊信息问题；神经网络预测法在进行预测时往往很难解释其预测的结果，但其预测结果却能够拥有很高的精确度；神经网络具有分布存储能力和大规模并行处理能力，在历史数据充分的情况下可以很好地找出数据变化规律，得到很好的预测效果，但在历史数据不够充分的情况下预测的误差比较大。

对于部队装备器材的需求预测，在短期预测中，神经网络很容易获得大量的历史数据，它的隐节点能够有很多，可以充分发挥神经网络的智能特点以及优势；但是在装备器材长期需求预测中，神经网络获取到的历史数据的数量就会相对较少，因此，预测效果不会很理想。神经网络能够拟合出任意函数，但是有时也会因过分接近部队装备器材需求曲线上的细节而影响预测的精度。

5．基于可靠性的预测方法

从大量的实践看出，因为产品失效机理有所不同，就使得不同的产品拥有不同的寿命分布形式。可以用基于可靠性的预测方法去预测装备器材消耗的前提是，需要根据装备器材的不同寿命类型对器材先进行相应的分类，将器材分为指数寿命件或正态寿命件、随机失效件、威布尔寿命件等几种典型形式，然后根据器材的寿命类型，就可以确定器材消耗模型。基于器材寿命分布的器材需求预测方法是最为基本的装备器材需求预测方法之一。下面是几种常用的器材需求预测模型。

1）泊松分布的器材需求预测模型

当装备器材寿命服从指数分布时，也就是具有恒定的故障率时，器材消耗服从泊松分布的规律。许多电子产品和比较复杂的机械产品的消耗都服从泊松分布：

$$P = \sum_{n=0}^{s} \left[\frac{(\lambda N_i t)^n \, \mathrm{e}^{-\lambda N_i t}}{n!} \right] \qquad （6\text{-}1）$$

式中，P 为装备维修器材保障概率；S 为装备中某零部件所需的器材数量；n 为递增符号，从 0 开始逐一增加直至 S 值，使得 $P \geqslant$ 规定的保障概率，该 S 值即为器材需求量；N_i 为装备中某件器材的单装备件数；λ 为装备中某零部件的失效率；t 为更换周期，按不同情况分别处理，如对不可修复器材，为初始保障期内累积工作时间或器材更新周期内累积工作时间，对可修复类器材，又分两种情况，一种是基层级更换，后送中继级或基地级修复，此时 t 按修理周转期内装备累积工作时间计算，另一种是在基层级对该件进行修复，则 t 用平均修复时间来代替。注：式（6-2）～式（6-9）中同名符号除特别说明外，参考此说明。

2）泊松分布的器材需求预测经验模型

因为泊松分布的器材需求预测模型较复杂，可以由该模型推导出下面的经验模型。

$$S = (\lambda N_i K t + \sqrt{\lambda N_i K t}) \qquad （6\text{-}2）$$

式中，K 为器材保障水平，$K = U_P$，U_P 是标准正态分布相应概率为 P 的上侧分位点。

3）威布尔分布的器材需求预测模型

该模型特别适合磨损故障件，如滚珠轴承、电子管、继电器、电动机、齿轮、机械液压恒速传动装置等。

$$S = \left[\frac{U_P k}{2} + \sqrt{\left(\frac{U_P k}{2} \right)^2 + \frac{t}{E}} \right]^2 \qquad （6\text{-}3）$$

式中，S 为备件需求量；U_P 为正态分布分位数，可从 GB/T 4086.1 中查出。常用的正态分布分位数表如下：

P	0.8	0.9	0.95	0.99
U_P	084	1.28	1.65	2.33

k 为变异系数，可按下式计算：

$$k = \sqrt{\frac{\Gamma(1+2/\beta)}{\Gamma(1+1/\beta)^2} - 1} \qquad （6\text{-}4）$$

Γ 分布表参见 IEC 61649；$E = \eta . \gamma \left(1 + \dfrac{1}{\beta} \right)$（$\beta$ 为形状参数，η 为尺度参数，γ 为位置参数）。

4）混合寿命的器材需求预测模型

对于混合寿命件，其数量的计算模型如下。

（1）到寿命需更换的零部件数量：

$$m_p = \frac{N_{it_{H\Sigma}} \alpha_{\pi}}{T_{pec}} \qquad （6\text{-}5）$$

式中，$t_{H\Sigma}$ 为计划的使用时间；α_{π} 取 0.990～0.995，考虑到寿命、退役、事故等主要因素的系数；T_{pec} 为备件规定的寿命。

（2）损伤后需更换的零部件数量：

$$m_a = \alpha_{\pi} \alpha_{\theta} N_{it_{H\Sigma}} \qquad （6\text{-}6）$$

式中，α_{θ} 为损伤率。

（3）失效后需要更换的平均部件数：

$$m_H = k_{\theta} \alpha_{\pi} N_{i\lambda t_{H\Sigma}} \qquad （6\text{-}7）$$

式中，k_{θ} 为变异系数。

（4）零部件需求的数学期望：

$$m = m_p + m_a + m_H \qquad （6\text{-}8）$$

基于解析方法的器材需求模型主要适用于研制时的器材数量预计，或者是运用于缺少历史数据的新型部队装备器材的数量计算。

5）正态分布的器材需求预测模型

该模型主要适合变压器、轮胎和灯泡等。

$$S = \frac{NN_i t}{E} + U_p \sqrt{\frac{\sigma^2 NN_i t}{E^3}} \qquad (6-9)$$

式中，N 为装备器材的总数；E 为正态寿命件的寿命均值；σ 为标准差；t 为更换周期。

6. 组合预测法

组合预测法是把各个单项预测方法的预测结果赋予不同权重而组合成为最终预测结果的预测方法。假定某一预测问题在某一时段内的时间观察值是 $y_t(t=1,2,\cdots,M)$，这个预测问题会有 $n(n \geq 2)$ 种不同的预测方法，其中 f_{it} 就是第 i 种预测方法的预测值（$i=1,2,\cdots,n$），那么我们可以建立的组合预测模型为

$$f_t = \varphi(f_{1t}, f_{2t}, \cdots, f_{nt}) \qquad (6-10)$$

依据组合预测和各单项预测方法之间的函数关系，组合预测可以分为两种，一种是线性组合预测，另一种是非线性组合预测。其对应的常用预测模型为

$$\begin{cases} \omega_1 f_{1t} + \omega_2 f_{2t} + \cdots + \omega_n f_{nt} = \sum_{i=1}^{n} \omega_i f_{it}, & \text{线性关系} \\ f_{1t}^{\omega_1} f_{2t}^{\omega_2} \cdots f_{nt}^{\omega_n} = \prod_{i=1}^{n} f_{it}^{\omega_i}, & \text{非线性关系} \end{cases} \qquad (6-11)$$

式中，ω_i 为第 i 种方法的加权系数，$\omega_i \geq 0$ 且

$$\sum_{i=1}^{n} \omega_i = 1 \qquad (6-12)$$

记 $e_{it} = y_t - f_{it}$ 为第 i 种预测方法的误差，则 $e_t = y_t - f_t = \sum_{i=1}^{n} \omega_i e_{it}$ 就是 t 时刻组合预测法的误差。

组合模型是由组合预测法综合利用各单项预测方法所提供的信息，设置适当的加权系数得到的。因此，其核心的问题是单项预测模型和加权系数的确定，使得模型能够有效地提高预测的精度，以避免因为模型选择不当而降低预测的效果。

6.2.2　装备器材需求预测方法比较与选择

随着预测技术和装备的快速发展，预测技术越来越复杂，装备器材越来越多样，预测工作也变得越来越复杂。在充分分析各预测技术特点及装备器

材特点的基础上对预测模型、预测方法的选择进行归纳是非常有必要的，是预测工作的有效参考，有利于节约时间和选择较恰当的预测方法。这对于提高预测的精度，保证预测的质量，有着十分重要的意义。常用需求预测方法分析见表 6-1。

表 6-1　常用需求预测方法分析

方法	精确度	预测的时间范围	费用预算	数据	适用情况
回归预测法	较高	适用于短、中、长期	低廉	历史数据多	各种影响因素与预测对象之间存在着因果关系或关联关系
时间序列法	较高	适用于长期	低廉	历史数据多	适用于时间序列具有稳定变化趋势的情况
灰色预测法	较高	适用于短、中期	低廉	历史数据少	适用于时间序列的发展呈指数趋势的情况
神经网络预测法	较高	适用于短期	低廉	历史数据多	适用于处理考虑到多个影响因素和条件的具有不确定性的模糊信息处理问题
基于可靠性的预测方法	较低	适用于短期	低廉	历史数据少	根据器材的寿命类型，确定器材消耗模型
组合预测法	较高	适用于短期	较贵	历史数据少	比较广泛

装备器材需求预测方法有很多，而如何有效地选用这些预测方法则需要结合实际问题进行考虑。在选择需求预测方法时应考虑以下几个问题。

① 预测方法所需数据的可得性；
② 在已有数据的基础上，预测方法的准确性；
③ 预测方法的适用条件和前提假设是否符合物流需求量变化规律；
④ 预测的时间范围；
⑤ 数据的类型；
⑥ 预测者的经验。

各种预测方法的选择都必须从定性和定量两个方面用以上标准进行评

估。一些定性方法可以很好地用于长期预测。当然，有时也需要使用多种预测方法来得到相互独立的预测结果并进行分析比较。

各种预测方法都是用于对未来发展趋势进行预测的，其结果可能会与实际情况有差距，所以有些时候需要对预测结果进行调整。分析众多约束条件，选择重要约束因素，对应用各种方法所得到的预测结果加以限定调整，也可以邀请在预测和规划方面富有经验的专家对预测结果进行分析，确认其可信程度，必要时再进行调整。

6.3 基于遗传 BP 神经网络的大样本装备器材需求预测研究

装备器材保障是一个受多种因素共同作用的复杂动态系统，保障过程的随机性、不确定性和模糊性导致了装备器材需求预测的复杂性。装备器材需求量不仅受装备自身因素，如装备的可靠性、质量状态等影响，还受装备的动用、修理和保养等影响，同时还与外界环境因素，如气候条件、地理条件、管理水平及人员素质等有关。各因素对器材需求量影响程度不同且随时间发生变化，这种错综复杂的内在关系决定器材需求量与影响因素之间存在复杂的非线性关系，难以用精确的数学模型描述。

随着装备器材保障工作的进行，已积累了大量的装备动用和修理数据以及器材需求数据。充分利用这些历史数据进行分析，对装备器材的需求预测有重要作用。

BP（Back Propagation）神经网络是 1986 年由 Rumelhart 和 McCelland 等人提出的一种按误差逆传播算法训练的多层前馈网络，具有大规模并行处理、分布式信息存储、良好的自组织自学习能力等特点，同时解决了多层网络模型中隐层的连接权问题，提高了神经网络的学习和记忆能力，是目前应用最广泛的神经网络模型之一。BP 神经网络算法在处理大样本数据方面有较好的表现。

但是 BP 神经网络算法的初始权值和阈值是随机选取的，不当的选取会使网络的收敛速度慢、陷入局部最优值等。遗传算法（Genetic Algorithm，GA）是一种计算机科学人工智能领域中用于解决最优化问题的搜索启发式算法，具有全局搜索能力。

根据以上分析，本节提出一种基于遗传算法改进的 BP 神经网络模型预测方法，利用 BP 神经网络较强的自学习能力和自适应能力对器材需求规律进行学习，并借助遗传算法提高 BP 神经网络的收敛速度，由此对大样本器材进行需求预测分析。首先建立 BP 神经网络模型，根据本节研究对象确定模型层次结构、各层的神经元数量和激活函数等，然后通过遗传算法确定各节点初始权值和阈值，最后通过模型对历史数据进行学习，预测器材需求。

6.3.1　BP 神经网络模型基本理论

BP 神经网络模型是由输入层（Input Layer）、隐层（Hide Layer）和输出层（Output Layer）组成的前向连接模型，同一层各神经元之间互不连接，相邻层的神经元通过权值连接并且为全互联结构。其拓扑结构如图 6-1 所示。

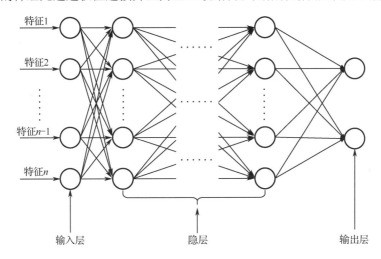

图 6-1　BP 神经网络拓扑结构

当有输入信号时，要首先向前传播到隐层结点，再传至下一隐层，直至最终传输至输出层结点输出，信号的传播是逐层递进的，且每经过一层都要由相应的特性函数进行变换。

BP 神经网络学习算法的主要思想是把学习过程分为两个阶段：

第一阶段（正向传播过程），将已知学习样本作为输入信息，通过设置的网络连接结构和迭代的权值和阈值，从输入层经隐层逐层处理，向后计算每个单元的实际输出值；

第二阶段（反向过程），当输出层未能得到期望的输出值，则从最后一层向前计算各权值和阈值对总误差的影响，并根据此差值调节权值和阈值。

重复以上两个过程，直到达到收敛为止。标准 BP 神经网络学习算法流程如图 6-2 所示。

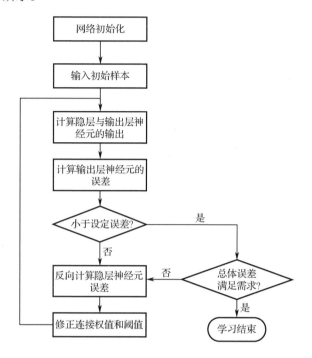

图 6-2　标准 BP 神经网络学习算法流程

标准的 BP 神经网络是根据 W-H 学习规则，对非线性可微分函数进行权值训练的多层网络。大量实践应用证明，对于三层 BP 神经网络（一个输入层、一个隐层和一个输出层），只要隐层节点数足够多，就具有模拟复杂的非线性映射的能力。对于一个三层 BP 神经网络模型，学习算法的步骤如下。

Step1 初始化网络。分别给各连接权值赋一个区间 $(-1,1)$ 内的随机数，设定误差函数 e、计算精度 ε 和最大学习次数 M。

Step2 随机选取第 k 个输入样本，输出对应的期望：$d(k) = (d_1(k),\ d_2(k), \cdots, d_r(k))$，式中，$r$ 为模型选取的输入层特征数。

Step3 计算隐层和输出层各神经元的输入和输出。

$$h_{im}(k) = \sum_{l=1}^{r} w_{lm} d_l(k) - b_m, m = 1, 2, \cdots, p \qquad (6\text{-}13)$$

$$h_{om}(k) = f(h_{im}(k)), m = 1, 2, \cdots, p \qquad (6\text{-}14)$$

$$y_{\text{i}n}(k) = \sum_{m=1}^{p} w_{mn} h_{\text{o}m}(k) - b_n, n = 1, 2, \cdots, q \qquad （6-15）$$

$$y_{\text{o}n}(k) = f(y_{\text{i}n}(k)), n = 1, 2, \cdots, q \qquad （6-16）$$

式中：

r 表示模型选取的输入层的特征数；

p 表示隐层神经元的数量；

q 表示输出层神经元的数量；

$h_{\text{i}m}(k)$ 、 $h_{\text{o}m}(k)$ 分别表示隐层的第 m 个神经元的输入值、输出值；

$d_l(k)$ 表示输入层第 l 个神经元的输出值；

w_{lm} 表示输入层第 l 个神经元对隐层第 m 个神经元的连接权值；

b_m 为隐层第 m 个神经元的阈值；

$y_{\text{i}n}(k)$ 、 $y_{\text{o}n}(k)$ 分别表示输出层的第 n 个神经元的输入值、输出值；

w_{mn} 表示隐层第 m 个神经元对输出层第 n 个神经元的连接权值；

b_n 为输出层第 n 个神经元的阈值。

Step4 利用期望输出和实际输出，计算误差函数对输出层的神经元的偏导数。

$$\frac{\partial e}{\partial w_{mn}} = \frac{\partial e}{\partial y_{\text{i}n}} \cdot \frac{\partial y_{\text{i}n}}{\partial w_{mn}} \qquad （6-17）$$

$$\frac{\partial y_{\text{i}n}(k)}{\partial w_{mn}} = \frac{\partial \left(\sum_{m=1}^{p} w_{mn} h_{\text{o}m}(k) - b_n \right)}{\partial w_{mn}} = h_{\text{o}m}(k) \qquad （6-18）$$

$$\frac{\partial e}{\partial y_{\text{i}n}} = \frac{\partial \left(\frac{1}{2} \sum_{n=1}^{q} (d_n(k) - y_{\text{o}n}(k))^2 \right)}{\partial y_{\text{i}n}} = -(d_n(k) - y_{\text{o}n}(k)) y_{\text{o}n}'(k) \qquad （6-19）$$

$$= -(d_n(k) - y_{\text{o}n}(k)) f'(y_{\text{i}n}(k)) \triangleq -\delta_n(k)$$

Step5 利用隐层到输出层的连接权值、输出层和隐层的输出，计算误差函数对隐层各神经元的偏导数。

$$\frac{\partial e}{\partial w_{mn}} = \frac{\partial e}{\partial y_{\text{i}n}} \cdot \frac{\partial y_{\text{i}n}}{\partial w_{mn}} = -\delta_n(k) h_{\text{o}m}(k) \qquad （6-20）$$

$$\frac{\partial e}{\partial w_{lm}} = \frac{\partial e}{\partial h_{\text{i}m}(k)} \cdot \frac{\partial h_{\text{i}m}(k)}{\partial w_{lm}} \qquad （6-21）$$

$$\frac{\partial h_{\text{i}m}(k)}{\partial w_{lm}} = \frac{\partial \left(\sum_{l=1}^{r} w_{lm} d_l(k) - b_m \right)}{\partial w_{lm}} = d_l(k) \qquad （6-22）$$

$$\frac{\partial e}{\partial h_{im}(k)} = \frac{\partial \left(\frac{1}{2} \sum_{n=1}^{q} (d_n(k) - y_{on}(k))^2 \right)}{\partial h_{om}(k)} \cdot \frac{\partial h_{om}(k)}{\partial h_{im}(k)}$$

$$= \frac{\partial \left(\frac{1}{2} \sum_{n=1}^{q} (d_n(k) - f(y_{in}(k)))^2 \right)}{\partial h_{om}(k)} \cdot \frac{\partial h_{om}(k)}{\partial h_{im}(k)}$$

$$= \frac{\partial \left(\frac{1}{2} \sum_{n=1}^{q} \left(d_n(k) - f\left(\sum_{m=1}^{p} w_{mn} h_{om}(k) - b_n \right) \right)^2 \right)}{\partial h_{om}(k)} \cdot \frac{\partial h_{om}(k)}{\partial h_{im}(k)}$$

$$= -\sum_{n=1}^{q} (d_n(k) - y_{in}(k)) f'(y_{in}(k)) w_{mn} \frac{\partial h_{om}(k)}{\partial h_{im}(k)}$$

$$= -\left(\sum_{n=1}^{q} \delta_n(k) w_{mn} \right) f'(h_{im}(k)) \triangleq -\delta_m(k) \qquad (6\text{-}23)$$

Step6 利用输出层和隐层各神经元的输出修正连接权值。

$$\Delta w_{mn}(k) = -\mu \frac{\partial e}{\partial w_{mn}} = \mu \delta_n(k) h_{om}(k) \qquad (6\text{-}24)$$

$$w_{mn}^{N+1} = w_{mn}^{N} + \mu \delta_n(k) h_{om}(k) \qquad (6\text{-}25)$$

Step7 利用隐层和输入层各神经元的输入修正连接权值。

$$\Delta w_{lm}(k) = -\mu \frac{\partial e}{\partial w_{lm}} = -\frac{\partial e}{\partial h_{im}(k)} \cdot \frac{\partial h_{im}(k)}{\partial w_{lm}} = \delta_m(k) d_l(k) \qquad (6\text{-}26)$$

$$w_{lm}^{N+1} = w_{lm}^{N} + \mu \delta_m(k) d_l(k) \qquad (6\text{-}27)$$

Step8 计算全局误差。

$$E = \frac{1}{2s} \sum_{k=1}^{s} \sum_{n=1}^{q} (d_n(k) - y_{on}(k))^2 \qquad (6\text{-}28)$$

式中，s 为样本个数。

Step9 判断误差是否满足要求。当学习次数达到设定最大值或误差在预测精度范围内时，算法结束。否则，选取第 $k+1$ 个学习样本，从 Step3 开始执行。

6.3.2 BP 神经网络需求预测模型的结构确定

1) 输入层、输出层节点的确定

BP 神经网络模型的输入层节点如果过多会导致网络结构过于复杂庞大，产生更多的噪声信息，过少则不能保证网络所必需的信息量[2]，因此输入层节点的确定是建模的关键任务。

装备器材的需求主要源于装备的维修，平时的装备修理主要分为预防性维修和修复性维修两类。预防性维修是通过对装备的系统检查和检测，发现故障征兆并采取措施以防止故障发生所进行的维修，通常包括擦拭、润滑、调整、监控、定期检查、定期拆卸和定期更换等技术环节。装备器材的预防性维修主要包括根据装备的动用时间进行的定期大修、中修和小修及保养维护等。修复性维修是为使故障装备、受损装备恢复规定的技术状态所进行的维修。装备的动用时间、动用频率是故障产生的主要原因。本节选定装备大修次数（x_1）、中修次数（x_2）、小修次数（x_3）、保养次数（x_4）、装备动用时长（x_5）和装备动用频次（x_6）6 项因素作为网络的输入，输入层节点数 $M=6$。器材的需求量作为网络的唯一输出量，因此网络输出层节点数目为 1。

2）隐层的层数与神经元数的确定

一般来说，隐层的层数与神经元数有关，层数增加使函数复杂性增大，则可形成复杂的关系，提高拟合精度，但收敛速度会降低，因此需要减少隐层神经元数进行平衡。而当给定隐层层数时，神经元数越多，函数映射复杂性越大，函数拟合更为准确。简而言之，隐层数越少，隐层神经元数就需要得越多；隐层数越多，隐层神经元数就需要得越少。

对于同一函数，神经元数多会使局部极小点减少，网络容易找到最优点，但当神经元数超过一定限度时，收敛速度会急剧下降。最佳的选择是在满足期望函数的要求下，尽量减少隐层神经元数目，既能得到准确的函数关系又不会影响收敛速度。对大多数的实际问题来说，一层隐层即三层神经网络已经足够满足计算需求。采用越多的隐层，会使训练时间增加，这是因为隐层越多，误差向后传播的计算过程就越复杂，使训练时间急剧增加。另外，隐层增加后，局部极小值的产生概率也会增加，使网络在训练过程中往往容易陷入局部最小值，使网络的权重难以调整到全局最小值处。

Robert Hecht-Nielson 证明，对于任何在闭区间内的连续函数都可以用一个 BP 神经网络来逼近，因而一个三层的 BP 神经网络可以完成任意的 N 维到 M 维的映射。因此本研究将隐层数目确定为 1。

目前，人工神经网络隐层神经元数目的确定方法还没有一个完善的理论指导，通常是在实际操作中根据神经网络设计者的经验和估计确定。

Kolmogorov 针对三层的神经网络，给出了隐层神经元数 N_h 与输入层神经元数 N_{in} 之间的等式关系：

$$N_h = 2N_{in} + 1 \tag{6-29}$$

Lachtermacher 和 Fuller 针对只有一个输出点的神经网络，给出了隐层神经元数 N_h 与训练样本数 N_{train} 和输入层节点数 N_{in} 的关系：

$$0.11N_{train} < N_h(N_{in}+1) < 0.30N_{train} \qquad (6\text{-}30)$$

本节选取 1993—2016 年的器材需求量相关影响因素数据作为输入数据。当前的装备器材信息系统中器材的消耗数据每年汇总统计一次，样本数为 24，参考 Lachtermacher 的研究，确定隐层神经元数量为 5。

由以上分析可知，模型为一个 6×5×1 的神经网络（即输入层有 6 个节点，隐层有 5 个节点，输出层有 1 个节点）。

3）激活函数的选取

根据神经网络的要求和要达到的网络输出目的，本节选取神经网络各层间的传递函数为常见的为 Sigmoid 函数，简称 S 型函数，其特性曲线如图 6-3 所示。

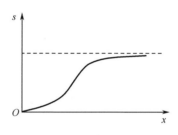

图 6-3 S 型函数特性曲线

Sigmoid 函数具有良好的微分特性，当输入值较小时，也会产生一定的输出值，不至于丢失较小的信息反映，而当输入值较大时，输出趋近于常数，避免"溢出"现象。

6.3.3 基于遗传算法的初始权值、阈值确定方法

利用遗传算法优化 BP 神经网络的初始权值和阈值，提高 BP 神经网络的收敛速度，降低 BP 神经网络算法陷入局部极小值的可能性。具体实现步骤如下。

Step1 初始化种群。个体编码采用实数编码方式，即每个个体为一个实数串，由输入层与隐层的连接权值、隐层阈值、隐层与输出层的连接权值以及输出层阈值构成。

Step2 确定适应度函数。以 BP 神经网络的预测输出值和期望输出值的绝对误差的倒数作为适应度函数。

$$F = 1 / \sum_{k=1}^{n} \sqrt{(y(k) - y_o(k))^2} \qquad (6\text{-}31)$$

式中，n 表示样本总数；$y(k)$ 表示在第 k 个样本作用下的预测输出值；$y_o(k)$ 表示第 k 个样本的期望输出值。

Step3　选择过程。从种群中选择若干个体作为双亲用于繁殖后代，适应度较高的个体被遗传到下一代的概率较高，个体 i 被选中的概率 P_i 为

$$P_i = F_i / \sum_{i=1}^{c} F_i \qquad (6\text{-}32)$$

式中，c 为种群个体数目；F_i 为个体 i 的适应度。

Step4　交叉过程。两个配对个体按照一定概率交换其中部分基因，从而形成两个新的个体。采用实数交叉法，第 a 个和第 b 个个体在第 j 位的基因交叉算法如下：

$$\begin{aligned} g_{aj} &= g_{aj} r + g_{bj}(1-r) \\ g_{bj} &= g_{bj} r + g_{aj}(1-r) \end{aligned} \qquad (6\text{-}33)$$

式中，g_{aj}、g_{bj} 分别表示第 a 个和第 b 个个体在第 j 位的基因；r 为随机数，$r \in [0,1]$。

Step5　变异过程。以一定变异概率选择第 k 个个体的第 j 位基因 g_{kj} 进行变异，增加种群的多样性，算法如下：

$$g_{kj} = \begin{cases} g_{kj} + (g_{kj} - g_{max})(1 - s / s_{max})\sqrt{r_1} & r_2 \geqslant 0.5 \\ g_{kj} + (g_{kj} - g_{min})(1 - s / s_{max})\sqrt{r_1} & r_2 < 0.5 \end{cases} \qquad (6\text{-}34)$$

式中，g_{max}、g_{min} 分别表示基因 g_{kj} 的上、下界；r_1、r_2 均为随机数，$r_1 \in [0,1]$，$r_2 \in [0,1]$；s、s_{max} 分别表示 Sigmoid 函数的当前值和最大值。

Step6　计算适应度函数。如果满足结束条件，则输出权值和阈值，否则返回 Step3 重复执行。

6.3.4　仿真分析

选取 1993—2016 年大样本器材 X 的需求量相关影响因素数据作为输入数据，每年的数据作为一组样本，共 24 组数据作为训练样本，对 2011—2016 年器材 X 的需求量进行预测，样本数据见表 6-2，并用 2011—2016 年器材 X 的实际需求量作为检验样本。

表6-2　大样本器材 X 的需求预测学习样本

时间/年	大修/台·次	中修/台·次	小修/台·次	保养/台·次	动用时长/摩托小时	动用频次/台·次	实际需求/个
1993	2	2	4	13	550	20	188
1994	4	3	5	17	1000	43	190
1995	1	3	4	17	495	28	165
1996	2	3	4	16	800	35	191
1997	3	5	4	12	520	15	135
1998	2	3	5	15	820	29	186
1999	1	9	6	12	720	30	163
2000	3	4	5	14	360	10	148
2001	1	7	7	16	750	17	183
2002	0	3	9	15	440	19	138
2003	1	2	7	13	860	17	202
2004	0	0	3	12	700	18	183
2005	0	1	3	14	620	22	187
2006	2	0	3	14	990	38	224
2007	1	2	2	14	520	23	145
2008	1	1	3	12	900	34	220
2009	1	0	1	14	460	22	134
2010	1	1	3	14	650	32	197
2011	0	0	2	16	780	33	164
2012	0	0	2	14	550	31	141
2013	1	1	3	18	960	46	212
2014	0	1	3	11	490	34	177
2015	0	1	4	18	910	48	215
2016	1	1	1	15	590	30	175

注：

1. 大修：器材 X 所属装备本年进行大修的累计次数。

2. 中修：器材 X 所属装备本年进行中修的累计次数。

3. 小修：器材 X 所属装备本年进行小修的累计次数。

4. 保养：器材 X 所属装备本年进行保养的累计次数。

5. 动用时长：器材 X 所属装备本年累计动用的时长。

6. 动用频次：器材 X 所属装备本年累计动用的次数。

7. 实际需求：器材 X 本年的实际需求数量。

设定遗传算法的初始种群为 30，交叉概率为 50%，变异概率为 10%，设定 BP 神经网络的目标误差为 0.05，学习速率为 0.1，训练步数上限为 500。采用 BP 神经网络和遗传算法改进的 BP 神经网络（简称遗传 BP 神经网络）分别建立大样本器材 X 的需求预测模型。以绝对百分比误差（Absolute Percent Error，APE）和均方根误差（Root Mean Square Error，RMSE）来评定模型的性能。

$$APE = \frac{|y(k) - y_o(k)|}{y_o(k)} \times 100\% \qquad (6\text{-}35)$$

$$RMSE = \sqrt{\frac{(y(k) - y_o(k))^2}{n}} \qquad (6\text{-}36)$$

式中，k 表示年份；n 表示年份数（$n=6$）；$y(k)$ 表示第 k 年的预测输出值；$y_o(k)$ 表示第 k 年的期望输出值。

通过 MATLAB 建模仿真，对 BP 神经网络进行训练，得出最终网络权值如下，其中 w^1 表示输入层到隐层的网络权值，w^2 表示隐层到输出层的网络权值。

$$w^1 = \begin{bmatrix} 2.1423 & 3.1801 & -0.0963 & 0.2073 & 1.4274 & 3.3102 \\ -0.3123 & -1.5290 & 3.5629 & 3.1263 & -2.5197 & 0.8953 \\ 1.1423 & 9.7606 & -3.6931 & 3.0725 & 0.0068 & -2.9730 \\ -0.1083 & 1.3196 & 0.8396 & 3.8791 & -0.3276 & 3.3965 \\ 3.4275 & 0.3087 & -7.9632 & -2.5921 & 2.8003 & -3.1829 \end{bmatrix}$$

$$w^2 = \begin{bmatrix} 5.5293 & -3.4827 & 2.4763 & -1.2531 & 9.0241 \end{bmatrix}$$

将 2011—2016 年器材 X 的需求量相关影响因素数据作为输入数据代入网络权值，通过编程计算出网络输出，即可得到预测值，BP 神经网络及遗传 BP 神经网络预测结果及 APE、RMSE 对比如图 6-4、图 6-5 及表 6-3 所示。

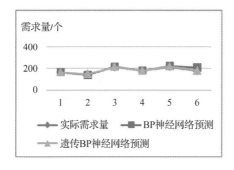

图 6-4　两种算法的预测需求值比较

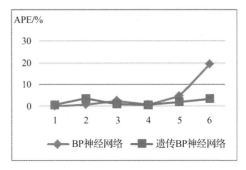

图 6-5　两种算法的 APE 值比较

表 6-3　两种算法的需求预测结果对比

年份	实际需求量	BP 神经网络		遗传 BP 神经网络	
		预测值	训练次数	预测值	训练次数
2011	164	164	176	170	125
2012	141	174	352	166	142
2013	212	251	121	248	88
2014	177	201	373	192	153
2015	215	279	537	242	76
2016	175	283	422	244	94
RMSE		10.53		3.27	

从仿真结果中可以看出，遗传 BP 神经网络预测模型的 RMSE 明显低于 BP 神经网络预测模型，预测精度较高；BP 神经网络的 APE 最大值达到 19.43%，而遗传 BP 神经网络的 APE 最大在 3.55%左右，说明遗传 BP 神经 网络的泛化能力较强；在训练次数上，遗传 BP 神经网络的训练次数也明显 小于 BP 神经网络，表明经过遗传算法优化的初始权值和阈值更加合理，加 快了 BP 神经网络模型的收敛速度。

6.4　基于灰色 LS-SVM 的小样本装备器材需求预测研究

新装备的投入使用时间短，装备的动用数据、维修数据和器材消耗数据 记录少，小样本数据无法满足一般需求预测方法的需要。目前，我军在装备 器材保障过程中对新装备器材需求的确定方法主要有两种：一种是从器材的历史消耗入手，根据装备动用产生的器材消耗历史数据，寻找出器材的消耗规律，进而推测未来需求；另一种是从装备未来的动用情况入手，根据装备未来的动用、维修和保养任务量，计算出器材的未来需求量。

这两种方法都可以对器材的需求进行初步的预测，本节的研究是将两种方法结合起来，一方面充分考虑装备动用、维修和保养情况；另一方面对器材消耗历史数据进行分析，同时还考虑到气候条件等因素影响，通过分析寻找各因素之间的关系，并根据未来已知的或可获得的因素预测器材需求。在器材历史消耗数据较少的情况下，尽量考虑到多方面的影响因素进行分析研究，以弥补因历史数据少而带来的预测误差。两种方法结合的需求预测思路如图 6-6 所示。

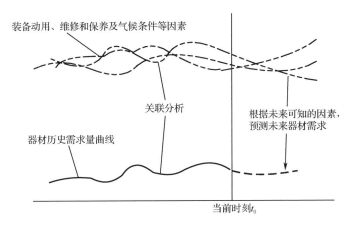

图 6-6　两种方法结合的需求预测思路

灰色系统理论是一门研究信息部分清楚、部分不清楚并带有不确定性现象的应用数学理论。其中，灰色预测首先对原始序列进行累加（或累减），将规律性较差的原始数据整理成规律性较强的序列，然后利用规律性较强的序列建立预测模型，最后将所得预测结果进行"累减还原"以得到原始序列的预测值。灰色预测在处理"小样本、贫信息"的问题上有较广泛的应用，将灰色预测和其他预测方法相结合，能够使预测精度得到很大的改善。

支持向量机（SVM）方法是建立在统计学习理论的 VC 维理论和结构风险最小原理基础上的，根据有限的样本信息在模型的复杂性（即对特定训练样本的学习精度）和学习能力（即无错误地识别任意样本的能力）之间寻求最佳折中，适用于小样本、非线性、高维数、局部极小等问题，可以较好地描述器材需求与影响因素之间的非线性关系，因而适用于小样本器材的需求

量预测。最小二乘支持向量机（LS-SVM）是对标准 SVM 方法的改进，它以正则化理论为基础，将标准 SVM 中的求解二次规划问题转化为求解线性方程组问题，提高了收敛速度。

根据以上分析，本节提出一种将 GM(1, N)灰色模型和最小二乘支持向量机组合的预测方法，对小样本器材进行需求预测分析。首先通过 GM(1, N)灰色模型将初始数据规律化，然后建立器材需求的 LS-SVM 模型，并通过 SIWPSO 算法对 LS-SVM 模型进行参数优化，最后将 LS-SVM 预测结果通过 GM(1, N)灰色模型还原得到最终的需求预测值。

6.4.1　GM(1, N)灰色模型

常用的灰色模型，如 GM(1, 1)等仅限于 1 个变量，但是装备器材需求量在预测的过程中不是只受 1 个变量的影响，故不能仅从 1 个点进行分析，应从系统角度研究规律。灰色 GM(1, N)模型，反映了 N-1 个变量对 1 个变量的影响，与 GM(1, 1)模型相比较，是全面描述系统特征的一种理想方法。

GM(1, N)表示一阶的 N 个变量的动态预测模型，包括 1 个行为变量 x_1，N-1 个因子变量 x_i，每个变量表示一个长度为 m 的数组，即 $x_i = \{x_i(1), x_i(2), \cdots, x_i(m)\}, i = 1, 2, \cdots, N$。设有 N 个变量的 GM(1, N)的原始数据序列为

$$X^{(0)} = \begin{bmatrix} x_1^{(0)}(i) \\ x_2^{(0)}(i) \\ \vdots \\ x_N^{(0)}(i) \end{bmatrix}, \quad i = 1, 2, \cdots, m \qquad （6\text{-}37）$$

其中，$x_1^{(0)} = \{x_1^{(0)}(1), x_1^{(0)}(2), \cdots, x_1^{(0)}(m)\}$ 为特征数据序列，$x_2^{(0)} \sim x_N^{(0)}$ 为因子变量序列，建模步骤如下。

Step1 对原始数据序列 $X^{(0)}$ 做累加生成，获得新生成数据序列为

$$X^{(1)} = \begin{bmatrix} x_1^{(1)}(i) = \sum_{j=1}^{i} x_1^{(0)}(j) \\ x_2^{(1)}(i) = \sum_{j=1}^{i} x_2^{(0)}(j) \\ \vdots \\ x_N^{(1)}(i) = \sum_{j=1}^{i} x_N^{(0)}(j) \end{bmatrix}, \quad i = 1, 2, \cdots, m \qquad （6\text{-}38）$$

Step2 建立 GM(1, N)的灰微分方程：

$$\frac{\mathrm{d}(x_1^{(1)})}{\mathrm{d}t} + ax_1^{(1)} = b_1 x_2^{(1)} + b_2 x_3^{(1)} + \cdots + b_{N-1} x_N^{(1)} \qquad （6\text{-}39）$$

式中，a 表示模型的发展系数；$b=\{b_1,b_2,\cdots,b_{N-1}\}$ 表示模型的灰色作用量。

Step3 微分方程的最小二乘估计参数满足 $\hat{a} = (\boldsymbol{B}^{\mathrm{T}}\boldsymbol{B})^{-1}\boldsymbol{B}^{\mathrm{T}}\boldsymbol{Y}$，其中

$$\boldsymbol{B} = \begin{bmatrix} -\dfrac{1}{2}(x_1^{(1)}(1)+x_1^{(1)}(2)) & x_2^{(1)}(2) & \cdots & x_N^{(1)}(2) \\[2mm] -\dfrac{1}{2}(x_1^{(1)}(2)+x_1^{(1)}(3)) & x_2^{(1)}(3) & \cdots & x_N^{(1)}(3) \\[2mm] \vdots & \vdots & \ddots & \vdots \\[2mm] -\dfrac{1}{2}(x_1^{(1)}(m-1)+x_1^{(1)}(m)) & x_2^{(1)}(m) & \cdots & x_N^{(1)}(m) \end{bmatrix} \qquad （6\text{-}40）$$

$$\boldsymbol{Y} = (x_1^{(0)}(2), x_1^{(0)}(3), \cdots, x_1^{(0)}(m))^{\mathrm{T}} \qquad （6\text{-}41）$$

Step4 求解 GM(1, N)模型参数：

$$\hat{x}_1^{(1)}(j+1) = \left[x_1^{(0)}(1) - \frac{1}{a}\sum_{i=2}^{N} b_{i-1} x_i^{(1)}(j+1)\right] \mathrm{e}^{-aj} + \frac{1}{a}\sum_{i=2}^{N} b_{i-1} x_i^{(1)}(j+1) \qquad （6\text{-}42）$$

Step5 数据还原：

$$\hat{x}_1^{(0)}(j+1) = x_1^{(1)}(j+1) - x_1^{(1)}(j), \quad j=1,2,\cdots,m-1 \qquad （6\text{-}43）$$

式中，$\hat{x}_1^{(0)}(j+1)$ 为第 $j+1$ 期的预测值。

6.4.2　LS-SVM 需求预测模型

设训练样本集 $T = \{(\boldsymbol{\theta}_k, \overline{\theta}_k) | k=1,2,\cdots,N\}$，其中，$\boldsymbol{\theta}_k$ 为 d 维输入变量，$\boldsymbol{\theta}_k \in \mathbf{R}^d$；$\overline{\theta}_k$ 为一维输出变量，$\overline{\theta}_k \in \mathbf{R}$。LS-SVM 通过某一非线性映射函数 $\varphi(\theta)$ 将输入数据映射到高维特征空间，在此高维特征空间中构造最优决策函数，并通过结构风险最小化原则构造下列优化模型：

$$\min_{\boldsymbol{\omega},e_k} J(\boldsymbol{\omega},e_k) = \frac{1}{2}\boldsymbol{\omega}^{\mathrm{T}}\boldsymbol{\omega} + \frac{1}{2}\gamma\sum_{k=1}^{N} e_k^2$$
$$\text{s.t.} \quad \overline{\theta}_k = \boldsymbol{\omega}^{\mathrm{T}}\varphi(\boldsymbol{\theta}_k) + b + e_k \qquad k=1,2,\cdots,N \qquad （6\text{-}44）$$

式中，$\boldsymbol{\omega}$ 表示权重向量；e_k 表示误差变量，$e_k \in \mathbf{R}$；γ 表示调整参数；b 表示偏差值。

定义拉格朗日函数为

$$L = J(\boldsymbol{\omega},e_k) - \sum_{k=1}^{N} a_k[\boldsymbol{\omega}^{\mathrm{T}}\varphi(\boldsymbol{\theta}_k) + b + e_k - \overline{\theta}_k] \qquad （6\text{-}45）$$

其中 a_k 为拉格朗日乘子。通过建立拉格朗日函数，并根据 KTT 条件，将优化模型转化为求解下列线性方程组：

$$\begin{bmatrix} 0 & \mathbf{1}_N^{\mathrm{T}} \\ \mathbf{1}_N & \mathbf{Q} + \mathbf{I}_N / \gamma \end{bmatrix} \begin{bmatrix} b \\ a \end{bmatrix} = \begin{bmatrix} 0 \\ \overline{\theta} \end{bmatrix} \tag{6-46}$$

式中，$a = [a_1, a_2, \cdots, a_N]^{\mathrm{T}}$ 表示拉格朗日乘子；$\overline{\theta} = [\overline{\theta}_1, \overline{\theta}_2, \cdots, \overline{\theta}_N]^{\mathrm{T}}$；$\mathbf{Q} = [Q_{kj}]$，$Q_{kj} = \varphi(\theta_k)^{\mathrm{T}} \varphi(\theta_j) = K(\theta_k, \theta_j)$，$k, j = 1, 2, \cdots, N$；$\mathbf{I}_N$ 表示 N 维单位矩阵；$\mathbf{1}_N$ 表示元素为 1 的 N 维列向量。

用最小二乘法求出 a 和 b。由此得到 LS-SVM 回归函数：

$$\overline{\overline{\theta}}_k = \sum_{k=1}^{N} \sum_{j=1}^{N} a_k K(\theta_k, \theta_j) + b \tag{6-47}$$

式中，$K(\theta_k, \theta_j)$ 表示满足 Mercer 条件的核函数。

6.4.3 基于 SIWPSO 的 LS-SVM 模型参数优化选择

LS-SVM 模型需确定的参数为 γ 和 σ^2。这两个参数对 LS-SVM 的性能有很大影响。γ 能够有效平衡模型的复杂度与误差精度，γ 越大，LS-SVM 模型的拟合程度越好，但泛化能力降低；σ^2 决定数据样本的分布特性，σ^2 越大，数据样本的分布范围越大，越容易产生欠拟合现象。

粒子群优化（PSO）算法是一种随机全局优化算法，它从随机解出发，通过迭代寻找最优解，它也是通过适应度来评价解的品质的，通过追随当前搜索到的最优值来寻找全局最优。惯性权重 ω 是控制 PSO 算法行为和性能的关键参数，随机惯性权重粒子群优化（SIWPSO）算法的惯性权重 ω 为服从某种随机分布的随机数，能够在一定程度上提高收敛速度和求解精度。为此，本书采用 SIWPSO 算法选择 LS-SVM 模型参数 γ 和 σ^2，具体步骤如下。

Step1 数据预处理。将数据样本归一化到[0,1]区间，然后将其分成两部分：前 24 组数据作为训练样本集 T，后 6 组数据作为检验样本集 Z。

Step2 初始化粒子群。群体规模取 30，两个学习因子都取 2，最大、最小惯性权重分别取 0.9 和 0.1，最大迭代次数取 60。随机产生一组参数 (γ, σ^2) 作为粒子的初始位置和速度。

Step3 定义适应度函数。采用适应度函数指导最优参数的搜索，从训练样本集 T（共 N 组数据）中选出 m 组数据形成训练样本子集 U，用于建立并训练 LS-SVM 模型；T 中其他数据作为检验样本子集 V，用于检验模型。

适应度函数定义如下：

$$F = \frac{1}{m} \sum_{t=1}^{m} (y_t^U - f(x_t^U))^2 + \frac{1}{N-m} \sum_{s=1}^{N-m} (y_s^V - f(x_s^V))^2 \tag{6-48}$$

式中，等号右侧两部分分别为 LS-SVM 的训练误差和检验误差；y_t^U 和 $f(x_t^U)$ 分别为第 t 组训练样本的实际值和预测值；y_s^V 和 $f(x_s^V)$ 分别为第 s 组检验样本的实际值和预测值。通过式（6-48）可有效平衡 LS-SVM 的经验误差与检验误差。

Step4 更新粒子最优位置。取 $m=(3/4)N$，按式（6-48）计算各粒子的适应度值，更新粒子的个体最优位置为最优适应度值所对应的位置，更新粒子的全局最优位置为所有粒子最优适应度值所对应的位置，惯性权重 ω 按下式自动更新：

$$\begin{cases} \omega = \mu + \sigma \cdot N(0,1) \\ \mu = \mu_{min} + r \cdot [\mu_{max} - \mu_{min}] \end{cases} \qquad (6\text{-}49)$$

式中，μ、σ 分别为 ω 的平均值、标准差；$N(0,1)$ 为服从标准正态分布的随机数；r 为 $[0,1]$ 中的随机数。

Step5 判断终止条件。若所有粒子的迭代次数满足要求，则停止计算，此时全局最优位置即为 LS-SVM 最优参数 γ^* 和 σ^{2*}；否则转 Step3。

Step6 建立 LS-SVM 预测模型。利用最优参数计算出 a_i（$i=1,2,\cdots,N$）和 b 后，建立装备器材需求量的 LS-SVM 预测模型，最后将计算出的预测结果反归一化为实际预测值。

6.4.4 小样本器材的灰色 LS-SVM 需求预测模型

本节选取小样本器材 Z 在 2009—2016 年的器材需求量和相关影响因素数据，进行分析建模，并对 2014—2016 年的器材需求量进行预测。样本数量为 8，样本数据见表 6-4，具体算法步骤如下。

Step1 选取器材需求量（$x_1^{(0)}$）为特征数据序列，选取装备已动用时长（$x_2^{(0)}$）、装备本年动用时长（$x_3^{(0)}$）、装备动用频次（$x_4^{(0)}$）、装备大修次数（$x_5^{(0)}$）、装备中修次数（$x_6^{(0)}$）、装备小修次数（$x_7^{(0)}$）、装备保养次数（$x_8^{(0)}$）、平均温度（$x_9^{(0)}$）、平均湿度（$x_{10}^{(0)}$）9 项器材需求量影响因素作为自变量序列，组成 GM(1, N) 的原始数据序列：

$$X^{(0)} = \begin{bmatrix} x_1^{(0)}(i) \\ x_2^{(0)}(i) \\ \vdots \\ x_N^{(0)}(i) \end{bmatrix}, \quad i=1,2,\cdots,m \qquad (6\text{-}50)$$

式中，$N=10, m=8$。

Step2 利用 GM(1, N)方法将原始数据序列 $X^{(0)}$ 进行一次累加生成，形成规律性较强的新数据序列 $X^{(1)}$。

Step3 使用新的序列 $X^{(1)}$ 建立 LS-SVM 预测模型，其中 $X_1^{(1)}$ 作为模型的输出变量 $\overline{\theta}_k$，$[x_2^{(1)}, \cdots, x_N^{(1)}]^{\mathrm{T}}$ 作为模型的 $N-1$ 维输入变量 θ_k。LS-SVM 预测精度主要取决于核函数的构造及参数的选取，本研究选取泛化能力较强的径向基函数（RBF），则器材需求量的 LS-SVM 模型形式如下：

$$X_{0k} = \sum_{k=1}^{N}\sum_{j=1}^{N}a_k\left[\frac{\exp(-X_k - X_j^2)}{\sigma^2}\right] + b \qquad (6\text{-}51)$$

式中，σ^2 表示核函数的宽度。

Step4 通过随机惯性权重粒子群优化（SIWPSO）算法，经 15 次仿真对 LS-SVM 的 γ 和 σ^2 参数进行优化选择。

Step5 通过 LS-SVM 方法运算出预测结果 $\hat{X}_1^{(1)}$。

Step6 根据 GM(1, N)方法对 $\hat{X}_1^{(1)}$ 进行累减还原，得到最终需求量预测值。

表 6-4　小样本器材 Z 的需求预测学习样本

年份	实际需求/个	总动用时长/摩托小时	本年动用时长/摩托小时	动用频次/台·次	大修/台·次	中修/台·次	小修/台·次	保养/台·次	温度/℃	湿度/%
2009	100	99	38	14	0	2	3	8	-12	33.3
2010	148	215	58	22	1	0	5	10	15.3	43.6
2011	113	400	46	22	0	0	1	10	28.3	45
2012	89	515	29	13	0	0	4	8	2.3	38.4
2013	113	604	34	14	1	0	1	7	-8.6	33.7
2014	151	738	69	28	0	0	3	10	15.7	43.3
2015	133	931	45	20	0	0	2	7	29.5	45
2016	117	1045	29	15	1	0	4	7	0	38

注：

1. 实际需求：器材 Z 本年的实际需求数量。

2. 总动用时长：器材 Z 所属装备累计动用的总时长。

3. 本年动用时长：器材 Z 所属装备本年累计动用的时长。

4. 动用频次：器材 Z 所属装备本年累计动用的次数。

5. 大修：器材 Z 所属装备本年进行大修的累计次数。

6. 中修：器材 Z 所属装备本年进行中修的累计次数。

7. 小修：器材 Z 所属装备本年进行小修的累计次数。

8. 保养：器材 Z 所属装备本年进行保养的累计次数。

9. 温度：本年的平均温度。

10. 湿度：本年的平均湿度。

6.4.5　仿真分析

分别使用神经网络预测法、传统 LS-SVM 方法、本书提出的灰色 LS-SVM 方法 3 种方法对小样本器材 Z 需求量进行预测。以 2009—2013 年的数据作为训练样本，对 2014—2016 年器材 Z 的需求量进行预测。3 种方法的预测结果见表 6-5 及图 6-7。

表 6-5　3 种预测方法的预测结果

年份	实际需求量	神经网络		LS-SVM		灰色 LS-SVM	
		预测值	APE	预测值	APE	预测值	APE
2014	151	170	12.58%	170	12.58%	164	8.61%
2015	133	150	12.78%	142	6.77%	137	3.00%
2016	117	137	17.09%	131	11.96%	121	3.42%
RMSE		18.71		14.58		8.19	

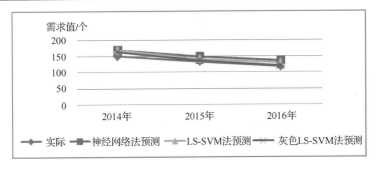

图 6-7　3 种预测方法的预测数量曲线

分析表 6-5，神经网络预测法预测的最大 APE 为 17.09%，最小 APE 为 12.58%，三年的预测 RMSE 值为 18.71；传统 LS-SVM 方法预测的 APE 最大为 12.58%，最小 APE 为 6.77%，三年的预测 RMSE 值为 14.58；本研究采用的灰色 LS-SVM 方法预测的最大 APE 为 8.61%，最小 APE 仅为 3.00%，三年的预测 RMSE 值为 8.19。采用灰色 LS-SVM 方法预测的结果的 RMSE 值小于其他两种方法。观察图 6-7 也可以发现采用灰色 LS-SVM 方法的预测结果更接近于实际器材需求量，说明本节提出的灰色 LS-SVM 预测方法对器材需求量的预测比其他两种方法更加准确。

第 7 章

装备器材库存控制与仿真

多级联合器材保障主要体现在两个方面：一是联合存储；二是联合供应。联合存储的目的是降低整体的库存水平和保障成本；联合供应的目的是提高满足率。

本章针对装备器材库存问题，提出了多级联合库存模式，建立了基于不同目标的库存控制模型，应用优化算法进行了库存控制优化，并进行了数据仿真分析。

7.1 装备器材保障模式与库存控制策略分析

7.1.1 装备器材多级联合保障模式

采购、存储和供应是器材保障的三大主要业务。库存在器材保障中起着"缓冲剂"的作用，是衔接采购与供应的桥梁。器材保障模式就是为了保证器材计划、申请、供应、采购和存储等活动的高效有序运行，实现器材保障的军事经济效益而设立的管理体制、政策法规、规章制度、控制策略和软硬件设施等有形和无形的支撑要素。

"多级联合"的概念包括总部和战区的联合、战区和部队的联合，以及军方与生产企业的联合。多级联合保障是在网络化信息传输和网络化信息存储的基础上进行的，信息共享是多级联合保障的基础。"装备器材供应业务管理信息平台"支撑军队内部器材申请和供应，"装备器材筹措业务管理信息平台"支撑筹措供应中心向生产企业的器材采购。在这两个信息平台支撑下的器材保障物流系统示意图如 7-1 所示。

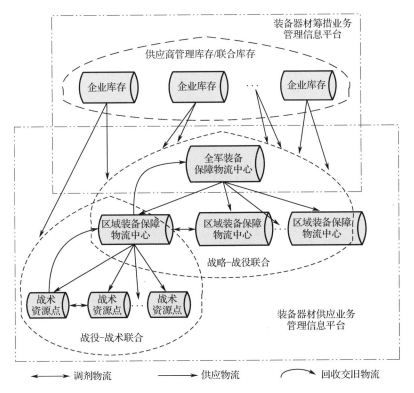

图 7-1　"多级联合"的器材保障物流系统示意图

多级联合主要体现在两个方面：一是联合存储；二是联合供应。联合存储的目的是降低整体的库存水平和保障成本；联合供应的目的是提高满足率。

联合存储的基本思想是：相邻两级仓库之间通过一定的优化法则将下级仓库的一部分库存（通常是安全库存）由上级单位代为存储和管理，从而达到降低整体库存水平的目的。联合供应的基本思想是：当某一资源点发生库存短缺时，要由其直接上级保障机构与同级资源点联合起来对其进行器材供应。以部队资源点产生需求为例，具体的供应顺序是：首先由区域物流中心利用自己储备的器材对需求点进行供应；如果区域物流中心不能满足需求，则由区域物流中心在战区内部进行器材调配来满足需求；只有整个战区整体的库存水平达到一定警戒值时才向总部器材保障机构申请器材来满足需求。

7.1.2　装备器材订货周期

订货周期由交货提前期和需求提前期两部分组成。其中，交货提前期是

指从器材工厂生产到交付总部仓库再到交付部队级资源点为止的这段时间，而需求提前期为部队器材保障机构将统计的器材消耗需求逐级上报到全军物流中心，一直到下订单的时间段。下面通过模型来描述器材订货周期的组成和各阶段对其的影响。

为分析器材订货周期和保障层级对器材保障的影响，现假设各级资源点均采用典型的指数平滑法对下级器材需求进行预测，则可建立各级用户模型。

1）假设条件

① 将各级资源点和器材工厂自下向上看作各个节点 $k(k=1,2,\cdots,j)$，并取部队级资源点为节点 1，以此类推。从终端资源点提出需求到获得器材的时间为提前期，即订货周期，记为 T_0。

② 令旅团级资源点为供应终端节点，其用户（修理机构）产生的随机需求变量 D_{1t} 为

$$D_{1t} = \bar{D_1} + \rho(D_{1(t-1)} - \bar{D_1}) + \varepsilon_1 \tag{7-1}$$

式中，t 表示时间节点，$t=0,1,2,\cdots$；$\bar{D_1}$ 表示平均需求量；ρ 表示绝对值小于 1 的相关系数；ε_1 表示需求变量的波动误差，其服从均值为 0、方差为 σ_ε 的独立同分布，需求方差 $\sigma_D^2 = \sigma_\varepsilon^2 / (1-\rho^2)$。

③ 令资源点 k 根据库存水平发出器材订货申请。在每个供应周期，资源点 k 发出订单将其库存保持在如下所示的目标水平：

$$g_{kt} = T_k q_t^{k-1} + m S_t^{T_k} z \tag{7-2}$$

式中，g_{kt} 表示资源点 k 在时间 t 的订货水平；q_t^{k-1} 表示资源点 $k-1$ 在时间 t 末向其上游资源点 k 发出的订货量；$S_t^{T_k}$ 表示提前期 T_k 间的器材库存量；m 为可满足预期需求水平的常数；z 为下游资源点数量。

因而，任何一个资源点 k 的库存量都由两部分组成，一部分为下游资源点 $k-1$ 的订货量，另一部分为其上级资源点 $k+1$ 的需求量。对应的阶段仓库 k 的提前期实际上就是资源点 k 从其向上级资源点 $k+1$ 发出订单开始到从上级资源点 $k+1$ 收到器材所持续的时间跨度。

2）模型构建

假定各资源点均采用指数平滑法进行预测，对应的：

$$\hat{D}_{kt} = \hat{D}_{k(t-1)} + \alpha(D_{k(t-1)} - \hat{D}_{k(t-1)}) \tag{7-3}$$

式中，α 为平滑系数，其值为 0～1。取 q_t^1 和 D_{1t} 的方差比 $R^{E,1}$ 来描述部队资

源点订货量相对需求量的波动：

$$R^{E,1} = \frac{\mathrm{Var}(q_t^1)}{\mathrm{Var}(D_{1t})} = 1 + \left(2T_1\alpha + \frac{T_1^2\alpha^2}{2-\alpha}\right)\left(\frac{1-\rho}{1-\rho+\alpha\rho}\right) \qquad (7\text{-}4)$$

由式（7-4）可知，在各资源点均采用指数平滑法预测及需求过程一定的情况下，器材供应过程中需求的波动幅度主要取决于提前期 T_k。按各节点需求信息不共享与共享两种情况，可得到资源点 k 器材订货量相对于终端用户需求量的波动 $R^{E,k}$ 如下。

① 当信息不共享时

$$R^{E,k} = \frac{\mathrm{Var}(q_t^k)}{\mathrm{Var}(D_{1t})} = \prod_{i=1}^{k}\left[1 + \left(2T_i\alpha + \frac{T_i^2\alpha^2}{2-\alpha}\right)\left(\frac{1-\rho}{1-\rho+\alpha\rho}\right)\right] \qquad (7\text{-}5)$$

有下式成立：

$$R^{E,k} > R^{E,k-1} > R^{E,k-2} > \cdots > R^{E,1} \qquad (7\text{-}6)$$

由式（7-6）可知，随着器材供应过程中的资源点由下游向上游延伸，其订货量相对于终端用户需求量的波动幅度总会逐级放大。

② 当信息共享时

$$R_C^{E,k} = \frac{\mathrm{Var}(q_t^k)}{\mathrm{Var}(D_{1t})} = 1 + \left(2\sum_{i=1}^{k}T_i\alpha + \frac{2(\sum_{i=1}^{k}T_i)^2\alpha^2}{2-\alpha}\right)\left(\frac{1-\rho}{1-\rho+\alpha\rho}\right) \qquad (7\text{-}7)$$

对应的有下式成立：

$$R_C^{E,k} > R_C^{E,k-1} > R_C^{E,k-2} > \cdots > R_C^{E,1} \qquad (7\text{-}8)$$

式（7-8）表明，即使器材供应过程中各个资源点库存实现需求信息共享，也会产生需求波动。但显然，需求信息共享时的订货量波动幅度小于需求信息不共享时的订货量波动。

器材订货周期包括两部分：需求提前期和交货提前期。为分析需要，现将前面假设进行改进，将每两个节点间的提前期分为需求提前期 $T_d^{k\to k+1}$ 和交货提前期 $T_c^{k+1\to k}$，对应的订货周期 T_0 为

$$T_0 = T_D + T_C = \sum_{k=1}^{j-1}T_d^{k\to k+1} + \sum_{k=1}^{j-1}T_c^{k+1\to k} \qquad (7\text{-}9)$$

对任意 $T_d^{k\to k+1}$ 来说，它可以进一步细分为器材需求汇总分类、业务部门首长审批和数据提交（对于总部业务部门为订单下达）等时间；对任意 $T_c^{k+1\to k}$ 来说，可进一步细分为器材的生产、接装验收、运输、入库、分发等时间，其中器材的生产时间包括原料采购、生产、交货等时间。

7.1.3 装备器材库存控制策略

器材保障机构的库存控制策略直接决定着其向上级保障机构和生产企业的申请和订购方式，同时也制约着对下级保障机构和修理机构的供应方式，因此，库存控制问题是多级联合保障模式要解决的首要问题。

1. 队属资源点库存控制策略

队属资源点（部队资源点）直接面向修理单位，随时为装备的修理提供器材。器材短缺对修理进度会产生很大影响，进而影响部队训练和作战，因此部队资源点要时时掌握自身的库存状态，当其产生器材短缺时就要及时向区域物流中心进行器材申请。队属资源点采取连续查库的方式，以及时掌握本级库存情况。

多级联合保障模式下，要设置安全库存量和最大库存量。安全库存量和最大库存量的设置也不再是半年消耗量和一年消耗量，而是根据区域物流中心和全军物流中心的存储量来定的。因此，队属资源点采取(s, S)策略。

(s, S)策略是连续性检查类型的策略，如图 7-2 所示。当发现库存降低到订货点水平s时开始订货，订货后使最大库存保持不变，即为常量S，若发出订单时库存量为I，则其订货量为$S-I$。

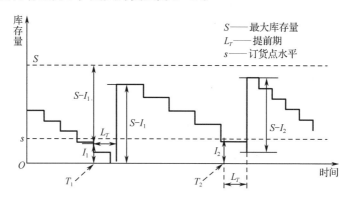

图 7-2　(s, S)策略示意图

2. 区域物流中心库存控制策略

区域物流中心的主要功能是以战区为单位进行器材存储、配送，以及其他相关的协调决策。区域物流中心的保障对象是本战区所属的部队资源点，也是器材多级联合保障的核心力量。区域物流中心的器材来源于全军物流中心和由全军物流中心向生产企业订购的器材，其存储量要能满足全军物流中心一个订货周期内本战区所属单位的器材消耗供应，但为保证对部队资源点消耗的供应，区域物流中心要比全军物流中心具有更短的查库周期，当查库时的库存水平降到订货点（或以下）就开始向全军物流中心进行申请，因此，区域物流中心的库存控制策略是介于部队资源点和全军物流中心之间的复合控制策略，即(t, s, S)策略，如图 7-3 所示。

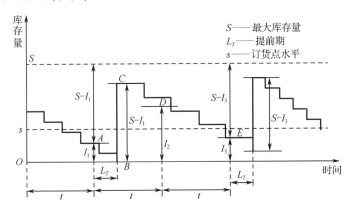

图 7-3　(t, s, S)策略示意图

(t, s, S)策略是(t, S)策略和(s, S)策略的综合。这种补给策略有一个固定的检查周期t、最大库存量S、固定订货点水平s。当经过一定的检查周期t后，若库存低于订货点则发出申请，否则不申请。订货量的大小等于最大库存量减去检查时的库存量。当经过固定的检查时期到达A点时，此时库存已经低于订货点水平s，因而应发出一次申请，订货量等于最大库存量S与当时的库存量I_1之差（$S - I_1$）。经过一定的订货提前期后在B点订货到达，库存补充到C点；在第二个检查期到来时，此时库存位置在D，比订货点水平s高，不申请；第三个检查期到来时，库存位置在E，低于订货点水平，又发出一次申请，申请量为$S - I_3$。如此周期地进行下去，实现周期性库存补给。

3．全军物流中心库存控制策略

全军物流中心的职能以订购、协调为主，重点存储缺货影响大的器材，同时全军物流中心也是区域物流中心和部队资源点的"战备储备"。一般情况下，区域物流中心和部队资源点的器材储备基本可以满足本战区内部的器材消耗，但为应对器材消耗的不稳定性，全军物流中心要建立一定的库存。

同时，全军物流中心还掌握着各种器材的生产周期情况，因此，全军物流中心可以作为工厂订货的"缓冲器"，应对订货周期的不确定性。

鉴于以上两个目的，全军物流中心的库存控制采取定期订货为主、零散订货为辅的策略。零散订货主要是针对应急需求不足的器材而言的，订货时机和订货量都是不确定的。对于定期订货，其库存控制是(t, S)策略，但在订货量上与现行的保障模式有明显区别。当前全军的最大订货量是全军所有部队消耗一年的量；而多级联合保障模式下，全军物流中心的最大库存量是其现有库存与战区资源点的最大库存标准差之和。(t, S)策略如图 7-4 所示。

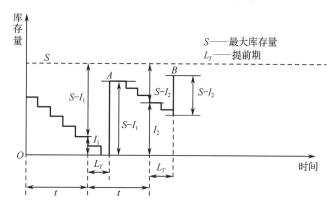

图 7-4 (t, S)策略示意图

该策略是每隔一定时期检查一次库存，并发出一次订货，把现有库存补充到最大库存水平S，若发出订单时库存量为I，则其订货量为$S-I$。如图 7-4 所示，经过固定的检查期t发出订货申请，这时库存量为I_1，订货量为$S-I_1$。经过一定的时间L_T，库存补充$S-I_1$，库存到达A点；再经过一个固定的检查时期t又发出一次订货，订货量为$S-I_2$，经过L_T时间，库存又达到新的高度B，如此周期性地检查库存，不断补给。

7.2 装备器材库存控制建模

装备器材库存控制问题是一个受多种随机因素影响的复杂问题，如需求量的不确定性、需求时机的不确定性和生产周期的不确定性等。多级联合保障模式下的库存控制系统是三级网状随机性系统。器材保障的目标是使装备在使用过程中所需的器材能得到及时、适量的供应，并使保障成本最低。器材库存控制问题的本质就是如何确定各个节点的合理有效的库存控制参数，从而使得器材保障系统在满足一定保障率的条件下，使部队维修等待时间最短，同时使保障成本最低。因此，选择合适的库存控制参数并建立模型，是优化器材库存控制系统的前提。在构建器材库存控制模型前，对几个常用的符号进行说明。

X：库存控制参数决策变量，是一个分量为非负整数的多维向量；

M：器材消耗单位的数量，索引号为 m，$m=1,2,\cdots,M$；

N：器材品种数量，索引号为 n，$n=1,2,\cdots,N$；

V：总部战略资源点数量，索引号为 v，$v=1,2,\cdots,V$；

J：战区资源点数量，索引号为 j，$j=1,2,\cdots,J$；

S：部队资源点数量，索引号为 s，$s=1,2,\cdots,S$；

T：时间间隔期，即一个时间周期，是一个定值，一般以年或月为单位；

K：时间间隔期总数量，索引号为 k，$k=1,2,\cdots,K$；

KT：考虑 K 个周期，每个周期的时间间隔为 T，总时间为 KT。

7.2.1　基于器材保障成本的模型

保障成本是衡量保障经济性的重要指标，包括相互影响、相互制约的 3 个方面：采购成本（OC）、运输成本（TC）和存储成本（IC）。

1）基本符号假设

$\mathrm{SC}(T,X)$：T 时间段内的保障总成本；

$\mathrm{TC}(T,X)$：T 时间段内的运输总费用；

$\mathrm{IC}(T,X)$：T 时间段内的库存总费用；

$\mathrm{OC}(T,X)$：T 时间段内的订货总费用；

$\overline{\mathrm{SC}}(KT,X)$：$KT$ 时间段内的平均保障成本；

$\overline{\mathrm{TC}}(KT,X)$：$KT$ 时间段内的平均运输费用；

$\overline{\mathrm{IC}}(KT,X)$：$KT$ 时间段内的平均库存费用；

$\overline{\mathrm{OC}}(KT,X)$：$KT$ 时间段内的平均订货费用。

2）运输成本模型

TP_n：器材 n 的运输单价，即将 1 件器材 n 运输 1 千米所产生的运输费用，其单位为"元/（件·千米）"；

D_{iq}：单位 i 与单位 q 之间的距离，其单位为"千米"；

$G_{iqn}(t)$：t 时刻单位 i 与单位 q 配送器材 n 的数量，包括上级单位向下级单位的供应数量和同级单位之间的调配数量，运输成本计算在单位 i 上。

$$\mathrm{TC}(T,\boldsymbol{X}) = \sum_{n=1}^{N} \sum_{i=1}^{V,J,S} \sum_{q=1}^{V,J,S} \int_{(k-1)T}^{kT} \mathrm{TP}_n \times D_{iq} \times G_{iqn}(t)\mathrm{d}t \qquad (7\text{-}10)$$

其中，

$$\sum_{i=1}^{V,J,S} \sum_{q=1}^{V,J,S} f(t)\mathrm{d}t = \sum_{i=1}^{V} \sum_{q=1}^{V} f(t)\mathrm{d}t + \sum_{i=1}^{V} \sum_{q=1}^{J} f(t)\mathrm{d}t + \sum_{i=1}^{V} \sum_{q=1}^{S} f(t)\mathrm{d}t$$

$$+ \sum_{i=1}^{J} \sum_{q=1}^{J} f(t)\mathrm{d}t + \sum_{i=1}^{J} \sum_{q=1}^{S} f(t)\mathrm{d}t + \sum_{i=1}^{S} \sum_{q=1}^{S} f(t)\mathrm{d}t \qquad (7\text{-}11)$$

$$\overline{\mathrm{TC}}(KT,\boldsymbol{X}) = \frac{1}{K} \sum_{k=1}^{K} \sum_{n=1}^{N} \sum_{i=1}^{V,J,S} \sum_{q=1}^{V,J,S} \int_{(k-1)T}^{kT} \mathrm{TP}_n \times D_{iq} \times G_{iqn}(t)\mathrm{d}t \qquad (7\text{-}12)$$

3）采购成本模型

C_0：固定采购成本，单位为"元/次"；

α：紧急采购的价格系数，$\alpha>1$；

$Q_{vn}(t)$：t 时刻单位 v 对器材 n 的采购量，单位为"件"；

$\mathrm{Zt}_{vn}(t)$：t 时刻单位 v 对器材 n 的紧急采购标识，紧急采购时为 1，非紧急采购为 0；

$P_{0n}(t)$：t 时刻器材 n 的采购单价，单位为"元/件"；

$C_0(t)$：t 时刻的实际采购成本，单位为"元"。 t 时刻有采购，则该值为 C_0，否则该值取 0，即

$$C_0(t) = \begin{cases} C_0 & Q_{vn}(t) \neq 0 \\ 0 & Q_{vn}(t) = 0 \end{cases} \qquad (7\text{-}13)$$

不考虑紧急采购时的采购成本如下：

$$\mathrm{OC}(T,\boldsymbol{X}) = \int_{(k-1)T}^{kT} C_0(t)\mathrm{d}t + \sum_{n=1}^{N} \sum_{v=1}^{V} \int_{(k-1)T}^{kT} P_{0n}(t) \times Q_{vn}(t)\mathrm{d}t \qquad (7\text{-}14)$$

$$\overline{\mathrm{OC}}(KT,\boldsymbol{X}) = \frac{1}{K} \sum_{k=1}^{K} \left(\int_{(k-1)T}^{kT} C_0(t)\mathrm{d}t + \sum_{n=1}^{N} \sum_{v=1}^{V} \int_{(k-1)T}^{kT} P_{0n}(t) \times Q_{vn}(t)\mathrm{d}t \right) \qquad (7\text{-}15)$$

考虑紧急采购时的采购成本如下：

$$\mathrm{OC}(T,\boldsymbol{X}) = \int_{(k-1)T}^{kT} C_0(t)\mathrm{d}t + \sum_{n=1}^{N} \sum_{v=1}^{V} \int_{(k-1)T}^{kT} P'_{0vn}(t) \times Q_{vn}(t)\mathrm{d}t \qquad (7\text{-}16)$$

$$\overline{\mathrm{OC}}(KT,\boldsymbol{X}) = \frac{1}{K} \sum_{k=1}^{K} \left(\int_{(k-1)T}^{kT} C_0(t)\mathrm{d}t + \sum_{n=1}^{N} \sum_{v=1}^{V} \int_{(k-1)0}^{kT} P'_{0vn}(t) \times Q_{vn}(t)\mathrm{d}t \right) \qquad (7\text{-}17)$$

式中，$P'_{0vn}(t)$ 为 t 时刻单位 v 对器材 n 的实际采购价格。若该采购为紧急采购，则该值为 $\alpha P_{0n}(t)$，否则为 $P_{0n}(t)$；

$$P'_{0vn}(t) = \begin{cases} P_{0n}(t) & \mathrm{Zt}_{vn}(t) = 0 \\ \alpha P_{0n}(t) & \mathrm{Zt}_{vn}(t) = 1 \end{cases} \qquad (7\text{-}18)$$

4）存储成本模型

$I_{mn}(t)$：t 时刻单位 m 中器材 n 的库存量；

$\mathrm{IC}_{mn}(T, \boldsymbol{X})$：$T$ 时间段内单位 m 中器材 n 的存储成本；

$\mathrm{IC}_{m}(T, \boldsymbol{X})$：$T$ 时间段内单位 m 所有器材的存储成本；

P_n：器材 n 单位时间的存储费用，单位为"元/（件·天）"；

F_m：现行保障模式下，单位 m 在 T 时间段内平均基本运转费用。

单项器材 n 的日存储成本为：器材当日的库存量 $I_{mn}(t)$ 与存储单价 P_n 的乘积。单位 m 中器材 n 一个周期 T 内的存储费用如下：

$$\mathrm{IC}_{mn}(T, \boldsymbol{X}) = \int_{(k-1)T}^{kT} P_n \times I_{mn}(t)\mathrm{d}t \qquad (7\text{-}19)$$

计算某一单位器材存储成本时，除考虑存储器材所消耗的成本以外，还要考虑本单位的基本运行费用 F_m。因此，单位 m 所有器材的存储费用如下：

$$\mathrm{IC}_{m}(T, \boldsymbol{X}) = \sum_{n=1}^{N} \int_{(k-1)T}^{kT} P_n \times I_{mn}(t)\mathrm{d}t + F_m \qquad (7\text{-}20)$$

所有单位所有器材的存储成本如下：

$$\mathrm{IC}(T, \boldsymbol{X}) = \sum_{m=1}^{V,J,S} \left(\sum_{n=1}^{N} \int_{(k-1)T}^{kT} P_n \times I_{mn}(t)\mathrm{d}t + F_m\right) \qquad (7\text{-}21)$$

KT 时间段内的平均存储成本如下：

$$\overline{\mathrm{IC}}(KT, \boldsymbol{X}) = \frac{1}{K} \sum_{k=1}^{K} \sum_{m=1}^{V,J,S} \sum_{n=1}^{N} \int_{(k-1)T}^{kT} P_n \times I_{mn}(t)\mathrm{d}t + \sum_{m=1}^{V,J,S} F_m \qquad (7\text{-}22)$$

5）一个存储周期内的保障总成本模型

一个存储周期内的总成本是运输成本、采购成本和存储成本的总和，如式（7-23）所示。

$$\mathrm{SC}(T, \boldsymbol{X}) = \mathrm{TC}(T, \boldsymbol{X}) + \mathrm{IC}(T, \boldsymbol{X}) + \mathrm{OC}(T, \boldsymbol{X})$$

$$= \sum_{n=1}^{N} \sum_{i=1}^{V,J,S} \sum_{q=1}^{V,J,S} \int_{(k-1)T}^{kT} \mathrm{TP}_n \times D_{iq} \times G_{iqn}(t)\mathrm{d}t + \sum_{m=1}^{V,J,S} \sum_{n=1}^{N} \int_{(k-1)T}^{kT} P_n \times I_{mn}(t)\mathrm{d}t +$$

$$\sum_{m=1}^{V,J,S} F_m + \int_{(k-1)T}^{kT} C_0(t)\mathrm{d}t + \sum_{n=1}^{N} \sum_{v=1}^{V} \int_{(k-1)T}^{kT} P'_{0vn}(t) \times Q_{vn}(t)\mathrm{d}t \qquad (7\text{-}23)$$

6）K 个存储周期内的平均保障成本模型

K 个存储周期内的平均保障成本如式(7-24)。

$$\overline{\mathrm{SC}}(KT, \boldsymbol{X}) = \overline{\mathrm{TC}}(KT, \boldsymbol{X}) + \overline{\mathrm{IC}}(KT, \boldsymbol{X}) + \overline{\mathrm{OC}}(KT, \boldsymbol{X})$$

$$= \frac{1}{K}(\mathrm{TC}(KT, \boldsymbol{X}) + \mathrm{IC}(KT, \boldsymbol{X}) + \mathrm{OC}(KT, \boldsymbol{X}))$$

$$= \frac{1}{K} \left(\sum_{n=1}^{N} \sum_{i=1}^{V,J,S} \sum_{q=1}^{V,J,S} \int_{0}^{KT} \mathrm{TP}_n \times D_{iq} \times G_{iqn}(t) \mathrm{d}t + \sum_{m=1}^{V,J,S} \sum_{n=1}^{N} \int_{0}^{KT} P_n \times I_{mn}(t) \mathrm{d}t + \right.$$

$$\left. \sum_{m=1}^{V,J,S} F_m + \int_{0}^{KT} C_0(t) \mathrm{d}t + \sum_{n=1}^{N} \sum_{v=1}^{V} \int_{0}^{KT} P'_{0vn}(t) \times Q_{vn}(t) \mathrm{d}t \right) \qquad (7\text{-}24)$$

7.2.2 基于部队满意度的模型

维修等待时间（Maintenance Waiting Time，MWT）是反映部队用户器材需求满意程度的指标，指从装备修理机构提出器材需求申请到接到器材所花费的时间。器材保障模式的绩效水平影响着 MWT 的大小，MWT 值过大，会导致维修人员因缺少器材而延迟修理，影响装备的完好性。MWT 以天为单位，从维修人员提出器材申请开始，包括订单转向器材保障机构的时间长短，一直到装备修理机构收到所申请的器材为止。整个流程的数据通过装备器材储供网络信息平台存储到战区数据库中。MWT 包括信息传递时间、订单完成时间、运输时间。

不同供应源、不同器材品种、不同的供应机制和库存控制策略都会导致 MWT 值的不同。当申请的器材在本地资源点有库存时，订单完成所经历的时间较短；如果申请的器材在本地资源点缺货，将延迟本地器材配送时间，直到器材保障机构从外部器材供应源采购到器材为止。

1）基本符号假设

$D_{mn}^k(t)$：第 k 个时间周期内，t 时刻单位 m 器材 n 申请未送达的数量，单位为"件"；

$\mathrm{SQ}_{mn}^k(t)$：第 k 个时间周期内，t 时刻单位 m 器材 n 累计申请量，单位为"件"；

$\mathrm{SD}_{mn}^k(t)$：第 k 个时间周期内，t 时刻单位 m 器材 n 累计送达量，单位为"件"；

$\mathrm{MWT}_{mn}(T, \boldsymbol{X})$：$T$ 时间段内，单位 m 器材 n 的维修等待时间，单位为"件·天"；

$\overline{\mathrm{MWT}}_{mn}(KT, \boldsymbol{X})$：$KT$ 时间段内，单位 m 器材 n 的平均维修等待时间，单位为"件·天"；

$\overline{\mathrm{MWT}}(KT, \boldsymbol{X})$：$KT$ 时间段内，保障系统平均维修等待时间，单位为"件·天"。

$$D_{mn}^k(t) = \mathrm{SQ}_{mn}^k(t) - \mathrm{SD}_{mn}^k(t) \qquad (7\text{-}25)$$

2）数学模型

在实际计算维修等待时间的过程中，如果出现多次申请未完全满足的情况，则无法确定已经送达的器材满足的是哪一批次的申请，因此无法确定某一次申请的确切的器材等待时间，只能计算某一单位某一器材累计维修等待时间。累计维修等待时间模型如下：

假设某一器材 t 时刻申请 x 个，在 $t+h$ 时刻送达 $x-x_1$ 个，在 $t+h+p$ 时刻完全得到满足。则在 t 到 $t+h$ 时间段内申请的全部 x 件器材等待 h 天，在 $t+h$ 到 $t+h+p$ 时间段内有 x_1 件器材等待 j 天。在整个 t 到 $t+h+p$ 时间段内的器材等待时间为 $x \times h + x_1 \times p$（件·天）。

单位 m 器材 n 第 k 个时间周期内的器材等待时间计算公式如下：

$$\text{MWT}_{mn}(T, X) = \int_{(k-1)T}^{kT} D_{mn}^k(t) \mathrm{d}t = \int_{(k-1)T}^{kT} (\text{SQ}_{mn}^k(t) - \text{SD}_{mn}^k(t)) \mathrm{d}t \qquad (7\text{-}26)$$

在 KT 时间段内单位 m 器材 n 的平均维修等待时间为

$$\overline{\text{MWT}}_{mn}(KT, X) = \frac{1}{K}\text{MWT}_{mn}(KT, X) = \frac{1}{K}\sum_{k=1}^{K}\int_{(k-1)T}^{kT}(\text{SQ}_{mn}^k(t) - \text{SD}_{mn}^k(t))\mathrm{d}t$$

$$= \frac{1}{K}\Bigg[\int_0^T (\text{SQ}_{mn}^1(t) - \text{SD}_{mn}^1(t))\mathrm{d}t + \int_T^{2T}(\text{SQ}_{mn}^2(t) - \text{SD}_{mn}^2(t))\mathrm{d}t + \cdots +$$

$$\int_{(K-1)T}^{KT}(\text{SQ}_{mn}^K(t) - \text{SD}_{mn}^K(t)\mathrm{d}t)\Bigg] \qquad (7\text{-}27)$$

在 KT 时间段内保障系统平均维修等待时间为

$$\overline{\text{MWT}}(KT, X) = \frac{1}{K}\sum_{m=1}^{M}\sum_{n=1}^{N}\text{MWT}_{mn}(KT, X) = \frac{1}{K}\sum_{k=1}^{K}\int_{(k-1)T}^{kT}\sum_{m=1}^{M}\sum_{n=1}^{N}(\text{SQ}_{mn}^k(t) - \text{SD}_{mn}^k(t))\mathrm{d}t$$

$$= \frac{1}{K}\Bigg(\int_0^T\sum_{m=1}^{M}\sum_{n=1}^{N}(\text{SQ}_{mn}^1(t) - \text{SD}_{mn}^1(t))\mathrm{d}t + \int_T^{2T}\sum_{m=1}^{M}\sum_{n=1}^{N}(\text{SQ}_{mn}^2(t) - \text{SD}_{mn}^2(t))\mathrm{d}t + \cdots +$$

$$\int_{(K-1)T}^{KT}\sum_{m=1}^{M}\sum_{n=1}^{N}(\text{SQ}_{mn}^K(t) - \text{SD}_{mn}^K(t))\mathrm{d}t\Bigg) \qquad (7\text{-}28)$$

7.2.3 基于器材满足率的模型

器材满足率是指在规定的时间阶段内，器材实际供应的数量与需要供应的数量之比，也称器材保障率或器材供应率。

1）基本符号假设

$D_{mn}^k(t)$：第 k 个时间周期内，t 时刻单位 m 器材 n 累计申请未送达的数量；

$\text{SQ}_{mn}^k(t)$：第 k 个时间周期内，t 时刻单位 m 器材 n 累计申请量；

$SD_{mn}^k(t)$：第 k 个时间周期内，t 时刻单位 m 器材 n 累计送达量；

$MR_{mn}(k,t,X)$：第 k 个时间周期内，t 时刻单位 m 器材 n 的满足率（单项器材满足率）；

$\overline{MR}_{mn}(k,X)$：第 k 个周期内，单位 m 器材 n 的平均满足率；

$\overline{MR}_m(k,X)$：第 k 个周期内，需求点 m 所有器材的平均满足率；

$\overline{MR}(k,X)$：第 k 个周期内，器材保障机构对所有装备修理机构的整体满足率；

$\overline{MR}_{mn}(X)$：KT 时间段内，单位 m 器材 n 的平均满足率；

$\overline{MR}_m(X)$：KT 时间段内，单位 m 所有器材的平均满足率；

$\overline{MR}(X)$：KT 时间段内，器材保障机构对所有装备修理机构的整体满足率。

2）数学模型

$$MR_{mn}(k,t,X)=\frac{SD_{mn}^k(t)}{SQ_{mn}^k(t)}\times100\% \tag{7-29}$$

$$\overline{MR}_{mn}(k,X)=MR_{mn}(k,kT,X)=\frac{SD_{mn}^k(kT)}{SQ_{mn}^k(kT)}\times100\% \tag{7-30}$$

$$\overline{MR}_m(k,X)=\frac{\sum\limits_{n=1}^{N}SD_{mn}^k(kT)}{\sum\limits_{n=1}^{N}SQ_{mn}^k(kT)}\times100\% \tag{7-31}$$

或者，

$$\overline{MR}_m(k,X)=\frac{1}{N}\sum\limits_{n=1}^{N}\overline{MR}_{mn}(k,X)\times100\%=\frac{1}{N}\sum\limits_{n=1}^{N}\frac{SD_{mn}^k(kT)}{SQ_{mn}^k(kT)}\times100\% \tag{7-32}$$

$$\overline{MR}(k,X)=\frac{\sum\limits_{m=1}^{M}\sum\limits_{n=1}^{N}SD_{mn}^k(kT)}{\sum\limits_{m=1}^{M}\sum\limits_{n=1}^{N}SQ_{mn}^k(kT)}\times100\% \text{ 或者 } \overline{MR}(k,X)=\frac{1}{M}\sum\limits_{m=1}^{M}\overline{MR}_m(k,X)\times100\%$$

$$\tag{7-33}$$

$$\overline{MR}_{mn}(X)=\frac{\sum\limits_{k=1}^{K}SD_{mn}^k(kT)}{\sum\limits_{k=1}^{K}SQ_{mn}^k(kT)}\times100\% \text{ 或者 } \overline{MR}_{mn}(X)=\frac{1}{K}\sum\limits_{k=1}^{K}\frac{SD_{mn}^k(kT)}{SQ_{mn}^k(kT)}\times100\% \tag{7-34}$$

$$\overline{\text{MR}}_m(\boldsymbol{X}) = \frac{\sum_{n=1}^{N}\sum_{k=1}^{K}\text{SD}_{mn}^k(kT)}{\sum_{n=1}^{N}\sum_{k=1}^{K}\text{SQ}_{mn}^k(kT)} \times 100\% \quad \text{或者}\ \overline{\text{MR}}_m(\boldsymbol{X}) = \frac{1}{N}\sum_{n=1}^{N}\overline{\text{MR}}_{mn}(\boldsymbol{X}) \times 100\% \quad (7\text{-}35)$$

$$\overline{\text{MR}}(\boldsymbol{X}) = \frac{\sum_{m=1}^{M}\sum_{n=1}^{N}\sum_{k=1}^{K}\text{SD}_{mn}^k(kT)}{\sum_{m=1}^{M}\sum_{n=1}^{N}\sum_{k=1}^{K}\text{SQ}_{mn}^k(kT)} \times 100\% \quad \text{或者}\ \overline{\text{MR}}(\boldsymbol{X}) = \frac{1}{M}\sum_{m=1}^{M}\overline{\text{MR}}_m(\boldsymbol{X}) \times 100\% \quad (7\text{-}36)$$

$\overline{\text{MR}}_{mn}(k,\boldsymbol{X})$ 只有 1 种定义方式，$\overline{\text{MR}}_m(k,\boldsymbol{X})$ 存在 2 种定义方式，$\overline{\text{MR}}(k,\boldsymbol{X})$ 存在 3 种定义方式，$\overline{\text{MR}}_{mn}(\boldsymbol{X})$ 存在 2 种定义方式，$\overline{\text{MR}}_m(\boldsymbol{X})$ 存在 3 种定义方式，$\overline{\text{MR}}(\boldsymbol{X})$ 存在 4 种定义方式。除了第一种定义方式以外，其他各定义方式都是取的满足率的平均值，在计算满足率时均采取第一种定义方式。

7.2.4　装备器材库存控制多目标模型

1. 优化目标及约束条件分析

在衡量器材库存控制水平的保障成本、维修等待时间和器材满足率 3 类指标中，保障成本是经济效益方面的指标，维修等待时间和器材满足率是军事效益方面的指标，3 类指标存在着一定的制约关系。

在保障的军事效益和经济效益之间进行衡量时，要以军事效益为主，即保障成本要服从器材满足率和维修等待时间；在维修等待时间和器材满足率之间进行衡量时，要以器材满足率为主，器材保障的目标是在一定满足率的前提下，争取更短的维修等待时间。因此，器材库存控制优化的目标和约束条件可以归纳为以下多目标优化的形式：

$$\begin{cases} \min \text{SC}(\boldsymbol{X}) \\ \min \text{MWT}(\boldsymbol{X}) \end{cases} \text{s.t.}\text{MR}(\boldsymbol{X}) > a \quad (7\text{-}37)$$

式中，$\boldsymbol{X}$ 是决策变量，$\min \text{SC}(\boldsymbol{X})$ 表示保障成本最小；$\min \text{MWT}(\boldsymbol{X})$ 表示维修等待时间最短；$\text{MR}(\boldsymbol{X}) > a$ 表示满足率要达到一定的要求。

2. 基本假设

（1）装备修理机构不掌握器材库存情况，在发生器材需求时，第一时间向直接器材保障机构提出器材申请，不需要考虑申请的提前量。

（2）消耗单位以一定的概率产生应急器材需求，应急需求不能直接被满足的部分要按照更高的费用比例和缺货数量进行计算。

（3）不同节点之间的运输产生运输费用，不论器材大小，一律按件和运输距离来计算，即运输单价的单位是"元/（件·千米）"，不同器材的运输单价不同。

（4）假设运输时间受路径优化、车辆配载问题的影响，是一个不确定值，服从某一分布，此分布影响维修等待时间。

（5）每个资源点运行第一个周期的期初库存量为最大库存量 S，而后每个周期期初库存量都是上一期期末的库存量。

（6）全军物流中心定期向生产企业订货，订货间隔期为预设定值参数。

（7）生产周期（从订货开始到订货到达的时间间隔，单位：月）是服从 $[1, 5]$ 上的均匀分布的随机变量。

（8）不考虑人为因素导致的器材供应时间延误，只考虑器材信息流、物流及等待时间，物流存在越级供应的情况，此假设影响器材保障时间和运输费用。

（9）器材保障机构向上级保障机构提出器材申请到保障资源点开始向需求点发货的信息处理时间服从 $[0, 2]$ 上的均匀分布（单位：天）。

（10）多级联合保障模式下器材资源点的选择是有顺序的：首先立足于本级资源点；当本级资源点缺货时，由区域物流中心供应；如果区域物流中心不能满足，则在本区范围内进行调配；当本区范围不能保障时，向全军物流中心进行申请，最后才是向生产企业进行订货。此假设影响维修等待时间和满足率。

3．多目标规划

器材库存控制问题归结为"基于满足率的，保障成本最低、维修等待时间最短"的多目标规划模型，该模型的具体形式如下：

$$\min \overline{\mathrm{SC}}(KT, X) = \frac{1}{K} \left(\sum_{n=1}^{N} \sum_{i=1}^{V,J,S} \sum_{q=1}^{V,J,S} \int_{0}^{KT} \mathrm{TP}_n \times D_{iq} \times G_{iqn}(t)\mathrm{d}t + \sum_{n=1}^{N} \sum_{m=1}^{V,J,S} \int_{0}^{KT} P_n \times I_{mn}(t)\mathrm{d}t + \right.$$

$$\left. \sum_{k=1}^{K} \left(\int_{(k-1)T}^{kT} C_0(t)\mathrm{d}t + \sum_{n=1}^{N} \sum_{v=1}^{V} \int_{0}^{T} P'_{0vn}(t) \times Q_{vn}(t)\mathrm{d}t \right) \right) \tag{7-38}$$

$$\min \overline{\mathrm{MWT}}(KT, X) = \frac{1}{K} \sum_{k=1}^{K} \int_{(k-1)T}^{kT} \sum_{m=1}^{M} \sum_{n=1}^{N} (\mathrm{SQ}_{mn}^{k}(t) - \mathrm{SD}_{mn}^{k}(t))\mathrm{d}t \tag{7-39}$$

$$
\text{s.t.}
\begin{cases}
\overline{\text{MR}}_{mn}(\boldsymbol{X}) = \dfrac{\displaystyle\sum_{k=1}^{K}\text{SD}_{mn}^{k}(kT)}{\displaystyle\sum_{k=1}^{K}\text{SQ}_{mn}^{k}(kT)} \times 100\% \geqslant \alpha_n \qquad m=1,2,\cdots,M, \quad n=1,2,\cdots,N \\[4mm]
\overline{\text{MR}}_{m}(\boldsymbol{X}) = \dfrac{\displaystyle\sum_{n=1}^{N}\sum_{k=1}^{K}\text{SD}_{mn}^{k}(kT)}{\displaystyle\sum_{n=1}^{N}\sum_{k=1}^{K}\text{SQ}_{mn}^{k}(kT)} \times 100\% \geqslant \beta \qquad m=1,2,\cdots,M \\[4mm]
\overline{\text{MR}}(\boldsymbol{X}) = \dfrac{\displaystyle\sum_{m=1}^{M}\sum_{n=1}^{N}\sum_{k=1}^{K}\text{SD}_{mn}^{k}(kT)}{\displaystyle\sum_{m=1}^{M}\sum_{n=1}^{N}\sum_{k=1}^{K}\text{SQ}_{mn}^{k}(kT)} \times 100\% \geqslant \gamma
\end{cases}
\tag{7-40}
$$

多级联合库存控制模型是一个典型的多目标规划问题，为解决这个问题，引入比较因子，在双目标的情况下对控制变量的评价值进行比较，从而避免将问题转化成单目标优化，这也是基于仿真的方法在解决多目标优化时的另一个优势所在。对于多级联合库存控制模型，其问题可以进行如下描述。

假设 $\boldsymbol{X}_1$ 和 $\boldsymbol{X}_2$ 是任意决策变量，利用智能搜索算法进行寻优时，首要的任务是能够计算出 $\boldsymbol{X}_1$ 和 $\boldsymbol{X}_2$ 对应的评价指标值 $\overline{\text{SC}}(KT,\boldsymbol{X}_1)$、$\overline{\text{SC}}(KT,\boldsymbol{X}_2)$、$\overline{\text{MWT}}(KT,\boldsymbol{X}_1)$、$\overline{\text{MWT}}(KT,\boldsymbol{X}_2)$，并且给出 $\boldsymbol{X}_1$ 和 $\boldsymbol{X}_2$ 哪个变量更优的确切答案，以便于搜索算法确定下一步的搜索方向。

针对一般双目标优化问题 $\min f_1(\boldsymbol{X})$ 和 $\min f_2(\boldsymbol{X})$，引入比较因子 α 和 β，给出确定 $\boldsymbol{X}_1$ 和 $\boldsymbol{X}_2$ 哪个更优的方法如下。

针对 $f_1(\boldsymbol{X})$ 的比较因子 $\alpha(0 \leqslant \alpha < 1)$ 的概念是：对于任意 $f_1(\boldsymbol{X})$ 定义域内的两个变量 $\boldsymbol{X}_1$ 和 $\boldsymbol{X}_2$，如果 $(1-\alpha)f_1(\boldsymbol{X}_1) \leqslant f_1(\boldsymbol{X}_2) \leqslant (1+\alpha)f_1(\boldsymbol{X}_1)$，则认为 $\boldsymbol{X}_1$ 和 $\boldsymbol{X}_2$ 是等效的，也就是说当 $\boldsymbol{X}_2$ 的函数值 $f_1(\boldsymbol{X}_2)$ 与 $\boldsymbol{X}_1$ 的函数值 $f_1(\boldsymbol{X}_1)$ 偏差不到 α 倍，则认为二者的函数值是等效的。

如图 7-5 所示，垂直于横坐标的竖直虚线之间的部分是 $f_1(\boldsymbol{X}_1)$ 的 α 等效区间，对于任意定义域内的 $\boldsymbol{X}_2$，只要其函数值 $f_1(\boldsymbol{X}_2)$ 在竖直虚线之间，都认为它与 $\boldsymbol{X}_1$ 是等效的。

对于多目标优化问题，如果 $\boldsymbol{X}_2$ 的两个指标值分别落入 $f_1(\boldsymbol{X}_1)$ 和 $f_2(\boldsymbol{X}_1)$ 的等效区间，则认为 $\boldsymbol{X}_1$ 与 $\boldsymbol{X}_2$ 相等。同理，当 $\boldsymbol{X}_2$ 的一个函数值落入 $\boldsymbol{X}_1$ 的等效区间，另一个函数值落入等效区间的左（右）或下（上）侧时，则认为 $\boldsymbol{X}_2 > \boldsymbol{X}_1$（$\boldsymbol{X}_2 < \boldsymbol{X}_1$）。

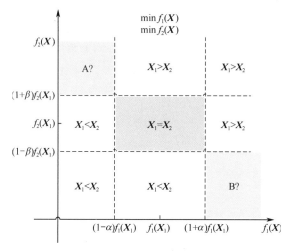

图 7-5　双极小值问题目标评价值的比较结果示意图

当 X_2 的值落入 "A" 和 "B" 两个区域时，要根据 $f_1(X)$ 和 $f_2(X)$ 的具体情况和问题的环境灵活设定。例如，多级联合库存控制模型中：$f_1(X)=\overline{SC}(KT,X)$，是保障成本指标；$f_2(X)=\overline{MWT}(KT,X)$，是维修等待时间指标。在平时，保障成本优先于维修等待时间，即在 A 区域内，保障成本小，但是维修等待时间很长，以保障成本为评价依据，$X_2>X_1$；在 B 区域内，保障成本很高，但是维修等待时间很短，仍然以保障成本为评价依据，$X_2<X_1$。在应急环境下，维修等待时间优先于保障成本，即在 A 区域内，$X_2<X_1$；在 B 区域内，$X_2>X_1$。评价指标值比较示例如表 7-1 所示。

表 7-1　评价指标值比较示例

函数	比较因子	X_1	等效区间	X_2	X_2	X_2
min$f_1(X)$	0.03	100	[97,103]	98	98	105
min$f_2(X)$	0.1	10000	[9000,110000]	9200	8900	9200
比较结果				$X_1=X_2$	$X_2>X_1$	$X_2<X_1$

7.3　用于库存控制仿真的改进粒子群优化算法

用粒子群优化算法（PSO）仿真求解库存控制优化问题时会遇到两个突出的问题：一是初始解难以获取和验证的问题，二是算法早熟的问题。因此，对粒子群优化算法进行改进，首先，针对初始解难于获取和验证的问题，建立"重取机制"，将解空间附近的（不符合约束条件要求的）粒子的位置进行调整，使其重新回到解空间，降低了算法对初始解的要求；其次，针对算法早熟的问题，建立了对粒子速度的"干扰机制"，使徘徊在局部最优解附近的粒子受到速度"干扰"后，从局部的小圈中跳出来，到新的位置重新开始寻优搜索。

7.3.1　建立可行解校正的"重取机制"

在粒子群优化算法中，粒子运动的范围对应着现实问题的解空间，粒子在活动范围内的位置对应着现实问题的一个解，一个明确的解空间是粒子群优化算法的基础。粒子群优化算法对库存控制模型进行优化求解遇到了以下困难：粒子群优化算法需要明确的解空间和解空间内一定数量的可行解，而库存控制问题难以确定解空间；库存控制问题的约束条件是一种后验约束，即首先确定控制策略下的控制参数（问题的解），而后才能确定该策略下的约束条件是否满足，而粒子群优化算法需要首先确定控制策略是否满足约束条件，而后才能确定是否选择该策略；人为简单地确定解空间可能遗漏最优解。

因此，在库存控制多目标规划问题解空间不明确的情况下，建立一种搜索机制来判断一个解是不是可行解，保证解空间内的粒子在进行搜索运行时不离开解空间，同时也不能限制粒子的自由运动，将游离在解空间边缘的粒子"拉回"到解空间内部。

引进最大连续偏离次数和最大偏离率两个变量对算法进行改进。最大连续偏离次数是允许单个粒子连续偏离解空间的最大次数，当超过这个次数时，则判定此粒子是坏点；最大偏离率是在一定的粒子群中允许出现坏点的最大比例，当比例超过这个值时，则判定该粒子群是无效粒子群或者 PSO 算法参数 ω 、C_1 和 C_2 值设置不合理，该算法无法完成优化搜索，需要重新选择粒子群，调整参数设置后，重新启动算法进行搜索。

"重取机制"的前提是认为粒子超出解空间是由偶然因素造成的，即在特定位置上，不合适的随机数使粒子运动的速度过大或过小。改进的方法是在粒子的原地重新生成一个新的搜索方向，再次寻找下一位置。重新搜索时，系统会产生一个新的随机数，使粒子有机会回到解空间来。"重取机制"应用于两个方面：一是在初始库存控制策略的基础上产生一组解空间范围内的初始粒子群；二是在优化搜索过程中，控制粒子的运动范围不超出解空间。

7.3.2 建立全局最优搜索的"干扰机制"

PSO 算法和其他智能搜索算法类似，也存在收敛速度慢、局部极值、早熟收敛的问题，尤其存在搜索过程停止条件的选择问题。在仿真实验结果中，早熟收敛现象可以很容易地观察到。在搜索曲线上，早熟收敛表现为平坦的直至搜索结束的直线。因此，及时发现早熟产生的时间是克服早熟收敛的关键。为了及时发现早熟产生的时间，我们在搜索过程中引入了一个判断早熟现象是否发生的阈值——成熟因子 f_m。成熟因子判定迭代早熟的原理如下：

f_m 是认定早熟发生的一个 (1, Mstep) 之间的数，在一个有效迭代 Estep 之后，对连续出现的无效迭代 Istep 进行计数，用 f_g 表示。当 $f_g > f_m$，可以认为早熟收敛现象产生了。成熟因子 f_m 的取值范围是变化的，可以视需要来确定，但是 f_m 太大，认定早熟的时间距离早熟收敛的实际产生时间太远，消除早熟的机会已经没有了，失去了认定的意义；f_m 太小，会导致将正常搜索过程误判为早熟收敛。

通过成熟因子 f_m 认定早熟发生以后，引入一个 P_i'' 或 V_i'' 干扰来消除PSO算法已经出现的早熟现象。这些干扰描述如下：

$$P_i'' = P_i^t - 2V_i^t \qquad\qquad (7\text{-}41)$$

$$V_i'' = V_i^t + \mathrm{rand}() \qquad\qquad (7\text{-}42)$$

式（7-41）用来在早熟发生后，通过增加反方向的步长来改变搜索方向，式（7-42）用来在早熟发生后给速度加上一个随机数，增加搜索范围。对于单峰函数它们的作用是类似的，但是对于多峰函数，式（7-41）有更好的效果。实现这一改进 PSO 算法的程序框图如图 7-6 所示。

搜索过程的停止条件有两种：一种是到达事先设定的最大迭代数 Mstep；另一种是当满足

$$\frac{P_g^t}{P_i^t} = 1 \qquad\qquad (7\text{-}43)$$

的时候搜索停止。由于早熟现象也存在这种结果，该方法必须和本节提到的成熟因子判定结合使用，才能剔除早熟收敛造成的搜索停滞，就是在满足式（7-43）的迭代次数大于成熟因子 f_m 时认为搜索过程是成功停止的。否则，在干扰作用下搜索过程继续进行。

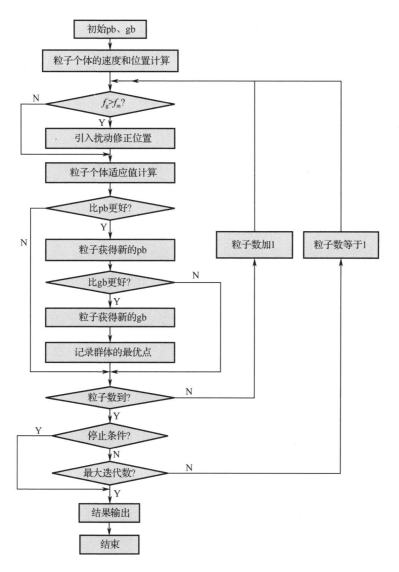

图 7-6　基于"干扰机制"的改进 PSO 算法程序框图

7.3.3　搜索空间转换

PSO 算法是在连续空间中进行搜索的，而器材库存控制参数都是正整数，PSO 算法要想应用于器材库存控制问题，有必要找到一种合理的转换方法使 PSO 算法在搜索方面的优点对器材库存控制问题发挥作用，即将 PSO 算法的任意搜索位置转换成离散位置。

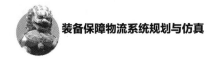

1）PSO 搜索空间

为了问题描述方便，以下我们将 PSO 算法中粒子搜索的空间称为 PSO 搜索空间，PSO 搜索空间就是通常意义上的连续空间，也称为笛卡尔空间。

用实数 L_Max 表示粒子在空间的活动范围，则粒子在每一维上的活动范围是 $[-L\_Max,+L\_Max]$。若 $\boldsymbol{X}_i$ 表示 PSO 搜索空间中第 i 个粒子的位置向量：$\boldsymbol{X}_i=(x_1,x_2,\cdots,x_n)$。则 $\boldsymbol{X}_i$ 的每一个分量 $x_{id}\in[-L\_Max,+L\_Max]$。由此不难看出，粒子的活动范围在一个超立方体中。用 V_Max 表示粒子的速度，则 $V\_Max=\alpha\times L\_Max$，其中 $\alpha\in(0,1)$。

2）问题空间

器材库存控制问题所涉及的订货量、申请量等决策变量都是非负整数，因此，具有 n 个决策变量的器材库存控制问题的解是一个分量都是非负整数的 n 维向量，问题空间是一个 n 维离散空间（Discrete Space）。将器材库存控制问题的解空间记为 nSP 空间。设 $\boldsymbol{X}_i$ 表示 nSP 空间第 i 个粒子的位置向量：$\boldsymbol{X}_i=(x_1,x_2,\cdots,x_n)$，$x_i\in\mathbf{R}^+$。

3）空间转换机制

n 维搜索空间为 $\boldsymbol{\Omega}^n$，维数为 n 的库存控制问题空间是 $\boldsymbol{\Phi}^n$。设对应法则 f 是 $\boldsymbol{\Omega}^n$ 到 $\boldsymbol{\Phi}^n$ 的一个映射，即 $f:\boldsymbol{\Omega}^n\to\boldsymbol{\Phi}^n$。映射 f 满足：对于 $\boldsymbol{\Omega}^n$ 空间中的任何一个向量 $\boldsymbol{X}$，$\boldsymbol{\Phi}^n$ 中都有唯一的一个向量与之对应，即 $f(\boldsymbol{X})=\boldsymbol{P}$。

假设 $\boldsymbol{X}$ 是搜索空间 $\boldsymbol{\Omega}^n$ 的任意一个解，x_i 是 $\boldsymbol{X}=(x_1,x_2,\cdots,x_n)$ 的第 i 个列向量，$x_i\in\mathbf{R}$，我们这里设计了 3 种映射策略：

最大值策略：取 $\hat{x}_i$ 是不小于 x_i 的最小非负整数，$\hat{\boldsymbol{X}}=(\hat{x}_1,\hat{x}_2,\cdots,\hat{x}_n)$，则 $f(\boldsymbol{X})=\hat{\boldsymbol{X}}$；

最小值策略：取 $\check{x}_i$ 是不大于 x_i 的最大非负整数，$\check{\boldsymbol{X}}=(\check{x}_1,\check{x}_2,\cdots,\check{x}_n)$，则 $f(\boldsymbol{X})=\check{\boldsymbol{X}}$；

舍入策略：取 $\tilde{x}_i$ 是 x_i 的四舍五入值，$\tilde{\boldsymbol{X}}=(\tilde{x}_1,\tilde{x}_2,\cdots,\tilde{x}_n)$，则 $f(\boldsymbol{X})=\tilde{\boldsymbol{X}}$。

7.3.4　改进粒子群优化算法设计

运用改进 PSO 算法求解器材库存控制模型，重点有两个方面：一是描述初始可行解的获取和验证；二是获取初始粒子群。

装备器材资源点多级联合库存控制系统的优化目标是器材的库存控制参数。对于部队资源点和战区资源点而言，就是确定各器材的最大库存量 S 和订货点 s；对于战略资源点而言，就是确定本级器材库存水平 S。而不同器材的库存控制参数是不同的。

1. 解空间分析

1）解空间的维数

假设，器材种类为 N，总部战略资源点总数为 V，战区资源点总数为 J，部队资源点总数为 Q。某一器材在部队资源点 i 的库存控制参数为 (S_i, s_i)，$i = 1, 2, \cdots, Q$；在战区资源点的库存控制参数为 (t, s'_j, S'_j)，$j = 1, 2, \cdots, J$；在战略资源点的库存控制参数为 (t, S''_k)，$k = 1, 2, \cdots, V$。对于某一器材而言，粒子设计为

$$(s_1, S_1, s_2, S_2, \cdots, s_Q, S_Q, s'_1, S'_1, s'_2, S'_2, \cdots, s'_J, S'_J, S''_1, S''_2, \cdots, S''_V) \qquad (7\text{-}44)$$

则在全军范围内优化某一器材所有单位的库存控制参数时，解空间的维数为 $V + J + J + Q + Q = V + 2J + 2Q$；若要优化所有单位所有器材的库存控制参数，解空间的维数为

$$D = N \times (V + 2J + 2Q) \qquad (7\text{-}45)$$

假设器材种类 $N = 100000$，战略资源点数量 $V = 2$，战区资源点数量 $J = 7$，同时消耗某一器材的部队资源点的数量 $Q = 20$，由式（7-45）计算解空间的维数为 5600000。器材的项数和部队资源点的数量对解空间的维数影响最大，因此，在利用 PSO 算法进行优化求解时，需要对器材的数量和单位的数量进行调整。

2）解空间维数的调整方法

调整的方法有两种：

一种是减少单次优化的器材数量。例如，一次只对一种器材所有单位进行仿真求解，则解空间只有 56 维，一次优化 N 种器材的解空间维数为 $56N$。

另一种是将作战性质和装备类型相同的单位的库存控制策略进行统一，减少不同单位的数量。

3）对模型的调整

为了使模型能对单个（或多个）器材进行仿真求解，本书在建模时，把运输费用、存储费用、可变采购费用都以件为单位进行计算，这样就可以避免按次计算带来的误差。这里需要对固定采购成本进行处理，将按次计算的固定采购成本调整为按项计算的固定采购成本。调整的方法如下：

假设一次采购的固定采购成本为 C_0，平均一次采购项数为 L，则单项器材的平均采购成本为 $C'_0 = C_0 / L$。只需要将模型中的 C_0 改为 C'_0，模型即适用

于单项器材；l 项器材的库存控制模型只需要将 C_0 改成 $l \times C_0'$ 即可。

2．初始可行解的获得

模型的解是由器材的可行库存控制参数组成的，因此要构造初始可行解就是要寻找各种器材在不同资源点的可行库存控制参数。目前大部分资源点都根据各自的实际情况规定了器材的库存标准，所谓库存标准是指各级资源点根据保障任务要求而确定的器材储备数量和储备金额的上下限，它是机关进行器材分配、供应和评估器材管理水平的重要依据。

可行解的数量和质量直接影响着搜索算法的效率，因此要尽可能让可行解在解空间中均匀分布。对于战区和部队资源点，库存标准中的存储下限 s 即可作为订货点的参考值，库存标准中的存储上限 S 即可作为控制参数中的最大库存量的参考值。同理，对战略资源点而言，控制参数中最大库存量的参考值也是库存标准中的存储上限。

如何在参考值的基础上寻找更多可行解将是下一步重点研究的问题。本书通过在对前解增加或减少一个适当的数值来得到另外一个可行解。具体做法有以下几种。

1）完全乐观原则

在完全乐观原则指导下，现有的库存标准完全能够满足约束条件的要求，同时还可能产生一定的库存冗余。因此，按完全乐观原则寻找可行解时，要减少最大存储量或降低最小订货点。采用完全乐观原则寻找可行解的方法如下：

假设器材存储上限为 S，存储下限为 s，则其乐观可行解的存储上限为 $S-[kS]$，存储下限为 $s-[k's]$。其中，$k \in [0,1]$ 和 $k' \in [0,1]$ 是乐观度指数，k 和 k' 的值越大，则改变的幅度越大；$[kS]$ 表示 kS 的整数部分。完全乐观原则下参数变化情况示意图如图 7-7 所示。

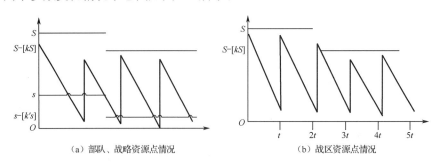

（a）部队、战略资源点情况　　　　　　（b）战区资源点情况

图 7-7　完全乐观原则下参数变化情况示意图

从图 7-7 可以看出，当存储上限由 S 调整到 $S-[kS]$，存储下限由 s 调整到 $s-[k's]$ 后，降低了库存上限和安全库存量，这样可以降低整体库存，但同时又增加了库存短缺的风险。

2）半乐观原则

半乐观原则是在完全乐观原则的基础上，只调整其中一个参数，其示意图如图 7-8 所示。

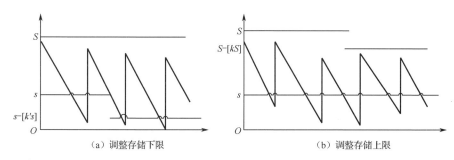

图 7-8　半乐观原则下参数变化情况示意图

3）完全悲观原则

完全悲观原则与完全乐观原则正好相反，将存储上限和安全库存量都向上调整：

假设器材存储上限为 S，存储下限为 s，则其悲观可行解的存储上限为 $S+[kS]$，存储下限为 $s+[k's]$。$k \in [0,1]$ 和 $k' \in [0,1]$ 是悲观度指数，k 和 k' 的值越大，改变的幅度越大。完全悲观原则下参数变化情况示意图如图 7-9 所示。

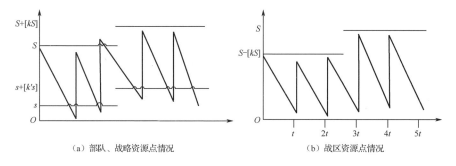

图 7-9　完全悲观原则下参数变化情况示意图

与完全乐观原则相反，按完全悲观原则调整后的可行解增加了整体的库存水平，降低了缺货的风险。

4）半悲观原则

半悲观原则是在完全悲观原则的基础上，只调整其中一个参数，其示意图如图 7-10 所示。

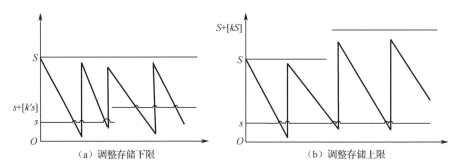

（a）调整存储下限　　　　　　（b）调整存储上限

图 7-10　半悲观原则下参数变化情况示意图

对于固定的乐（悲）观度指数 $k \in [0,1]$ 和 $k' \in [0,1]$，用表格表示的可行策略如表 7-2 所示。

表 7-2　可行解的确定方法

原则	(s,S) 策略	(t,s,S) 策略	(t,S) 策略
完全乐观原则	$(s-[k's], S-[kS])$	$(t, s-[k's], S-[kS])$	$(t, S-[kS])$
半乐观原则	$(s, S-[kS])$、$(s-[k's], S)$	$(t,s, S-[kS])$、$(t, s-[k's], S)$	
完全悲观原则	$(s+[k's], S+[kS])$	$(t, s+[k's], S+[kS])$	$(t, S+[kS])$
半悲观原则	$(s, S+[kS])$、$(s+[k's], S)$	$(t,s, S+[kS])$、$(t, s+[k's], S)$	

由表 7-2 可以看出，对于一组固定的乐观度指数 $k \in [0,1]$ 和 $k' \in [0,1]$，(t, s, S)策略和(s, S)策略都可以产生 3 个可行策略；对于一组固定的悲观度指数 $k \in [0,1]$ 和 $k' \in [0,1]$，(t, s, S)策略和(s, S)策略可以产生 3 个可行策略。对于一个固定的乐观度指数 $k \in [0,1]$，(t, S)策略可以产生 1 个可行策略；对于一个固定的悲观度指数 $k \in [0,1]$，(t, S)策略可以产生 1 个可行策略。在进行可行策略选取时，我们选择策略本身、完全乐观策略和完全悲观策略。

因此，由式（7-45）可知，N 项器材所有单位的库存控制策略组合是 $N \times (V+2J+2Q)$ 维向量，则对于任一组 $k \in [0,1]$ 和 $k' \in [0,1]$，可以产生的可行解的个数最多为 $3^{N(V+2J+2Q)}$。可行解的数量完全可以满足 PSO 算法对初始解的要求。

3．算法设计

1）全局变量定义

```
Private mMaterials() As MaterialsControlStrategy    '库存控制类
Private m_deviation, m_not_deviation As Boolean    '是否偏离
Private Mstep As Integer    '最大迭代次数
Private num_Particle As Integer    '粒子的数量
Private Dev(num_Particle) As Integer    '数组，记录粒子的最大连续偏离数量
Private num_MaxDevParticle As Integer    '常数，粒子允许的最大连续偏离数量
Private num_Materials As Integer    '器材数量
Private num_Dw As Integer    '所有单位的数量
Private mFm As Integer    '成熟因子
Private num_Fg As Integer    '连续无效迭代次数
Private num_Bad as Integer    '最大坏点数量
Private X(Mstep+1,num_Particle,Ubound(mMaterials)+1) as Integer    '数组，粒子位置
Private V(Mstep+1,num_Particle,Ubound(mMaterials)+1) as Integer    '数组，粒子
                                                                    '移动矢量
Private P(Mstep+1,num_Particle,Ubound(mMaterials)+1) as Integer    '数组，粒子
                                                                    '最优位置
Private P_G(Mstep+1,Ubound(mMaterials)+1) as Integer    '数组，粒子群全局最优
                                                         '位置
Prvite J_X(Mstep+1,num_particle) as Integer    '数组，粒子评价指标
Prvite J_P(Mstep+1,num_particle) as Integer    '数组，粒子局部最优值
Prvite J_G(Mstep+1) as Integer    '数组，粒子群全局最优值
Private W as Double    '惯性权重
```

Private C_1 as Double '学习因子 C_1
Private C_2 as Double '学习因子 C_2

```
Dim FlagDev As Boolean = False
Dim num_Dev As Integer = 0    '偏离次数
```

2）产生初始解

```
Private Sub m_get_inital_solution()
For i As Integer = 0 To num_Materials-1
    For j As Integer = 0 To num_Dw-1    '读取库存标准
        mMaterials(i * num_Dw + j).DwDm = KcBz.DwDm    '单位代码
        mMaterials(i * num_Dw + j).BjDm = KcBz.TyBm    '器材代码
        mMaterials(i * num_Dw + j).MaxS = KcBz.ZzBz    '最低库存标准
        mMaterials(i * num_Dw + j).MinS = KcBz.ZzBz+ KcBz.WxBz    '最高库存
                                                                   '标准

    Next
Next
End Sub
```

3）重取机制

```
Private Function m_retrieve(ByVal t,k As Integer) As Integer   '对粒子进行递归重取
Dev(k)= num_Dev   '从仿真系统中读取当前粒子的评价指标值
If num_Dev == num_MaxDevParticle Then
    Dev(k) = num_MaxDevParticle
    Return num_Dev
End If
If m_deviation And FlagDev == True Then
    num_Dev = num_Dev + 1
    V(t, k)=W*V(t-1, k)+C_1*rand()*(P(t-1, k)-X(t-1, k))+C_2*rand()*(P_G(t-1)-
        X(t-1, k))
     X(t, k)=X(t-1, k)+ V(t, k)   '重新给粒子选择位置
    m_retrieve(t, k)
End If
If m_not_deviation Then
    num_Dev = 0
    FlagDev = False
    Return num_Dev
End If
If m_deviation And FlagDev = False Then
    num_Dev = 1
    FlagDev = True
    V(t, k)=W*V(t-1, k)+C_1*rand()*(P(t-1, k)-X(t-1, k))+C_2*rand()* (P_G(t-1)-
        X(t-1, k))
     X(t, k)=X(t-1, k)+ V(t, k)   '重新给粒子选择位置
    m_space_convert()   '解空间转换
    m_retrieve(t, k)
End If
End Function
```

4）解空间转换

```
Private Sub m_space_convert()
Dim MaterialsCS As MaterialsControlStratiogy
For Each MaterialsCS In mMaterials
    MaterialsCS.MaxS = Math.Round(MaterialsCS.MaxS)
    MaterialsCS.MinS = Math.Round(MaterialsCS.MinS)
Next
End Sub
```

5）基于"重取机制"和"干扰机制"的迭代寻优过程

```
Private Sub m_optimize()
Dim num_DevParticle As Integer
Dim FlagSuccess As Boolean
```

```
For t As Integer = 1 To Mstep
    FlagSuccess = False
    For i As Integer = 0 To num_Particle-1
        If Dev(i) == num_MaxDevParticle Then
            X(t, i)=X(t-1, i)
            Return
        End If
        V(t,i)=W*V(t-1,i)+C_1*rand()*(P(t-1,i)-X(t-1,i))+C_2*rand()*(P_G(t-1)-
            X(t-1,i))
        X(t, i)=X(t-1, i)+ V(t, i)    '重新给粒子选择位置
        '将 X(t, i)代入到仿真系统中运行，从仿真系统中读取评价指标值 J_X(t,i)
        If m_retrieve(t,i)== 0 Then
            If J_X(t,i)>J_P(t, i) Then
            P(t, i)= X(t, i)
            J_P(t, i)= J_X(t, i)
                Flag Success = True
                If J_P(t ,i)>J_G(t) Then
                P_G(t)=P(t, i)
                J_G(t)=J_P(t, i)
                End If
            End If
        Else
            num_DevParticle = num_DevParticle + 1
        End If
        If num_DevParticle == num_MaxDevParticle Then
            Msgbox("调整参数后重新搜索")
            Return
        End If
        Me.num_Fg = Me.num_Fg + 1
        If num_Fg > mFm Then    '算法早熟
            X(t, i) = X(t, i)-2* V(t, i)    '加入干扰机制
            V(t, i)= V(t, i)+rand()
        End If
    Next
Next
Print X(t, i)
End Sub
```

7.4　装备器材多级联合库存控制仿真与优化

7.4.1　装备器材库存控制仿真业务流程分析

多级联合保障模式下库存控制仿真系统业务流程如图 7-11 所示。装备器

材库存控制仿真的业务流程在器材库存控制流程的基础上增加了人工导调与控制功能,各仿真系统的全局参数和各实体的控制参数都是由导调模块进行统一管理和控制的,在用户需要进行干预时,可以暂停仿真过程,调整完参数后再回到仿真过程中去。

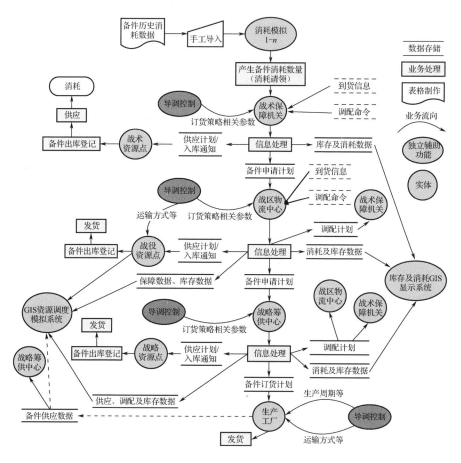

图 7-11　多级联合保障模式下库存控制仿真系统业务流程

7.4.2　装备器材库存控制仿真设计

为了对仿真和优化效果进行检验,设计了一系列的仿真和优化过程验证多级联合保障模式的优越性,并对结果进行比较。仿真方案设计内容如表 7-3 所示。

表 7-3 仿真方案设计内容

序号	操 作	分 析 内 容	目 的
0	数据准备	—	—
1	使用现有库存控制参数,对现行保障模式下的库存控制进行仿真	分析仿真条件下的库存数据、缺货数据	验证现行保障模式存在的问题
2	对现行保障模式下的库存控制参数进行优化	比较优化前后的库存标准,分析保障成本、满足率和维修等待时间的优化过程	验证仿真优化效果;得到现行模式下稳定的评价指标值
3	对多级联合保障模式下的库存控制参数进行优化	比较优化前后库存标准,分析保障成本、满足率和维修等待时间的优化过程	验证仿真优化效果;得到多级联合保障模式下稳定的评价指标值
4	—	比较多级联合保障模式下使用最优库存控制参数的仿真结果与现行保障模式下使用优化的库存控制参数的仿真结果	验证多级联合保障模式的优越性
5	—	比较两种模式下的保障成本构成和保障成本比例	通过分析成本构成来研究分析库存结构的变化

1.仿真数据准备

1)仿真系统参数分析

从某部所需装备维修器材中选取某类装备的 3 项器材作为研究对象。

① 仿真次数的确定。为保证仿真系统的数据能够充分反映出控制参数的影响力,对于每一组控制参数,以 1 年为一个仿真周期,仿真系统运行 200 个周期(SCount = 200),同时评价指标值取第 101 次到第 200 次的平均值。在进行仿真优化时,每个粒子迭代一次时,仿真运行 20 次,取第 11 次到第 20 次之间的平均指标值。

② 初始粒子群规模的确定。为简化运算,可以假设相同级别、相同编制的部队的器材消耗规律相同。假设总部战略级资源点为 1 个,战区级资源点为 2 个,部队级资源点为 5 个,则按照求解策略,解的维数:

$$D = N \times (V + 2J + 2Q) = 3 \times (1 + 2 \times 1 + 2 \times 5) = 39 \tag{7-46}$$

取初始粒子群的规模为

$$num\_Particle = 72 \tag{7-47}$$

③ 迭代次数的确定。由 7.3.4 节对改进 PSO 算法的分析可知,当评价指

标函数较简单时，PSO 的迭代次数达到 1000 次，算法的优化效果就会比较好，即 Mstep = 1000。

④ 累计仿真次数的确定。由于每次迭代产生新的粒子位置之后都要由仿真系统得到其评价值，因此，每迭代一次仿真系统运行的次数为

$$\text{num\_Particle} = 72 \tag{7-48}$$

完整的 PSO 算法进行一次优化需要运行的仿真系统运行的次数为

$$\text{Mstep} \times \text{num\_Particle} = 1000 \times 72 = 72000 \tag{7-49}$$

⑤ 算法耗时计算。在基于事件调度法的仿真系统中，仿真钟以 ms（毫秒）为单位进行推进，即最小仿真步长为 1ms，即 1ms 表示 1day。一次仿真 20 个周期的仿真时间计算成真实时间为

$$\text{Time} = 20(\text{year}) \times 365(\text{day/year}) \times 1(\text{ms/day}) = 7300\text{ms} = 7.3\text{s} \tag{7-50}$$

因此，一次完整的 PSO 优化算法需要的时间为

$$72000 \times 7.3 = 525600\text{s} \approx 6.1\text{day} \tag{7-51}$$

从式（7-51）中明显可以看出，基于仿真的 PSO 优化算法耗时太长，因此，将仿真系统按仿真时钟推进机制改成按事件推进，即一个事件发生后触发下一个事件，而不必等到仿真钟运行到下一事件再触发。经实验，按事件触发的推进机制的平均耗时是按仿真钟推进机制的平均耗时的 3%～5%。因此，按事件触发的推进机制的优化耗时为 0.18～0.35day，即 4～8h，与真实优化时间基本相符。

2）原始数据

① 器材单价。3 项器材 2010 年合同价格如表 7-4 所示。

表 7-4　器材的合同价格

器 材 编 码	图 号 规 格	供 管 类 型	单价 eunitPrice/（元/件）
器材 X	122.12.048	B	363
器材 Y	122.12.049	C	54
器材 Z	120.14.054	A	4121.5

② 成本单价。系统在进行评价指标值计算时，需要使用的运输单价和保管费用如表 7-5 所示。

表 7-5　器材运输和存储单价

器材价格范围	运输单价/ 元/（件·千米）	保管费用/ 元/（件·年）
eunitPrice>100000	0.5	eunitPrice/100
eunitPrice>10000 and eunitPrice≤100000	0.4	eunitPrice/100
eunitPrice>5000 and eunitPrice≤10000	0.2	500
eunitPrice>1000 and eunitPrice≤5000	0.1	100
eunitPrice>500 and eunitPrice≤1000	0.05	50
eunitPrice>200 and eunitPrice≤500	0.02	20
eunitPrice>50 and eunitPrice≤200	0.01	5
eunitPrice>10 and eunitPrice≤50	0.002	1
eunitPrice>2 and eunitPrice≤10	0.001	0.5
eunitPrice≤2	0.0005	0.1

③ 消耗数据。消耗数据以 3 项器材 6 年的实际消耗数据为准，并对数据以一定的概率进行调整，从而使数据能够充分反映消耗的不确定性。

④ 资源点基本运行费用。在现行保障模式下，假设战区资源点的基本运行费用是 200 万元/年，战略资源点的基本运行费用是 400 万元/年；在多级联合保障模式下，区域物流中心及所属资源点的基本运行费用是 400 万元/年，全军物流中心及所属资源点的基本运行费用是 600 万元/年。

⑤ 库存控制参数。3 项器材 2010 年底总部核准的库存标准如表 7-6 所示。该标准是目前器材申请和供应的主要依据，各单位根据自己的实际情况每年对库存上限和下限进行微调，在年终决算时上报总部核准，并对修改的部分做出相应的说明。在标准中，维修量是保障装备维修一年消耗的器材数量，是预计消耗量；下限是安全库存量；上限是订货要达到的目标量。根据库存标准确定初始种群的方法见 7.3.4 节 "2.初始可行解的获得"。

需要说明的是，现行的库存标准是依据消耗定额，按一定的方法计算得出的理论值，用于指导各级资源点的申请与供应，同时各级保障机关根据实际消耗情况，不断对所属资源点的库存标准进行修订。但是，在实际运行过程中，往往受到人为因素和不确定因素的影响，库存标准与实际消耗之间还存在一定的差异，这也是本书优化库存控制参数的原因之一。

表 7-6　器材库存标准

资源点	器材 X			器材 Y			器材 Z		
	维修量	下限	上限	维修量	下限	上限	维修量	下限	上限
装甲团	20	10	30	23	12	35	2	1	3
装甲师	54	27	81	65	33	98	4	2	6
机步师	20	10	30	23	12	35	2	1	3
集团军	13	7	20	27	13	40	5	3	8
修理大队	74	37	111	18	9	27	23	12	25
战区	44	22	66	77	39	116	105	53	158
总部	—	—	814	—	—	627	—	—	330

2. 仿真参数设置

1）仿真参数设置

系统将一个仿真周期设置为 1 年，在对库存控制过程进行仿真时，一次仿真运行 200 个周期；在进行仿真优化时，一次仿真运行 20 个周期。为节约仿真时间，仿真系统按事件进行推进。

2）优化参数设置

优化参数设置如图 7-12 所示。图中，成熟因子用于判断算法是否陷入早熟收敛状态；最大粒子偏离数量是由于搜索过程中粒子偏离解空间而造成算法终止的阈值；评价指标值的计算方法是取第 11 次到第 20 次仿真运行结果计算平均值。

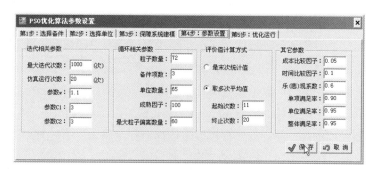

图 7-12　优化参数设置界面

成本比较因子和时间比较因子用于设定等效区间的宽度；乐（悲）观系数用于在现有库存控制参数的基础上产生初始粒子群；单项满足率、单位满足率和整体满足率是约束条件的常量。

7.4.3　装备器材库存控制仿真优化分析

1．仿真结果分析

图 7-13 显示的是现行保障模式下某资源点器材 X 的库存变化情况。从图中可以看出，该资源点器材 X 在仿真运行周期内的最小库存量为 20，大部分时间器材库存量都在 25 以上，因此整体库存水平偏高，出现这种状况的原因是该单位的安全库存量偏高。该资源点采取的是(s, S)库存控制策略，当器材库存量不足 s 时就从上级单位申请器材，使库存量达到 S。在实际操作过程中，为降低因上级单位库存短缺造成本级缺货的风险，各级在调整本级库存标准时，一般情况下都对 s 和 S 进行了放大，造成库存水平偏高。但是在仿真系统中没有考虑人为因素造成的库存积压、短缺和申请误差等因素，上级单位的库存量比较稳定，多余的安全库存量便成了积压库存，造成了浪费。因此，该资源点器材 X 的库存标准有较大的优化空间。

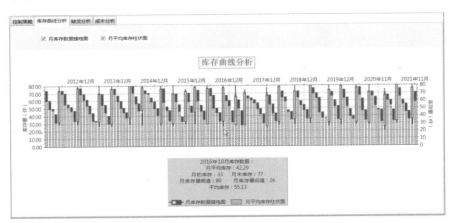

图 7-13　库存变化情况分析界面

图 7-14 显示的是某师资源点器材 Y 的缺货情况。从五年中的缺货统计数据可以看出，该师资源点对本级所属修理营的器材满足率大于 96%，对下级资源点的满足率超过 99%，但偶尔出现缺货。缺货的主要原因是该师某团连续出现两次较大的消耗值。但是，该师其他资源点库存都有一定量的冗余，由于缺少管理机制，器材无法在该师范围内进行调配，进而造成库存冗余与缺货并存的现象。

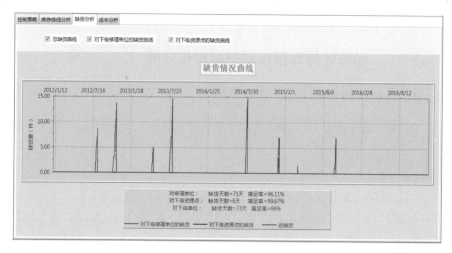

图 7-14　缺货情况分析界面

从以上对库存变化情况和缺货情况的分析可以看出，在没有人为因素影响和干预的情况下，各级器材资源点的库存量基本能够满足维修消耗。但是，现行器材保障模式下库存标准的设置偏高，存在一定的库存积压和浪费，需要对库存标准进行优化。

2. 优化结果分析

1）现行保障模式的库存标准优化结果分析

在现行保障模式下，器材整体满足率不小于 90% 的库存标准优化过程如图 7-15 所示。其中保障成本的单位是万元，维修等待时间的单位是天。

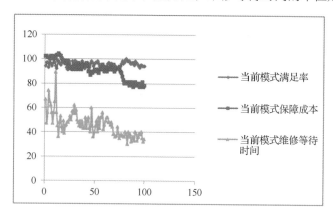

图 7-15　现行保障模式下的库存标准优化过程

从优化结果可以看出，优化后的保障成本较优化前的保障成本降低 20% 左右；优化前后器材保障满足率和维修等待时间基本没有变化。

优化后的各级资源点库存控制参数如表 7-7 所示。对表 7-6 和表 7-7 进行对比分析可以看出，各级资源点库存下限和上限都有下降。结合图 7-15 可以看出，整体库存保障成本下降 20%。此外，库存上限和库存下限不再是根据维修量计算得出的，而是由优化产生，进而维修量也与优化前有所不同，是由库存上限和库存下限的差值得来的。对表 7-6 和表 7-7 的维修量进行比较可以看出，优化前后的维修量差别不大，说明库存标准中对维修器材消耗量的估计比较准确。由于仿真模型只是针对一个战区设置了消耗单位和保障资源点，因此总部库存标准的优化结果不具有参考意义。

表 7-7　现行保障模式下优化后的各级资源点库存控制参数

资源点	器材 X			器材 Y			器材 Z		
	维修量	下限	上限	维修量	下限	上限	维修量	下限	上限
装甲团	19	7	26	30	7	37	3	1	4
装甲师	53	9	62	68	15	83	3	1	4
机步师	17	6	23	26	9	35	2	1	3
集团军	13	6	19	29	7	36	5	2	7
修理大队	80	33	118	30	10	40	21	8	29
战区	49	27	76	76	28	104	84	23	107
总部			230			143			131

2）多级联合保障模式的库存标准优化结果分析

多级联合保障模式下，器材满足率不低于 95% 的库存标准优化过程如图 7-16 所示。对比表 7-6、表 7-8 可以看出，优化后库存控制参数有明显下降。

表 7-8　多级联合保障模式下优化后的各级器材库存控制参数

资源点	器材编码								
	0701			0702			0101		
	维修量	下限	上限	维修量	下限	上限	维修量	下限	上限
装甲团	12	6	18	18	6	24	2	1	3
装甲师	34	8	42	46	10	56	2	1	3
机步师	11	4	15	17	7	24	1	1	2
集团军	13	7	20	19	4	23	2	1	3
修理大队	51	21	72	20	7	27	16	5	21
战区	31	21	52	35	14	49	55	8	63
总部			124			48			55

图 7-16 显示了多级联合保障模式下保障成本、维修等待时间和总体器材满足率随着迭代次数增加而变化的趋势。

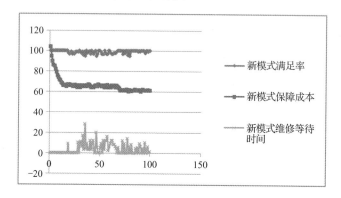

图 7-16　多级联合保障模式下的库存标准优化过程

从优化结果可以看出，多级联合保障模式下的优化后的保障成本稳定值比现行模式降低约 18%，保障率和维修等待时间都有较大改善。

3）两种模式的优化结果比较分析

在一个图中展示两次优化过程如图 7-17 所示。从图中可以看出，多级联合保障模式下，器材保障成本、维修等待时间和器材满足率都比现行保障模式具有明显的优势，是一种较为先进的保障模式。

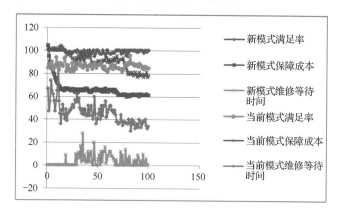

图 7-17　优化过程对比

图 7-18 显示了新旧保障模式下采购成本、存储成本、运输成本和总成本及其比例，图 7-18（a）所示为经费项构成对比，图 7-18（b）所示为经费项百分比对比。从图中可以看出，与现行保障模式相比，多级联合保障模式下

的总成本金额有所下降；存储成本的金额和比例都有所下降；运输成本的金额和比例都有所上升；采购成本金额有所下降，但是采购成本在总成本中的比例有所上升，这说明多级联合保障模式下，用于采购器材和运输的费用比例有所增加，而用于存储的费用比例有所降低，经费的利用效率更高。

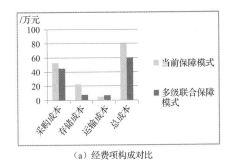
（a）经费项构成对比

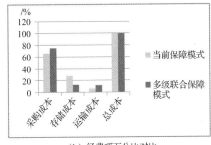
（b）经费项百分比对比

图 7-18　两种模式下保障成本构成分析

从仿真结果可以看出，多级联合保障模式是较现行保障模式更为经济、高效的模式，同时对器材保障机构的信息处理能力和大规模配送能力有较高的要求，是器材保障的发展方向之一。

第8章

装备器材调剂供应决策优化模型与仿真

装备器材调剂供应是指在战略机关的统筹控制下，在同级别的保障节点之间进行的横向器材协调。基于区域调剂的装备器材供应决策优化模型研究是在同一区域、同一级别的装备保障物流节点之间进行的。基于区域调剂的装备器材供应决策优化着眼于各个区域供应网络中的资源存储失衡问题，在调剂过程中，通过合理利用区域同级节点间的器材，将过量储备资源点的器材协调给缺货资源点，逐渐平衡区域供应子网中的器材资源存储情况，进而优化整个供应网的资源配置。而基于跨区调剂的装备器材供应决策，主要是解决部队提出器材需求后在装备保障物流网络内进行的全网器材调度问题。决策机关在信息系统的辅助决策下，从全网范围内根据优先级选择资源点，以最小保障成本、最大器材利用率、最小保障时间对部队需求单位实施器材保障。本章针对装备器材区域和跨区调剂供应问题进行了决策优化建模和仿真分析。

8.1 装备器材供应决策优化概述

8.1.1 装备器材供应概念

装备器材供应是指装备器材保障机构向部队实施器材保障的过程。装备器材供应是通过对拟定的种种可行方案进行评比选优，使有限的器材资源得到最充分、最合理的利用，降低供应过程的流通费，以取得较好的军事经济效益。装备器材供应包括器材的分配和供应调度两个部分：器材分配是根据维修的需要与器材资源情况，确定各单位所得器材（或经费）份额的活动，是供应调度的基础和前提；器材供应调度是器材保障机构及时、准确、经济地向器材需求单位提供器材的活动。

8.1.2　装备器材供应决策类型

及时、准确、经济的供应是装备器材供应的重要原则。在基于筹供中心的区域装备保障物流模式下，在部队需求单位提出器材申请后，机关决策部门在器材综合信息系统的辅助决策下，组织从物流网络全局范围内根据优先级选择资源点对部队需求单位实施器材调度保障，充分利用部队资源点的直接保障、战区资源点的逐级/越级保障、战区内其他过量储备资源点的调剂供应、跨区域内的其他过量资源点的跨区调剂供应以及生产工厂的器材直供，以最小化保障成本、最大化器材利用率、最小化保障时间，满足需求点的器材需求，同时平衡物流网内的器材资源，提高保障效率。

1）平时器材供应决策

当资源点库存消耗到较低水平或资源点接收到临时的器材保障任务等情况发生时，为了避免可能出现的缺货风险，资源点会向上级申请临时请领计划。这类需求对保障时间的要求较低，供应决策以提高器材满足率、降低保障成本和平衡保障体系的资源存储失衡状态为主要目标。

2）应急器材供应决策

当资源点发生缺货或突发应急保障任务等情况时，器材的保障效果会直接影响部队作战或训练水平。根据突发的紧急器材保障需求，制订器材应急保障决策方案，准确、及时、合理地将器材运往需求点。这类器材需求必须在短时间内迅速得到满足，器材需求具有很强的时效性，器材保障时间与可能造成的损失存在着一定的相关性，要求器材保障能够做到迅速、准确。这类需求以保障时间为主要决策目标，兼顾危险性、成本等目标。

8.1.3　装备器材供应方式

目前装备器材供应按方式划分可以分为逐级供应、直达供应和调剂供应。

（1）逐级供应。逐级供应是指按照建制关系，从上级资源点向直接下级资源点进行的供应，在当前保障模式中，资源点级别由上至下分为生产工厂、全军资源点（全军物流中心）、战区资源点（区域物流中心）和部队资源点（基点物流中心）。

（2）直达供应。直达供应是指由生产工厂直接供应至需求点，一般情况下，对于列装单位少、数量多的装备，通常采用直达供应。

（3）调剂供应。调剂供应是指全军及战区业务主管部门依据各单位的器材消耗与库存情况，适时组织器材调剂，从器材持有单位向器材需求单位进行器材供应。按照调剂范围，可分为区域内调剂和跨区调剂。调剂的范围通常包括超出库存标准上限的器材、调出装备的器材、因装备结构改进不能使用的器材、库存标准之外的器材、上级指定调剂的器材等。传统的逐级供应是按照建制关系，从上级资源点向下级资源点进行的供应。而调剂供应可以在相关机构的统一协调下，在区域内同级别的资源点和跨区资源点之间进行。

科学合理的器材调剂供应，是充分发挥有限经费和器材资源的作用，适时有效地提供装备维修所需的器材，以取得较好的军事效益的关键环节，是装备器材保障效率的重要保证。因此，本章主要针对平时装备器材调剂供应决策优化问题进行研究。

8.2　基于区域调剂的装备器材供应决策优化模型

传统的逐级器材供应缺乏对同级别的资源点之间的器材合理分流利用。器材调剂就是针对这一方面的匮乏而提出的区域协调策略，是在战略机关的统筹控制下，在同一战区同级别的资源点或不同战区资源点之间进行的横向器材协调。由于不同区域的保障任务各有侧重，通常为了节省成本，主要在同一区域内进行器材协调，基于区域调剂的装备器材供应研究的是在同一区域、同一级别的资源点之间进行的调剂决策优化建模问题。

8.2.1　基于区域调剂的装备器材供应决策问题分析

在装备器材保障的同级资源点间存在库存积压（超储）与缺货（欠储）并存的现象，因此，考虑在同一区域内的同级资源点之间通过将过量储备资源点器材协调给缺货资源点的方式来缓解器材存储的失衡状况。由于资源点器材的库存情况是动态变化的，资源点在某一时刻处于库存积压状态，而在另一时刻则可能处于缺货状态，故而同级资源点之间的器材协调是一种双向协调。在区域内的资源点只涉及战区资源点和部队资源点，而每个区域物流子网仅设置一个战区资源点，故而区域物流子网的器材资源只是在部队资源点之间进行同级协调，如图 8-1 所示。

基于区域调剂的装备器材供应决策优化着眼于各个区域物流网络中的资源存储失衡问题，在调剂过程中，通过合理利用区域同级节点间的器材协调,将过量储备资源点的多储器材协调给缺货资源点,逐渐平衡区域供应物流子网中的器材资源存储情况,进而优化整个物流网的资源配置。

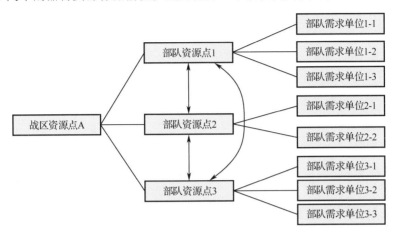

图 8-1　区域内装备器材调剂示意图

基于区域调剂的装备器材供应决策优化问题可分为以下 4 种情况。

（1）情形 1:区域内仅存在一个过量储备资源点、一个缺货资源点。

此种情况下,如果过量储备资源点多储的器材数量大于缺货资源点的缺货器材数,则从过量储备资源点调剂数量等于缺货数的器材给缺货资源点,以弥补缺货资源点的器材短缺问题;如果过量储备资源点多储的器材数量小于缺货资源点的缺货器材数,则将该过量储备资源点的所有多储的器材都调剂给缺货资源点,以最大限度地缓解缺货资源点的器材短缺问题。

（2）情形 2:区域内存在多个过量储备资源点,但仅有一个缺货资源点。

此种情况下,首先由战区资源点按照多储器材数量、与缺货资源点的距离对各个过量储备资源点进行排序,依次选择一个或若干个过量储备资源点实施器材调剂,满足缺货资源点的需求。

（3）情形 3:区域内仅有一个过量储备资源点,但存在多个缺货资源点。

此种情况下,该过量储备资源点优先选择距离自己最近且缺货器材数较高的缺货资源点 U_1 实施器材调剂,当其多储的器材数量能够满足资源点 U_1 的需求时,直接将等同于 U_1 缺货数量的器材调剂给 U_1,同时如果多储器材有剩余,则依次将器材调剂给 U_1 临近的缺货器材数较高的缺货资源点。如果过量储备资源点多储的器材数量不能满足 U_1 的需求,则将其多储的全部器材调剂给 U_1,最大限度地缓解 U_1 的缺货情况。

（4）情形 4：区域内存在多个过量储备资源点、多个缺货资源点。

此种情况涉及的资源点较多，调入、调出器材的资源点存在多种组合情况，约束条件也比较多，比较复杂，本节将对此重点研究，建立多目标优化模型，并研究求解算法。

在构建装备器材供应决策模型之前，首先参考库存标准，对过量储备资源点多储的器材数量、缺货资源点的缺货器材数进行计算。

对于过量储备资源点，参考库存标准，如果资源点器材的年初库存数量大于年度器材总需求数量的 1.5 倍，则多出的部分即为资源点多储的器材数量。资源点 r 中器材 q 的超储数量 N_{Orq} 的计算方法为

$$N_{Orq} = S_{rqn_0} - 1.5 \times (M_{rqt_0} + F_{rqt_{12}}) = S_{rqt_0} - 0.5 \times \sum_{t=1}^{t_0-1} m_{rq}(t) - 1.5 \times \sum_{t=1}^{12} f_{rq}(t) \quad （8\text{-}1）$$

式中，S_{rqn_0} 为资源点 r 中器材 q 在本年度年初时的库存数量；M_{rqt_0} 为资源点 r 中器材 q 从本年度年初截止到当前月份已产生的总需求；$F_{rqt_{12}}$ 为资源点 r 中器材 q 从当前月份到本年度年底的累积预测需求量；S_{rqt_0} 为资源点 r 中器材 q 在当前月份的月初库存数量；t_0 为当前月份；$m_{rq}(t)$、$f_{rq}(t)$ 分别为资源点 r 中器材 q 在本年度第 t 月的实际需求量、预测需求量。对于器材需求预测部分的内容，可参考本书第 6 章。

对于缺货资源点，参考库存标准，如果资源点器材的年初库存数量小于年度器材总需求数量的 1/2，则缺少的部分为资源点的缺货数量。资源点 r 中器材 q 的欠储数量 N_{Urq} 的计算方法为

$$N_{Urq} = 0.5 \times (M_{rqt_0} + F_{rqt_{12}}) - S_{rqn_0} = 0.5 \times \sum_{t=t_0}^{12} f_{rq}(t) - 0.5 \times \sum_{t=1}^{t_0-1} m_{rq}(t) - S_{rqt_0} \quad （8\text{-}2）$$

8.2.2 基于区域调剂的装备器材供应决策优化模型的建立

1. 问题描述与符号说明

以区域 Z 为研究对象，分析该区域内包含多个过量储备资源点、多个缺货资源点的基于区域同级器材调剂的供应网节点间调剂优化问题。根据 8.2.1 节分析，问题研究涉及的资源点均为部队资源点，可将所有缺货资源点作为需求点，其缺货数量作为需求数量，由该区域内过量储备的部队资源点对其实施器材调剂，其过程如图 8-2 所示。

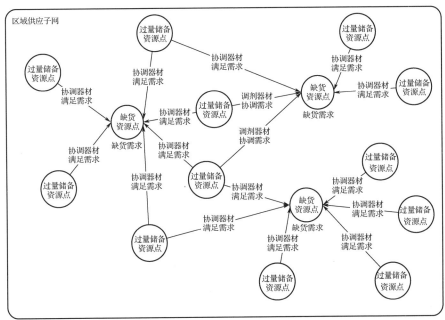

图 8-2　装备器材供应节点间区域调剂过程

假设 $O = \{O_1, O_2, \cdots, O_{|O|}\}$ 为 Z 内所有过量储备资源点的集合，$O_i(i=1,2,\cdots,|O|)$ 表示过量储备资源点，$U = \{U_1, U_2, \cdots, U_{|U|}\}$ 为 Z 内所有缺货资源点的集合，$U_j(j=1,2,\cdots,|U|)$ 表示缺货资源点，各资源点的库存情况已知；各资源点之间的最优运输路线通过经典的 Dijkstra 算法可求解得到，各过量储备资源点 O_i 到缺货资源点 U_j 的最短运输线路为 l_{ij}，最短运输时间为 t_{ij}；该区域内涉及的器材共有 Q_0 种，器材种类用 q 表示，$q=1,2,\cdots,Q_0$。

为便于模型的建立与分析，做出如下假设：

① 所有的资源点为目标点，所有的路径为线路径；

② 资源点之间的准备时间与运输时间远小于需求产生周期，即每次进行调剂决策时不需要考虑部队需求点的器材需求；

③ 不考虑缺货资源点进行器材申请过程中的延误时间；

④ 同一过量储备资源点向缺货资源点调剂多种器材资源时，所需时间一致，器材资源同时到达缺货资源点；

⑤ 不同资源点处同一种器材的单位运输成本相同。

模型所采用的其他符号如下：

$\text{NS}_{U_j q}$：实施器材调剂前，缺货资源点 U_j 中器材 q 的库存数量；

$N_{U_j,q}$：缺货资源点 U_j 中器材 q 的缺货数量；

$\mathrm{NS}_{O_i,q}$：实施器材调剂前，过量储备资源点 O_i 中器材 q 的库存数量；

$N_{O_i,q}$：过量储备资源点 O_i 中器材 q 的多储数量；

c_{tq}：器材 q 的单位运输成本；

c_q：器材 q 的单位价格；

T_{U_j}：缺货资源点 U_j 对获取器材的保障时间上限要求。

决策变量如下：

x_{ijq}：从过量储备资源点 O_i 向缺货资源点 U_j 调剂器材 q 的数量。

2．目标函数确定

基于区域同级器材协调的供应网节点间协调优化问题的主要目标具体表现为提高缺货资源点的满足率、缓解供应网的资源失衡情况和降低保障成本 3 个方面。

1）提高需求满足率

本问题中需求满足率为缺货资源点的实际已满足的需求与总需求的比值。为实现器材的调剂，一般要尽可能满足缺货资源点的器材需求，使过剩的器材最大限度地得到利用，即以需求满足率最高为目标。$f_{U_j,q}$ 表示缺货资源点 U_j 对器材 q 的需求满足率，计算公式为

$$f_{U_j,q} = \frac{1}{N_{U_j,q}} \sum_{i=1}^{|O|} x_{ijq} \tag{8-3}$$

设 f_q 为区域内所有缺货资源点对器材 q 的平均器材满足率，则满足率的目标函数为

$$\max f_q = \max \frac{1}{|U|} \sum_{j=1}^{|U|} \frac{\sum_{i=1}^{|O|} x_{ijq}}{N_{U_j,q}} \tag{8-4}$$

2）缓解物流网的资源失衡情况

该目标可通过区域的器材多储/缺货比例进行度量，假设 AVG_{OU} 为区域器材多储/缺货比例，则缓解资源失衡情况的目标函数为

$$\min \mathrm{AVG}_{OU} = \min \max_q \frac{1}{n_{\mathrm{total}}} \left(\sum_{i=1}^{|O|} \frac{N_{O_i,q}}{\mathrm{NS}_{O_i,q}} + \sum_{j=1}^{|U|} \frac{N_{U_j,q}}{\mathrm{NS}_{U_j,q}} \right) \tag{8-5}$$

式中，n_{total} 为所有资源点的个数。

3）降低保障成本

基于区域调剂的装备器材供应决策问题所涉及的保障成本主要是从过量储备资源点向缺货资源点 U_j 调剂器材的成本以及缺货资源点对过量储备资源点的经费补偿成本，即包括调剂准备成本、运输成本和经费补偿成本，考虑到优先选择距离缺货资源点距离较近和多储数量较高的过量储备资源点，在调剂的运输成本中加上权重指标 ξ_{ijq}，则保障成本的目标函数为

$$\min C_{OU_j} = \min\left(C_z + \sum_{q=1}^{Q_0}\sum_{i=1}^{|O|}\xi_{ijq}c_{tq}l_{ij}x_{ijq} + C_b\right), \text{ 其中 } \xi_{ijq} = \frac{\max N_{O,q}}{N_{O,q}} \times \frac{l_{ij}}{\min l_{ij}} \quad (8\text{-}6)$$

式中，C_z 为调剂准备成本，C_b 为经费补偿成本。

经费补偿成本 C_b 的计算方式可通过调剂器材的数量与单位器材补偿价格 c_{bq} 的乘积计算得到，c_{bq} 的值由物流决策机关制定，一般取器材单价的一定比例值，设比例系数为 ς，一般可取 $\varsigma = 75\%$，则式（8-6）变为

$$\min C_{OU_j} = \min\left(C_z + \sum_{q=1}^{Q_0}\sum_{i=1}^{|O|}\xi_{ijq}c_{tq}l_{ij}x_{ijq} + \sum_{q=1}^{Q_0}\sum_{i=1}^{|O|}\varsigma c_q x_{ijq}\right), \text{ 其中 } \xi_{ijq} = \frac{\max N_{O,q}}{N_{O,q}} \times \frac{l_{ij}}{\min l_{ij}}$$

$$(8\text{-}7)$$

3．约束条件确定

过量储备资源点 O_i 向缺货资源点 U_j 调剂器材的数量不能超出其多储数量，则对于任意的 O_i，向 U_j 调剂器材的总数量满足如下约束：

$$\sum_{j=1}^{|U|}x_{ijq} \leq N_{O,q} \quad i=1,2,\cdots,|O|; j=1,2,\cdots,|U|; q=1,2,\cdots,Q_0 \quad (8\text{-}8)$$

且 x_{ijq} 为非负整数，即

$$x_{ijq} \in \mathbf{N}^* \quad i=1,2,\cdots,|O|; j=1,2,\cdots,|U|; q=1,2,\cdots,Q_0 \quad (8\text{-}9)$$

同时，过量储备资源点 O_i 在实施器材调剂后不能变成缺货状态，否则就失去了调剂的意义，满足：

$$\mathrm{NS}_{O,q} - \sum_{j=1}^{|U|}x_{ijq} \geq \mathrm{NU}_{O,q}^+ \quad i=1,2,\cdots,|O|; j=1,2,\cdots,|U|; q=1,2,\cdots,Q_0 \quad (8\text{-}10)$$

式中，$\mathrm{NU}_{O,q}^+$ 为资源点 O_i 中器材 q 的库存数量减少到缺货状态的最大库存临界值。

同样地，缺货资源点 U_j 在接收调剂供应的器材后不能变为过量储备资源点，即

$$\text{NS}_{U_j q} + \sum_{i=1}^{|O|} x_{ijq} < \text{NO}_{U_j q}^- \qquad i = 1, 2, \cdots, |O|; j = 1, 2, \cdots, |U|; q = 1, 2, \cdots, Q_0 \qquad （8\text{-}11）$$

式中，$\text{NO}_{U_j q}^-$ 为资源点 U_j 中器材 q 的库存数量增加到过量储备状态的最小库存临界值。

缺货资源点 U_j 接收到的调剂器材的总量不能超出其缺货数量，即

$$\sum_{i=1}^{|O|} x_{ijq} \leqslant N_{U_j q} \qquad i = 1, 2, \cdots, |O|; j = 1, 2, \cdots, |U|; q = 1, 2, \cdots, Q_0 \qquad （8\text{-}12）$$

此外，缺货资源点 U_j 的需求需在限定的时间内满足，则供应时间需满足以下条件：

$$T_z + T_{ij} \leqslant T_{U_j} \qquad i = 1, 2, \cdots, |O|; j = 1, 2, \cdots, |U| \qquad （8\text{-}13）$$

式中，T_z 为调剂准备时间；T_{ij} 为过量储备资源点 O_i 向缺货资源点 U_j 调剂器材的运输时间。

4．优化模型建立

综上，基于区域调剂的装备器材供应决策优化模型为

$$P_1: \min \text{AVG}_{OU} = \min \max_q \frac{1}{n_{\text{total}}} \left(\sum_{i=1}^{|O|} \frac{N_{O_i q}}{\text{NS}_{O_i q}} + \sum_{j=1}^{|U|} \frac{N_{U_j q}}{\text{NS}_{U_j q}} \right)$$

$$P_2: \max f_q = \max \frac{1}{|U|} \sum_{j=1}^{|U|} \frac{\sum_{i=1}^{|O|} x_{ijq}}{N_{U_j q}} \qquad （8\text{-}14）$$

$$P_3: \min C_{OU_j} = \min \left(C_z + \sum_{q=1}^{Q_0} \sum_{i=1}^{|O|} \frac{\max N_{O_i q}}{N_{O_i q}} \times \frac{l_{ij}}{\min l_{ij}} \times c_{tq} l_{ij} x_{ijq} + \sum_{q=1}^{Q_0} \sum_{i=1}^{|O|} \varsigma c_q x_{ijq} \right)$$

$$\text{s.t.} \qquad \sum_{j=1}^{|U|} x_{ijq} \leqslant N_{O_i q}$$

$$\text{NS}_{O_i q} - \sum_{j=1}^{|U|} x_{ijq} \geqslant \text{NU}_{O_i q}^+$$

$$\text{NS}_{U_j q} + \sum_{i=1}^{|O|} x_{ijq} < \text{NO}_{U_j q}^-$$

$$\sum_{i=1}^{|O|} x_{ijq} \leqslant N_{U_j q}$$

$$T_z + T_{ij} \leqslant T_{U_j}$$

$$x_{ijq} \in \mathbf{N}^*$$

$$i = 1, 2, \cdots, |O|; j = 1, 2, \cdots, |U|; q = 1, 2, \cdots, Q_0$$

8.2.3　基于区域调剂的装备器材供应决策优化模型的求解算法设计

基于区域调剂的装备器材供应决策优化问题属于 NP-hard 问题，涉及要素多，约束条件多，既要考虑缺货资源点的需求满足率，又要考虑整个区域供应子网的多储/缺货比例和保障成本，使得模型变得更为复杂，传统的精确算法运算过程烦琐，很难在有限时间内求得可行解或最优解。

近年来发展起来的群智能进化算法在解决这类问题上具有一定的优越性，粒子群优化（PSO）算法是群智能进化算法中具有代表性的一种，其算法结构简单、控制参数少、全局搜索能力强、全局收敛速度快，近年来得到广泛的应用。但是，由于 PSO 算法每次迭代时计算都向最优解靠近，导致算法在进化后期因种群中的粒子具有较高的相似度而陷入局部最优的困境，收敛速度变慢且精度不高。差分进化算法是启发式智能搜索算法的一种，不仅能够记忆个体的最优解，还能实现种群内个体间的信息共享，具有简单高效、鲁棒性强、收敛速度快、搜索精度高、局部搜索能力强的特点。

考虑两种算法各有优缺点，两者结合能够在全局搜索能力、局部搜索能力和收敛性上进行互补，为此设计基于差分进化和粒子群优化的改进混合算法（Improved Hybrid Algorithm Based on Differential Evolution and Particle Swarm Optimization，IDEPSO）进行模型的求解。一部分种群按照改进差分进化算法进行优化，另一部分采用改进粒子群优化算法进行优化，两类种群之间通过信息的交互共享，提高算法的全局搜索能力，算法性能分析将在后面展开，下面首先明确差分进化算法和粒子群优化算法的进化机理，并针对各自的不足加以改进。

1.　差分进化算法及其改进

差分进化算法通过在种群中的不同个体间建立合作和竞争机制进行优化。其基本原理为：首先，随机初始化种群 $X^0 = \{X_1^0, X_2^0, \cdots, X_{N_G}^0\}$，$N_G$ 为种群体中的个体数量，个体 $X_i^0 = [x_{i1}^0, x_{i2}^0, \cdots, x_{iL}^0]$ 是问题的一个编号为 i 的解，L 为解链的长度。区域装备器材供应决策优化问题中，通常选取器材的调剂数量为决策变量。其次，通过变异、交叉、选择操作更新种群，不断迭代计算个体的适应值，优胜劣汰，最终搜索得到最优解。

1）变异操作

将第 t 代种群中的第 i 个个体 $\boldsymbol{X}_i^t = [x_{i1}^t, x_{i2}^t, \cdots, x_{iL}^t]$ 进行变异操作得到变异个体 $\boldsymbol{B}_i^{t+1}$，差分进化算法中常用的变异算子主要有如下 3 种。

① DE/rand/1 变异算子

$$\boldsymbol{B}_i^{t+1} = \boldsymbol{X}_{s1}^t + \xi \cdot (\boldsymbol{X}_{s2}^t - \boldsymbol{X}_{s3}^t) \qquad s1 \neq s2 \neq s3 \neq i \qquad (8\text{-}15)$$

式中，$s1, s2, s3 \in (1, 2, \cdots, N_G)$，为随机数；$\boldsymbol{X}_{s1}^t$ 为父代基向量；$(\boldsymbol{X}_{s2}^t - \boldsymbol{X}_{s3}^t)$ 为父代差分向量；$\xi \in (0, 1, 2)$，为变异因子。

② DE/current-to-best/1 变异算子

$$\boldsymbol{B}_i^{t+1} = \boldsymbol{X}_{s1}^t + \xi \cdot (\boldsymbol{X}_{\text{best}}^t - \boldsymbol{X}_i^t) + \xi \cdot (\boldsymbol{X}_{s2}^t - \boldsymbol{X}_{s3}^t) \qquad s1 \neq s2 \neq s3 \neq i \qquad (8\text{-}16)$$

式中，$\boldsymbol{X}_{\text{best}}^t$ 为第 t 代种群中的最优个体。

③ DE/best/1 变异算子

$$\boldsymbol{B}_i^{t+1} = \boldsymbol{X}_{\text{best}}^t + \xi \cdot (\boldsymbol{X}_{s1}^t - \boldsymbol{X}_{s2}^t) \qquad s1 \neq s2 \neq i \qquad (8\text{-}17)$$

这 3 种常用的变异算子均只向同一个方向收敛，无法对全局范围内的最优解进行搜索，容易出现过早收敛和最优解质量不高的问题。本节提出一种改进的变异操作，在进化后期进行多方向变异，表达式为

$$\boldsymbol{B}_i^{t+1} = \boldsymbol{X}_{\text{best}}^{\tau(t)} + \xi \cdot (\boldsymbol{X}_{s1}^t - \boldsymbol{X}_{s2}^t) \quad \text{其中,} \quad \tau(t) = \begin{cases} \text{rand}(1, t) & t > \kappa_0 \\ t & \text{其他} \end{cases} \qquad (8\text{-}18)$$

式中，$\text{rand}(1, t)$ 为 $(1, t)$ 之间的随机数，t 为进化代数，κ_0 为进化代数的限定值。当 $t \leqslant \kappa_0$ 时，式（8-18）即为 DE/best/1 变异算子；当 $t > \kappa_0$ 时，式（8-18）变为 $\boldsymbol{B}_i^{t+1} = \boldsymbol{X}_{\text{best}}^{\text{rand}(1,t)} + \xi \cdot (\boldsymbol{X}_{s1}^t - \boldsymbol{X}_{s2}^t)$，增加了变异后种群的多样性。

2）交叉操作

对变异的个体 $\boldsymbol{B}_i^{t+1} = [b_{i1}^{t+1}, b_{i2}^{t+1}, \cdots, b_{iL}^{t+1}]$ 进行交叉操作，得到交叉个体 $\boldsymbol{M}_i^{t+1} = [m_{i1}^{t+1}, m_{i2}^{t+1}, \cdots, m_{iL}^{t+1}]$，其中：

$$m_{ij}^{t+1} = \begin{cases} b_{ij}^{t+1} & \text{rand}(0, 1) \leqslant C_r \ \text{或} \ j = j_{\text{rand}} \\ x_{ij}^t & \text{其他} \end{cases} \qquad (8\text{-}19)$$

式中，$\text{rand}(0, 1) \in (0, 1)$ 为随机数；$C_r \in [0, 1]$ 为交叉概率；$j \in [1, L]$；$j_{\text{rand}} \in \{1, 2, \cdots, L\}$，为随机选择指数。

3）选择操作

比较经变异和交叉操作后的个体的适应值与父代个体的适应值，选择值较高的个体为子代个体，表达式为

$$\boldsymbol{X}_i^{t+1} = \begin{cases} \boldsymbol{M}_i^{t+1} & F(\boldsymbol{M}_i^{t+1}) < F(\boldsymbol{X}_i^t) \\ \boldsymbol{X}_i^t & \text{其他} \end{cases} \qquad (8\text{-}20)$$

式中，$F(\cdot)$ 为适应度函数，$F(\boldsymbol{M}_i^{t+1})$ 为交叉个体的适应度函数值，$F(\boldsymbol{X}_i^t)$ 为原始个体的适应度函数值。

2. 粒子群优化算法及其改进

在粒子群优化算法中，种群中的个体称为"粒子"，具有记忆性，通过在 D 维空间搜索个体及其邻居个体的最优解，经过多次迭代搜索得到全局的最优解。其寻优过程为：假设在第 t 次迭代时粒子 i 的位置表达式为 $\boldsymbol{X}_i^t = [x_{i1}^t, x_{i2}^t, \cdots, x_{iD}^t]$，速度表达式为 $\boldsymbol{V}_i^t = [v_{i1}^t, v_{i2}^t, \cdots, v_{iD}^t]$。根据这两个值可计算得到该粒子的个体适应值，经过比较可得到第 t 次迭代中粒子 i 的最优位置 $\boldsymbol{P}_i^t = [p_{i1}^t, p_{i2}^t, \cdots, p_{iD}^t]$，该粒子的邻居寻优得到的最优位置为 $\boldsymbol{P}_{gi}^t = [p_{gi1}^t, p_{gi2}^t, \cdots, p_{giD}^t]$，算法的寻优运算表达式为

$$v_{id}^{t+1} = \omega v_{id}^t + c_1 r_1 (p_{id}^t - x_{id}^t) + c_2 r_2 (p_{gid}^t - x_{id}^t) \tag{8-21}$$

$$x_{id}^{t+1} = x_{id}^t + v_{id}^{t+1} \tag{8-22}$$

式中，ω 为惯性权重；c_1, c_2 为加速系数，分别指引粒子向自身最优位置寻优、向邻居最优位置寻优；$r_1, r_2 \in [0,1]$，为随机数；$d = 1, 2, \cdots, D; i = 1, 2, \cdots, N_G$，$N_G$ 为种群的规模。此外，为使粒子的速度不致过大，可设置速度上限 v_{max}，即当式（8-22）中 $v_{id}^{t+1} \geq v_{max}$ 时，令 $v_{id}^{t+1} = v_{max}$；当 $v_{id}^{t+1} < -v_{max}$ 时，令 $v_{id}^{t+1} = -v_{max}$。

粒子群优化算法在优化过程中，每次迭代都向最优解移动，直接导致算法在运行一段时间后各粒子的差异性较小，致使过早收敛。为了克服这种不足，考虑对标准 PSO 算法进行如下 3 个步骤的改进。

1）计算粒子的浓度

粒子 i 的浓度 C_i 可通过求解种群中与 i 的平均距离小于 $v_{max} \times 1$ 的粒子的个数 n_i 和总的粒子数量 N_G 的比值得到

$$C_i = \frac{n_i}{N_G} \tag{8-23}$$

种群中任意两个粒子 $\boldsymbol{X}_i = [x_{i1}, x_{i2}, \cdots, x_{iD}]$ 和 $\boldsymbol{X}_j = [x_{j1}, x_{j2}, \cdots, x_{jD}]$ 之间的平均距离的计算公式为

$$d_{ij} = \sqrt{\frac{1}{D} \sum_{d=1}^{D} (x_{id} - x_{jd})^2} \tag{8-24}$$

2）进行平衡运算操作

设计粒子的平衡算子，对不同浓度的粒子的适应值进行平衡调整，以维持种群中的粒子的多样性。在进行平衡操作时，削弱浓度高的粒子对全局搜

索的影响，而增强那些适应值较大但浓度较低的粒子的影响，计算表达式为

$$\Phi(\boldsymbol{X}) = F(\boldsymbol{X})\exp(\alpha C_i) \tag{8-25}$$

式中，$F(\cdot)$、$\Phi(\cdot)$ 分别为进行粒子平衡运算操作前、后粒子的适应值；$\alpha = -0.8$。

分析式（8-25）可知：适应值相同的粒子中，粒子浓度越小的粒子经过平衡运算后，其适应值越大。

在进行下一步的交叉、变异操作前，首先对粒子进行筛选，选择粒子 $\boldsymbol{X}_i$ 的概率 p_i 为

$$p_i = \frac{\Phi(\boldsymbol{X})}{\sum_{i=1}^{N} \Phi(\boldsymbol{X})} \tag{8-26}$$

分析式（8-25）、式（8-26）两式可知：适应值相同的粒子中，粒子浓度越小的粒子被选择进行交叉、变异操作的机会越大。

3）进行交叉、变异操作

粒子的交叉操作采用实数交叉的方式，表达式为

$$\begin{cases} \boldsymbol{X}_i^{t+1} = r_t \boldsymbol{X}_i^t + (1-r_t)\boldsymbol{X}_j^t \\ \boldsymbol{X}_j^{t+1} = (1-r_t)\boldsymbol{X}_i^t + r_t \boldsymbol{X}_j^t \end{cases} \tag{8-27}$$

式中，$\boldsymbol{X}_i^t, \boldsymbol{X}_j^t$、$\boldsymbol{X}_i^{t+1}, \boldsymbol{X}_j^{t+1}$ 分别为进行交叉前、后的粒子；$r_t \in [0,1]$，为随机数。

粒子的变异操作采用随机单点变异的方式，表达式为

$$v_i^{t+1} = v_{\min} + \text{rand}(0,1)(v_{\max} - v_{\min}) \tag{8-28}$$

式中，$\text{rand}(0,1) \in (0,1)$，为随机数。

3．基于差分进化和粒子群优化的改进混合算法设计

将种群分成两部分，一部分运用改进差分进化算法进行最优解的搜索，另一部分运用改进粒子群优化算法进行最优解的搜索。在迭代过程中不断比较两类种群的最优解，从中选出最优的个体进入后续的迭代运算过程，从而寻找到全局最优解。同时，为避免粒子在迭代运算中出现适应值不再变化的现象，进行如下的变异操作：

若 $F(\boldsymbol{X}_i^t) = F(\boldsymbol{X}_i^{t-1}) = F(\boldsymbol{X}_i^{t-2}) = \cdots = F(\boldsymbol{X}_i^{t-T_{\max}}) \neq F^*$，则

$$\boldsymbol{X}^{t+1} = \boldsymbol{X}_{\min} + \text{rand}(0,1)(\boldsymbol{X}_{\max} - \boldsymbol{X}_{\min}) \tag{8-29}$$

式中，F^* 为待求解问题的全局最优适应值；$T_{\max}$ 为允许出现适应值不再变化现象的算法迭代次数的最大值；$(\boldsymbol{X}_{\min}, \boldsymbol{X}_{\max})$ 为预先设定的算法的搜索范围。

1）粒子编码

算法的种群可表示为一个维数为种群大小 N_G 的数组，即 $X = \{X_1, X_2, \cdots, X_{N_G}\}$，$X_\tau$ 为其中的第 $\tau(\tau = 1, 2, \cdots, N_G)$ 个粒子。

根据 8.2.2 节的模型，选取从过量储备资源点向缺货资源点调剂供应器材数量的数组作为粒子的编码，即

$$X_\tau^t = \begin{bmatrix} x_{111}^{\tau t} & x_{1j1}^{\tau t} & x_{1|U|1}^{\tau t} & \cdots & x_{11Q_0}^{\tau t} & x_{1jQ_0}^{\tau t} & x_{1|U|Q_0}^{\tau t} \\ x_{i11}^{\tau t} & x_{ij1}^{\tau t} & x_{i|U|1}^{\tau t} & \cdots & x_{i1Q_0}^{\tau t} & x_{ijQ_0}^{\tau t} & x_{i|U|Q_0}^{\tau t} \\ x_{|O|11}^{\tau t} & x_{|O|j1}^{\tau t} & x_{|O||U|1}^{\tau t} & \cdots & x_{|O|1Q_0}^{\tau t} & x_{|O|jQ_0}^{\tau t} & x_{|O||U|Q_0}^{\tau t} \end{bmatrix} \begin{matrix} 1 \\ \vdots \\ |O| \end{matrix} \tag{8-30}$$

式中，$x_{ijq}^{\tau t}$ 表示第 τ 个粒子在第 t 次迭代中从过量储备资源点 O_i 向缺货资源点 U_j 调剂供应器材 q 的数量。

2）适应度函数的确定

在建立的装备器材供应决策优化模型的 3 个目标中，最主要的首先是提高缺货资源点的需求满足率，其次是降低区域器材多储/缺货比例，再次是降低保障成本，则可采用常用的加权法，将多目标模型转化为单目标模型，即为算法的适应度函数。

分析式（8-14）的特点，设 3 个目标的权重分别为 w_1, w_2, w_3，$w_k \in (0, 1)$，$k = 1, 2, 3$，且 $\sum\limits_{k=1}^{3} w_k = 1$，则经过转化后的单目标函数即算法的适应度函数为

$$F(x_{ijq}) = \min(w_1 \mathrm{AVG}_{OU} - w_2 f_q + w_3 C_{OU_j}) \tag{8-31}$$

根据各子目标的重要程度，w_1、w_2、w_3 的取值分别为 0.5、0.35、0.15。

3）改进混合优化算法的运算流程

综上，IDEPSO 的运算流程如图 8-3 所示，具体步骤如下。

step 1：设置基本参数，每个子种群的个体数量 N_g，变异因子 ξ，交叉概率 C_r，设定的进化代数 k_0，加速系数 c_1、c_2，惯性权重 ω，速度上限 $v_{\max}$，速度下限 $v_{\min}$，算法的最大迭代次数 $T_{\max}$。

step 2：对拟定的区域器材调剂方案进行式（8-30）所示的粒子编码，随机生成粒子数均为 N_g 的两个子种群，分别记为 DE 种群和 PSO 种群。

step 3：分别初始化两类种群。

step 4：根据式（8-18）～式（8-20）对 DE 种群中的每个个体进行变异、交叉与选择运算。

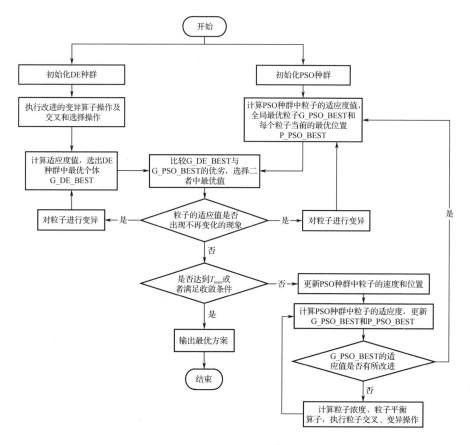

图 8-3　IDEPSO 的运算流程

step 5：根据式（8-31）计算 PSO 种群中每个粒子的适应度函数值，分析得到当前的全局最优粒子，记为 G_PSO_BEST，粒子的初始位置记为 P_PSO_BEST，其取值为种群中每个粒子的当前最优的位置。

step 6：根据式（8-21）和式（8-22）更新 PSO 种群中所有粒子的速度、位置。

step 7：计算适应度函数值，按照适应度优劣，选出 DE 种群中最佳个体 G_DE_BEST。

step 8：计算适应度函数值，按照适应度优劣，更新 G_PSO_BEST 和 P_PSO_BEST。

step 9：判断 G_PSO_BEST 的适应度函数值是否减小，若有所减小，转到 step 5；否则，执行下一步。

step 10：根据式（8-23）～式（8-28），计算 PSO 种群中每个粒子的浓度，进行粒子平衡、交叉和变异操作，并转到 step 8。

step 11：比较 G_DE_BEST 与 G_PSO_BEST 的适应度函数值的大小，选择适应度函数值较小的个体为下一次迭代中两类种群的运算参考。

step 12：判断两类种群中的粒子在迭代运算过程中是否出现适应度函数值不再变化的现象，若是，则执行式（8-29）所示的变异操作。

step 13：记录当前整个群体中的最优个体，进行判定，如果满足算法结束的条件，则终止运算，输出处于最优位置的粒子，通过解码得到最优的器材调剂供应方案；否则，转到 step 6。

4．IDEPSO 的算例测试与分析

1）测试函数

为了验证基于差分进化和粒子群优化的改进混合算法（IDEPSO）的有效性，通过典型的测试函数进行测试分析，并将本节算法（IDEPSO）执行结果与普通差分进化粒子群优化算法（PSODE）进行比较分析。

测试函数选择如下：

① Step 函数，函数的全局最优值为 $f_1(0,0,\cdots,0)=0$，函数的表达式为

$$f_1(x_i)=\sum_{i=1}^{30}(\lfloor x_i+0.5\rfloor)^2,\quad x_i\in[-100,100]\tag{8-32}$$

② 广义 Svhwefel 问题，函数全局最优值为 $f_2(420.9687,\cdots,420.9687)=-12569.5$，函数的表达式为

$$f_2(x_i)=\sum_{i=1}^{30}(-x_i\sin(\sqrt{|x_i|})),\quad x_i\in[-500,500]\tag{8-33}$$

③ Noisy Quartic 函数，函数的全局最优值为 $f_3(x_i)=0(-0.5\leqslant x_i\leqslant 0.5)$，函数的表达式为

$$f_3(x_i)=\sum_{i=1}^{30}(ix_i^4+\text{rand}[0,1)),\quad x_i\in[-1.28,1.28]\tag{8-34}$$

2）实验结果与分析

对设计的 IDEPSO 与普通 PSODE 算法，实验的基本参数如下：粒子维数 D=30，最大迭代次数 $T_{\max}$=3000，种群最大数量为 200，种群最小数量为 20，变异因子 ξ=0.95，交叉概率 C_r=0.5，加速系数 $c_1=c_2=1.5$，惯性权重 $\omega=0.65$。IDEPSO 中与 PSODE 不同的参数设置为：速度上限 $v_{\max}=5$，速度下限 $v_{\min}=-5$，设定的进化代数 $\kappa_0=2000$。采用全相连并行拓扑结构，分

别对本节设计的 IDEPSO 和普通 PSODE 进行并行化操作。

图 8-4～图 8-6 分别为采用两种算法在不同的种群数量下对函数 $f_1(x_i)$、$f_2(x_i)$、$f_3(x_i)$ 进行寻优求解的结果对比图。

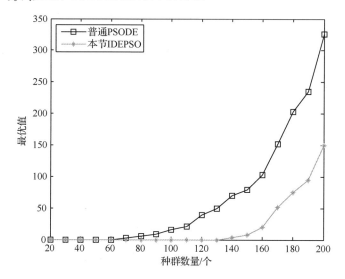

图 8-4　Step 函数的算法求解结果对比图

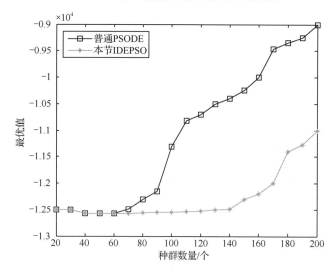

图 8-5　广义 Svhwefel 问题函数的算法求解结果对比图

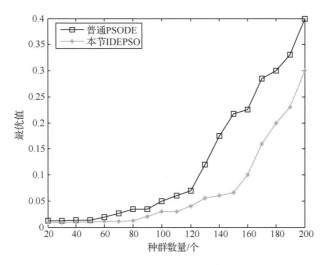

图 8-6　Noisy Quartic 函数的算法求解结果对比图

普通 PSODE 和 IDEPSO 对这 3 个函数的寻优求解结果对比如表 8-1 所示。

表 8-1　普通 PSODE 与 IDEPSO 寻优结果对比

算法	$f_1(x_i)$			$f_2(x_i)$			$f_3(x_i)$		
	种群数量	进化代数	最优值	种群数量	进化代数	最优值	种群数量	进化代数	最优值
普通PSODE	60	1132	0	60	923	-12571.53	30	1612	0.0121
IDEPSO	130	627	0	70	682	-12571.13	30	1427	0.0093

表 8-1 对比分析了普通 PSODE 和 IDEPSO 的寻优结果，表中的种群数量为能够得到最优值的最大种群数量。观察图 8-4～图 8-6 和表 8-1 可知：种群数量越小，IDEPSO 算法和普通 PSODE 算法的寻优结果就更趋近于函数的最优解；由于拓宽了差分进化变异算子的搜索域，并加入粒子浓度和平衡算子机制使粒子群优化算法跳出局部极值，加快了收敛速度，故而 IDEPSO 的寻优结果比普通 PSODE 的寻优结果更好，在相同的种群规模设定下，IDEPSO 算法的最优值要优于普通 PSODE 算法；而在不同的种群规模设定下，IDEPSO 比普通 PSODE 更加稳定，即 IDEPSO 算法能在较广的种群规模范围内连续取得最优值（对于 $f_1(x_i)$ 函数，IDEPSO 算法在种群数量为 20～130 范围内均能得到最优值，而普通 PSODE 算法只能在 20～60 范围内得到最优值；对于 $f_2(x_i)$ 函数，IDEPSO 算法在种群数量为 40～70 范围内均能得到最优值，而普通 PSODE 算法只能在 40～60 范围内得到最优值）。

算例测试结果表明：IDEPSO 与普通 PSODE 相比，具有更好的全局寻优能力和局部寻优能力，避免了算法早期收敛于局部最优值，并且有更快的收敛速度、更好的稳定性，是一种较好的优化算法。

8.3 基于跨区调剂的装备器材供应决策优化模型

8.3.1 基于跨区调剂的装备器材供应决策问题分析

1. 基于跨区调剂的器材供应决策过程

基于跨区调剂的器材供应决策过程如图 8-7 所示。基于跨区调剂的器材供应决策，主要是应对平时条件下部队单位提出器材需求后在装备器材物流网络内进行的全网器材调度优化问题。在部队需求单位提出器材申请后，全军资源点在器材业务管理信息系统的辅助决策下，组织从物流网全局范围内根据优先级选择资源点对部队需求单位实施器材调度保障，以最小化保障成本、最大化器材利用率、最小化保障时间，同时平衡供应网内的器材资源，提高保障效率。充分利用直属部队资源点的直接保障、区域供应子网内其他过量储备部队资源点的调剂供应、战区资源点的逐级/越级保障、跨区域供应子网的过量储备资源点的跨区调剂供应、全军资源点的越级保障、生产工厂的器材直供，满足需求点的器材需求。

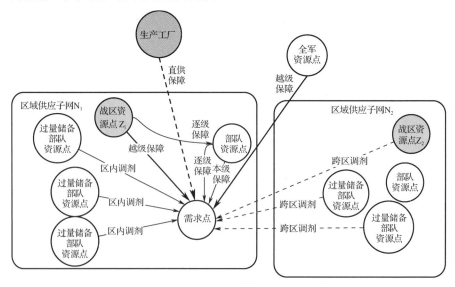

图 8-7 基于跨区调剂的器材供应决策过程

2．器材调度方式与优先级分析

基于跨区调剂的器材供应决策过程中，需求点的器材需求可以通过本级保障、逐级保障、区内调剂、跨区调剂和工厂直供等方式进行满足。但是不同的器材供应方式需要耗费不同的费用，其保障效果也各不相同，依据供应优化目标和原则，结合资源点的性质和不同保障方式的特点，对其进行优先级排序，如表 8-2 所示。

表 8-2　器材调度方式与优先级

优 先 级	调 度 方 式
1	本级部队资源点实施器材保障
2	供应子网内过量储备部队资源点实施器材调剂
3	供应子网内战区资源点实施器材逐级/越级保障
4	跨区域供应子网的过量储备资源点（包括部队资源点、战区资源点）实施器材调剂
5	全军资源点越级保障
6	工厂直供

（1）本级部队资源点直接保障。一般来说，本级部队资源点的地理位置距离需求点最近，实施器材的直接保障耗时最短。因此，首先考虑从需求点的直属本级部队资源点实施器材保障。

（2）区域内过量储备部队资源点实施区内器材调剂。当（1）无法满足需求时，考虑区域供应子网内需求点附近的过量储备部队资源点实施区域内的器材调剂供应，提高过量储备部队资源点的器材利用率，并优先选择多储器材数量较多的部队资源点进行器材供应。

（3）区域内的战区资源点实施逐级/越级保障。战区资源点经部队资源点向部队需求单位调度器材或直接向部队需求单位调度器材，相比区内调剂对于多储器材的有效利用，战区资源点的器材保障优先级要低。

（4）其他区域内的过量储备资源点（包括部队资源点、战区资源点）实施跨区调剂。与区内调剂类似，在满足需求的同时可以提高过量储备资源点的器材利用率。但由于跨区调剂涉及经由战区资源点再到全军资源点的统筹决策过程，流程更加复杂，且距离需求点较远，因此其优先级要低于区内保障。

（5）全军资源点的越级供应。由全军资源点对部队需求单位实施越级直

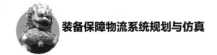

达供应。但全军资源点主要是在年度批量供应中完成器材分发工作的，平时一般不直接向部队需求单位实施器材保障，因此其优先级要低于上述 4 种方式。

（6）工厂直供。当上述 5 种保障方式均不能满足部队需求单位的需求或代价较高时，才考虑从工厂订货直接供应，同时会产生额外的采购成本。

3. 问题描述与符号说明

装备器材供应决策优化问题主要是以最小化保障成本、保障时间等为目标所展开的单目标或多目标决策，然而目前的研究仅仅考虑了对需求点的需求满足过程，缺少对供应体系的整体分析。本节在研究面向平时保障的全网器材调度优化问题时，既考虑满足部队需求单位的器材需求，又考虑提高供应网内过量储备资源点的多储器材的利用率，提高供应网的整体保障效率。

假设全军范围内划分的保障区域集合为 Z，$Z_m(m=1,2,\cdots,|Z|)$ 表示区域子网，每个子网内有一个战区资源点和若干部队资源点，子网 Z_m 的战区资源点用 R_{m0} 表示，部队资源点集合用 R_m 表示，$R_{mi}(i=1,2,\cdots,|R_m|)$ 为子网 Z_m 内的部队资源点，各资源点的库存数量已知；通过对子网内的所有资源点进行超/缺货分析，得到子网 Z_m 内的过量储备资源点集合 $O_m=\{O_{m1},O_{m2},\cdots,O_{m|O_m|}\}$，$O_m \subseteq R_m \cup R_{m0}$，$O_{mj}(j=1,2,\cdots,|O_m|;|O_m| \leq |R_m|+1)$ 为子网 Z_m 内的过量储备资源点，各资源点的多储数量已知，O_{m1} 即为 R_{m0}；涉及的器材共有 Q_0 种，器材类型记为 $q(q=1,2,\cdots,Q_0)$，全军资源点记为 R_z，生产工厂的集合为 $G=\{G_1,G_2,\cdots,G_{|G|}\}$，$G_g(g=1,2,\cdots,|G|)$ 表示各生产工厂。

区域供应子网 Z_m 内的部队需求单位集合用 M_m 表示。当子网 Z_m 内的部队需求单位 $M_{mk}(k=1,2,\cdots,|M_m|)$ 向上级提出器材申请时，在全网范围内实施器材调度，以满足需求点 M_{mk} 的器材需求。制定器材的调度方案要在规定的时间内既满足需求点对不同器材的需求，同时又充分利用区域内和其他区域的过量储备资源点多储备的器材，缓解库存积压情况。各资源点之间的最优运输路线通过 Dijkstra 算法可求解得到，各资源点 R_z、R_{m0}、R_{mi}、O_{mj} 和生产工厂 G_g 到需求点 M_{mk} 的最短运输线路记为 l_{zk}、l_{0k}、l_{ik}、l_{jk} 和 l_{gk}，最短运输时间为 t_{zk}、t_{0k}、t_{ik}、t_{jk} 和 t_{gk}。

为便于模型建立与分析，做出如下假设：

① 所有资源点、需求点都是点目标，所有路径都是线路径；

② 可通过系统获取资源点、需求点的数量和位置，即具备储存可视能力；

③ 在调度过程中，保障力量充足；

④ 在运输过程中，运输速度恒定且已知；

⑤ 同一种器材在不同资源点处的单位存储成本、单位运输成本相同；

⑥ 单位器材在不同工厂的采购成本为固定值并且已知；

⑦ 不考虑需求点在器材申请过程中的行政延误时间。

模型所采用的其他符号如下：

D_{mkq}：实施器材调度前，需求点 M_{mk} 中器材 q 的需求数量；

NS_{zq}：实施器材调度前，全军资源点 R_z 中器材 q 的库存数量；

NO_{zq}：实施器材调度前，全军资源点 R_z 中器材 q 的多储数量；

NS_{m0q}：实施器材调度前，战区资源点 R_{m0} 中器材 q 的库存数量；

NO_{m0q}：实施器材调度前，战区资源点 R_{m0} 中器材 q 的多储数量；

NS_{mkq}：实施器材调度前，需求点 M_k 对应的本级部队资源点 R_{mk} 中器材 q 的库存数量；

NS_{mjq}：实施器材调度前，过量储备资源点 O_{mj} 中器材 q 的库存数量；

NO_{mjq}：实施器材调度前，过量储备资源点 O_{mj} 中器材 q 的多储数量；

NG_{gq}：实施器材调度前，生产工厂 G_g 中器材 q 的最大供应量；

c_{tq}：器材 q 的单位运输成本，单位：元/（件·千米）；

c_{sq}：器材 q 的单位存储成本，单位：元/件；

c_{bq}：器材 q 的单位采购成本，单位：元/件；

T_{mk}：需求点 M_{mk} 对获取器材的保障时间上限要求；

NU_{zq}^{+}：全军资源点 R_z 中器材 q 库存数量达到缺货状态的最大库存临界值；

NU_{m0q}^{+}：战区资源点 R_{m0} 中器材 q 库存数量达到缺货状态的最大库存临界值；

NU_{mkq}^{+}：需求点 M_k 对应的本级部队资源点 R_{mk} 中器材 q 库存数量达到缺货状态的最大库存临界值；

NU_{mjq}^{+}：过量储备资源点 O_{mj} 中器材 q 库存数量达到缺货状态的最大库存临界值。

决策变量如下：

x_{kkq}：从需求点 M_k 对应的本级部队资源点 R_{mk} 向 M_{mk} 供应的器材 q 的数量；

x_{jkq}：从子网内过量储备资源点 $O_{mj}(O_{mj} \neq R_{mk})$ 向 M_{mk} 供应的器材 q 的数量；

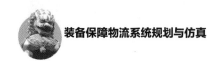
x_{0kq}：从子网内战区资源点 R_{m0} 逐级/越级向 M_{mk} 供应的器材 q 的数量；

$x_{j'kq}$：从其他区域供应子网 $Z_{m'}$ 的过量储备资源点 $O_{m'j}$ 向 M_{mk} 供应的器材 q 的数量；

x_{zkq}：从全军资源点 R_z 向 M_{mk} 越级直达供应的器材 q 的数量；

x_{gkq}：从生产工厂 G_g 向 M_{mk} 供应的器材 q 的数量。

8.3.2 基于跨区调剂的装备器材供应决策优化模型的建立

1. 建模分析

建立基于跨区调剂的装备器材供应决策优化模型时，按照器材供应方式的优先顺序分别进行建模分析。

1）本级部队资源点实施保障

需求点 M_{mk} 向其所属的部队资源点申请器材，所属部队资源点 R_{mk} 实施保障，由于两者距离较近，优先选择此种方式实施器材调度，则由本级部队资源点供应的器材数量为

$$x_{kkq} = \begin{cases} NS_{mkq} - NU_{mkq}^+ & NS_{mkq} < D_{mkq} \\ D_{mkq} & NS_{mkq} \geq D_{mkq} \end{cases} \tag{8-35}$$

实施保障后，本级部队资源点 R_{mk} 的库存数量变为

$$NS'_{mkq} = NS_{mkq} - x_{kkq} \tag{8-36}$$

需求点 M_{mk} 的需求变为

$$D^{(1)}_{mkq} = D_{mkq} - x_{kkq} \tag{8-37}$$

此过程中产生的成本只包括运输成本，记为 C_{1T}，计算公式为

$$C_{1T} = c_{tq} l_{kk} x_{kkq} \tag{8-38}$$

涉及的约束条件有：

① 非负约束。从本级部队资源点 R_{mk} 向需求点 M_{mk} 供应的器材数量为非负整数，即

$$x_{kkq} \in \mathbf{N}^* \quad k = 1, 2, \cdots, |M_m|; q = 1, 2, \cdots, Q_0 \tag{8-39}$$

② 供应数量约束。R_{mk} 向 M_{mk} 供应的器材不能超出其库存数量，即

$$x_{kkq} \leq NS_{mkq} \tag{8-40}$$

③ 供应后的状态约束。R_{mk} 向 M_{mk} 供应器材后不能变成缺货状态，即

$$NS_{mkq} - x_{kkq} \geq NU_{mkq}^+ \tag{8-41}$$

④ 时间约束。从 R_{mk} 到 M_{mk} 的保障时间不能超出需求点的保障时间上限要求，即

$$t_{kk} \leqslant T_{mk} \tag{8-42}$$

2）区域供应子网内过量储备部队资源点实施器材调剂

区域供应子网内由其他过量储备部队资源点实施器材调剂时需要做一些准备工作，包括向上进行调剂申请，并报送至全军资源点进行决策部署，这一过程要耗费一定的调剂准备成本，故其优先级要低于本级部队资源点的直接保障。此时本级部队资源点的器材需求已经降至缺货状态的最大库存临界值 NU^+_{mkq}，此时 $NS'_{mkq} = NU^+_{mkq}$。

为了充分利用过量储备资源点的器材，在实施区域内的器材调剂时限定只能从过量储备的部队资源点调剂器材，且必须满足数量约束，即对于区域内任意过量储备资源点 O_{mj}，向需求点 M_{mk} 调剂的器材数量 x_{jkq} 满足

$$x_{jkq} \leqslant NS_{mjq}, \quad x_{jkq} \in \mathbf{N}^* \quad j = 2, \cdots, |O_m| \tag{8-43}$$

经过调剂，资源点 O_{mj} 的器材数量不能减少得过多，不能变成缺货状态，否则就失去了调剂的意义，即需满足以下约束

$$NS_{mjq} - x_{jkq} \geqslant NU^+_{mjq} \tag{8-44}$$

从过量储备资源点 O_{mj} 向需求点 M_{mk} 供应器材的时间不能超出需求点的保障时间上限要求，即

$$T_{2z} + t_{jk} \leqslant T_{mk} \tag{8-45}$$

式中，T_{2z} 为调剂准备时间。

器材调剂供应后，过量储备资源点 O_{mj} 的库存数量变为

$$NS'_{mjq} = NS_{mjq} - x_{jkq} \tag{8-46}$$

需求点 M_{mk} 的需求变为

$$D^{(2)}_{mkq} = D^{(1)}_{mkq} - \sum_{j=2}^{|O_m|} x_{jkq} \tag{8-47}$$

在此过程中不存在额外的采购和存储成本，产生的成本主要是调剂成本，包括调剂准备成本和器材供应过程的运输成本，记为 C_{2R}，由于优先选择距离需求点较近且多储数量较高的过量储备资源点，在计算成本时，加入调节权重指标 ξ_{jkq}，C_{2R} 的计算公式为

$$C_{2R} = C_{2z} + \sum_{j=2}^{|O_m|} \xi_{jkq} c_{tq} l_{jk} x_{jkq} \quad \text{其中} \ \xi_{jkq} = \frac{\max NO_{mjq}}{NO_{mjq}} \times \frac{l_{jk}}{\min l_{jk}} \tag{8-48}$$

式中，C_{2z} 为调剂准备成本，主要是申请信息上报和全军资源点下达决策命令过程中产生的成本。

3）区域供应子网内战区资源点逐级/越级供应

区域内的战区资源点对需求点 M_{mk} 未满足的需求实施器材逐级供应，或

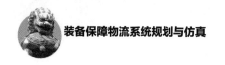

者在全军资源点允许的情况下，实施越级供应。但是战区资源点供应的器材数量不能超出一定水平，否则，战区资源点就会转为缺货状态，导致缺货风险的存在。为避免这种情况的发生，区域战区资源点供应的器材数量需满足以下约束

$$x_{0kq} \leqslant \mathrm{NS}_{m0q}, \quad \mathrm{NS}_{m0q} - x_{0kq} \geqslant \mathrm{NU}_{m0q}^{+}, \quad x_{0kq} \in \mathbf{N}^{*} \tag{8-49}$$

从战区资源点向需求点 M_{mk} 供应器材的时间不能超出需求点的保障时间上限要求，即

$$T_{3z} + t_{0k} \leqslant T_{mk} \tag{8-50}$$

式中，T_{3z} 为准备时间。

战区资源点实施器材供应后，其库存数量变为

$$\mathrm{NS}_{m0q}' = \mathrm{NS}_{m0q} - x_{0kq} \tag{8-51}$$

需求点 M_{mk} 的需求变为

$$D_{mkq}^{(3)} = D_{mkq}^{(2)} - x_{0kq} \tag{8-52}$$

在此过程中不存在额外的采购和存储成本，但是会产生运输成本和额外的准备成本，记为 C_{3TZ}，此部分准备成本主要是申请信息的上报和全军资源点决策命令下达过程中产生的成本，计算公式为

$$C_{3TZ} = C_{3z} + c_{0tq} x_{0kq} \tag{8-53}$$

式中，C_{3z} 为准备成本，c_{0tq} 为区域 Z_m 内单位器材 q 由战区资源点 R_{m0} 供应到需求点 M_{mk} 产生的运输成本（单位：元/件）。

4）跨区域供应子网的过量储备资源点调剂供应

此种供应方式主要是在上述 3 种供应方式均不能满足需求点的器材需求时才进行的。包括从其他区域供应子网的过量储备部队资源点、战区资源点实施器材调剂，并满足数量约束。因此，对于从其他区域供应子网 $Z_{m'}$ 的过量储备资源点 $O_{m'j'}$ 向需求点 M_{mk} 调剂的器材数量 $x_{j'kq}$ 满足以下约束

$$x_{j'kq} \leqslant \mathrm{NS}_{m'j'q}, \quad x_{j'kq} \in \mathbf{N}^{*}, \quad j' = 1, 2, \cdots, |O_{m'}| \tag{8-54}$$

经过跨区调剂，过量储备资源点 $O_{m'j'}$ 的器材数量不能减少得过多，不能变成缺货状态，否则就失去了调剂的意义，满足以下约束

$$\mathrm{NS}_{m'j'q} - x_{j'kq} \geqslant \mathrm{NU}_{m'j'q}^{+} \tag{8-55}$$

从过量储备资源点 $O_{m'j'}$ 向需求点 M_{mk} 供应器材的时间不能超出需求点的保障时间上限要求，即

$$T_{4z} + t_{j'k} \leqslant T_{mk} \tag{8-56}$$

式中，T_{4z} 为调剂准备时间。

器材跨区调剂后，过量储备资源点 $O_{m'j'}$ 的库存数量变为

$$NS'_{m'j'q} = NS_{m'j'q} - x_{j'kq} \qquad (8\text{-}57)$$

需求点 M_{mk} 的需求变为

$$D^{(4)}_{mkq} = D^{(3)}_{mkq} - \sum_{j'=1}^{|O_{m'}|} x_{j'kq} \qquad (8\text{-}58)$$

在此过程中不存在额外的采购和存储成本，产生的成本主要是调剂成本，包括调剂准备成本和调剂器材运输成本，记为 C_{4R}，由于优先选择距离需求点较近且多储数量较高的过量储备资源点，在计算成本时，加入调节权重指标 $\xi_{j'kq}$，C_{4R} 的计算公式为

$$C_{4R} = C_{4z} + \sum_{j'=1}^{|O_{m'}|} \xi_{j'kq} c_{tq} l_{j'k} x_{j'kq} \quad \text{其中} \xi_{j'kq} = \frac{\max NO_{m'j'q}}{NO_{m'j'q}} \times \frac{l_{j'k}}{\min l_{j'k}} \qquad (8\text{-}59)$$

式中，C_{4z} 为调剂准备成本，主要是申请信息上报和全军资源点决策命令下达过程中产生的成本。

5）全军资源点越级直达供应

如果上述几种供应方式仍不能满足需求点的器材需求，则考虑由全军资源点实施越级直达供应，并满足数量约束，否则，全军资源点就会转为缺货状态，导致缺货风险的存在。

全军资源点向需求点 M_{mk} 越级直达供应的器材数量 x_{zkq} 满足以下约束

$$x_{zkq} \leqslant NS_{zq}, \quad NS_{zq} - x_{zkq} \geqslant NU^{+}_{zq}, \quad x_{zkq} \in \mathbf{N}^{*} \qquad (8\text{-}60)$$

从全军资源点向需求点 M_{mk} 供应器材的时间不能超出需求点的保障时间上限要求，即

$$T_{5z} + t_{zk} \leqslant T_{mk} \qquad (8\text{-}61)$$

式中，T_{5z} 为准备时间。

全军资源点实施器材供应后，其库存数量变为

$$NS'_{zq} = NS_{zq} - x_{zkq} \qquad (8\text{-}62)$$

需求点 M_{mk} 的需求变为

$$D^{(5)}_{mkq} = D^{(4)}_{mkq} - x_{zkq} \qquad (8\text{-}63)$$

在此过程中不存在额外的采购和存储成本，但是会产生运输成本和额外的准备成本，记为 C_{5TZ}，此部分准备成本 C_{5z} 主要是申请信息的上报过程产生的成本，计算公式为

$$C_{5TZ} = C_{5z} + c_{ztq} x_{zkq} \qquad (8\text{-}64)$$

式中，c_{ztq} 为单位器材 q 由全军资源点 R_z 供应到需求点 M_{mk} 产生的运输成本

（单位：元/件）。

6）工厂直供

如果部队需求单位的器材需求还存在未满足的部分，则该部分器材由工厂进行保障，签订器材订购合同，申请的器材数量满足

$$\sum_{g=1}^{|G|} x_{gkq} = D_{mkq}^{(5)}, \quad x_{gkq} \leqslant \mathrm{NG}_{gq}, \quad x_{gkq} \in \mathbf{N}^{*}, \quad g = 1, 2, \cdots, |G| \tag{8-65}$$

在这一过程所产生的成本主要是采购成本和运输成本，记为 $C_{6\mathrm{TB}}$，计算公式为

$$C_{6\mathrm{TB}} = \sum_{g=1}^{|G|} (c_{bq} x_{gkq} + c_{tq} l_{gk} x_{gkq}) \tag{8-66}$$

从生产工厂向需求点 M_{mk} 供应器材的时间不能超出需求点的保障时间上限要求，即

$$T_{6z} + t_{gk} \leqslant T_{mk} \tag{8-67}$$

式中，T_{6z} 为准备时间。

2. 目标函数确定

基于跨区调剂的装备器材供应决策优化问题的目标主要是降低保障成本，同时充分利用供应网内过量储备资源点的器材，提高器材利用率，并缩短保障时间。

1）保障成本目标

根据 8.3.1 节对模型的分析，面向平时保障的全网器材调度优化问题的保障成本由上述 6 种保障方式所产生的保障成本求和得到，记为 C_{tatal}。面向平时保障的全网器材调度优化的目标之一是最小化保障成本，则保障成本目标的计算公式为

$$
\begin{aligned}
\min C_{\mathrm{total}} &= \min(C_{1\mathrm{T}} + C_{2\mathrm{R}} + C_{3\mathrm{TZ}} + C_{4\mathrm{R}} + C_{5\mathrm{TZ}} + C_{6\mathrm{TB}}) \\
&= \min \left(\begin{array}{l} c_{tq} l_{kk} x_{kkq} + C_{2z} + \sum\limits_{j=2}^{|O_m|} \dfrac{\max \mathrm{NO}_{mjq}}{\mathrm{NO}_{mjq}} \times \dfrac{l_{jk}}{\min l_{jk}} \times c_{tq} l_{jk} x_{jkq} + \\ C_{3z} + c_{0tq} x_{0kq} + C_{4z} + \sum\limits_{j'=1}^{|O_{m'}|} \dfrac{\max \mathrm{NO}_{m'j'q}}{\mathrm{NO}_{m'j'q}} \times \dfrac{l_{j'k}}{\min l_{j'k}} \times c_{tq} l_{j'k} x_{j'kq} \\ + C_{5z} + c_{ztq} x_{zkq} + \sum\limits_{g=1}^{|G|} (c_{bq} x_{gkq} + c_{tq} l_{gk} x_{gkq}) \end{array} \right)
\end{aligned} \tag{8-68}
$$

该计算方式并没有将保障方式的优先级考虑在内，是不切合实际的，在此对式（8-68）进行修正，根据每种供应方式的优先级的不同，对其对应的

器材保障成本赋予一定的权重，记为 $\boldsymbol{\omega}$ ，且 $\boldsymbol{\omega}=[\omega_1,\omega_2,\omega_3,\omega_4,\omega_5,\omega_6]^{\mathrm{T}}$ ，满足

$$0 \leqslant \omega_1,\omega_2,\omega_3,\omega_4,\omega_5,\omega_6 \leqslant 1$$
$$\omega_1+\omega_2+\omega_3+\omega_4+\omega_5+\omega_6=1 \tag{8-69}$$

则考虑优先级后的目标函数为

$$\min C_{\mathrm{total}} = \min(\omega_1 C_{1\mathrm{T}}+\omega_2 C_{2\mathrm{R}}+\omega_3 C_{3\mathrm{TZ}}+\omega_4 C_{4\mathrm{R}}+\omega_5 C_{5\mathrm{TZ}}+\omega_6 C_{6\mathrm{TB}}) \tag{8-70}$$

2）器材利用率目标

器材利用率可通过计算器材消耗量与总库存量的比值得到，记为 P_q ，计算公式为

$$\max P_q = \max \frac{\sum\limits_{k=1}^{|M_m|}x_{kkq}+\sum\limits_{j=1,O_{mj}\neq R_{mk}}^{|O_m|}\sum\limits_{k=1}^{|M_m|}x_{jkq}+\sum\limits_{k=1}^{|M_m|}x_{0kq}+\sum\limits_{m'=1,m'\neq m}^{|Z|}\sum\limits_{j'=1}^{|O_{m'}|}\sum\limits_{k=1}^{|M_m|}x_{j'kq}+\sum\limits_{k=1}^{|M_m|}x_{zkq}}{\sum\limits_{m=1}^{|Z|}\mathrm{NS}_{m0q}+\sum\limits_{m=1}^{|Z|}\sum\limits_{i=1}^{|R_m|}\mathrm{NS}_{miq}} \tag{8-71}$$

3）保障时间目标

保障时间主要考虑运输时间，记为 T_{total} ，计算公式为

$$\min T_{\mathrm{total}} = \min\{\max\{t_{kk},T_{2z}+t_{jk},T_{3z}+t_{0k},T_{4z}+t_{j'k},T_{5z}+t_{zk},T_{6z}+t_{gk}\}\} \tag{8-72}$$

3. 约束条件确定

根据上述对模型的分析，模型的约束条件为

（1）各保障方式下的供应数量为非负整数，即

$$x_{kkq}\in \mathbf{N}^*,\quad x_{jkq}\in \mathbf{N}^*,\quad x_{0kq}\in \mathbf{N}^*,$$
$$x_{j'kq}\in \mathbf{N}^*,\quad x_{zkq}\in \mathbf{N}^*,\quad x_{gkq}\in \mathbf{N}^*$$
$$k=1,2,\cdots,|M_m|;q=1,2,\cdots,Q_0 \tag{8-73}$$
$$j=2,\cdots,|O_m|;j'=1,2,\cdots,|O_{m'}|;g=1,2,\cdots,|G|$$

（2）各保障方式下，从资源点调出的器材数量不能超出其库存数量或者最大供应量，即

$$x_{kkq}\leqslant \mathrm{NS}_{mkq},\quad x_{jkq}\leqslant \mathrm{NS}_{mjq},\quad x_{0kq}\leqslant \mathrm{NS}_{m0q},$$
$$x_{j'kq}\leqslant \mathrm{NS}_{m'j'q},\quad x_{zkq}\leqslant \mathrm{NS}_{zq},\quad x_{gkq}\leqslant \mathrm{NG}_{gq} \tag{8-74}$$

（3）各调度方式下，从资源点调出器材后，资源点不能变成缺货状态，即

$$\mathrm{NS}_{mkq}-x_{kkq}\geqslant \mathrm{NU}^+_{mkq},\quad \mathrm{NS}_{mjq}-x_{jkq}\geqslant \mathrm{NU}^+_{mjq},\quad \mathrm{NS}_{m0q}-x_{0kq}\geqslant \mathrm{NU}^+_{m0q},$$
$$\mathrm{NS}_{m'j'q}-x_{j'kq}\geqslant \mathrm{NU}^+_{m'j'q},\quad \mathrm{NS}_{zq}-x_{zkq}\geqslant \mathrm{NU}^+_{zq} \tag{8-75}$$

（4）供应时间约束，各供应方式下需求点获得器材的时间不能超出其保障时间上限，即

$$\max\{t_{kk}, T_{2z}+t_{jk}, T_{3z}+t_{0k}, T_{4z}+t_{j'k}, T_{5z}+t_{zk}, T_{6z}+t_{gk}\} \leqslant T_{mk} \qquad (8\text{-}76)$$

（5）供需平衡约束，各保障方式下需求点获得的器材与其需求数量一致，即

$$x_{kkq}+\sum_{j=2}^{|O_m|}x_{jkq}+x_{0kq}+\sum_{j'=1}^{|O_{m'}|}x_{j'kq}+x_{zkq}+\sum_{g=1}^{|G|}x_{gkq}=D_{mkq} \qquad (8\text{-}77)$$

4. 模型建立

综上所述，基于跨区调剂的装备器材供应决策优化问题的整体模型为

P_1：$\quad \min C_{\text{total}} = \min(\omega_1 C_{1\text{T}} + \omega_2 C_{2\text{R}} + \omega_3 C_{3\text{TZ}} + \omega_4 C_{4\text{R}} + \omega_5 C_{5\text{TZ}} + \omega_6 C_{6\text{TB}})$

P_2：$\quad \max P_q = \max \dfrac{\displaystyle\sum_{k=1}^{|M_m|}x_{kkq}+\sum_{j=1,O_{mj}\neq R_{mk}}^{|O_m|}\sum_{k=1}^{|M_m|}x_{jkq}+\sum_{k=1}^{|M_m|}x_{0kq}+\sum_{m'=1,m'\neq m}^{Z}\sum_{j'=1}^{|O_{m'}|}\sum_{k=1}^{|M_m|}x_{j'kq}+\sum_{k=1}^{|M_m|}x_{zkq}}{\displaystyle\sum_{m=1}^{Z}\text{NS}_{m0q}+\sum_{m=1}^{Z}\sum_{i=1}^{R_m}\text{NS}_{miq}}$

P_3：$\quad \min T_{\text{total}}=\min\{\max\{t_{kk}, T_{2z}+t_{jk}, T_{3z}+t_{0k}, T_{4z}+t_{j'k}, T_{5z}+t_{zk}, T_{6z}+t_{gk}\}\}$

s.t. $\quad x_{kkq}\leqslant \text{NS}_{mkq}, \quad x_{jkq}\leqslant \text{NS}_{mjq}, \quad x_{0kq}\leqslant \text{NS}_{m0q},$

$\quad x_{j'kq}\leqslant \text{NS}_{m'j'q}, \quad x_{zkq}\leqslant \text{NS}_{zq}, \quad x_{gkq}\leqslant \text{NG}_{gq}$

$\quad \text{NS}_{mkq}-x_{kkq}\geqslant \text{NU}_{mkq}^+, \quad \text{NS}_{mjq}-x_{jkq}\geqslant \text{NU}_{mjq}^+, \quad \text{NS}_{m0q}-x_{0kq}\geqslant \text{NU}_{m0q}^+,$

$\quad \text{NS}_{m'j'q}-x_{j'kq}\geqslant \text{NU}_{m'j'q}^+, \quad \text{NS}_{zq}-x_{zkq}\geqslant \text{NU}_{zq}^+$

$\quad \max\{t_{kk}, T_{2z}+t_{jk}, T_{3z}+t_{0k}, T_{4z}+t_{j'k}, T_{5z}+t_{zk}, T_{6z}+t_{gk}\}\leqslant T_{mk}$

$\quad x_{kkq}+\displaystyle\sum_{j=2}^{|O_m|}x_{jkq}+x_{0kq}+\sum_{j'=1}^{|O_{m'}|}x_{j'kq}+x_{zkq}+\sum_{g=1}^{|G|}x_{gkq}=D_{mkq}$

$\quad x_{kkq}\in\mathbf{N}^*, \quad x_{jkq}\in\mathbf{N}^*, \quad x_{0kq}\in\mathbf{N}^*,$

$\quad x_{j'kq}\in\mathbf{N}^*, \quad x_{zkq}\in\mathbf{N}^*, \quad x_{gkq}\in\mathbf{N}^*$

$\quad k=1,2,\cdots,|M_m|; q=1,2,\cdots,Q_0$

$\quad j=2,\cdots,|O_m|; j'=1,2,\cdots,|O_{m'}|; g=1,2,\cdots,|G|$

$$(8\text{-}78)$$

8.3.3 基于跨区调剂的装备器材供应决策优化模型的求解算法设计

由于资源点的数量众多，问题求解难度较大，基于跨区调剂的装备器材供应决策优化问题也是一个典型的 NP 难解多目标优化问题。对于该问题，现代智能优化算法的研究和发展为我们求解此类问题提供了参考。烟花算法

在全局搜索能力和局部搜索能力方面均有较好的表现，搜索速度快，根据装备器材供应决策优化模型的特点，选择烟花算法来对模型进行求解。

1．标准烟花算法的基本原理与运算流程

2010 年，北京大学的谭教授等人通过观察烟花爆炸现象，首次提出了烟花算法（Fireworks Algorithm，FWA）。作为一种新型的群智能优化算法，烟花算法能够在局部搜索和全局搜索中进行自适应调节，具有较好的寻优能力。算法一经提出，就引起了广泛关注，各方学者对于烟花算法求解优化问题进行了一定的探索。

烟花算法主要是通过对烟花爆炸方式进行模仿，对解空间进行并行的弥漫式搜索直到找到满足条件的最优解的过程。文献研究发现：当烟花爆炸半径较小时，算法具有较好的局部搜索能力，而当烟花爆炸半径较大时，算法的全局搜索能力比较好。标准烟花算法的运算流程如图 8-8 所示。

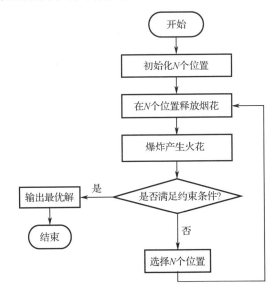

图 8-8　标准烟花算法的运算流程

为了克服标准烟花算法容易收敛于局部最优解的缺点，提高算法的精度，将引入混沌搜索机制和遗传算法中的交叉算子、变异算子来设计一种新的改进烟花算法——基于混沌搜索和遗传算法的改进烟花算法（Improved Fireworks Algorithm Based on Chaos Search and Genetic Algorithm，IFWACSGA），并通过算例测试对算法的性能进行分析。

2. 基于混沌搜索与遗传算法的改进烟花算法设计

1）烟花编码

根据前文对于器材调度方式的分析，烟花算法的编码采用分段整数编码，共分为 6 段，每段表示相应调度方式的器材调度方案，各段编码长度由对应资源点数目决定，各编码位上的数字表示资源点供应的器材数量，如图 8-9 所示。

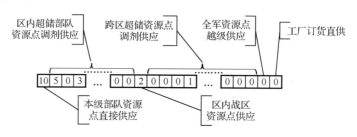

图 8-9　烟花编码方式

2）个体适应度函数的确定

通常用模型的目标函数作为适应度函数，面向平时保障的全网器材调度优化问题属于多目标优化问题，将其简化为单目标。由于面向平时保障的全网器材调度优化目标主要是降低成本，其次是平衡保障体系的器材资源，提高利用率，最后才是缩短保障时间，对这 3 个目标进行加权求和即得到算法的适应度函数，表达式为

$$F_i = \omega_1^{\mathrm{F}} \cdot C_{\mathrm{total}} + \omega_2^{\mathrm{F}} \cdot P_q + \omega_3^{\mathrm{F}} \cdot T_{\mathrm{total}} \tag{8-79}$$

式中，ω_1^{F}、ω_2^{F}、ω_3^{F} 分别为保障成本目标、器材利用率目标、保障时间目标的影响权重。根据 3 个目标的重要程度，一般地设 $\omega_1^{\mathrm{F}} = 0.6$、$\omega_2^{\mathrm{F}} = 0.3$、$\omega_3^{\mathrm{F}} = 0.1$。

3）烟花爆炸操作，生成火花

假设算法中的烟花总数为 N，烟花 $N_i(i = 1,2,\cdots,N)$ 为其中的个体。烟花爆炸生成火花，这一过程涉及两个参数，一个是生成的火花数量，一个是爆炸的半径。

烟花 N_i 爆炸生成火花个数 S_i 的计算公式为

$$S_i = S_{\mathrm{N}} \times \frac{F_{\max} - F_i + \delta}{\sum_{i=1}^{N}(F_{\max} - F_i) + \delta} \tag{8-80}$$

式中，F_i 为烟花 $\boldsymbol{N}_i$ 的适应度函数值；$F_{\max}$ 为当前烟花种群中的最大适应值；S_{N} 为常量，用来限制产生的火花数量；δ 为一个比较小的正数，以避免 0 为除数的情况发生。为获得整数个火花数，式（8-80）按照四舍五入规则取整数。

为了更好地搜索并求得最优解，需要对火花的个数进行控制，即控制优质火花的个数不能过多、劣质火花的个数不能太少，对 S_i 的控制表达式如下：

$$S_i = \begin{cases} \mathrm{round}(a \times S_{\mathrm{N}}) & S_i < a \times S_{\mathrm{N}} \\ \mathrm{round}(b \times S_{\mathrm{N}}) & S_i > b \times S_{\mathrm{N}} \\ \mathrm{round}(S_i) & \text{其他} \end{cases} \tag{8-81}$$

式中，$\mathrm{round}(\cdot)$ 是根据四舍五入规则取整的运算函数；a、b 为两个常数，通常取 $a=0.1$、$b=0.2$。

烟花爆炸半径 R_i 的计算公式为

$$R_i = R_0 \times \frac{F_i - F_{\min} + \delta}{\sum_{i=1}^{N}(F_i - F_{\min}) + \delta} \tag{8-82}$$

$$R_i = \begin{cases} 1 & R_i = 0 \\ R_i & \text{其他} \end{cases} \tag{8-83}$$

式中，R_0 为基本爆炸半径，$F_{\min}$ 为当前烟花种群中的最小适应值。

根据式（8-80）～式（8-83），烟花 $\boldsymbol{N}_i$ 经爆炸过程生成 S_i 个爆炸火花，实现过程为随机选择 z 个维度，对随机选取出的维度 $k \in \{1, 2, \cdots, z\}$ 进行位置偏移生成爆炸火花。烟花 $\boldsymbol{N}_i$ 在第 k 维的位置表示为 N_i^k，计算表达式为

$$N_i^k = N_i^k + R_i \times U(-1, 1) \tag{8-84}$$

式中，$U(-1, 1)$ 为在区间 $[-1, 1]$ 上的均匀分布。为避免生成的火花超出维度的限定界限，通过下述表达式进行转换，映射到一个新的位置：

$$N_i^k = \mathrm{LB}_k + \mathrm{mod}\left(\frac{|N_i^k|}{\mathrm{UB}_k - \mathrm{LB}_k}\right) \tag{8-85}$$

式中，UB_k、LB_k 分别为 k 维上火花取值的上、下边界，$\mathrm{mod}(\cdot)$ 表示取余。

由于爆炸火花更侧重于在烟花的临近区域内进行寻优，为了扩大搜索范围，烟花算法通常还运用另外一种火花，称为高斯变异火花，以增加寻优范围，增加种群中解的多样性。高斯变异火花的构造过程为：随机选取种群中的 N_{G} 个烟花，对每个个体运用高斯变异，得到新的火花，计算表达式为

$$N_{gi}^k = N_{gi}^k \times N(1, 1) \tag{8-86}$$

式中，$N(1, 1)$ 表示均值为 1、方差为 1 的高斯分布。并运用式（8-85）进行转换。

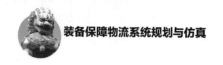

4）选择操作

采用轮盘赌的选择规则，保留由烟花、爆炸火花和高斯变异火花组成的候选解集 K 中的最优个体，并根据解的优先顺序，对其余的候选个体进行概率选择，计算表达式为

$$p_i = \frac{\sum\limits_{j=1}^{K} d(N_i, N_j)}{\sum\limits_{j=1}^{K} N_j} \qquad （8-87）$$

式中，$\sum\limits_{j=1}^{K} d(N_i, N_j)$ 为个体 N_i 与候选解集中其他个体 N_j 之间的距离。

5）混沌搜索操作

混沌搜索（Chaos Search，CS）能够有效克服一些智能算法陷入局部最优搜索的窘境，具有较好的遍历性。本节采用易于计算的逻辑自映射函数产生混沌序列，计算公式为

$$M_{i+1}^k = 1 - 2 \times (M_i^k)^2, \quad M_i^k \in (-1,1) \qquad （8-88）$$

式中，k 为算法寻优过程中的维度，$k = 1, 2, \cdots, z$。

在混沌搜索过程中，假设 N_i^k 为烟花 N_i 在维度 $k(k=1,2,\cdots,z)$ 上的位置，并通过下式映射到区间 $(-1,1)$ 上

$$M_i^k = \frac{2 \times (N_i^k - L_i^k)}{U_i^k - L_i^k} - 1 \qquad （8-89）$$

式中，U_i^k、L_i^k 分别为烟花 N_i 第 k 维变量的搜索上界和搜索下界。

通过混沌搜索操作得到的子代个体，可通过下述计算过程，变换得到问题的解的形式，计算表达式为

$$\tilde{N}_i^k = \frac{1}{2} \times (U_i^k - L_i^k) \times M_i^k + \frac{1}{2} \times (U_i^k + L_i^k) \qquad （8-90）$$

通过式（8-90）的变换后，将经过混沌搜索操作后的最优解与当前烟花的位置 N_i^k 进行比较，如果优于 N_i^k，则直接替换，否则，继续进行混沌搜索直到满足算法结束条件，终止搜索。

6）遗传算法交叉、变异操作

在混沌搜索的基础上，为了进一步提高烟花算法的寻优能力，引入遗传算法的交叉、变异操作。

交叉操作的过程为：首先随机产生一组数量为 m 的整数 $d_1, d_2, \cdots, d_m, 1 \leqslant d_i \leqslant N$，$i = 1, 2, \cdots, m$，且满足 $d_1 < d_2 < \cdots < d_m$，$m = N/2$，之后选择烟花种群的某些个体与算法迭代中寻优得到的最优个体对应数组中

的维度信息进行混合交叉运算。

变异操作的过程为：随机选择[0,1]之间的一个随机数 p_i，将 p_i 的值与算法设定的变异概率 p_m 进行比较，如果 $p_i \leq p_m$，则将随机选中作为变异操作对象的个体 X_i^* 进行如下式所示的操作：

$$X_i^{**} = X_{\text{best}} + w_i(X_i^* - X_j), \quad p_i \leq p_m \qquad (8\text{-}91)$$

式中，$w_i \in (0,1)$，为随机数；X_{best} 为当前种群中的最优个体；X_j 为种群中的任意个体。

7）改进烟花算法的运算流程

综上所述，IFWACSGA 的运算流程如图 8-10 所示，运算步骤如下。

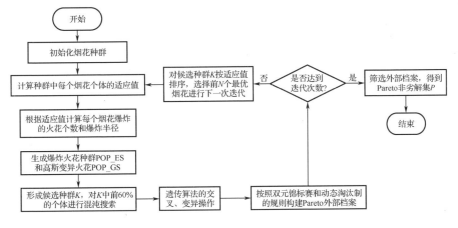

图 8-10 IFWACSGA 的运算流程

step 1：初始化烟花群体总数为 N，计算 3 个目标函数值；

step 2：根据式（8-79）计算每个烟花个体的适应值，再根据式（8-80）～式（8-86）计算得到烟花爆炸火花个数和烟花爆炸半径，生成爆炸火花和高斯变异火花；

step 3：将烟花、爆炸火花和高斯变异火花 3 类个体集合为一个种群 K，选择新种群中 60%的个体执行式（8-88）～式（8-90）所示的混沌搜索操作。

step 4：对混沌搜索后的个体分别执行交叉和变异操作，对生成的新个体进行优劣排序，选择前 60%的个体构成新的种群；

step 5：根据双元锦标赛和动态淘汰制两种规则构造 Pareto 非劣解集 P，以作为烟花算法的外部档案，降低算法的复杂度；

step 6：判断算法迭代次数是否达到最大迭代次数 T_{max}，如果是，则输出最优解，终止运算，否则，转到 step 7；

step 7：根据适应值的高低对种群 K 中的个体进行由低到高的排序，选择前 N 个最优个体组成新的种群，再次进入算法的迭代运算，即转到 step 2。

3．IFWACSGA 的算例测试与分析

1）测试函数

为了验证基于混沌搜索和遗传算法的改进烟花算法的有效性，通过典型的测试函数进行测试分析，并将本节算法执行结果与普通的烟花算法（FWA）、遗传算法（GA）进行比较分析。

测试函数选择如下：

① Sphere 函数，函数的全局最优值为 $f_1(0,0,\cdots,0)=0$，函数的表达式为

$$f_1(x_i)=\sum_{i=1}^{30}x_i^2,\quad x_i\in[-100,100] \tag{8-92}$$

② Step 函数，函数的全局最优值为 $f_2(0,0,\cdots,0)=0$，函数的表达式为

$$f_2(x_i)=\sum_{i=1}^{30}(\lfloor x_i+0.5\rfloor)^2,\quad x_i\in[-100,100] \tag{8-93}$$

③ 广义 Svhwefel 问题，函数的全局最优值为 $f_3(420.9687,\cdots,420.9687)=-12569.5$，函数的表达式为

$$f_3(x_i)=-\sum_{i=1}^{30}(x_i\sin(\sqrt{|x_i|})),\quad x_i\in[-500,500] \tag{8-94}$$

④ Shekel's Foxholes 函数，函数的全局最优值为 $f_4(-32,32)\approx1$，函数的表达式为

$$f_4(x_i)=\frac{1}{500}+\sum_{i=1}^{25}\frac{1}{j+\sum_{i=1}^{2}(x_i-a_{ij})^6},\quad x_i\in[-65.56,65.56] \tag{8-95}$$

式中，$[a_{ij}]=\begin{bmatrix}-32,&-16,&0,&16,&32,&-32,&\cdots&0,&16,&32\\-32,&-32,&-32,&-32,&-32,&-16,&\cdots&32,&32,&32\end{bmatrix}$。

⑤ Hartman 函数，函数的全局最优值为 $f_5(0.114,0.556,0.852)=-3.862$，函数的表达式为

$$f_5(x_i)=-\sum_{i=1}^{4}c_i\exp\left[-\sum_{j=1}^{3}a_{ij}(x_i-p_{ij})^2\right],\quad x_i\in[0,2] \tag{8-96}$$

式中，$[a_{ij}]=\begin{bmatrix}3,&12,&30\\0.1,&10,&35\\3,&10,&30\\0.1,&10,&35\end{bmatrix}$，$[c_i]=[1,1.2,3,3.2]$，$[p_{ij}]=\begin{bmatrix}0.3689,&0.1170,&0.2673\\0.4699,&0.4387,&0.7670\\0.1091,&0.8732,&0.5547\\0.03815,&0.5743,&0.8828\end{bmatrix}$。

2）实验结果与分析

实验中算法的基本参数设置为：IFWACSGA 中烟花总数为 $N=35$，基本爆炸半径 $R_0=30$，爆炸火花基数为 28，高斯变异火花基数为 60，最大迭代次数 $T_{max}=1000$，遗传操作变异概率 $p_m=0.4$，FWA 与 IFWACSGA 除遗传操作外的参数一致；GA 的最大种群数量为 50，最大迭代次数为 2000，交叉概率和变异概率分别为 0.8、0.01。

3 种算法均运行 50 次，对比求解结果的均值和方差，结果如表 8-3 所示。

表 8-3　3 种算法对 5 个函数进行求解的结果对比

算法	$f_1(x_i)$		$f_2(x_i)$		$f_3(x_i)$		$f_4(x_i)$		$f_5(x_i)$	
	均值	方差	均值	方差	均值	方差	均值	方差	均值	方差
GA	2.45e-4	3.84e-4	1.72e+1	7.1698	-9569.48	626.573	0.002	1.23e-16	-3.862	2.71e-15
FWA	6.81e-12	9.15e-12	2.971e-91	1.262e-99	-10175.21	869.0981	0.00292	4.95e-17	-3.862	1.9287e-11
IFWACSGA	7.81e-28	1.83e-64	0	0	-12018.02	20.872	0.97856	6.832e-81	-3.862	7.662e-198

为了进一步比较 IFWACSGA 与 FWA 算法的性能，表 8-4 对 IFWACSGA 与 FWA 算法在找到最优解的成功次数和找到最优解的平均收敛代数两个指标上进行了比较，结果如表 8-4 所示。

表 8-4　IFWACSGA 与 FWA 算法寻找最优解的成功次数和收敛代数的对比

算法	$f_1(x_i)$		$f_2(x_i)$		$f_3(x_i)$		$f_4(x_i)$		$f_5(x_i)$	
	成功次数	平均收敛代数	成功次数	平均收敛代数	成功次数	平均收敛代数	成功次数	平均收敛代数	成功次数	平均收敛代数
FWA	43	182	48	269	39	363	33	306	47	253
IFWACSGA	48	121	50	162	44	197	48	121	50	114

分析表 8-4 可知：IFWACSGA 的平均收敛代数分别为 FWA 的平均收敛代数的 66%、60%、54%、40%、45%，收敛速度更快，表明 IFWACSGA 算法在这 5 个函数上的寻优表现均优于 FWA。

算例测试结果表明：IFWACSGA 具有更好的全局寻优能力和局部寻优能力，避免了算法早熟现象的发生，并且有更快的收敛速度和更好的稳定性，是一种较好的优化算法。下节将应用 IFWACSGA 针对面向平时保障的全网器材调度优化的实际问题进行应用实例分析。

8.4 装备器材调剂供应决策优化仿真示例

8.4.1 示例说明

在全军范围内，按照五大战区的设定，装备器材供应物流网划分为 5 个区域供应子网，分别为中部区域供应子网 N_1、东部区域供应子网 N_2、南部区域供应子网 N_3、北部区域供应子网 N_4、西部区域供应子网 N_5，每个区域供应子网各设置一个战区资源点（区域物流中心），分别记为 Z_1、Z_2、Z_3、Z_4、Z_5，全军资源点记为 C。在现有部队保障单位的基础上，各区域供应子网内的部队资源点设置为：中部 18 个（记为 $Z_1R_1, Z_1R_2, \cdots, Z_1R_{18}$），东部 18 个（记为 $Z_2R_1, Z_2R_2, \cdots, Z_2R_{18}$），南部 11 个（记为 $Z_3R_1, Z_3R_2, \cdots, Z_3R_{11}$），北部 17 个（记个（记为 $Z_4R_1, Z_4R_2, \cdots, Z_4R_{17}$），西部 12 个（记为 $Z_5R_1, Z_5R_2, \cdots, Z_5R_{12}$），各资源点的库存量已知，根据器材综合管理业务数据库的历史消耗数据和装备属性数据，器材需求可预测得出，进而可对资源点的库存积压、缺货情况进行分析。研究问题涉及的静态参数为常数，如各资源点之间的距离已知，各种运输方式的道路平均行驶速度已知，各种运输方式运输单位器材行驶单位距离的运输成本已知，器材的装载时间和成本、卸载时间和成本已知；多属性参数如道路危险程度系数、节点危险程度系数已知，且按等级划分，需求点的需求数量根据实际情况分别进行分析。

仿真实例环境配置如下：操作系统为 Windows7，处理器为英特尔酷睿 i7-2640M 双核 2.80GHz，内存为 4GB，基于 Microsoft Visual C# 2010、.net 平台、SqlServer 数据库设计仿真系统，并采用 MATLAB R2013b 实现各个算法。对实例分析的具体问题进行的方案设计见表 8-5。

表 8-5　物流网的实例分析方案设计

问题	目　　的	基　本　方　法
1	实例分析基于区域同级调剂的装备器材物流网节点间调剂模型与 IDEPSO 的有效性	基于区域同级调剂机制，对物流网内的器材资源进行均衡，使保障体系内的缺货资源点器材得到补充，保障体系整体器材的多储/缺货比例有所下降，运用 IDEPSO 经过多次迭代求解得到最优的调剂方案
2	实例分析基于跨区调剂的物流网器材调度优化模型与 IFWACSGA 的有效性	对某一需求点提出的器材需求，根据保障体系内的资源点分布，在按照各级资源点器材调度优先顺序的情况下，不仅满足需求点的需求，同时对过量储备资源点器材进行合理利用，减弱库存积压现象，运用 IFWACSGA 求解得到最优的物流网全网器材调度优化方案，并与链式结构的调度方案进行对比

8.4.2　资源点库存数据的预处理

根据已知的各资源点（$Z_1,\cdots,Z_5,Z_1R_1,\cdots,Z_5R_{12}$）的库存量信息和器材综合管理业务数据库的历史数据，运用式（8-1）~式（8-2）对各资源点的器材库存情况进行分析。这里选取按价值和消耗量分类中的 C 类器材（单件价值较低、装备中小修消耗量大的零件）进行研究，从中选取三种器材 Q_1、Q_2、Q_3 作为研究对象，分别对这三种器材在各个资源点的库存情况进行分析。本节以东部区域供应子网 N_2 为例，研究基于区域调剂的装备器材保障过程，并以东部区域供应子网 N_2 的需求点为基础，研究基于跨区调剂的装备器材保障过程，考虑跨区调剂保障目标的实际要求，主要对东部区域供应子网 N_2、中部区域供应子网 N_1、南部区域供应子网 N_3、北部区域供应子网 N_4 的器材保障过程进行研究，各资源点的器材库存情况及过量储备、缺货情况的分析结果如表 8-6~表 8-17 所示。

表 8-6　东部区域供应子网 N_2 各资源点中器材 Q_1 的库存情况

资源点	库存	状态	多储/缺货数量	资源点	库存	状态	多储/缺货数量
Z_2	403	正常	—	Z_2R_{10}	65	缺货	161
Z_2R_1	472	过量储备	233	Z_2R_{11}	398	过量储备	171
Z_2R_2	223	正常	—	Z_2R_{12}	252	正常	—
Z_2R_3	29	缺货	206	Z_2R_{13}	415	过量储备	191
Z_2R_4	21	缺货	202	Z_2R_{14}	321	过量储备	103
Z_2R_5	443	过量储备	217	Z_2R_{15}	207	正常	—
Z_2R_6	201	正常	—	Z_2R_{16}	195	正常	—
Z_2R_7	257	正常	—	Z_2R_{17}	302	过量储备	78
Z_2R_8	119	缺货	103	Z_2R_{18}	424	过量储备	181
Z_2R_9	257	正常	—				

表 8-7　东部区域供应子网 N_2 各资源点中器材 Q_2 的库存情况

资源点	库存	状态	多储/缺货数量	资源点	库存	状态	多储/缺货数量
Z_2	621	正常	—	Z_2R_4	23	缺货	300
Z_2R_1	682	过量储备	353	Z_2R_5	632	过量储备	325
Z_2R_2	401	过量储备	81	Z_2R_6	56	缺货	327
Z_2R_3	15	缺货	296	Z_2R_7	342	正常	—

资源点	库存	状态	多储/缺货数量	资源点	库存	状态	多储/缺货数量
Z_2R_8	82	缺货	234	Z_2R_{14}	515	过量储备	202
Z_2R_9	384	正常	—	Z_2R_{15}	206	缺货	104
Z_2R_{10}	102	缺货	198	Z_2R_{16}	352	正常	—
Z_2R_{11}	433	过量储备	99	Z_2R_{17}	495	过量储备	127
Z_2R_{12}	317	正常	—	Z_2R_{18}	503	过量储备	206
Z_2R_{13}	593	过量储备	291				

表 8-8　东部区域供应子网 N_2 各资源点中器材 Q_3 的库存情况

资源点	库存	状态	多储/缺货数量	资源点	库存	状态	多储/缺货数量
Z_2	718	正常	—	Z_2R_{10}	86	缺货	304
Z_2R_1	839	过量储备	384	Z_2R_{11}	400	正常	—
Z_2R_2	376	正常	—	Z_2R_{12}	414	正常	—
Z_2R_3	215	缺货	215	Z_2R_{13}	713	过量储备	321
Z_2R_4	171	缺货	169	Z_2R_{14}	592	过量储备	210
Z_2R_5	699	过量储备	304	Z_2R_{15}	453	正常	—
Z_2R_6	371	正常	—	Z_2R_{16}	429	正常	—
Z_2R_7	339	正常	—	Z_2R_{17}	379	正常	—
Z_2R_8	56	缺货	321	Z_2R_{18}	650	过量储备	236
Z_2R_9	381	正常	—				

表 8-9　中部区域供应子网 N_1 各资源点中器材 Q_1 的库存情况

资源点	库存	状态	多储/缺货数量	资源点	库存	状态	多储/缺货数量
Z_1	576	正常	—	Z_1R_{10}	87	缺货	117
Z_1R_1	79	缺货	181	Z_1R_{11}	236	正常	—
Z_1R_2	627	过量储备	390	Z_1R_{12}	117	缺货	96
Z_1R_3	189	正常	—	Z_1R_{13}	373	过量储备	135
Z_1R_4	56	缺货	184	Z_1R_{14}	433	过量储备	180
Z_1R_5	93	缺货	157	Z_1R_{15}	237	正常	—
Z_1R_6	19	缺货	187	Z_1R_{16}	79	缺货	153
Z_1R_7	237	正常	—	Z_1R_{17}	733	过量储备	500
Z_1R_8	197	正常	—	Z_1R_{18}	205	正常	—
Z_1R_9	239	正常	—				

表 8-10　中部区域供应子网 N_1 各资源点中器材 Q_2 的库存情况

资源点	库存	状态	多储/缺货数量	资源点	库存	状态	多储/缺货数量
Z_1	843	正常	—	Z_1R_{10}	144	缺货	173
Z_1R_1	179	缺货	157	Z_1R_{11}	356	正常	—
Z_1R_2	372	正常	—	Z_1R_{12}	229	缺货	77
Z_1R_3	317	正常	—	Z_1R_{13}	751	过量储备	418
Z_1R_4	206	缺货	95	Z_1R_{14}	356	正常	—
Z_1R_5	225	缺货	77	Z_1R_{15}	334	正常	—
Z_1R_6	319	正常	—	Z_1R_{16}	193	缺货	107
Z_1R_7	298	正常	—	Z_1R_{17}	355	正常	—
Z_1R_8	685	过量储备	371	Z_1R_{18}	342	正常	—
Z_1R_9	317	正常	—				

表 8-11　中部区域供应子网 N_1 各资源点中器材 Q_3 的库存情况

资源点	库存	状态	多储/缺货数量	资源点	库存	状态	多储/缺货数量
Z_1	1040	正常	—	Z_1R_{10}	137	缺货	267
Z_1R_1	103	缺货	349	Z_1R_{11}	429	正常	—
Z_1R_2	437	正常	—	Z_1R_{12}	293	缺货	118
Z_1R_3	416	正常	—	Z_1R_{13}	970	过量储备	536
Z_1R_4	214	缺货	210	Z_1R_{14}	857	过量储备	435
Z_1R_5	361	缺货	55	Z_1R_{15}	449	正常	—
Z_1R_6	430	正常	—	Z_1R_{16}	146	缺货	287
Z_1R_7	471	正常	—	Z_1R_{17}	851	过量储备	454
Z_1R_8	625	过量储备	173	Z_1R_{18}	439	正常	—
Z_1R_9	419	正常	—				

表 8-12　南部区域供应子网 N_3 各资源点中器材 Q_1 的库存情况

资源点	库存	状态	多储/缺货数量	资源点	库存	状态	多储/缺货数量
Z_3	432	正常	—	Z_3R_6	271	过量储备	50
Z_3R_1	363	过量储备	143	Z_3R_7	258	正常	—
Z_3R_2	203	正常	—	Z_3R_8	315	过量储备	94
Z_3R_3	53	缺货	151	Z_3R_9	191	正常	—
Z_3R_4	51	缺货	163	Z_3R_{10}	247	正常	—
Z_3R_5	378	过量储备	159	Z_3R_{11}	411	过量储备	213

表 8-13　南部区域供应子网 N_3 各资源点中器材 Q_2 的库存情况

资源点	库存	状态	多储/缺货数量	资源点	库存	状态	多储/缺货数量
Z_3	772	正常	—	Z_3R_6	319	正常	—
Z_3R_1	401	过量储备	86	Z_3R_7	247	缺货	102
Z_3R_2	321	过量储备	11	Z_3R_8	402	过量储备	86
Z_3R_3	151	缺货	183	Z_3R_9	356	正常	—
Z_3R_4	352	过量储备	27	Z_3R_{10}	342	正常	—
Z_3R_5	453	过量储备	122	Z_3R_{11}	503	过量储备	179

表 8-14　南部区域供应子网 N_3 各资源点中器材 Q_3 的库存情况

资源点	库存	状态	多储/缺货数量	资源点	库存	状态	多储/缺货数量
Z_3	969	正常	—	Z_3R_6	416	正常	—
Z_3R_1	488	过量储备	70	Z_3R_7	441	正常	-—
Z_3R_2	416	正常	—	Z_3R_8	490	过量储备	85
Z_3R_3	275	缺货	155	Z_3R_9	421	正常	—
Z_3R_4	284	缺货	139	Z_3R_{10}	439	正常	—
Z_3R_5	533	过量储备	128	Z_3R_{11}	555	过量储备	135

表 8-15　北部区域供应子网 N_4 各资源点中器材 Q_1 的库存情况

资源点	库存	状态	多储/缺货数量	资源点	库存	状态	多储/缺货数量
Z_4	529	正常	—	Z_4R_9	453	过量储备	251
Z_4R_1	29	缺货	186	Z_4R_{10}	235	正常	—
Z_4R_2	138	缺货	76	Z_4R_{11}	485	过量储备	171
Z_4R_3	543	过量储备	302	Z_4R_{12}	259	正常	—
Z_4R_4	191	正常	—	Z_4R_{13}	243	正常	—
Z_4R_5	197	正常	—	Z_4R_{14}	212	正常	—
Z_4R_6	119	缺货	94	Z_4R_{15}	258	正常	—
Z_4R_7	237	正常	—	Z_4R_{16}	197	正常	—
Z_4R_8	155	缺货	71	Z_4R_{17}	205	正常	—

表 8-16　北部区域供应子网 N_4 各资源点中器材 Q_2 的库存情况

资源点	库存	状态	多储/缺货数量	资源点	库存	状态	多储/缺货数量
Z_4	842	正常	—	Z_4R_9	610	过量储备	295
Z_4R_1	231	缺货	80	Z_4R_{10}	347	正常	—
Z_4R_2	240	缺货	65	Z_4R_{11}	315	正常	—
Z_4R_3	660	过量储备	339	Z_4R_{12}	347	正常	—
Z_4R_4	257	缺货	83	Z_4R_{13}	315	正常	—
Z_4R_5	341	正常	—	Z_4R_{14}	307	正常	—
Z_4R_6	281	缺货	70	Z_4R_{15}	346	正常	—
Z_4R_7	362	正常	—	Z_4R_{16}	317	正常	—
Z_4R_8	265	缺货	77	Z_4R_{17}	316	正常	—

表 8-17　北部区域供应子网 N_4 各资源点中器材 Q_3 的库存情况

资源点	库存	状态	多储/缺货数量	资源点	库存	状态	多储/缺货数量
Z_4	939	正常	—	Z_4R_9	630	正常	—
Z_4R_1	375	缺货	65	Z_4R_{10}	431	正常	—
Z_4R_2	291	缺货	89	Z_4R_{11}	760	过量储备	369
Z_4R_3	829	过量储备	407	Z_4R_{12}	393	正常	—
Z_4R_4	417	正常	—	Z_4R_{13}	449	正常	—
Z_4R_5	439	正常	—	Z_4R_{14}	402	正常	—
Z_4R_6	306	缺货	101	Z_4R_{15}	440	正常	—
Z_4R_7	391	正常	—	Z_4R_{16}	353	正常	—
Z_4R_8	186	缺货	174	Z_4R_{17}	373	正常	—

8.4.3　基本参数的设置

1. 器材基本参数

器材 Q_1、Q_2、Q_3 的基本参数如下表 8-18 所示。

表 8-18　器材 Q_1、Q_2、Q_3 的基本参数

器材	单价/元	单位运输成本/[元/（件·km）]	单位存储成本/[元/（件·年）]
Q_1	53	0.005	2.5
Q_2	102	0.015	3.5
Q_3	260	0.050	15

2．运输相关参数

1）不同道路类型下的平均行驶速度

假设供应网中不同节点之间可选择公路和铁路两种运输方式。由于公路运输在不同的道路上的平均行驶速度存在差异，根据我国按公路使用任务、功能和流量进行的划分，将公路运输按照道路类型分为高速公路、一级公路、二级公路、三级公路和四级公路5种类型。不同道路类型对应的平均行驶速度和单位器材的单位距离运输费用如表8-19所示。

表8-19　不同道路类型下的平均行驶速度和单位器材的单位距离运输费用

等　　级	道路类型	平时平均行驶速度/（km/h）	平时单位器材的运输费用/［元/（件·km）］	战时平均行驶速度/(km/h)	战时单位器材的运输费用/［元/（基数·km）］
1	高速公路	120	0.007	[110,135]	25
2	一级公路	100	0.005	[90,115]	23
3	二级公路	80	0.005	[70,95]	23
4	三级公路	60	0.005	[50,70]	23
5	四级公路	40	0.005	[30,45]	23
6	铁路	120	0.003	[110,135]	15

2）不同运输方式发生转换的中转与装载、卸载参数

公路与铁路两种运输方式之间发生转换时需要耗费一定的装卸载时间和装卸载费用，如表8-20所示。

表8-20　不同运输方式之间单位器材的装卸载费用与时间

转换前运输方式	公　　路				铁　　路			
	装载费用/元	卸载费用/元	装载时间/h	卸载时间/h	装载费用/元	卸载费用/元	装载时间/h	卸载时间/h
公路	0	0	0	0	200	100	0.25	0.2
铁路	180	110	0.2	0.2	90	90	0.1	0.1

3．危险性相关参数

1）道路的危险程度系数

考虑到战时情况下，器材运输道路可能会受到敌方的火力打击和破坏，

而这些危险性是不确定的，易受多种因素的影响，如战争规模、道路性质、敌方火力情况等。为此，相关决策专家根据对历史战争的分析，给出了如下道路危险等级分类及相应的危险性系数和器材损失价值，如表 8-21 所示。

表 8-21　道路的危险性系数和单位器材损失价值

编　号	危 险 等 级	危险性系数	单位器材损失价值/（万元/基数）
1	无危险	0	0
2	轻微	0.2	1
3	一般	0.4	3
4	较严重	0.6	5
5	严重	0.8	10
6	很危险	1	20

2）节点的危险程度系数

战时条件下，由于敌方火力的袭击和蓄意破坏，节点也容易受到威胁。为应对安全隐患，在供应网中各级资源点配备了具有一定防卫能力的保障设施与人员。不同级别的资源点的防卫能力各有差异，级别越高，越能够抵抗潜在的危险，其危险性系数就越低。除考虑节点类型的差异外，节点本身也划分有一定的危险等级，同一类型的不同节点的危险性不同。不同节点的危险性系数和对应的单位器材损失价值如表 8-22 所示。

表 8-22　节点的危险性系数和单位器材损失价值

编　号	节 点 类 型	危 险 等 级	危险性系数	单位器材损失价值/（万元/基数）
1	战区资源点	无危险	0	0
		轻微	0.1	1
2	部队资源点	无危险	0	0
		轻微	0.2	1.5
		一般	0.4	3
3	需求点	无危险	0	0
		轻微	0.25	1.8
		一般	0.45	4
4	连接节点	无危险	0	0
		轻微	0.25	1.8
		一般	0.45	4

续表

编　号	节 点 类 型	危险等级	危险性系数	单位器材损失价值/（万元/基数）
4	连接节点	较严重	0.6	5
		严重	0.8	10
		很危险	1	20

8.4.4　基于区域调剂的装备器材供应决策优化示例分析

对基于区域调剂的装备器材供应决策优化问题建立了提高缺货资源点的需求满足率、降低区域供应子网的器材多储/缺货比例和降低保障成本为目标的多目标优化模型，设计基于差分进化和粒子群优化的改进混合算法（IDEPSO）进行求解，本实例对器材保障任务进行想定，针对该想定，验证所构建模型及算法的有效性。对所构建的全军装备器材保障东部区域供应子网进行分析，生成初代种群，通过算法进行优化，多次迭代求解得到最优化的基于区域调剂的东部区域器材供应决策方案。

1．基于区域调剂的装备器材供应任务想定

以东部区域供应子网 N_2 为例进行基于区域调剂的装备器材供应决策研究。在东部区域供应子网中，战区资源点有 1 个，部队资源点有 18 个，以器材 Q_1、Q_2、Q_3 为分析对象，各资源点的库存情况已知，并经过数据预处理，得到该供应子网中各资源点的库存情况。由于考虑在区域内同级资源点之间进行器材调剂的研究，这里仅对部队资源点 $Z_2R_1 \sim Z_2R_{18}$ 的情况进行统计分析，统计结果如表 8-23 所示。

表 8-23　东部区域供应子网器材 Q_1、Q_2、Q_3 的库存情况统计

器　　材	过量储备资源点个数	多储数量/件	缺货资源点个数	缺货数量/件	平均多储/缺货比例
Q_1	7	1174	4	672	0.596
Q_2	8	1684	6	1459	0.637
Q_3	5	1455	4	1009	0.532

各缺货资源点的缺货情况如表 8-24 所示。

表 8-24　缺货资源点器材 Q_1、Q_2、Q_3 的缺货情况

缺货资源点	器材 Q_1	器材 Q_2	器材 Q_3	缺货资源点	器材 Q_1	器材 Q_2	器材 Q_3
Z_2R_3	206	296	215	Z_2R_8	103	234	321
Z_2R_4	202	300	169	Z_2R_{10}	161	198	304
Z_2R_6		327		Z_2R_{15}		104	

各资源点之间的路径信息可通过 SuperMap 公司的全国矢量地图数据测量得到。

2．IDEPSO 求解与结果分析

针对上述东部区域供应子网的器材调剂任务，建立式（8-14）表示的基于区域调剂的装备器材供应决策优化模型，运用基于差分进化和粒子群优化的改进混合算法（IDEPSO）进行求解。器材调剂主要是对过量储备资源点、缺货资源点的器材进行均衡，三种器材中缺货资源点的个数最多有 6 个，过量储备资源点的个数最多有 8 个，则 IDEPSO 算法中粒子的维数为 8×6=48，粒子群的规模可设置为 100。IDEPSO 算法的其他参数设置为：最大迭代次数 T_{max} =500，变异因子 ζ =0.95，交叉概率 C_r =0.5，加速系数 $c_1 = c_2 = 2$，惯性权重 $\omega = 0.75$，速度上限 $v_{max} = 5$，速度下限 $v_{min} = -5$，设定的进化代数 $\kappa_0 = 300$。

根据上述参数设置，以式（8-31）为适应度函数运行算法，经 500 次仿真迭代后，算法运算结束，得到基于区域同级调剂的最优方案如表 8-25 所示。

表 8-25　器材 Q_1、Q_2、Q_3 的节点间调剂的最优方案

需求点	Q_1		Q_2		Q_3	
	保障点	调剂数量	保障点	调剂数量	保障点	调剂数量
Z_2R_3	Z_2R_1	31	Z_2R_1	53	Z_2R_1	215
	Z_2R_5	175	Z_2R_5	243		
Z_2R_4	Z_2R_1	202	Z_2R_1	300	Z_2R_1	169
Z_2R_6			Z_2R_{18}	147		
			Z_2R_{14}	180		
Z_2R_8	Z_2R_{13}	72	Z_2R_{13}	175	Z_2R_{13}	321
	Z_2R_{18}	31	Z_2R_{18}	59		

需求点	Q_1		Q_2		Q_3	
	保障点	调剂数量	保障点	调剂数量	保障点	调剂数量
Z_2R_{10}	Z_2R_5	42	Z_2R_5	82	Z_2R_5	304
	Z_2R_{13}	119	Z_2R_{13}	116		
Z_2R_{15}			Z_2R_{14}	22		
			Z_2R_{11}	82		

结合表 8-6～表 8-8、表 8-24，对表 8-25 进行分析可知：实施器材调剂的资源点分别为 Z_2R_1、Z_2R_5、Z_2R_{13}、Z_2R_{18}（Q_1），Z_2R_1、Z_2R_5、Z_2R_{11}、Z_2R_{13}、Z_2R_{14}、Z_2R_{18}（Q_2），Z_2R_1、Z_2R_5、Z_2R_{13}（Q_3），均为过量储备资源点；不同器材对应的需求点不同，表 8-24 中所有缺货资源点的器材需求均得到了调剂满足。

经过器材调剂后，东部区域供应子网的器材库存情况与调剂前的器材库存情况的分析对比结果如表 8-26 所示。

表 8-26　调剂前后器材 Q_1、Q_2、Q_3 的库存情况分析对比

器材	过量储备资源点个数		多储数量/件		缺货资源点个数		缺货数量/件		平均多储/缺货比例	
	调剂前	调剂后	调剂前	调剂后	调剂前	调剂后	调剂前	调剂后	调剂前	调剂后
Q_1	7	4	1174	502	4	0	672	0	0.596	0.103
Q_2	8	3	1684	225	6	0	1459	0	0.637	0.085
Q_3	5	2	1455	446	4	0	1009	0	0.532	0.095

经过基于区域同级调剂的供应网器材调剂，东部区域供应子网的器材 Q_1、Q_2、Q_3 的多储数量分别为 502、225、446，减少了 57.2%、86.6%、69.3%；缺货资源点的缺货器材数量全部减少为 0，缺货资源点的器材需求全部得到调剂满足；3 种器材的平均多储/缺货比例降低到 0.103、0.085、0.095，降低了 82.8%、86.7%、82.1%，表明器材资源得到了有效平衡。

8.4.5　基于跨区调剂的装备器材供应决策优化示例分析

针对基于跨区调剂的装备器材供应决策优化问题建立了以保障成本最小、器材利用率最高、保障时间最短为目标的多目标优化模型，设计基于混沌搜索与遗传算法的改进烟花算法（IFWACSGA）进行求解，实例首先对面

向平时保障的全网器材保障任务进行想定，针对该想定，验证所构建模型及算法的有效性。通过算法进行优化，多次迭代求解得到最优化的面向平时保障的全网器材调度优化方案，将基于跨区调剂的装备器材供应方案与传统的采用纵向一体化的链式供应结构的器材供应方案进行比较，分析器材保障效果。

1. 基于跨区调剂的装备器材供应任务想定

在东部区域供应子网中，假设有 5 个需求点分别对器材 Q_1、Q_2、Q_3 提出了申请，其需求量和最大等待时间如表 8-27 所示。

表 8-27　需求点的器材需求量和最大等待时间

编号	需求点	器材 Q_1		器材 Q_2		器材 Q_3	
		需求量	最大等待时间/h	需求量	最大等待时间/h	需求量	最大等待时间/h
1	Z_2X_{18}	230	10				
2	Z_2X_{21}	379	12	560	12	785	12
3	Z_2X_{43}	310	15			414	15
4	Z_2X_{46}			500	12.5	600	12.5
5	Z_2X_{62}	420	16	680	16	810	16

这 5 个需求点所属保障范围对应的部队资源点分别为 Z_2R_7、Z_2R_7、Z_2R_{12}、Z_2R_{12}、Z_2R_{16}。各供应子网中的资源点经过区域同级器材调剂后，库存积压与缺货并存的资源失衡情况有所缓解，但是仍存在过量储备资源点，从 8.3.1 节中的分析可知，在跨区调剂的物流网全网器材调度优化过程中，除需求点所属的部队资源点提供器材外，战区资源点、区域内及区域外的过量储备资源点均可以提供器材，可选的各资源点的基本情况如表 8-28 所示。

表 8-28　其他可选资源点的基本情况

资源点	保障级别	器材 Q_1		器材 Q_2		器材 Q_3	
		库存量	多储数量	库存量	多储数量	库存量	多储数量
Z_2R_7	1	257	—	342	—	339	—
Z_2R_{12}	1	252	—	317	—	414	—
Z_2R_{16}	1	195	—	352	—	429	—
Z_2R_2	2	223	—	401	81	376	—
Z_2R_{11}	2	398	171	351	17	400	—

资源点	保障级别	器材 Q_1		器材 Q_2		器材 Q_3	
		库存量	多储数量	库存量	多储数量	库存量	多储数量
Z_2R_{14}	2	321	103	313	—	592	210
Z_2R_{17}	2	302	78	495	127	379	—
Z_2R_{18}	2	393	150	297	—	650	236
Z_2	3	403	—	621		718	
Z_1R_2	4	627	390	372	—	437	—
Z_1R_8	4	197	—	685	371	625	173
Z_1R_{13}	4	373	135	751	418	970	536
Z_1R_{14}	4	433	180	356	—	857	435
Z_1R_{17}	4	733	500	355	—	851	454
Z_1	4	576	—	843	—	1040	—
Z_3R_1	4	363	143	401	86	488	70
Z_3R_5	4	378	159	453	122	533	130
Z_3R_8	4	315	94	402	86	490	85
Z_3R_{11}	4	411	213	503	179	555	135
Z_3	4	432	—	772	—	969	—
Z_4R_3	4	543	302	660	339	829	407
Z_4R_9	4	453	251	610	295	630	
Z_4R_{11}	4	485	171	315	—	760	369
Z_4	4	529	—	842		939	
C	5	1265	—	1830	—	2350	—
工厂	6						

资源点与需求点之间的路径信息可通过 SuperMap 公司的全国矢量地图数据测量得到，根据路径信息，结合运输参数，得到各资源点与需求点间的保障时间数据如表 8-29 所示。

表 8-29 资源点与需求点之间的保障时间

资源点	Z_2X_{18}		Z_2X_{21}		Z_2X_{43}		Z_2X_{46}		Z_2X_{62}	
	保障等级	保障时间/h	保障等级	保障时间/h	保障等级	保障时间/h	保障等级	保障时间/h	保障等级	保障时间/h
Z_2R_7	1	0.2	1	2.3	—	—	—	—	—	—

续表

资源点	Z_2X_{18}		Z_2X_{21}		Z_2X_{43}		Z_2X_{46}		Z_2X_{62}	
	保障等级	保障时间/h	保障等级	保障时间/h	保障等级	保障时间/h	保障等级	保障时间/h	保障等级	保障时间/h
Z_2R_{12}	—	—	—	—	1	0.2	1	2.1	—	—
Z_2R_{16}	—	—	—	—	—	—	—	—	1	1.7
Z_2R_2	—	—	2	7.1	—	—	2	9.9	2	11.3
Z_2R_{11}	2	4.2	2	5.3	2	7.8	2	6.3	2	9.1
Z_2R_{14}	2	3.7	2	4.3	2	8.3	2	5.8	2	8.4
Z_2R_{17}	2	6.4	2	5.3	2	6.9	2	6.1	2	9.9
Z_2R_{18}	2	1.9	2	5.9	2	6.6	2	8.9	2	8.2
Z_2	3	8.6	3	10.8	3	13.3	3	11	3	14
Z_1R_2	4	9.7	4	11.5	4	14.8	—	—	4	15.6
Z_1R_8	—	—	4	12	4	14	4	12	4	16
Z_1R_{13}	4	8.9	4	10.3	4	14.1	4	12	4	15.7
Z_1R_{14}	4	11.7	4	13.9	4	17.4	4	14.1	4	19.7
Z_1R_{17}	4	7.5	4	11.8	4	14.6	4	12.3	4	15.7
Z_1	4	11.4	4	13.1	4	16.3	4	13.7	4	19.6
Z_3R_1	4	9.6	4	11	4	14.1	4	11.9	4	15.6
Z_3R_5	4	8.3	4	10.8	4	12.8	4	10	4	14.2
Z_3R_8	4	9.4	4	11.5	4	13.6	4	12	4	14.9
Z_3R_{11}	4	8.9	4	11.3	4	14.5	4	11.3	4	11.7
Z_3	4	9.95	4	11.9	4	14.8	4	12.4	4	15.8
Z_4R_3	4	10.3	4	12.5	4	15.7	4	13.1	4	17.9
Z_4R_9	4	23.1	4	19.5	4	18.2	4	23.5	4	31.8
Z_4R_{11}	4	9.9	4	11.8	4	14.9	4	12.4	4	15.8
Z_4	4	15.3	4	18.4	4	19.3	4	17.9	4	21.6
C	5	9.7	5	11.6	5	14.5	5	12.1	5	15.6
工厂	6	10	6	12	6	15	6	12.5	6	16

表 8-29 中 "—" 表示资源点不对需求点实施供应。如资源点 Z_2R_{12} 是需求点 Z_2X_{43}、Z_2X_{46} 的直属部队资源点，但属于正常状态的资源点，不能对其他需求点实施器材调度。资源点 Z_2R_2 对于器材 Q_1、Q_3 是正常状态的资源点，但对于器材 Q_2 是过量储备资源点，可提供器材 Q_2 的资源调度，但是需求点

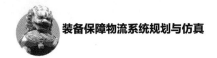

Z_2X_{18} 只需要器材 Q_1，需求点 Z_2X_{43} 同时需要器材 Q_1、Q_3，故 Z_2R_2 不能对 Z_2X_{18}、Z_2X_{43} 实施器材调度。

2．IFWACSGA 求解与结果分析

针对上述基于跨区调剂的装备器材供应任务，建立式（8-78）表示的多目标优化模型，运用基于混沌搜索与遗传算法的改进烟花算法（IFWACSGA）进行求解。Z_2X_{18} 只需要器材 Q_1，有 22 个资源点供选择，Z_2X_{21} 同时需要器材 Q_1、Q_2、Q_3，有 24 个资源点供选择，Z_2X_{43} 只需要器材 Q_1、Q_3，有 23 个资源点供选择，Z_2X_{46} 只需要器材 Q_2、Q_3，有 23 个资源点供选择，Z_2X_{62} 同时需要器材 Q_1、Q_2、Q_3，有 24 个资源点供选择。

IFWACSGA 算法参数设置如下：烟花总数为 $N=200$，高斯变异火花基数 $G_N=350$，爆炸火花基数 $S_N=180$，基本爆炸半径 $R_0=30$，最大迭代次数 $T_{max}=1000$，遗传操作变异概率 $p_m=0.30$。根据保障方式的特点，式（8-70）中不同保障方式的权重分别设置为 $\omega_1=0.05$，$\omega_2=0.10$，$\omega_3=0.175$，$\omega_4=0.20$，$\omega_5=0.225$，$\omega_6=0.25$。

根据上述参数设置，以式（8-79）为适应度函数运行算法，经 500 次仿真迭代后，算法运算结束，仿真优化得到的最优调度方案如表 8-30 所示。

表 8-30　全网器材调度优化方案

	Z_2X_{18}	Z_2X_{21}			Z_2X_{43}		Z_2X_{46}		Z_2X_{62}		
	Q_1	Q_1	Q_2	Q_3	Q_1	Q_3	Q_2	Q_3	Q_1	Q_2	Q_3
Z_2R_7	230	27	342	339							
Z_2R_{12}					252	414	317				
Z_2R_{16}									195	352	429
Z_2R_2			81								
Z_2R_{11}		171	17								
Z_2R_{14}		103		210							
Z_2R_{17}		78	120								
Z_2R_{18}				236	58						
Z_2							183	600	225	328	118
Z_3R_5											128
Z_3R_{11}											135

续表

	Z₂X₁₈	Z₂X₂₁			Z₂X₄₃		Z₂X₄₆		Z₂X₆₂		
	Q_1	Q_1	Q_2	Q_3	Q_1	Q_3	Q_2	Q_3	Q_1	Q_2	Q_3
加权保障成本	0.92	255.9			26.9		631.9		978.2		
保障时间	0.2	7.1			6.6		11		14.2		

采用传统的链式供应结构，得到的器材调度优化方案如表 8-31 所示。

表 8-31　传统链式结构下器材调度优化方案

	Z₂X₁₈	Z₂X₂₁			Z₂X₄₃		Z₂X₄₆		Z₂X₆₂		
	Q_1	Q_1	Q_2	Q_3	Q_1	Q_3	Q_2	Q_3	Q_1	Q_2	Q_3
Z_2R_7	230	27	342	339							
Z_2R_{12}					252	414	317				
Z_2R_{16}									195	352	429
Z_2		352	218	446	51		183	272		220	
C					7			328	225	108	381
加权保障成本	0.92	800.6			59.3		720.8		1251.2		
保障时间	0.2	10.8			14.5		12.1		15.6		

对比表 8-30 和表 8-31 可知：通过供应网的构建，其器材调度成本和时间均比采用传统链式供应结构的成本和时间有所降低，除需求点 Z_2X_{18} 由本级部队资源点直接保障，两种供应结构下的器材保障成本和保障时间均相等外，其他 4 个需求点对应保障成本的降低幅度分别为 68.0%、54.6%、12.3%、21.8%，保障时间的降低幅度分别为 34.3%、54.5%、9.1%、9.0%，表明物流供应网的网络化供应效率和效益明显优于传统的链式供应结构。

第9章

装备战备器材基数组配方法与仿真

装备战备器材是指依据现代战争特点和战争中器材消耗情况制定的储备定额所储备的器材。战备器材储备通常遵循统一规划、分级储备的原则，并根据未来战争中可能担负的任务、所处的地位、涉及的范围和作用的不同，将战备器材储备分为战略储备、战役储备和战术储备3种，一般以成套战备器材基数形式储存。战备器材基数是指为保障修理机构在战时对规定数量的装备实施修理所需要器材的品种和数量的计量单位。本章研究了装备战备器材基数的确定方法和相应的组配装箱问题，并进行了仿真分析。

9.1 装备战备器材基数组配问题分析

9.1.1 装备战备器材基数概念

1）装备战备器材

装备战备器材是指根据现代战争特点和战争中器材消耗情况制定的储备定额所储备的器材。由于现代战争突发性增强，一般来讲，当某种装备大量装配部队后，就开始储备适量的战备器材。因此，这种储备一般时间较长。为了保持器材的使用价值不变，应根据器材的理化特性、储备要求、储备的环境条件、器材的质量状况以及储备的经济合理性等因素，适时地更新。为利于储备器材的及时供应，战备器材储备通常遵循统一规划、分级储备的原则，并根据未来战争中可能担负的任务、所处的地位、涉及的范围和作用的不同，将战备器材储备分为战略储备、战役储备和战术储备3种。

2）战备器材基数

根据未来战争装备损坏率高的特点，为最大限度地快速修复装备，修理应以换件修理为主，加强战地的换件抢修。因此，战时装备器材的储备标准以基数为单位。以基数为单位是为了适应修理任务的分类，便于供应和提高快速反应能力，使得损坏装备及时得到修复，提高装备的参战率。

战备器材基数是指为保障修理机构在战时对规定数量的装备实施修理所需要器材的品种和数量的计量单位。战备器材基数是部队从受领任务离开驻地到战役结束这段时间使用的，它是按战时修复一定数量的不同程度受损装备所需维修器材制定的品种和数量标准。需要后送工厂大修或特修以及战前准备阶段恢复装备所需的器材，不属战备器材基数保障范围。

3）战备器材基数组配

战备器材基数组配通常在基数标准编制工作结束后进行，由指定的基数组配单位组织实施。战备器材组配应当按照基数标准、装箱方案、装载方案、包装与固定要求进行。组配结束后应当进行实车装载与运输试验，检查是否符合要求，确保组配质量。

9.1.2　装备战备器材基数标准编制依据

战备器材基数标准编制是从装备保障需求出发，根据典型作战模式下装备保障任务剖面、装备编配情况、装备种类、维修器材消耗规律等，研究战备器材构成关系，设计、构建装备战备器材基数标准计算模型，按战时器材保障需要确定各级战备器材基数的品种和数量，并按要求编制基数标准手册，提出供应建议和保障方法。

战备器材基数标准编制的主要依据是：

（1）部队担负的作战任务；

（2）部队装备列装的数量及参战率；

（3）装备战损率及部组件毁伤概率；

（4）修理机构的修理能力和修理时限；

（5）单装一次战斗消耗的摩托小时数；

（6）平时维修器材消耗定额；

（7）装备修理间隔期；

（8）基数分组方法；

（9）部队的携运行能力。

9.1.3　装备需求论证

考虑不同作战任务下装备战损规律不同，装备损伤概率也有差别，由此对装备战备器材保障产生了不同的需求。在"面向任务"进行分析的前提下，"基数"是一个广义化了的概念，即根据一次作战任务的需求来实行保障活动所需的战备器材的种类和数量。基于作战任务需求，研究面向任务的战备器材基数组配所需器材的需求确定方法，转变全面储备的保障思想，为战备器材组配中的器材管理奠定基础，为"需要什么带什么""需要多少带多少"的精确化保障提供依据。

此外，当前整套基数配发的保障方式以及大型集装箱分层组配集装的集装方式不能满足大规模联合作战以及多样化军事任务对野战保障机动灵活性的要求，应对这一情况，采用组合结构、大小结合的模块化集装方式遂行作战任务中的器材保障。在面向任务的战备器材组配中，采用这种组合结构的模块集装方式，对组配中重要环节——装箱进行分析，研究装箱优化方法。

应对信息化作战对战备器材保障快速、高效的要求，在作战任务中，综合应用信息技术手段，增强战备器材组配过程的信息管理，为作战任务中按需进行临时组配的实现提供方法、手段，提高战备器材组配作业效率和战备器材的智能识别、快速定位能力，提高野战保障能力。

9.2　装备战备器材基数组配原则

1）以保障能力为牵引的原则

以保障能力为牵引，即装备战备器材基数保障要以确保保障能力生成为原则，依据保障能力来确定战备器材基数储备的方式和集装箱改型要求，以模块化保障模式实现战备器材基数的灵活组配与快速保障，提高战备器材基数保障的野战性、机动性、灵活性。

2）基于需求的原则

多样化军事任务对战备器材基数保障提出了新的要求，与此同时，部队编制体制调整，对装备维修保障任务的分类、维修深度和维修模式也提出了相应改革要求。为此，战备器材基数要适应形势任务需求，基于不同的保障需求确定战备器材基数储备和集装模式，满足不同作战任务对战备器材维修保障的需求，实现"需要什么，带什么""需要多少，带多少"的精确化保障提供依据。

3）信息管控的原则

采用信息技术手段，如条形码技术、RFID 存储识别技术、计算机技术、PDA 快速扫描识别技术、数据库技术等，实现战备器材的自动识别和信息管理，对战备器材基数组配计划、出入库、储备等进行信息化管理，准确、有效地对战备器材进行自动识别、信息采集和处理，对战备器材的存放位置进行快速、准确定位，提高战备器材保障的时效性。

4）标准化原则

基于国家标准、军队标准，对战备器材包装、集装的方案进行分析设计，以便与地方保障方法相结合，提高军地一体化保障水平。

9.3 装备战备器材基数组配器材需求确定方法

战时保障以基数为单位，需要把所需战备器材组配成基数形式遂行保障任务。基数组配的前提就是要明确组配的器材需求，即战备器材的品种和数量。

战备器材是关键的保障资源，战备器材的供应直接影响到战场损伤装备的及时修复。如果不能科学合理地确定战备器材的品种与数量，将对装备的战备完好性产生非常大的影响，直接影响到装备是否能及时形成保障能力与战斗能力。

在新军事变革的大背景下，我军的装备战备器材保障工作应主动适应信息化战争的大趋势，改变传统的重规模数量、轻质量效能的思路，变传统的"粗放型"为"精确化"保障，为战时装备保障工作提供准确品种和数量的战备器材，使装备保障工作适时、适地、适量、快速和高效。为实现这一目标，关键是要根据不同作战类型、作战对象的维修任务需要来科学地确定面向任务的战备器材需求，并组配成所需基数进行战地保障。同时，对于战时保障而言，战斗单位的装备战损规律是制定器材保障的主要依据。

9.3.1 作战任务与装备战损规律

1. 作战任务的内涵与分类

作战任务是战场中作战资源的某一种或几种功能协同执行的行为集合，反映战斗实体和环境间行为的协同和合作关系。其由上级指挥员确定，并以作战命令的形式下达。按作战类型分为进攻作战任务和防御作战任务。进攻作战任务，是指攻击敌军的重要阵地、基地、地域和目标，歼灭敌军兵力所承担的作战任务；防御作战任务，是指扼守重要阵地、基地、地域，抗击敌军进攻，消耗敌军兵力所承担的作战任务。机动进攻作战、阵地进攻作战、登陆作战、城市进攻作战、边境地区反击作战等，都属于进攻作战任务；机动防御作战、阵地防御作战、海岸防御作战、城市防御作战等都属于防御作战任务。

随着新军事变革的发展，在多样化的作战任务形势下，研究战备器材的需求确定方法，为基于任务需求的战备器材保障、基数组配提供依据，为战时在不同作战任务中实施及时、快速、高效、精确保障具有非常重要的意义。

2．装备战损规律分析

战争中，装备的战场损伤是一种必然的事件。战场损伤（战损）是在战场上需要排除、处理的妨碍装备完成任务的事件，包括：战斗损伤、偶然故障、耗损性故障、人为差错以及装备得不到供应品（油、材料、战备器材）、装备不适于作战环境等。战场损伤与装备的固有特性、战争环境、敌方威胁等有着密切关系。战场损伤分为两大类：战斗损伤和非战斗损伤。战斗损伤是由于敌方火力破坏而造成的装备损伤，是装备在战场环境下特有的。据统计，战斗损伤约占全部战场损伤的 25%～40%。非战斗损伤，如偶然故障、耗损性故障和人为差错等在平时也会发生，但是在战场上可能加剧，损伤频率更高，损伤程度更重，而且可能出现新的故障或损伤模式，比如，由于作战时的心理紧张，平时不会出现的人为差错在战时出现了，产生新的故障或损伤模式；战时装备所处的环境条件更加恶化，灰尘更多，磨损更严重，偶然故障的频率更高等。

依据装备的损伤程度以及修复时的难易程度，装备损伤可以分为轻损、中损、重损、报废 4 个损伤等级，如表 9-1 所示。

表 9-1　装备损伤等级

损伤等级	含　义
轻损	损伤较轻，但不及时修复会影响战术技术性能，需要进行检修或者更换少量的零部件
中损	主要部件受损，需要修理和更换的零部件较多
重损	损伤严重，修理周期较长，消耗器材较多
报废	损伤严重，无法修复或者修复无价值

要做到战时装备精确化保障，就要知道在每一个作战阶段的装备战损率

以及装备毁伤程度，确定哪些装备该修，哪些可以不修，用有限的保障资源发挥最大的作战效益，从而达到节约资源、及时维修、确保作战胜利的目的。依据战时装备保障体系建设需求，装备战损规律的基本内涵可以定义为：装备在不同作战阶段的战损率、遭受各种武器攻击时装备各部位的被弹概率、装备被各种武器弹药命中后的部件毁伤概率、毁伤模式以及装备毁伤等级的定量评估准则，见图 9-1。

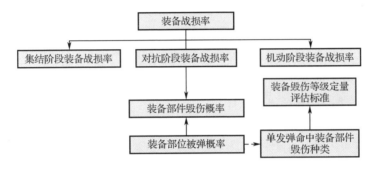

图 9-1　装备战损规律基本内涵

下面对分析装备战损规律时涉及的几个概率进行具体分析。

1）装备部件毁伤概率分析

装备部件毁伤概率是指，一次作战中，或某一个作战阶段，装备在遭受弹药攻击并击中后，其部件毁伤的概率。

装备在遭受各种反坦克弹药攻击并击中后，其毁伤状况取决于下列因素：①命中部位及命中方向；②弹药威力；③装备防护（抗弹）能力；④部件防护能力。

影响装备部件毁伤概率的因素很多，概括起来主要有三大因素：装备被弹药击中后部件的毁伤率（弹药威力、部件易损性等）、装备各部位的被弹概率、战斗单元在作战中的战斗损失率。

研究装备部件的毁伤规律是对一定作战环境和作战样式下的特定装备的毁伤问题进行的研究。特定的作战装备在不同的作战环境和作战样式中有着不同的毁伤规律。装备面临的威胁武器种类、作战规模及战法对分析装备部件的毁伤规律意义重大，而战法在很大程度上取决于作战环境，山地作战和中等丘陵起伏地不同，中等丘陵起伏地和海岸滩涂也有一定的差别。故而，在研究作战任务中的装备部件毁伤特点及毁伤规律时，必须要注意到不同作战任务所对应的特定情况及特点。此外，研究装备在现代战争中的战斗毁伤

规律，还要综合考察敌我双方作战样式、兵力兵器配备以及攻击特点等进行系统分析。

以某型坦克为实例的典型外场物理试验数据统计结果表明，每一发反坦克弹药命中坦克后，都会造成坦克多数部件的毁伤。其中有的属于严重毁伤，基本上不能修复；有的属于暂时性的功能丧失，经过处理就能够恢复。此外，具有一定杀伤威力的榴弹对某些型号坦克的毁伤一般是使其在一定时间内丧失某种程度的作战能力。对于薄型车辆可能会造成比较严重的毁伤，但是，经过必要的战场抢修，大部分能够恢复基本功能，可继续投入作战任务。而各种大威力的穿、破甲弹或导弹对装备的毁伤是很严重的，战场抢修困难，在一定程度上难以恢复其战斗力。

2）装备部位被弹概率分析

装备部位被弹概率是指，装备在遭受各种武器攻击时，装备各部位被各种反坦克弹药命中的概率，包括每一部位总的被弹概率和每一枚反坦克弹药命中在该部位的概率。

为了考察部件的毁伤概率，不仅要研究装备被弹药击中后的部件毁伤概率，还必须研究装备在作战任务中遭受攻击时各部位的被弹概率，它反映了造成装备毁伤及毁伤趋势的一般规律。对装备部位被弹概率的研究直接关系着对装备的哪些部件容易被毁伤的把握能力。

在实际作战中，由于武器装备的战术使用特点、战场环境以及武器对抗状态等因素的影响，装备在遭受各种武器攻击时，其各部位的被弹概率是不同的。这种不同取决于作战样式和兵器种类、装备在战场上的位置、敌兵力兵器阵地配置，以及武器的射击诸元误差、射弹散布（统称系统误差）及其对目标的发现概率和命中概率等。装备的使用特点不同，其部位被弹概率不同，进攻与防御、预设阵地防御与仓促防御会直接影响装备各部位的被弹概率；作战样式的不同，如平原、丘陵进攻作战和山地进攻作战与登陆作战等，以及战场地形环境等也是影响装备部位被弹概率的因素。另外，由于射击性能的差异，不同武器对装备各部位的命中概率是有差别的。同时，武器在战场上的阵地配置以及使用特点、使用数量和使用频率不同，使得装备在面对每一种武器时迎弹面有所不同，造成装备某一部位会有不同的命中数，这对该部位的被弹概率就产生了不同的影响。

装备各部位的被弹概率与该部位后面和在该部位沿射弹贯穿方向上分布的部件的毁伤密切相关。哪个部位的被弹概率高，该部位沿射弹贯穿方向上分布的、包络在破片流椭圆锥体内的部件的毁伤率就高。同时，在命中点附近的部件受冲击振动而毁伤的概率也就越高。

3）装备战损率分析

装备战损率是一次战斗终了或一定作战时间内，损失装备的数量（通常是参战数减去战终完好数）占参战数的百分比，是司令部门用于衡量部队持续作战能力、计划请领、调拨武器装备的基本依据。装备的战损率和具体的作战样式、作战特点有关。投入作战的装备、技术水平不同，其战损率是不同的。不同种类的装备，执行作战任务不同，战损率也有差异。表 9-2 是几次战争中坦克的战损率统计数据。

从表 9-2 可以看出，不同的作战样式、不同的作战特点、不同的参战武器装备，甚至不同的作战指挥艺术及不同的技术水平，都会造成不同的装备战损率。如攻击武器的威力和装备主防护力差异的大小对车内部件毁伤的状况是不同的；各种攻击武器（如穿甲弹、破甲弹、榴弹、导弹和地雷等）对装备毁伤特点的差异等造成装备被毁伤以至丧失或局部丧失作战能力的状态也是不同的。因此，对于未来战争装备战损率的研究，除对历次战争历史数据进行统计分析外，更为重要的是将装备战损率的研究放在具体的作战环境和战争样式中，充分考虑参战双方作战特点、投入的作战装备种类数量以及技术水平等因素。

表 9-2　几次战争中坦克的战损率统计数据

战争名称（时间）	国家或部队名称	参战数量	战伤坦克/辆	战损率/%
阿拉曼战役（1942）	英军	1300	530	41
	德军	230	150	65
第四次中东战争（1973.10）	以色列	2000	840	42
	阿拉伯	4570	2554	56
两伊战争（1980.9—1982.7）	伊拉克	1425	1200	84
	伊朗	875	800	91
黎以之战（1982.6—1982.9）	以色列	1000	200	20
	巴勒斯坦	250	100	40
	叙利亚	900	300	33

综上，影响装备战损率的主要因素可以归纳为：作战类型、敌我双方兵力兵器对比、作战持续时间及激烈程度、武器装备战术技术性能、敌方破坏

手段、破坏程度，以及我军的防护条件与措施，人员技术水平和作战经验，作战地区的地形、道路和气候条件等。装备的战损率主要取决于坦克、机械化部队所担负的任务、防护能力，敌方武器的数量、性能，以及地形、道路情况。

现代战争中的装备保障要求精确化，为此，装备的战损率要能反映不同作战阶段、不同损伤等级装备的战损率。由于各作战阶段的作战任务不同，敌我双方作战规模、作战强度不同，战损率也就不同，如图 9-2 所示。

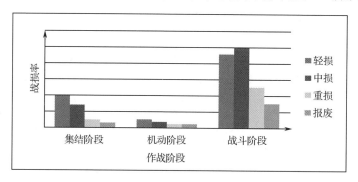

图 9-2　不同作战阶段、不同损伤等级的装备战损率趋势图

在不同的作战任务下，由于作战样式的不同，装备的战损率也有所不同。集团军反空降作战战损率为 30%～40%，运动战作战、阵地进攻作战战损率为 30%～50%。集团军阵地防御作战战损率为 30%～40%，抗登陆作战战损率为 20%～30%，城市防御作战战损率为 35%～45%。自行火炮、车的战损率将比坦克小 5%～10%。

9.3.2　影响装备战备器材需求确定的主要因素

在作战任务中，装备战备器材需求主要与以下 8 个方面相关。

（1）战斗损伤性。主要与敌我双方的兵力兵器对比、作战类型、防护措施等因素有关。据统计，重武器的战斗损伤高于轻武器的战斗损伤，进攻作战的日损伤高于防御作战的日损伤[3]。

（2）非战斗损伤性。指在装备设计规定的条件下使用时，由于自然耗损或偶然因素的影响而导致的零部件故障或损坏。装备零部件自身的可靠性决定了其自然故障率。虽然零部件发生故障后不一定需要战备器材维修，但零部件的故障率越高，则表明在战时需要此类器材的概率就越大。

（3）装备自身产生的对部件的工作应力。同种部件安装在不同的装备上或安装在同一装备的不同位置上，该部件受周围装备自身条件的影响（装备自身产生的振动、热量、电磁场、辐射等）不同，发生故障的可能性不同，对战备器材的需求也不再。例如，某种电子器件安装在同一装备的不同位置，由于工作电压不同，发生故障的概率也各不相同。

（4）零部件对损坏的敏感性。指在搬运、装配、使用及维修过程中，零部件因受非正常因素的影响而发生故障或损坏的难易程度。比如，某一零部件比较硬而脆，若在正常条件下使用，可靠性很高；但在战时，装备使用与维修人员所承受的压力较大，很可能在其附近进行操作或维修时损坏该零部件。

（5）作战地区的气候和地理环境。作战地区的地理环境特点、温湿度、风沙和大气压力不同，装备发生故障的零部件种类不同，故障率不同，所产生的战备器材需求也是不同的。比如，在沿海或沙漠地区，由于气候条件、地理环境恶劣，装备的损伤率或故障率比平时明显增加，相应的战备器材需求就会增大。

（6）装备使用强度。在战时，装备的使用强度同平时相比会有大幅度的增加，有时甚至超出正常使用范围。由于连续使用时间过长或装备所受到的应力超出原设计条件，许多在平时不会出现的故障或损坏会在战时出现。

（7）人为因素。与平时相比，战时装备使用与维修保障人员所承受的压力相对较大，精神紧张，发生差错的可能性也大大增加，从而使得装备发生故障或损坏的可能性也相应增加。例如，在海湾战争和伊拉克战争中，人为因素造成的装备损坏和误伤事件时有发生。

（8）战时保障工作条件。例如，维修环境、维修设施设备，以及维修机构的能力同平时相比有很大的差异，不同装备在不同的作战任务中易发生的损伤模式、修理方法不同，这些因素同样也会影响面向任务的战备器材需求。

在确定面向任务的战备器材需求时，应对这些影响因素综合权衡分析，合理简化问题，以保证需求确定工作的准确和高效。

9.3.3　面向任务的装备战备器材品种确定方法

1．基于模糊层次分析法的战备器材品种确定方法

层次分析法（Analytic Hierarchy Process，AHP）是美国运筹学家 T.L.Saaty 教授在 20 世纪 70 年代提出的一种定性和定量相结合的、系统的、层次化的

分析方法。对于具有诸多因素不能明确量化的评估和决策问题，层次分析法可成为一种较适当的评价和决策方法。在此基础上，Laarhoven 等提出了 AHP 的推广模型——模糊层次分析法（Fuzzy Analytical Hierarchy Process，FAHP），用模糊集取代判断矩阵中的数，进而求得各元素的模糊权重，克服了层次分析法中人的主观判断、选择、偏好对结果的影响，使决策更趋合理；它在处理定量型和混合型多目标决策问题时简单实用、切实有效，与传统的层次分析法相比，计算更为简捷、方便，而且使决策者遇到同一层元素众多的问题时，避免做出矛盾和混乱的判断。

由于不同作战任务下影响装备战备器材品种确定的因素较多，且不易量化，它们与战备器材品种是一种模糊的关系，采用经典数学方法定量分析，得到精确评价比较困难。为弥补上述缺憾，考虑采用模糊层次分析法对战备器材品种的确定进行研究。同时为克服少数几位专家确定权重时存在的主观性问题，可采用 Delphi 法，选择 8～20 位相关方向的专家，对各影响因素的两两重要性进行判断。具体步骤如下。

1）确定评语集

确定某种零部件是否需要设置为战备器材，实质上是看设置该类战备器材的效果如何。如果效果好，则应设置为战备器材；否则就不必设置。所以评语集选择为

$V = \{V_1, V_2, V_3, V_4, V_5\} = \{$效果很好，效果较好，效果一般，效果较差，效果很差$\}$

2）明确评价因素集

作战任务中影响战备器材品种确定的因素很多，概括起来主要包括以下几类：

① 关键性。关键性反映该零部件在装备系统中所起的作用以及对系统性能影响程度的大小。通常分为关键件、重要件和一般件。关键性因素主要依据零部件故障的严酷度来划分，严酷度的判断可通过故障模式影响及危害性分析（FMECA）得到。零部件故障的严酷度越大，关键性越高，设置为战备器材的效果越好。

② 战斗损伤性。战斗损伤性是确定战备器材品种的特有因素，越易损伤的零部件，就越需要设置为战备器材。

③ 非战斗损伤性。非战斗损伤导致战备器材消耗的因素有两种：一是正常使用消耗，即由装备固有可靠性所决定的零部件故障及损伤，其消耗量

取决于故障率及使用时间；二是严酷使用消耗，由于战场环境及地理条件一般较差，在紧张的作战过程中不按规程操作的现象时有发生，使用差错率明显提高，战时维护保养也难以正常进行，增加了出现致命性故障、关键零部件损坏的可能性。

④ 可更换性。可更换性反映该器材进行维修更换的级别和难易度，主要体现在维修时间上。经验表明，如果战时损伤装备的修理时间超过 24h，对它进行修理将不再对当前作战任务有意义。

⑤ 经济性。经济性反映零部件的成本或零部件价格的高低。贵重的零部件，不仅购置价格高，其库存费用也较高，设置为战备器材的效果较差；而价廉的零件，多存几个也不会造成过大的浪费。战备器材配置品种、数量过少，就很难及时实施战时器材保障，造成装备失修；配置品种、数量过多，尤其是不必要的器材配置，则会造成有限经费的大量浪费。一般就基层级或中继级来说，贵重零部件尽可能不配备，而价廉的宜设置。

⑥ 获得难度。其一，是否是标准件。如果是标准件，那么相应的获得难度较低；如果不是标准件，则要考虑该器材是否容易获得。其二，器材的交货提前期是否很长。如果交货提前期很短，本地有存货，则说明该器材获得难度较低；如果交货提前期很长，没有存货，则器材的获得难度很大。获得难度低，设置为战备器材的效果好，反之，效果差。

评价因素集可表示为

$U = \{U_1, U_2, U_3, U_4, U_5, U_6\}$ ={关键性，战斗损伤性，非战斗损伤性，可更换性，经济性，获得难度}

层次结构模型如图 9-3 所示。

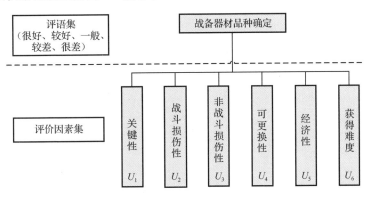

图 9-3 层次结构模型

3）FAHP 法确定各评价因素权重

① 确定模糊判断矩阵 A。

模糊判断矩阵是 FAHP 的基本信息，它以上一层的某一元素作为评判准则，对下一层要素进行两两比较来确定矩阵的各个元素。在分析战备器材品种确定的影响因素时，评价因素可视为单层，模糊判断矩阵 A 中的元素 a_{ij} 表示从设置该类器材为战备器材的效果角度考虑评价因素集中元素 U_i 对元素 U_j 的相对重要性，则模糊判断矩阵可表示为

$$A = \begin{bmatrix} a_{11} & a_{12} & \cdots & a_{1n} \\ a_{21} & a_{22} & \cdots & a_{2n} \\ \cdots & \cdots & \cdots & \cdots \\ a_{n1} & a_{n2} & \cdots & a_{nn} \end{bmatrix} = [a_{ij}]_{n \times n} \qquad (9-1)$$

为使任意两个评价因素的相对重要程度得到量化，可采用表 9-3 所示的 0.1～0.9 标度法进行数量标度。

表 9-3　判断矩阵的 0.1～0.9 标度定义

标度的取值	定　义
0.5	两个要素相比，具有同等重要性
0.6	两个要素相比，前者比后者稍微重要
0.7	两个要素相比，前者比后者明显重要
0.8	两个要素相比，前者比后者强烈重要
0.9	两个要素相比，前者比后者极端重要
0.1，0.2，0.3，0.4	反比较

注：表 9-3 中的反比较是指若元素 U_i 与元素 U_j 相比较得到判断 a_{ij}，则元素 U_j 与元素 U_i 相比较得到的判断就是 $a_{ji} = 1 - a_{ij}$。

② 构造模糊一致判断矩阵 $A^{(\kappa)}$。

模糊一致矩阵：若模糊矩阵 $R = [r_{ij}]_{n \times n}$ 满足任意 i, j, k $(i, j, k = 1, 2, \cdots, n)$，有 $r_{ij} = r_{ik} - r_{jk} + 0.5$，则称模糊矩阵 R 是模糊一致矩阵。

本节采用王波等在《基于模糊层次分析法的凝汽器真空降低影响因素分析与权重计算》一文中调整模糊判断矩阵一致性的方法，构造模糊一致判断矩阵 $A^{(\kappa)}$。

具体方法如下：

首先对模糊判断矩阵 $A = [a_{ij}]_{n \times n}$ 按行、列求和，记为

$$a_i = \sum_{j=1}^{n} a_{ij} \quad (i=1,2,\cdots,n), \quad a_j = \sum_{i=1}^{n} a_{ij} \quad (j=1,2,\cdots,n) \qquad （9-2）$$

进行如下数学变换：

$$a_{ij}^{(\kappa)} = \frac{a_i - a_j}{2n} + 0.5 \qquad （9-3）$$

则由此建立的矩阵 $\boldsymbol{A}^{(\kappa)} = [a_{ij}^{(\kappa)}]_{n \times n}$ 是模糊一致的。

$$\boldsymbol{A}^{(\kappa)} = \begin{bmatrix} a_{11}^{(\kappa)} & a_{12}^{(\kappa)} & \cdots & a_{1n}^{(\kappa)} \\ a_{21}^{(\kappa)} & a_{22}^{(\kappa)} & \cdots & a_{2n}^{(\kappa)} \\ \vdots & \vdots & \vdots & \vdots \\ a_{n1}^{(\kappa)} & a_{n2}^{(\kappa)} & \cdots & a_{nn}^{(\kappa)} \end{bmatrix} \qquad （9-4）$$

③ 计算指标权重。

设指标权重排序向量为 $\boldsymbol{W} = [\omega_1, \omega_2, \cdots, \omega_n]$，满足归一化约束条件：

$$\sum_{i=1}^{n} \omega_i = 1 \qquad （9-5）$$

由于 $\boldsymbol{A}^{(\kappa)} = [a_{ij}^{(\kappa)}]_{m \times n}$ 是模糊一致判断矩阵，则有下式：

$$a_{ij}^{(\kappa)} = a(\omega_i - \omega_j) + 0.5 \qquad （9-6）$$

且满足 $a \geq \dfrac{n-1}{2}$，然后将式（9-6）变换为

$$\omega_j = \frac{1}{a}(0.5 - a_{ij}^{(\kappa)}) + \omega_i \qquad （9-7）$$

将式（9-7）代入式（9-5），整理得到：

$$\omega_i = \frac{1}{n} - \frac{1}{2a} + \frac{1}{na} \sum_{j=1}^{n} a_{ij}^{(\kappa)} \qquad （9-8）$$

由此可得各评价指标的权重值。

4）进行单因素评价，确定隶属度向量与模糊矩阵

单因素评价用于确定某一影响因素对不同评价的隶属度。运用 Delphi 法，根据各个专家对某一评价因素 $U_i\,(i=1,2,\cdots,6)$ 所选取的不同评判值 $V_j\,(j=1,2,\cdots,5)$，来确定此因素的综合评价隶属度向量。例如 7 个人对关键性进行评判：1 人选效果很好，2 人选效果较好，2 人选效果一般，1 人选效果较差，1 人选效果很差，则关键性的综合评价隶属度向量 $\boldsymbol{R}_{u1} = [0.14, 0.29, 0.29, 0.14, 0.14]$。以单因素评价法确定的隶属度向量作为行向量即可构成模糊矩阵 $\boldsymbol{R}^{(\kappa)} = [\boldsymbol{R}_{u1}; \boldsymbol{R}_{u2}; \boldsymbol{R}_{u3}; \boldsymbol{R}_{u4}; \boldsymbol{R}_{u5}; \boldsymbol{R}_{u6}]$，其中 $\boldsymbol{R}_{ui}\,(i=1,2,3,\cdots,6)$ 表示 6 个评价因素的隶属度向量。

确定出各隶属度向量以后，可根据评价因素集 U 中关键性、战斗损伤性、

非战斗损伤性、可更换性、经济性、获得难度的指标权重向量 $\boldsymbol{W}$，计算综合评判矩阵 $\boldsymbol{B}$。

5）计算综合评判矩阵 $\boldsymbol{B}$

综合评判的结果可由下式得到：

$$\boldsymbol{B} = \boldsymbol{W} \cdot \boldsymbol{R}^{(\kappa)} = [b_1, b_2, b_3, b_4, b_5] \tag{9-9}$$

6）评判结果分析

经过计算得到综合评判矩阵 $\boldsymbol{B}$ 后，根据最大隶属度法则可以得到设置某类备件的效果，将取得最大评判指标 $b_{\max} = \max\{b_1, b_2, b_3, b_4, b_5\}$ 相对应的评语集元素作为评判结果。

2. 某型装备小修基数战备器材品种确定实例仿真分析

对于某型装备上的零部件 A（枪机）、B（滚轴弹簧），采用本节研究的方法对这两种零部件是否设置为小修基数战备器材，即对其设置为战备器材的效果进行分析，并将分析结果与实际进行比较，分析如下。

1）首先采用 FAHP 法确定各评价因素权重

通过专家打分综合方法，对评价因素集中各元素的相对重要性进行评分，采用 0.1～0.9 标度法，得到模糊判断矩阵 $\boldsymbol{A}$，如表 9-4 所示；再由式（9-2）、式（9-3）得到模糊一致判断矩阵 $\boldsymbol{A}^{(\kappa)}$，如表 9-5 所示。

表 9-4　模糊判断矩阵 $\boldsymbol{A}$

U	U_1	U_2	U_3	U_4	U_5	U_6
U_1	0.5	0.6	0	0.9	0.9	0.8
U_2	0.4	0.5	0.6	0.8	0.9	0.7
U_3	0.3	0.4	0.5	0.8	0.8	0.7
U_4	0.1	0.2	0.2	0.5	0.6	0.3
U_5	0.1	0.1	0.2	0.4	0.5	0.2
U_6	0.2	0.3	0.3	0.7	0.8	0.5

表 9-5　模糊一致判断矩阵 $\boldsymbol{A}^{(\kappa)}$

U	U_1	U_2	U_3	U_4	U_5	U_6
U_1	0.5	0.54	0.575	0.71	0.74	0.63
U_2	0.46	0.5	0.53	0.67	0.7	0.59
U_3	0.425	0.47	0.5	0.63	0.67	0.56
U_4	0.29	0.33	0.37	0.5	0.53	0.425
U_5	0.26	0.3	0.33	0.47	0.5	0.39
U_6	0.37	0.41	0.44	0.575	0.61	0.5

由式（9-8）计算得到评价因素集 U 中各因素的权重为

$$\boldsymbol{W} = [\omega_1, \omega_2, \cdots, \omega_n] = [0.241, 0.197, 0.184, 0.129, 0.089, 0.160]$$

2）分别计算零部件 A、B 的综合评判矩阵 $\boldsymbol{B}_1$、$\boldsymbol{B}_2$

选取 15 位专家分别对零部件 A、B 的各评价因素进行评判，结果如表 9-6～表 9-11 所示。

表 9-6　对于关键性因素的评判

零部件	关键性因素				
	效果很好	效果较好	效果一般	效果较差	效果很差
A	7	4	3	1	0
B	2	4	5	3	1

表 9-7　对于战斗损伤性因素的评判

零部件	战斗损伤性因素				
	效果很好	效果较好	效果一般	效果较差	效果很差
A	5	6	3	1	0
B	1	5	6	2	1

表 9-8　对于非战斗损伤性因素的评判

零部件	非战斗损伤性因素				
	效果很好	效果较好	效果一般	效果较差	效果很差
A	4	5	4	1	1
B	2	3	5	4	1

表 9-9　对于可更换性因素的评判

零部件	可更换性因素				
	效果很好	效果较好	效果一般	效果较差	效果很差
A	3	6	4	1	1
B	1	4	5	4	1

表 9-10　对于经济性因素的评判

零部件	经济性因素				
	效果很好	效果较好	效果一般	效果较差	效果很差
A	0	2	4	6	3
B	0	4	6	4	1

表 9-11　对于获得难度因素的评判

零部件	获得难度因素				
	效果很好	效果较好	效果一般	效果较差	效果很差
A	2	4	6	2	1
B	1	3	4	6	1

分析表 9-6～表 9-11，可得到零部件 A 与零部件 B 的隶属度模糊矩阵分别为

$$\boldsymbol{R}_{\mathrm{A}}^{(\kappa)} = \begin{bmatrix} 7/15 & 4/15 & 3/15 & 1/15 & 0 \\ 5/15 & 6/15 & 3/15 & 1/15 & 0 \\ 4/15 & 5/15 & 4/15 & 1/15 & 1/15 \\ 3/15 & 6/15 & 4/15 & 1/15 & 1/15 \\ 0 & 2/15 & 4/15 & 6/15 & 3/15 \\ 2/15 & 4/15 & 6/15 & 2/15 & 1/15 \end{bmatrix} \quad \boldsymbol{R}_{\mathrm{B}}^{(\kappa)} = \begin{bmatrix} 2/15 & 4/15 & 5/15 & 3/15 & 1/15 \\ 1/15 & 5/15 & 6/15 & 2/15 & 1/15 \\ 2/15 & 3/15 & 5/15 & 4/15 & 1/15 \\ 1/15 & 4/15 & 5/15 & 4/15 & 1/15 \\ 0 & 4/15 & 6/15 & 4/15 & 1/15 \\ 1/15 & 3/15 & 4/15 & 6/15 & 1/15 \end{bmatrix}$$

分别代入式（9-9），可得到零部件 A 对应的综合评判矩阵 $\boldsymbol{B}_1$ 为

$$\boldsymbol{B}_1 = \boldsymbol{W} \cdot \boldsymbol{R}_{\mathrm{A}}^{(\kappa)} = [0.274, 0.314, 0.256, 0.107, 0.049]$$

零部件 B 对应的综合评判矩阵 $\boldsymbol{B}_2$ 为

$$\boldsymbol{B}_2 = \boldsymbol{W} \cdot \boldsymbol{R}_{\mathrm{B}}^{(\kappa)} = [0.089, 0.245, 0.342, 0.257, 0.067]$$

根据上述结果，对于零部件 A（枪机），由于 $\max\limits_{1 \le i \le 5} b_i = b_2 = 0.314$，根据最

大隶属度法则，将该零部件 A（枪机）设置为作战任务中的战备器材的效果较好，故必须列入战备器材保障清单，而这与实际情况相符。

而对于零部件 B（滚轴弹簧），与对零部件 A 的分析一样，同样根据最大隶属度法则，得出将该零部件 B（滚轴弹簧）设置为作战任务中的战备器材的效果一般，在战时器材保障中可考虑列入保障清单，这也与实际情况相符。

对经分析得到的装备战备器材的品种，根据其尺寸、重量、体积的大小，将其分为小件易损件器材（如本节实例中的枪机）、大件器材（如履带板、主动轮等）、特殊件器材（如发动机等），这样划分将产生不同类型器材的装箱分析，具体在下节进行详细论述。

9.3.4　面向任务的装备战备器材数量确定方法

应用模糊层次分析法确定出面向任务的装备战备器材的品种后，就要考虑对战备器材的数量进行确定。

1. 基于保障度的战备器材需求量模型

作战任务中装备战备器材的需求量，主要由以下 3 个部分的消耗决定：一是正常使用消耗，包括装备的固有可靠性所决定的零部件故障及损伤，其消耗量取决于装备的可靠性、维修性、使用和环境条件、故障率及使用时间；二是严酷使用消耗，由于战场环境及地理条件一般较差，在紧张的作战过程中装备的使用差错率明显提高，战时的维护保养也难以正常进行，增加了出现致命性故障、关键零部件损坏的可能性；三是战斗损伤造成的消耗，是指由敌方武器作用造成的装备部件损伤，它与武器装备的类型、作战样式、作战条件、装备的抗损坏特性、受打击强度、受击次数等有关，因而作战任务中装备战备器材备件 i 的需求量 N_i 可由以下公式计算得到：

$$N_i = D_i + Q_i + P_i \tag{9-10}$$

式中，D_i 为备件 i 由战斗损伤引起的需求量；Q_i 为备件 i 由正常使用消耗引起的需求量；P_i 为备件 i 由严酷使用消耗引起的需求量。

根据外军的研究成果，严酷使用消耗需求量可以用正常使用消耗需求量乘以比例系数 σ 得到，即 $P_i = \sigma Q_i$，则式（9-10）可改写为

$$N_i = D_i + (1+\sigma)Q_i \tag{9-11}$$

对于严酷使用消耗需求量比例系数 σ，美军陆战队将其定为 0.75。但在

战时根据作战任务、作战环境等的不同，σ 也会随之变化。例如，在热带丛林地区作战，温度、湿度较高，电子元器件易损坏；在高寒地区作战，机械构件易出现断裂；在海岸线上作战，盐度较高，金属件锈蚀较严重；在沙漠地区作战，风沙大，温度高，对机械和电子装备的正常工作都有较大的影响。

下面对战斗损伤备件的需求模型进行分析。

装备的 n 个备件在预定期间内的战斗损伤备件的需求量 $D = \{D_1, D_2, \cdots, D_n\}$ 依赖于以下 3 个因素：

① 装备在一次作战任务中的战伤分布，$P = \{P_1, P_2, \cdots, P_i, \cdots, P_n\}$，其中 P_i 表示备件 i 在一次作战任务中的战斗损伤概率；

② 一次作战任务中装备出动的数量 M；

③ 一次作战任务中备件满足作战任务需要的概率 ζ。

装备在一次作战任务中因战斗损伤导致的消耗量为一个随机变量，记为 X_i，则有：

$$P(X_i = \kappa) = \binom{M}{\kappa} \cdot P_i^{\kappa} \cdot (1 - P_i)^{M-\kappa} \tag{9-12}$$

在 ζ 给定的情况下，根据下式

$$\sum_{i=1}^{n} \binom{M}{\kappa} \cdot P_i^{\kappa} \cdot (1 - P_i)^{M-\kappa} > \zeta \tag{9-13}$$

求出第一个满足不等式的整数 κ 作为备件 i 的需求量，根据这种方法确定的备件需求量进行储备，可以保证装备任一部件战伤后因无备件而影响作战任务战备完好性的概率小于 $1 - \zeta$。

根据概率论的中心极限定理，可知 $\dfrac{X_i - MP_i}{\sqrt{MP_i(1-P_i)}} \leqslant \dfrac{\kappa - MP_i}{\sqrt{MP_i(1-P_i)}}$ 近似服从正态分布，故可取：$D_i = [U_\zeta \sqrt{MP_i(1-P_i)} + MP_i] + 1$（$U_\zeta$ 为正态分布标准差）。

根据式（9-11），下面对因正常使用消耗引起的备件需求量 Q_i 进行分析。

设一次作战任务的装备平均使用时间为 T，备件需求服从泊松分布，则可利用下式计算初始备件需求：

$$P_{ui}(n \leqslant Q_i) = \sum_{n=0}^{n=Q_i} \frac{(\lambda_i \cdot N_i \cdot T)^n \cdot e^{\lambda_i \cdot N_i \cdot T}}{n!} \tag{9-14}$$

式中，P_{ui} 为备件保障概率，即需要备件 i 时，能够获得该备件的概率；N_i 为装备中备件 i 的数量；λ_i 为装备中备件 i 的失效率（假定备件在存放期内不失效）。

2．基于战场损伤模式与抢修时限的战备器材需求量模型

战场损伤模式即战场损伤的表现形式。装备的基本损伤模式有：穿透（破孔）、分离（脱落）、振裂、裂缝、卡住、变形（压坑、弯曲、膨胀）、燃烧、烧毁、爆炸、断路（电、气、液路、网络）、局部高温（热过载）、化学（毒剂）污染等。在现代战场中，装备作为主要的作战工具，将遭受各种武器的打击，在一定的战场环境中可能出现多种战场损伤模式（战损模式），而每种战损模式可能有多种抢修方法，如切换、拆换等，但并不是所有战损模式都能选择修复时间最短的抢修方法。

在战场上，要携带大量的武器、弹药等，用于携带抢修器材的能力受到客观条件的限制，更换损伤零部件对大部分损伤来说可能需要的修理时间最短，但必须携带战备器材；有的抢修方法尽管用时稍长，但不需要携带更多的战备器材和工具。因此，抢修方法的选择应与装备战时保障抢修器材的需求能力进行综合权衡。

战场抢修装备战备器材需求分析的流程如图 9-4 所示。

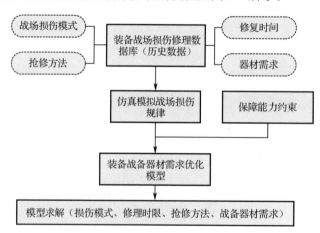

图 9-4　战场抢修装备战备器材需求分析流程

首先分析收集某型装备的详细设计资料（易损性、维修性等）、实弹试验的损伤记录、历次战争或军事演习中的损伤历史数据，建立装备的战场损伤修理数据库，包含战场损伤模式、抢修方法、修复时间、抢修器材需求等。利用这些数据以及典型战场环境资料，使用仿真技术或模型分析得出装备战场损伤概率、战场抢修器材需求分配与优化模型，再根据装备战时抢修器材

保障的保障能力，结合修理时限，利用装备战场损伤修理数据库，采用最优化技术，综合分析各种损伤模式下各抢修方法对应的战备器材需求量。

在构建优化模型的过程中，只研究影响基本功能的战场损伤模式，并假设所有损伤在战场上都必须得到抢修，每种损伤模式至少有两种抢修方法：一是换件修理，另一种是时间最短的非标准抢修方法。

修复时间是战场抢修的首要因素。根据战场经验，为提高战场抢修能力，减少修理时间，是在高强度下的有限时间内，增加装备出击次数的一种费用效果最佳的方法。

假设有 q 台某型装备投入某次作战任务，已预计到敌方装备可能采取的攻击方式及攻击次数，装备可能出现的影响基本功能的战场损伤模式及平均损伤概率已知，每种损伤模式都有两种抢修方法可以选择，该部队的战备器材携带能力有限，最多可携带质量为 M_o 的器材。为实现装备的快速修复，尽快投入使用，提高作战能力，在器材携带能力有限的约束下，以装备的平均抢修时间最短为目标，构建基于战损模式与抢修时限的战备器材需求模型。

1）模型构建

假设 $X = \{X_1, X_2, \cdots, X_i, \cdots X_n\}$ 为换件修理比率集，其中 X_i 表示第 i 个战场损伤模式采用换件修理的比率，即：

$$X_i = \frac{\text{换件修理次数}}{\text{换件修理次数} + \text{非标准抢修次数}} \qquad (9\text{-}15)$$

由式（9-15）可知，当 $X_i = 1$ 时，表示全部换件修理；当 $X_i = 0$ 时，表示全部非标准抢修。

平均抢修时间：

$$\overline{T}(X) = \frac{\sum_{i=1}^{n} P_i \cdot q \cdot a[T_{i1} \cdot X_i + T_{i2}(1 - X_i)]}{\sum_{i=1}^{n} P_i \cdot q \cdot a} \qquad (9\text{-}16)$$

抢修器材备件质量：

$$M(X) = \sum_{i=1}^{n} P_i \cdot q \cdot a[M_{i1} \cdot X_i + M_{i2}(1 - X_i)] \qquad (9\text{-}17)$$

式中，T_{i1}, T_{i2} 为第 i 种战场损伤模式采用换件修理及非标准抢修所需的平均修复时间；M_{i1}, M_{i2} 为第 i 种战场损伤模式采用换件修理及非标准抢修所携带的抢修器材备件的质量；P_i 为第 i 种战场损伤模式的平均损伤概率；q 为装

备数量；a 为攻击次数。

最优化模型为

$$\min \overline{T}(X)$$
$$\text{s.t.}\ M(X) \leqslant M_0 \quad 0 \leqslant X_i \leqslant 1, i = 1, 2, \cdots, n$$

（9-18）

式中，M_0 为装备可携带抢修器材备件的最大质量。

该线性规划问题属于运筹学范围，可采用单纯形法进行求解，也可通过软件（如 MATLAB 等）分析得到最优解。下面用一些实验数据对某型装备的战备器材需求量进行仿真分析。

2）某型装备的战备器材需求量确定实例仿真分析

假设某部队有 15 台某型装备参加一次战斗，敌方的攻击方式为火炮射击，攻击次数为 200 次，经过仿真模拟预计有 8 种战场损伤模式，可携带抢修器材的最大能力为 $M_0=6t$，则 $q=15$，$a=200$，战损模式相关数据如表 9-12 所示。

表 9-12　某型装备损伤模式相关数据

损伤模式 i	抢修方法 j	平均抢修时间 T_{ij}/min	损伤概率 P_i	抢修器材质量 M_{ij}/t
1	1	15	0.0020	0.40
	2	20		0.05
2	1	10	0.0015	0.50
	2	20		0.10
3	1	5	0.0025	0.40
	2	15		0.10
4	1	10	0.0030	0.30
	2	15		0.05
5	1	10	0.0040	0.15
	2	10		0.02
6	1	5	0.0010	0.50
	2	10		0.10
7	1	15	0.0015	0.10
	2	15		0.30
8	1	5	0.0010	0.10
	2	20		0.40

利用单纯形法求解上述线性规划问题，运用 MATLAB 进行求解，结果为

$$X^* = \{0.0000, 0.2833, 1.0000, 0.0000, 0.0000, 0.0000, 0.9999, 1.0000\}$$

$$\overline{T}(X^*) = 12.1667 \, \text{min}$$

该结果表明：对第 1、4、5、6 种战损模式，全部采用非标准抢修；对第 2 种战损模式，28.33%需要进行换件修理，71.67%需进行非标准抢修；对第 3、8 种战损模式，全部采用换件修理；对第 7 种战损模式，99.99%需进行换件修理，0.01%需要进行非标准抢修。

第 i 种战损模式需要进行换件修理的备件质量为 $X_i M_{i1} P_i q a$，需要非标准抢修备件的质量为 $(1 - X_i) M_{i2} P_i q a$，由此，计算得到各抢修器材备件的质量如表 9-13 所示。

表 9-13　各抢修方法所需战备器材的质量

损伤模式 i	分配系数 X_i	所需战备器材质量/t	
		方法 1	方法 2
1	0.0000	0.0000	0.3000
2	0.2833	0.6374	0.3225
3	1.0000	3.0000	0.0000
4	0.0000	0.0000	0.4500
5	0.0000	0.0000	0.2400
6	0.0000	0.0000	0.3000
7	0.9999	0.4500	0.0001
8	1.0000	0.3000	0.0000
合计		4.3874	1.6126

关于携带器材能力（最大质量）与最优解之间的关系，本节也进行了论证，通过 MATLAB 求解，得到表 9-14 所示的计算数据。

表 9-14　携带器材质量与最优解的关系

携带质量 M_0/t	最优解 X^*	平均抢修时间 $\overline{T}(X^*)$/min
4.0	(0.0000, 0.0000, 0.3378, 0.0000, 0.0000, 0.0000, 0.9999, 1.0000)	13.4276
4.3	(0.0000, 0.0000, 0.4711, 0.0000, 0.0000, 0.0000, 0.9999, 1.0000)	13.2256
4.5	(0.0000, 0.0000, 0.5599, 0.0000, 0.0000, 0.0000, 0.9999, 1.0000)	13.0909

续表

携带质量 M_0/t	最优解 X^*	平均抢修时间 $\bar{T}(X^*)$ /min
4.7	(0.0000,0.0000,0.6489,0.0000,0.0000,0.0000,0.9999,1.0000)	12.9562
5.0	(0.0000,0.0000,0.7822,0.0000,0.0000,0.0000,0.9999,1.0000)	12.7542
5.3	(0.0000,0.0000,0.9156,0.0000,0.0000,0.0000,0.9999,1.0000)	12.5522
5.5	(0.0000,0.0056,0.9999,0.0000,0.0000,0.0000,0.9999,1.0000)	12.4192
5.7	(0.0000,0.1167,0.9999,0.0000,0.0000,0.0000,0.9999,1.0000)	12.3181
6.0	(0.0000,0.2833,1.0000,0.0000,0.0000,0.0000,0.9999,1.0000)	12.1667
6.3	(0.0000,0. 4500,1.0000,0.0000,0.0000,0.0000, 1.0000,1.0000)	12.0152
6.5	(0.0000,0. 5611,1.0000,0.0000,0.0000,0.0000, 1.0000,1.0000)	11.9141
6.7	(0.0000,0. 6723,1.0000,0.0000,0.0000,0.0000, 1.0000,1.0000)	11.8131
7.0	(0.0000,0.8389,1.0000,0.0000,0.0000,0.0000, 1.0000,1.0000)	11.6616
7.1	(0.0000,1.0000,1.0000,0.0000,0.0000,0.0000, 1.0000,1.0000)	11.5211
7.3	(0.0000,1.0000,1.0000,0.0000,0.0000,0.0000, 1.0000,1.0000)	11.5211
7.5	(0.0000,1.0000,1.0000,0.0000,0.0000,0.0000, 1.0000,1.0000)	11.5211
7.7	(0.0000,1.0000,1.0000,0.0000,0.0000,0.0000, 1.0000,1.0000)	11.5211

从表 9-14 可以得出以下结论：

携带的战备器材越多，则平均修理时间越短；当携带的战备器材的质量增加到一定程度后，平均抢修时间将不再降低，最优解的取值或者为 0.0000，或者为 1.0000，即要么全部采用换件修理，要么全部采用非标准抢修方法，此时，只能通过改进抢修方法实现平均修理时间的降低。

9.4　装备战备器材基数组配装箱方法

装箱是战备器材基数组配的重要环节，而战备器材基数组配装箱要适应作战任务对战时保障机动灵活性的要求，采用组合结构、大小结合的模块化集装方式，依据战备器材保障需求设计集装箱，根据任务需要，在明确基数组配器材需求的基础上展开装箱工作，由此产生面向任务的装备战备器材基数组配装箱问题，本节对装箱方法进行研究。从面向任务的战备器材基数组配装箱问题分析出发，根据保障要求设计小修基数模块化、组合结构集装箱，构建面向任务的装备战备器材基数组配装箱问题的数学模型，在基本装箱优化算法（启发式算法、遗传算法）的基础上进行策略改进、算子改进，设计求解模型的基于块装载的构造型混合遗传算法，通过具体算例对算法的有效性进行检验，为作战任务中临时组配、快速组配提供装箱依据。

9.4.1　装备战备器材基数集装方式设计

现行的基数器材集装方法存在时效性差、装箱空间不合理、适应性差、质量大、装卸搬运困难、电磁防护性能弱、抗冲击性能和耐腐蚀性能差、器材分发混乱、灵活性差等问题，已不能满足大规模联合作战、多样化军事任务以及编制体制改革对装备战备器材保障的要求。为此，首先需要对战备器材集装方式进行改革。根据作战任务需要，为满足野战环境下器材保障快速、灵活、机动性强的要求，设计改型集装箱。采用模块化、一体式组合结构，并使用高性能的材料注塑（滚塑）成型，重点在防腐蚀、抗冲击、易分发、抗电磁干扰等功能上加以改善。在确定基数组配器材的品种和数量需求的前提下，将这些器材装入模块化、组合结构的集装箱中，进行装箱优化分析，以期得到满足约束条件的合理的装箱方案。

现有战备器材基数组配集装箱包括：标准集装箱，主要用于基数中小件器材的储存，如图 9-5（a）所示；非标准集装箱，主要用于储存基数内单件体积或质量较大的器材，如图 9-5（b）所示。

（a）标准集装箱

（b）非标准集装箱

图 9-5　战备器材基数组配集装箱

战备器材基数组配集装箱要克服传统的金属集装箱电磁防护性能弱、抗冲击性能和耐腐蚀性能差的特点，就要在防腐蚀、抗冲击、抗电磁干扰等功

能上加以改善，采用模块化组合结构改型集装箱。

1）集装箱材料选择

模块化组合结构改型集装箱采用树脂基玻璃纤维增强复合材料（简称复合材料）RTM成型，该材料主要由玻璃纤维和合成树脂复合而成，兼具玻璃纤维的强度和合成树脂的韧性，既能承受拉应力，又能承受弯曲、压缩、剪切应力；具有质量小、硬度大、机械强度高、绝缘、隔热等优点，相对密度为1.5～2.0，是钢材的1/4～1/5；对大气、水和一般浓度的酸碱盐以及多种油类和溶剂都有较好的抵抗能力，是良好的耐腐材料；在复合材料中加入防电磁辐射的屏蔽材料，即可实现防电磁干扰功能；成型工艺简单，可以一次成型，适合形状复杂、大型器材外壳或包装类产品的制造；使用寿命一般可达到数十年甚至上百年。

模块化组合结构集装箱在受到外力冲击时，受损部位合成树脂局部会产生弹性变形直至破碎，冲击能全部被弹性变形和局部破碎吸收掉，同时，玻璃纤维能起到分散集中载荷的作用，因此破损范围不会扩大，经局部修复即可恢复原貌，不会将变形扩散到其他功能结构上，防护性能强，能有效避免开启和抽拉困难的问题，满足铁路、公路、水路、航空运输等的要求。

2）集装箱结构设计

这里重点对小修基数的集装箱进行分析。为满足作战任务战时保障需要，小修基数集装箱主要采用模块化、一体式组合结构。根据明确的战备器材品种，依据器材尺寸等特征，将战备器材划分成小件易损件器材、大件器材、特殊件器材来分析，结合军队标准托盘尺寸，设计小修基数集装模块，包括三种类型：小件器材集装箱、大件器材集装箱、特殊件器材集装箱，其中大件器材集装箱的高度是小件器材箱的两倍，特殊件器材集装箱是专为那些质量特别大的特殊器材（如发动机、负重轮等）设计的，内置木模底座或方钢支架。

小修基数集装单元或由一个小件器材集装箱（简称小型箱）和一个大件器材集装箱（简称大型箱）堆叠组合而成，或由三个小型箱堆叠组合而成，集装单元外廓尺寸为1200mm×1000mm×1200mm，该尺寸是按照1.2m×1.0m托盘的尺寸标准进行设计的，如图9-6（a）所示；特殊件器材集装箱结构如图9-6（b）所示，外轮廓尺寸为2220mm×1600mm×1800mm。小型箱取用轻便，便于在前方地域装卸与搬运；小型箱和大型箱上均安装有连接接口，可方便灵活地组合成集装单元，实现战备器材基数保障的组合化、模块化；能够根据作战方向、作战对象不同维修任务的器材需求进行临时组配，灵活组合成所需基数，打破了原来必须整基数配发的模式。

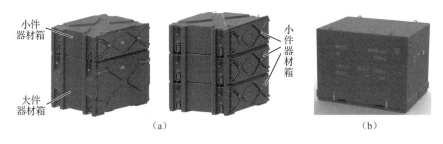

图 9-6　小修基数集装箱结构

同时，这种组合结构的集装箱克服了现有集装箱组只能依靠机械设备进行装载和搬运，机动性差，搬卸不方便，在野战叉车、装卸搬运配套设备不齐全的情况下无法遂行保障任务的弊端，将集装单元拆分开来，能够通过人工搬卸，实现野战条件下的快速保障，从一定意义上节约了保障成本，提高了战备器材保障的灵活性、针对性和机动性。

下面对这三种类型的集装箱结构进行简要说明。

① 小件器材集装箱（小型箱）。

小型箱为长方体侧开口形式，外轮廓尺寸为 1200mm × 1000mm × 400mm，内腔尺寸为 1030mm × 850mm × 262mm，最大静载承重为 1t，主要由箱体、箱盖、抽屉组成，如图 9-7 所示。抽屉为金属骨架结构配装定向滑轮，与箱盖采用连体设计，解锁后与箱盖一起拉出箱外（箱盖上设计了手拉凹槽），抽屉在箱体内部沿滑轨抽出，滑轨与顶面导向滑轮和底面支撑轮配合，如图 9-8 所示。侧面和顶面分别设计了挂接装置，可以实现模块之间挂接，连为整体，箱体上下表面设计为 X 形定位凹凸结构，可以方便、准确地实现码放定位。

图 9-7　小型箱结构

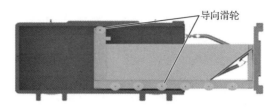

图 9-8　抽屉结构

② 大件器材集装箱（大型箱）。

大型箱高度为小型箱的两倍，外轮廓尺寸为 1200mm×1000mm×800mm，内腔尺寸为 1030mm×850mm×670mm，最大静载承重为 1t，箱盖与箱体采取旋转铰接方式，导向机构为两排承重轮，箱体设计了滑轮限位导向槽，箱盖下翻至水平面，可形成延伸导向轨道，滑车可外漏 80% 以上，重型器材如主动轮可吊装放入内置滑车，如图 9-9 所示。

图 9-9　大型箱结构

③ 特殊件器材集装箱（特型箱）。

特型箱主要由箱盖、箱底、锁扣、内支撑固定件组成，外轮廓尺寸为 2220mm×1600mm×1800mm，如图 9-10 所示。箱盖和箱底上下扣合，采用锁扣连接；箱底设计了密封胶条，扣合后可阻止雨水和沙尘的进入；箱底有叉运槽，既可以使用叉车搬运，也可以使用包带兜底吊装。箱盖侧壁左上角预留电子标签安装槽，用于安装电子标签。

箱盖和箱底金属框架由角钢和空心矩钢焊接而成，在纵横两个方向分别起到分散载荷作用和支撑作用。箱底金属框架由重型方管和空心矩钢焊接而成，起到承重作用。特型箱金属框架如图 9-11 所示。

图 9-10　特型箱结构　　　　图 9-11　特型箱金属框架

特型箱采用托盘支座固定被装物，发动机支座与托盘支座之间用螺栓固定；负重轮和变速器采用可调节的框架，根据被装物具体外形尺寸进行调整，调整至合适位置后用螺栓固定，如图 9-12 所示。

图 9-12　被装物的固定

9.4.2　装备战备器材基数组配装箱问题模型构建

本书所研究的装箱问题是在满足作战任务需要，提高野战保障机动灵活性的前提下产生的，是对组合化、模块化集装方式下具体集装箱模块内部的装箱优化分析。由于特型集装箱采用内支撑设计，其装箱方式基本固定，这里仅对小件器材集装箱和大件器材集装箱这两种集装箱模块进行装箱分析。

1. 装备战备器材基数组配装箱原则

（1）装箱要适应战时技术保障勤务部署，适应换件修理、现地修理要求和伴随抢修的需要，保障机动灵活，方便供应。

（2）集装容器的规格是给定的，数量可以调整；作战任务中基数组配所需器材要全部装载在集装箱内。

（3）基数器材分组科学合理，每组具有独立的保障能力，成"积木式"组合。

（4）同组同类器材一般放置在一起。

（5）器材之间要留有一定的空间，以便于器材安全固定和分发。

（6）集装箱装载完器材后，基本处于平衡状态，以满足装运安全的需要。

（7）集装箱中的器材信息具有适时可见性，便于信息化管理。

2．建模目标

研究面向任务的装备战备器材基数组配装箱问题，首先要明确该问题的目标。基数组配中的装箱问题属于三维装箱问题，通过将给定品种、数量的战备基数器材在不同种类的多个集装箱模块中进行合理的放置，达到提高集装箱模块空间利用率的目的。也就是说，在器材的品种、数量给定的情况下，根据器材的外形尺寸和集装箱的容积及其各种参数要求，设计一种合理的器材集装方案，使得所利用的集装箱模块数量最少，且每个集装箱空间利用率最高。

明确了战备器材基数组配装箱问题的主要目标，就可以建立战备基数器材装箱的数学模型，设计模型求解算法，利用计算机编程技术，通过计算得到合理的装箱方案。

下面考虑战备基数器材自身的属性和装箱的特点，分析装箱问题的约束条件，包括体积、载重量等常规约束以及放置方向、稳定性等实际装箱中需要考虑的约束。

3．约束条件

面向任务的装备战备器材基数组配装箱问题主要面临以下现实约束。

1）器材摆放方向的约束

在集装箱装载中，器材的摆放方向一般都会受到约束，如有些器材必须朝上放置，不能倒置、侧放等。器材装载时的方向约束可归纳为以下三种：任意旋转（有六种放置方式）、水平旋转（有两种放置方式）、不能旋转（一种放置方式）。装备战备器材由于种类多、数量大、形状各异，一般生产厂家和各修理单位、器材管理单位都按照器材的属性要求，规定了器材的放置方式。本章根据各种器材的放置底面，只允许其在水平旋面上以90°方向旋转，不能上下颠倒。此外，战备器材应该正交放置，即各侧面应该与集装箱的各侧面平行。

2）器材放置空间的约束

所有被放置的器材都需要放置在集装箱内，任一器材边界都不能超出集装箱长宽高限制的范围。

3）集装箱承载能力的约束

承载能力约束包括两方面：一是所有被放置器材的总质量、总体积不能超过集装箱的最大承载质量、最大承载体积；二是当集装箱内的器材为多层放置时，为避免器材承载过多的重量导致货损，对器材承载能力进行约束，即下层器材所承受上层器材的总重量不能大于下层器材的最大承载能力。

4）集装箱稳定性的约束

稳定性约束包含以下三个方面的内容：一是器材在集装箱内不能窜动，以免相互间磕碰引起损坏，需要用泡沫塑料填充空余空间或用包装带捆束以固定器材；二是装载时，应尽可能保证装载后器材的重心位于集装箱的几何中心附近并尽可能低，以利于运输安全和机械装卸作业，防止损坏器材，同时也要便于野战情况下器材保障快速、机动、准确；三是当集装箱内的器材为多层放置时，上层器材需要被下层器材完全支撑，没有悬空的部分。

4）器材配置位置的约束

同组同种器材应该放置在一起。

5）器材装载优先顺序的约束

为适应战时抢修换件修理的需要，对战损率比较高的器材和常用的修理器材等应该装载在集装箱靠开口的一侧；质量体积相对大的器材应尽量装在集装箱底层。也就是说不同的器材应按不同的优先顺序装载。

6）野战环境的约束

为了适应野战快速、机动、准确的器材保障，集装箱装载时，要为比较大的器材留有一定的固定空间，便于固定并保证固定牢靠；各个器材都要留有包装空间，以利于器材的保养。

4．模型假设

（1）器材为长方体。装备战备器材种类多，而且形状各异，如果按照器材的原始外形建立装箱数学模型是很困难的，考虑到战备器材集装不要求器材紧密地装载在一起，而重点强调器材装载的合理性和易用性，所以我们假设所有的器材都为长方体。这样既有利于数学模型的建立和求解，又有利于缩短计算时间。

（2）集装箱为长方体。

（3）器材的重心为其几何中心。

5. 目标函数

面向任务的战备器材基数组配装箱问题是多箱多约束的三维装箱问题，问题可描述为：给定不同型号的集装箱 r 种，各型号的集装箱数量分别为 $N_t, t \in \{1, 2, \cdots, r\}$，共有集装箱 m 个，将所有的集装箱按照容积大小降序组成集装箱序列 $\mathrm{SC}_m = \{C_1, C_2, \cdots, C_m\}$，集装箱 $b(b \in \{1, 2, \cdots, m\})$ 的容积为 C_b（对应长宽高为 L_b, W_b, H_b），最大装载容积为 $V(C_b)$，最大装载质量为 $G(C_b)$，以及 N 种基数器材的序列 $S_N = \{a_1, a_2, \cdots, a_N\}$，每种器材的数量分别为 $n(a_i), i \in \{1, 2, \cdots, N\}$，第 $i(i \in \{1, 2, \cdots, N\})$ 种器材中第 $j(j \in \{1, 2, \cdots, n(a_i)\})$ 个器材的长、宽、高分别为 l_{ij}、w_{ij}、h_{ij}，体积为 v_{ij}，质量为 g_{ij}，最大承载质量为 q_{ij}，NB 为器材的总数，NL_b 为装入第 $b(b \in \{1, 2, \cdots, m\})$ 个集装箱的器材总数量。问题是研究将这些基数器材装入最小数量的集装箱中，使集装箱的空间利用率最大，由此得到基数组配中的装箱问题的目标函数如下：

$$\max P = \frac{\sum_{i=1}^{N} \sum_{j=1}^{n(a_i)} l_{ij} w_{ij} h_{ij}}{\sum_{b=1}^{m} \delta_b V(C_b)} \tag{9-19}$$

式中，P 为目标函数值；δ_b 为 0-1 变量，当使用集装箱 $b(b \in \{1, 2, \cdots, m\})$ 装载器材时 $\delta_b = 1$，否则 $\delta_b = 0$。

6. 构造数学模型

为了讨论方便，以集装箱的左后下角顶点为坐标原点 $(0,0,0)$，集装箱底板为 X-Y 平面，X 轴方向与集装箱的长度方向平行，Y 轴方向与集装箱的宽度方向平行，Z 轴与集装箱的高度方向平行，建立三维直角坐标系 O-XYZ。设器材装入集装箱时正交摆放在点 $p(x_p, y_p, z_p)$ 处，即器材的左后下角顶点在 p 点，如图 9-13 所示。

ς_{ijb} 为 0-1 变量，$\varsigma_{ijb} = 1$ 表示第 $i(i \in \{1, 2, \cdots, N\})$ 种器材中第 $j(j \in \{1, 2, \cdots, n(a_i)\})$ 个器材放入第 $b(b \in \{1, 2, \cdots, m\})$ 个集装箱中，否则，值为 0。放入第 b 个集装箱中的第 i 种器材中第 j 个器材在集装箱内的左后下角坐标为 $(x_{\mathrm{lb}_{ij b}}, y_{\mathrm{lb}_{ij b}}, z_{\mathrm{lb}_{ij b}})$，右前上角坐标为 $(x_{\mathrm{rf}_{ij b}}, y_{\mathrm{rf}_{ij b}}, z_{\mathrm{rf}_{ij b}})$，重心坐标为 $(x_{G_{ij b}}, y_{G_{ij b}}, z_{G_{ij b}})$，集装箱 b 的重心安全范围为 X 轴 (X_{b1}, X_{b2})、Y 轴 (Y_{b1}, Y_{b2})、

Z 轴 $(0, Z_b)$ 。

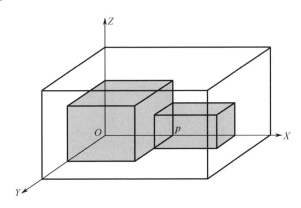

图 9-13　集装箱装箱三维直角坐标系

装入时任一器材的摆放方向与集装箱的三边保持正交（称为正交摆放），即器材的三个方向的中轴线与集装箱的三条中轴线保持平行。另外，为简化分析，假设所有器材的最小尺寸不大于集装箱的最大尺寸，即

$$\min(l_{ij}, w_{ij}, h_{ij}) \leqslant \max(L_b, W_b, H_b),$$

$$\forall i \in \{1, 2, \cdots, N\}, j \in \{1, 2, \cdots, n(a_i)\}, b \in \{1, 2, \cdots, m\}$$

根据前文对模型假设、约束条件以及目标函数的分析，结合上述符号设定，可建立面向任务的战备器材基数组配中所要研究的多约束多集装箱三维装箱问题的数学模型，如下：

$$\max P = \frac{\sum\limits_{i=1}^{N} \sum\limits_{j=1}^{n(a_i)} l_{ij} w_{ij} h_{ij}}{\sum\limits_{b=1}^{m} \delta_b V(C_b)} \tag{9-20}$$

s.t.

$$\delta_b = \begin{cases} 0, & \text{集装箱} b \text{未被使用} \\ 1, & \text{集装箱} b \text{被使用} \end{cases} \tag{9-21}$$

$$\min x_{\mathrm{lb}_{ijb}} \geqslant 0, \min y_{\mathrm{lb}_{ijb}} \geqslant 0, \min z_{\mathrm{lb}_{ijb}} \geqslant 0, \varsigma_{ijb} = 1,$$

$$i \in \{1, 2, \cdots, N\}, j \in \{1, 2, \cdots, n(a_i)\}, b \in \{1, 2, \cdots, m\} \tag{9-22}$$

$$\max x_{\mathrm{rf}_{ijb}} \leqslant L_b, \max y_{\mathrm{rf}_{ijb}} \leqslant W_b, \max z_{\mathrm{rf}_{ijb}} \leqslant H_b, \varsigma_{ijb} = 1,$$

$$i \in \{1, 2, \cdots, N\}, j \in \{1, 2, \cdots, n(a_i)\}, b \in \{1, 2, \cdots, m\} \tag{9-23}$$

$$\sum_{i=1}^{N} \sum_{j=1}^{n(a_i)} \varsigma_{ijb} g_{ij} \leqslant G(C_b), \forall b \in \{1, 2, \cdots, m\} \tag{9-24}$$

$$\begin{cases} \forall i_1, j_1 \in \{i_1, j_1 \mid z_{\mathrm{lb}_{i_1 j_1 b}} > 0, \varsigma_{i_1 j_1 b} = 1\}, \ \exists i_2, j_2, \\ i_2, j_2 \in \{i_2, j_2 \mid \varsigma_{i_2 j_2 b} = 1, z_{\mathrm{lb}_{i_2 j_2 b}} > 0, z_{\mathrm{rf}_{i_2 j_2 b}} = z_{\mathrm{lb}_{i_1 j_1 b}}, x_{\mathrm{lb}_{i_2 j_2 b}} \leqslant x_{\mathrm{lb}_{i_1 j_1 b}}, x_{\mathrm{rf}_{i_2 j_2 b}} \geqslant x_{\mathrm{rf}_{i_1 j_1 b}}, \\ y_{\mathrm{lb}_{i_2 j_2 b}} \leqslant y_{\mathrm{lb}_{i_1 j_1 b}}, y_{\mathrm{rf}_{i_2 j_2 b}} \geqslant y_{\mathrm{rf}_{i_1 j_1 b}}\} \bigcup \{i_2, j_2 \mid \varsigma_{i_2 j_2 b} = 1, z_{\mathrm{rf}_{i_2 j_2 b}} = z_{\mathrm{lb}_{i_1 j_1 b}}, \\ \max\{x_{\mathrm{rf}_{i_2 j_2 b}} - x_{\mathrm{rf}_{i_1 j_1 b}}\} - \min\{x_{\mathrm{lb}_{i_2 j_2 b}} - x_{\mathrm{lb}_{i_1 j_1 b}}\} < (x_{\mathrm{rf}_{i_2 j_2 b}} - x_{\mathrm{lb}_{i_2 j_2 b}} + x_{\mathrm{rf}_{i_1 j_1 b}} - x_{\mathrm{lb}_{i_1 j_1 b}}), \\ \max\{y_{\mathrm{rf}_{i_2 j_2 b}} - y_{\mathrm{rf}_{i_1 j_1 b}}\} - \min\{y_{\mathrm{lb}_{i_2 j_2 b}} - y_{\mathrm{lb}_{i_1 j_1 b}}\} < (y_{\mathrm{rf}_{i_2 j_2 b}} - y_{\mathrm{lb}_{i_2 j_2 b}} + y_{\mathrm{rf}_{i_1 j_1 b}} - y_{\mathrm{lb}_{i_1 j_1 b}})\} \end{cases} \quad (9\text{-}25)$$

$$X_{b1} \leqslant \frac{\sum_{i=1}^{N} \sum_{j=1}^{n(a_i)} \varsigma_{ijb} g_{ij} x_{G_{ijb}}}{\sum_{i=1}^{N} \sum_{j=1}^{n(a_i)} \varsigma_{ijb} g_{ij}} \leqslant X_{b2}, \forall b \in \{1, 2, \cdots, m\} \quad (9\text{-}26)$$

$$Y_{b1} \leqslant \frac{\sum_{i=1}^{N} \sum_{j=1}^{n(a_i)} \varsigma_{ijb} g_{ij} y_{G_{ijb}}}{\sum_{i=1}^{N} \sum_{j=1}^{n(a_i)} \varsigma_{ijb} g_{ij}} \leqslant Y_{b2}, \forall b \in \{1, 2, \cdots, m\} \quad (9\text{-}27)$$

$$0 \leqslant \frac{\sum_{i=1}^{N} \sum_{j=1}^{n(a_i)} \varsigma_{ijb} g_{ij} z_{G_{ijb}}}{\sum_{i=1}^{N} \sum_{j=1}^{n(a_i)} \varsigma_{ijb} g_{ij}} \leqslant Z_{b}, \forall b \in \{1, 2, \cdots, m\} \quad (9\text{-}28)$$

$$\sum g_{i'j'b} \leqslant q_{ij}, \exists i', j' \in \{i', j' \mid \varsigma_{i'j'b} = \varsigma_{ijb} = 1, \delta_b = 1, \forall b \in \{1, 2, \cdots, m\}\} \quad (9\text{-}29)$$

$\sum g_{i'j'b}$ 为集装箱 b 内所有压在第 i 种第 j 个器材上的器材质量和。

其中，式（9-20）为目标函数；式（9-21）~式（9-29）为约束条件，式（9-22）和式（9-23）表示每个集装箱所承载的器材的体积不能超过集装箱的容积；式（9-24）表示每个集装箱所承载器材的重量不能超过集装箱最大承载重量；式（9-25）表示器材必须完全放置在另一件器材之上，不能悬空放置；式（9-26）~式（9-28）表示装载后的集装箱重心应在合理范围内；式（9-29）表示某器材所承受的总重量不能大于该器材最大承载能力。

9.4.3　装备战备器材基数组配装箱问题算法设计

1．基于块装载的构造型混合遗传算法

因为装箱问题本身的复杂性和实际操作需要，需要使用启发式算法生成装箱模式。但是启发式算法在寻优方面的能力较弱，需要配合其他寻优算法才能取得比较好的效果。而遗传算法是一种通用且有效的求解最优化问题的方法，它采用全局并行优化搜索方式，具有全局搜索能力强的特点。故而考

虑将启发式算法与遗传算法结合起来，以启发式算法取得的解作为遗传算法的初始解，给后续的遗传迭代提供一个有效的搜索方向，避免了随机初始种群易出现的盲目性，减少解的搜索时间，再逐步寻优，以获得最优解，提高搜索效率。

算法与以往只由同种类型物品组成的块不同，这里的块既包括同种类型物品组成的简单块，又包括不同种类物品组成的复合块，具体内容在后面将会进行描述；改进的遗传算法对遗传操作中的选择、交叉、变异等算子进行了改型设计。该混合算法的基本思想是：首先运用基于块装载的构造型启发式算法将物品分配到各个集装箱内，得到局部最优解，也就是遗传算法的初始解，然后采用改进型的遗传算法搜索全局最优解。算法步骤为：

（1）初始化，输入待装物品、集装箱的信息；

（2）计算初始所需集装箱数量、类型的组合；

（3）采用基于块装载的构造型启发式算法对每个集装箱进行物品装载，生成数个初始解；

（4）对上述得到的初始解采用改进的遗传算法填充集装箱；

（5）如果有物品未装入集装箱，则计算产生新的集装箱组合，转步骤（3）；如果所有物品都被装入集装箱，且进化代数等于最大进化代数，则装载结束。

算法总体流程如图 9-14 所示。

2．确定集装箱的数量类型

分以下两种情况考虑。

（1）如果可用集装箱只有一种，初始情况下，该集装箱的使用数量可用如下方法确定：设物品总体积为 TV，总重量为 TG，一个集装箱的容积为 V，限重 G。则所需集装箱数量 NC 为：

$$NC = \max\left\{\left\lceil\frac{TV}{V}\right\rceil, \left\lceil\frac{TG}{G}\right\rceil\right\} \tag{9-30}$$

如果通过后续装箱计算，得不到可行解，则每次增加一个集装箱再重新进行装箱运算，直至找到的最优装箱模式是可行解。

（2）如果可用集装箱多于一种，则不能简单地用物品总体积与集装箱容积相除来计算，需先使用特定的优化算法求出使用成本最小，且容积和可载重量大于等于物品总体积和总重量的集装箱组合，初始情况下物品总体积为

它们的实际总体积，如果这种情况下，该集装箱组合得不到装箱的可行解，则需重新进行集装箱组合和装箱计算，直到能够得到最少一个可行解为止。集装箱的数量、类型可由通过以下步骤确定：

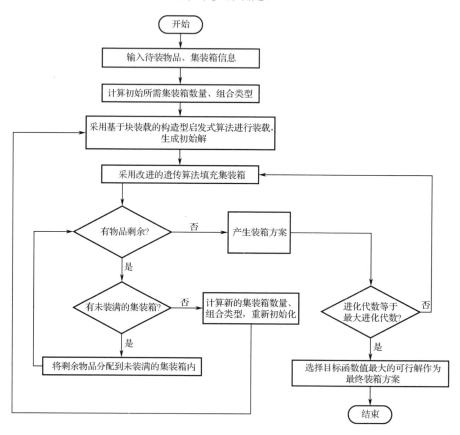

图 9-14 基于块装载的构造型混合遗传算法的总体流程

可将该问题建立下面的数学模型：参照 9.4.2 节中的符号表示，有 r 种不同型号的可用集装箱，每种集装箱的容积为 V_{C_i}，限重 G_{C_i}，使用成本 C_{C_i}，每种集装箱的使用数量为 n_{C_i}，$i \in \{1, 2, \cdots, r\}$，可用数量不限；物品总体积为 TV，总重量为 TG。目标是求使得总成本 TC 最小的集装箱组合，即

$$\min \text{TC} = \sum_{i=1}^{r} n_{C_i} C_{C_i} \qquad (9\text{-}31)$$

$$\text{s.t.} \begin{cases} \sum_{i=1}^{r} n_{C_i} V_{C_i} \geqslant TV \\ \sum_{i=1}^{r} n_{C_i} G_{C_i} \geqslant TG \\ i = 1, 2, \cdots, r \\ n_{C_i} \in \mathbf{N} \end{cases}$$

下面结合动态规划理论求解 n_{C_i}，将整个问题划分为 r 个阶段，阶段 i 决定第 i 种集装箱的使用数量，计算方法如下：

$$C_i = n_i C_{C_i} \tag{9-32}$$

$$g_{i+1} = g_i - n_i G_{C_i} \tag{9-33}$$

$$v_{i+1} = v_i - n_i V_{C_i} \tag{9-34}$$

状态转移函数 $f_i(g_i, v_i) = \min C_i + f_{i+1}(g_{i+1}, v_{i+1}) \tag{9-35}$

s.t.

$$0 \leqslant g_i \leqslant TG \tag{9-36}$$

$$0 \leqslant v_i \leqslant TV \tag{9-37}$$

$$0 \leqslant n_i \leqslant \max(g_i/G_{C_i}, v_i/V_{C_i}) \tag{9-38}$$

其中，C_i 为当前阶段 i 的成本；g_i 为当前阶段 i 还需要的载重量；v_i 为当前阶段 i 的剩余体积；n_i 为当前阶段 i 第 i 种集装箱的数量。

3. 基于块装载的构造型启发式算法

首先需要明确以下概念。

块：基于块装载的启发式算法中装载的最小单位，它是包含许多物品的长方体。块结构中的每个物品的摆放都满足装载方向约束，而且除最底部的物品外都满足稳定性约束，l_x, l_y, l_z 表示块的三条边的长度。

基于块装载的构造型启发式算法中涉及的块，不同于其他算法中的块。本算法采用的块既包含同种物品按照同一方向构成的简单块，还包括多种物品构成的复合块。复合块中各物品的朝向可以相同，也可以不同，这样做即可增加装载时可选择的块的数目，又能加快装载速度，提升算法效率。

剩余空间：集装箱中未填充的长方体空间，(x, y, z) 表示它的左后下角坐标，描述了它的参考点。

块表：预先生成的按块体积降序排列的所有可能块的列表，可根据指定剩余空间，迅速生成可行块列表。

装载序列：装载序列是一个向量，向量的每个元素对应装载阶段的一个选择，具体来说，装载序列中的第 i 个元素表示在第 i 个装载阶段应该选择的块的编号。基于块装载的构造型启发式算法以装载序列作为输入，指导装载过程中的块选择。在每个装载阶段，该算法根据当前剩余空间将可行块按体积降序进行排列，接着按照装载序列选择用来装载的可行块，从剩余空间的左后下角开始装载，然后将此时的剩余空间重新切割以便下一步装载。从剩余空间的角度来看，算法可描述为：从剩余空间堆栈的栈顶取一个剩余空间，若有可行块，按照装载序列选择一个块放置在该空间的左后下角，将未填充空间切割成新的剩余空间加入堆栈，若无可行块则抛弃此空间，如此反复直至堆栈为空。在此过程中，块装载到剩余空间内有两种方式：一种是由内向外，一种是自底向上，这里优先采用自底向上的方式。通过此法，我们可以建立装载序列与块的放置方案之间的映射，进而使用改进型的遗传算法对方案进行优化。

下面从块的生成与启发式装载两个方面对算法进行分析。

1）块的生成

① 简单块的生成。

简单块由同种类型的物品按照同一朝向堆叠而成，物品之间没有空隙，堆叠的结果必须正好形成一个长方体。图 9-15 给出了简单块的两个例子。其中 n_x, n_y, n_z 分别表示在 x, y, z 三个维度上的箱子数。$n_x \times n_y \times n_z$ 则是简单块所需要的总箱子数。

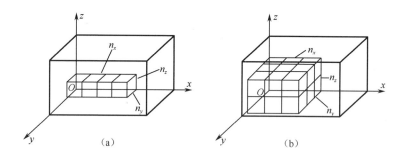

图 9-15　由同种类型物品构成的简单块

简单块的生成算法可描述为如图 9-16 所示的流程图。

② 复合块的生成。

复合块是通过不断复合简单块而得到的。简单块是最基本的复合块；要得到复合块，可按图 9-17 所示的三种方式实现：

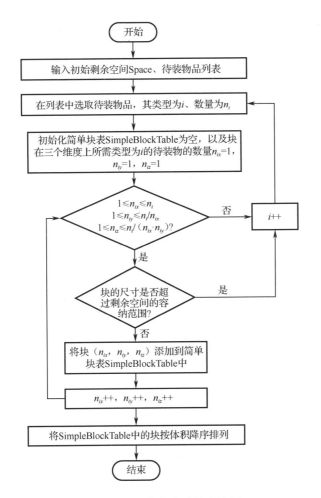

图 9-16　简单块生成算法流程

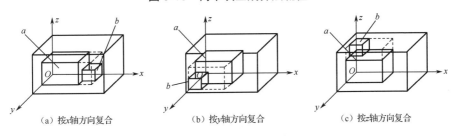

（a）按 x 轴方向复合　　　（b）按 y 轴方向复合　　　（c）按 z 轴方向复合

图 9-17　复合块的生成

据图中定义，复合块的数量将是物品数目的指数级，而且生成块中可能有很多未利用的空间，非常不利于装载。因此，下面从 6 个方面对复合块进行限制，以提高基于块装载的构造型启发式算法的集装箱装载效率。

Ⅰ．复合块的大小不大于集装箱的大小。

Ⅱ．复合块中可以有空隙，但它的填充率至少要达到门限值 MinCompoundRate；受复合块中空隙的影响，复合块顶部有支撑的可行放置矩形可能很小，为利于后续装载，这里限定复合块顶部可行放置矩形与对应复合块顶部面积的比要大于等于门限值 MinAreaRate。

Ⅲ．为便于装箱，需要控制复合块的复杂程度，定义为：简单块的复杂度为 0，其他复合块的复杂度为其子块的最大的复杂度加 1。复杂块的最大复杂度限制为 MaxComplexity。

Ⅳ．按 x 轴方向、y 轴方向复合的时候，子块要保证顶部可行放置矩形 (a_x, a_y) 也能进行复合。在按 z 轴方向复合时，子块要保证复合满足稳定性约束，防止悬空。子块 a，b 要进行复合需要满足一定的条件，其复合后得到的顶部可行放置矩形的大小如表 9-15 所示。

表 9-15　复合块的生成条件与可行放置矩形结果

复合方式	子块 a，b 满足的条件	复合块顶部可行放置矩形的大小（长 a_x、宽 a_y）
按 x 轴方向复合	$a.a_x = a.l_x$ $b.a_x = b.l_x$ $a.l_z = b.l_z$	$c.a_x = a.a_x + b.a_x$ $c.a_y = \min(a.a_y, b.a_y)$
按 y 轴方向复合	$a.a_y = a.l_y$ $b.a_y = b.l_y$ $a.l_z = b.l_z$	$c.a_x = \min(a.a_x, b.a_x)$ $c.a_y = a.a_y + b.a_y$
按 z 轴方向复合	$a.a_x \geq b.l_x$ $a.a_y \geq b.l_y$	$c.a_x = b.a_x$ $c.a_y = b.a_y$

Ⅴ．拥有相同的三边长度、物品需求和顶部可行放置矩形的复合块为等价块，不能生成重复的等价块。

Ⅵ．尽管做了以上 5 种限制，块的数目仍旧很大，在这里限定块生成算法在块的数目达到最大值 MaxBlocks 时停止。

复合块生成算法的具体流程如图 9-18 所示。

③ 可行块的生成。

此外，基于块装载的构造型启发式算法还涉及可行块的生成，可行块生成算法遍历最终块表 FinalBlockTable 中的所有块，找到所有适合当前剩余空间的块，并且块中各类型物品的剩余数量能满足其他块的构成，选取的这样的块组成可行块列表。

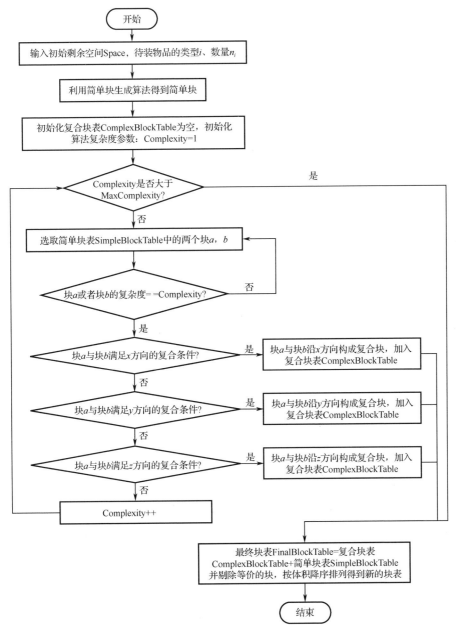

图 9-18　复合块生成算法流程

2）基于块装载的构造型启发式算法实现

基于块装载的构造型启发式算法的思想类似于文献[4]中的求解二维装箱问题的递归启发式算法，该算法是对 Bortfeld 与 Gehringt[5]提到的基础启

发式算法的改进。

基于块装载的构造型启发式算法构建了一个由剩余空间组成的栈表。算法开始时，集装箱空间是栈表中唯一的元素，在装载过程中，栈顶剩余空间被取出，此时若存在可行块，则选择装载序列中特定的块放置在剩余空间上，并将未填充空间切割成新的剩余空间加入堆栈；在无可行块的情况下，则抛弃该空间并试图将此空间中的可转移空间与新的栈顶元素进行合并，如此反复直到堆栈为空。完整的算法流程如图 9-19 所示。

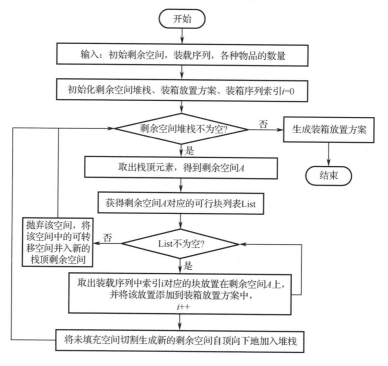

图 9-19　基于块装载的构造型启发式算法流程

图 9-19 所述的基于块装载的构造型启发式算法中提到了剩余空间的切割与剩余空间的转移，下面对其进行分析。

在每个装载阶段，剩余空间堆栈的栈顶元素被装载。将一个块装载到栈顶的剩余空间后，未填充空间被分成 3 个剩余空间如图 9-20（a）、（b）所示。块顶部的可行放置矩形确定了一个新的剩余空间 SpaceZ，而在 x 轴方向的剩余空间 SpaceX 和在 y 轴方向上的剩余空间 SpaceY 有两种情况。在实际算法中，我们希望切割出的剩余空间尽可能地大，以便能装入较大体积的块，进而提高装载效率。以剩余空间装载块之后在 x 轴方向和 y 轴方向上的剩余长度

m_x 和 m_y 作为对剩余空间大小的衡量。图 9-21 标注了可转移空间的位置，这部分空间要归入剩余长度 m_x 或者 m_y 中较大一方所对应方向上的新的剩余空间。切割后的剩余空间堆栈可表示为（SpaceZ，SpaceX，SpaceY）或（SpaceZ，SpaceY，SpaceX），要保证最后入栈的是包含可转移空间的剩余空间。在算法进一步运行中，栈顶包含可转移空间的元素首先被取出，在无可行块的情况下，可转移空间可以转移到新的栈顶剩余空间，与之合并，以重新利用。

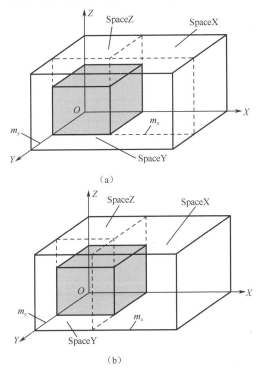

（a）

（b）

图 9-20　剩余空间切割

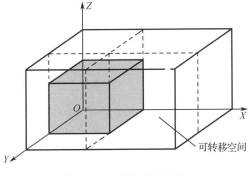

图 9-21　剩余空间转移

4．改进型遗传算法

改进型遗传算法从上述基于块装载的构造型启发式算法得到的初始解出发，通过对启发式算法得到的装箱方案进行染色体编码，再经过改进的选择、交叉、变异等遗传操作，不断进化生成子代群体，当进化次数到达终止条件时，最优解就是 T 代群体中最好的解。改进型遗传算法的总体流程如图 9-22 所示。

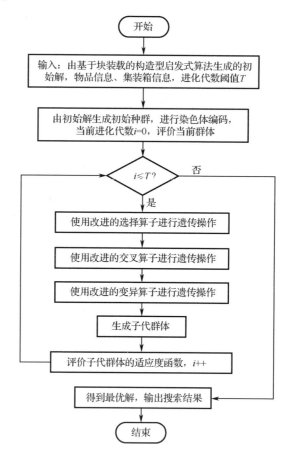

图 9-22　改进型遗传算法的总体流程

1）染色体编码

染色体编码是把根据基于块装载的构造型启发式算法得到的三维装箱问题的可行解从现实问题的解空间转换到遗传算法所能处理的搜索空间的操作。在遗传算法的运行过程中，它不对所求解问题的实际决策变量直接进行操作，而是对表示可行解的个体编码，然后再进行遗传操作。

这里研究的三维装箱问题实际解的表示是以三维空间中物品在集装箱容器中摆放的形式表示的。从三维装箱问题的实际情况出发，如果将所有待装物品一字排开，则每个物品都可以看作容纳一定信息的数据结构，这一结构与传统遗传算法中的二进制编码实质上是一样的，所不同的只是各个等位基因包含的是 0/1 二进制数值，还是各个物品的属性和摆放信息。也就是说，我们可以将待装物品组成串，作为遗传算法中的染色体，每个物品就是一个由包含物品摆放信息的数据结构组成的等位基因。编码表示为：

$$P = \{P_1, P_2, \cdots, P_{NB}\}$$

式中，NB 为待装物品的个数；$P_i(i = 1, 2, \cdots, NB)$ 表示包含各个物品的属性和摆放信息的数据结构体一体。一个待装物品的数据结构可用伪代码表示如下：

```
struct Material
{
        int mtype;              //物品种类编号
        int mID;                //物品编号
        float mloc;             //物品坐标
        float mthreeSize;       //物品三维尺寸
        float mwei;             //物品重量
        float mvol;             //物品体积
        int mdir;               //物品摆放方向
        int mcontainerId;       //放入集装箱编号
}
```

以该数据结构作为遗传算法编码，更多地考虑到多箱装载问题的实际情况，在编码的过程中基本上没有丢失任何与实际问题有关的信息，同时又能利用遗传算法的算子对集装箱和物品进行操作。这是由各个物品所在的集装箱之间的独立性决定的，也就是说一个物品不可能跨越两个集装箱，所以改变放在某个集装箱中物品的摆放信息，不会对放在其他集装箱中的物品摆放产生影响，进而可以在遗传操作中使用交叉运算和变异运算完成操作。

物品的摆放方向为只允许物品正向放置，即只能以长、宽作为放置的底面。故只设两个摆放方向 l_i, w_i, h_i 和 w_i, l_i, h_i，分别编码为 0、1。

为便于计算，在此引入另一个数据结构——Container，包含了集装箱的所有使用信息。该数据结构的伪代码表示如下：

```
struct Container
{
        int ctype;                      //集装箱类型编号
```

```
                    int cID;                    //集装箱编号
                    float cloc;                 //集装箱空间位置坐标
                    float cthreeSize;           //集装箱三维尺寸
                    float cweightLimit;         //集装箱重量限制
                    float cvolumeLimit;         //集装箱容积限制
                    float cweightIn;            //已装载质量
                    float cvolumeIn;            //已装载容积
                    float cUtility;             //集装箱容积利用率
            }
```

2）适应度函数设计

遗传算法利用种群中每个个体的适应度值进行搜索，即对于算法迭代过程中每代个体的优劣程度通过个体适应度函数进行评价。因此，适应度函数的选取至关重要，它将直接影响到遗传算法的收敛速度以及能否找到最优解。个体的适应度函数值越大，该个体被遗传到下一代的概率就越大，解的质量越好；反之，个体的适应度函数值越小，该个体被遗传到下一代的概率也越小。一般而言，适应度函数是由目标函数变换而成的。

确定适应度函数的原则是：最终解中使所用集装箱的空间利用率最高，所有使用的集装箱要均匀，且尽量装满，使用箱子数量尽量少。因此，在传统遗传算法适应度函数的基础上，为了能方便更好地求解，我们对其进行了适当的修改，增加了箱子的剩余体积信息，借鉴文献[6]的思想，设计了新的适应度函数：

$$F = \frac{\sum\limits_{i=1}^{M}\left(\dfrac{V_i}{V_{C_i}}\right)^2}{\sum\limits_{i=1}^{M}(V_{C_i}-V_i)} \tag{9-39}$$

式中，M 为最终解中集装箱的个数；V_i 为第 i 个集装箱所装物品的体积之和；V_{C_i} 为第 i 个集装箱的容量。

3）改进遗传操作

① 选择。

在计算出各个个体的适应度函数值之后，就开始进行选择操作了。传统的轮盘赌选择法根据个体的适应度大小来确定其被选中的概率，即适应度越高的个体越可能被选中；反之，被选中的概率越小。但是轮盘赌选择法存在以下两点不足：

Ⅰ．不能保证适应度高的个体一定被选中而进入下代种群，只不过适应度高的个体被选中的可能性比其他个体大而已；

Ⅱ．有可能把适应度较高的个体选入下一代种群，但是，具有优良基因而适应度却较低的个体被选中的可能性就大大降低了，这样就可能导致早熟的出现，即遗传算法收敛于局部最优解，而不是全局最优解。

为克服上述不足，并保留轮盘赌法的优点，借鉴文献[7]的思路，下面给出了一种改进选择算子的方案，具体步骤如下：

Step1：利用式（9-39）中的适应度函数计算出当前种群中各个个体的适应度；

Step2：在当前种群中，找到适应度最高的那部分个体，强制将它们放入下一代种群和当前种群的第一类基因库；

Step3：在当前种群中，找到距离适应度最高个体最远的个体，可能有多个，强制将它们放入当前种群的第二类基因库；

Step4：第一类基因库和第二类基因库共同构成当前种群的基因库，将第一类基因库直接放入下一代种群；

Step5：对当前种群中除去第一类基因库所剩的个体实行轮盘赌选择法选择，选中的个体放入下一代种群。

假设种群的大小为 N_{tq}，个体 i 被选中的概率 p_i 为：

$$p_i = \frac{F_i}{\sum\limits_{j=1}^{N_{tq}} F_j} \qquad (9\text{-}40)$$

式中，p_i 为第 i 个个体被选中的概率；F_i 为第 i 个个体的适应度。

由上式可见，适应度越高的个体被选中的概率越大；反之，适应度越低的个体被选中的概率也就越小，第 k 代中的个体 g_i^k 被选中的概率为：

$$P_k(i) = \frac{F_k(i) - F_{\min}(i)}{\sum\limits_{j=1}^{N_{tq}} [F_k(j) - F_{\min}(j)]} \qquad (9\text{-}41)$$

式中，$F_k(i)$ 为第 k 代中的个体 g_i^k 的适应度；$F_{\min}(i)$ 为第 k 代个体的最小适应度。

② 交叉。

交叉是对已配对的两个染色体进行交换染色体部分基因的操作，这种操作方法将会产生两个新的个体。

在总结传统、常规的一些交叉算子的算法的基础上，借鉴文献[8]的算法思想，利用个体距离、群体半径和直径等概念，提出了一种新的交叉算子：

$$p_c = \frac{4}{3} - \frac{r_g}{d_g}$$

（9-42）

式中，p_c 表示交叉概率，d_g 表示当前种群的直径，r_g 表示当前种群的半径。

此时，参数 p_c 是变化的，根据种群所反映出来的遗传信息可随时调整 p_c 的数值，在算法初始阶段，该参数很小，可以充分地交叉来改变种群中个体的基因模式，算法即将结束时，该参数接近于 1，使原来种群的基因模式较多地被保留下来，加快了收敛速度，有利于快速达到最优解。算法过程描述如下。

Step1：利用式（9-39）中的适应度函数，计算当前种群中各个个体的适应度；

Step2：计算当前种群的半径 r_g、直径 d_g、交叉概率 p_c；

Step3：同前述改进选择算子一样构造当前种群的第一类基因库；

Step4：同前述改进选择算子一样构造当前种群的第二类基因库；

Step5：第一类基因库和第二类基因库共同构成当前种群的基因库，对第一类基因库中的每个个体和第二类基因库中对应集合中的个体执行交叉操作，所得到的后代个体放入下一代种群中；

Step6：对当前种群中除去第一类基因库所剩的个体，利用改进的交叉算子，基于交叉概率 p_c 进行交叉操作，把交叉所得到的后代个体放入下一代种群中。

③ 变异。

采用如下变异操作：

Step1：随机选择两个基因 A、B；

Step2：将当前种群中除基因 A、B 外的基因复制到下一代种群中；

Step3：将基因 A、B 中的物品打乱，重新采用本节中的基于块装载的构造型启发式算法进行装箱操作；

Step4：将重新生成的两个基因复制到下一代种群中。

9.4.4　装箱问题算法实现与仿真实例分析

1. 算法参数设定

在 Visual Studio 2010 平台下进行测试。在算法实现过程中，算法中涉及的参数设定如下。

（1）种群规模为 popSize = 6N （ N 为物品的数量）；

（2）最大进化代数限制 T = 200；

（3）多种集装箱装载时，如果经过计算得到的最优装箱模式是不可行解，则将物品的总体积增加实际总体积的 10%；

（4）变异概率 $p_m = 0.01$。

2．算例检验与比较分析

1）使用标准算例进行检验

借用文献[9]中的测试数据，一共包括 700 个算例。这些算例共分为 7 类，每类算例包含的物品种类数量不同（各包含 3,5,8,10,12,15,20 种物品），将其作为本节的标准算例 BR1～BR7，所用集装箱为国际标准集装箱，尺寸为 587cm×233cm×220cm。将本节设计的基于块装载的构造型混合遗传算法（简写为 HBGA）与 Michael Elay 发表的论文[10]中的两种算法（简写为 MA1 和 MA2）及文献[11]中设计的算法（简写为 HMA）进行比较，使用集装箱个数的比较结果如表 9-16 所示。

表 9-16 HBGA 算法与其他 3 种算法使用集装箱个数的比较

算例组名	MA1	MA2	HMA	HBGA
BR1（3）	306	307	306	305
BR2（5）	302	306	301	301
BR3（8）	300	301	300	300
BR4（10）	300	303	300	300
BR5（12）	300	302	300	300
BR6（15）	300	301	300	300
BR7（20）	300	302	301	300
合计	2108	2122	2108	2106

从表 9-16 可以看出，对于算例 BR1～BR7，本节设计的 HBGA 算法比 MA2 算法具有明显的优势。本节设计的 HBGA 算法所使用的集装箱数量均小于等于 MA1 算法和 HMA 算法。下面分别对 MA1 算法、HMA 算法和本节 HBGA 算法下的集装箱利用率进行比较，结果如表 9-17、表 9-18 所示。

表 9-17　HBGA 算法下与 MA1 算法下的集装箱利用率比较

算例组名	第 m 个集装箱的平均利用率/%											
	1		2		3		4		5		平均值	
	MA1	HBGA	MA1	HBGA	MA1	HBGA	MA1	HBGA	MA1	HBGA	MA1	HBGA
BR1（3）	90.86	90.49	90.84	90.23	90.42	90.12	88.84	89.21	86.16	89.71	89.42	89.95
BR2（5）	92.61	91.23	92.28	91.26	91.47	90.74	89.50	90.63	87.63	90.72	90.70	90.92
BR3（8）	93.76	92.10	92.93	91.84	92.18	91.58	91.58	92.32	88.69	91.69	91.83	91.91
BR4（10）	94.35	92.65	93.42	92.87	92.73	91.93	91.26	92.18	88.80	91.73	92.11	92.27
BR5（12）	94.62	93.12	94.02	93.49	93.12	92.73	91.82	92.97	89.10	92.21	92.54	92.9
BR6（15）	94.91	93.86	94.35	93.75	93.90	92.76	92.40	93.25	89.53	92.78	93.02	93.28
BR7（20）	95.47	93.37	94.48	93.88	93.67	92.79	92.57	93.41	89.13	92.63	93.06	93.22
平均值	93.80	92.40	93.19	92.47	92.50	91.81	91.14	92.00	88.43	91.64	91.81	92.06

表 9-18　HBGA 算法下与 HMA 算法下的集装箱利用率比较

算例组名	第 m 个集装箱的平均利用率/%											
	1		2		3		4		5		平均值	
	HMA	HBGA	HMA	HBGA	HMA	HBGA	HMA	HBGA	HMA	HBGA	HMA	HBGA
BR1（3）	90.24	90.49	90.15	90.23	89.12	90.12	89.10	89.21	90.12	89.71	89.75	89.95
BR2（5）	91.10	91.23	91.35	91.26	91.04	90.74	90.46	90.63	90.17	90.72	90.82	90.92
BR3（8）	91.23	92.10	92.04	91.84	93.52	91.58	91.93	92.32	91.90	91.69	92.12	91.91
BR4（10）	92.86	92.65	92.45	92.87	91.97	91.93	92.24	92.18	91.80	91.73	92.26	92.27
BR5（12）	93.02	93.12	92.65	93.49	92.70	92.73	93.03	92.97	92.26	92.21	92.73	92.9
BR6（15）	93.41	93.86	93.86	93.75	93.77	92.76	93.05	93.25	92.67	92.78	93.35	93.28
BR7（20）	93.92	93.37	93.01	93.88	90.24	92.79	91.67	93.41	92.73	92.63	92.31	93.22
平均值	92.25	92.40	92.22	92.47	91.77	91.81	91.64	92.00	91.66	91.64	91.91	92.06

　　根据表 9-17、表 9-18 所得到的集装箱平均利用率数据，可以得出以下结论：

　　（1）本节设计的 HBGA 算法得到的集装箱利用率更加平均；

　　（2）对于算例 BR1～BR7，HBGA 算法的集装箱利用率的平均值大于 MA1 算法和 HMA 算法。

　　这说明本节算法在解决三维装箱问题上有相对较大的优势，主要原因是：MA1 算法与 HMA 算法采取的是连续性策略，即逐个填装集装箱，直到所有物品都被装入，这种策略导致大的或不易摆放的物品经常被留在最后摆放，从而导致最后使用的集装箱利用率很低；而本节研究的 HBGA 算法利用遗传算法对基于块装载的构造型启发式算法得到的初始装载方案进行不断进化，减少了剩余空间的产生，从而得到了更优的解。

2）单一种类集装容器图形显示算例检验

为实现图形化的显示效果，采用文献[12]中的 712 个物品数据进行检验，这些物品的信息如表 9-19 所示，所采用的布局空间（集装容器）的尺寸为 11960mm×2350mm×2690mm，装箱效果如图 9-23 所示。

表 9-19　待装物品信息

名　　称	长/mm	宽/mm	高/mm	数量/个	体积/cm³
1#	440	330	330	4	47916
2#	360	360	220	139	28512
3#	550	430	170	10	40205
4#	285	230	230	6	15076
5#	770	540	445	45	185031
6#	860	490	500	1	210700
7#	800	475	580	7	220400
8#	430	390	660	500	110682

本节算法最终计算结果的空间利用率为 93.1%，物品全部放入。与其他算法相比，本节算法在待装物品信息完全相同的情况下，空间利用率比较高而且放入的物品个数和种类也比较多，算法性能有较大幅度的提高，可见利用本节算法进行装箱问题求解是行之有效的。

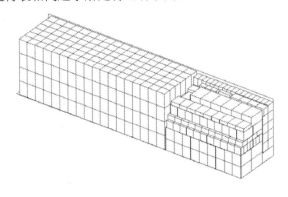

图 9-23　单一种类集装容器下的装箱效果

3）多种类集装容器图形显示算例检验

下面通过一个随机产生的算例来说明本节算法的效果。表 9-20 给出了 4 种集装容器的尺寸数据，采用国际标准的常用集装箱箱体，分别为 20 尺箱、40 尺箱、40 尺高箱和 45 尺高箱。

表 9-20　集装容器数据

名　　　称	长/mm	宽/mm	高/mm	数量/个	限重/t	成本/元
20 尺箱	5730	2110	2160	10	18	400
40 尺箱	11800	2110	2160	10	22	850
40 尺高箱	11800	2110	2720	10	22	1000
45 尺高箱	13560	2340	2710	10	29	1300

待装物品数据使用随机生成模型生成，共 20 种货物，物品尺寸数据如表 9-21 所示，总体积是 20 尺箱容积的 6 倍。

表 9-21　待装物品数据

编　　　号	长/mm	宽/mm	高/mm	数量/个	重量/kg
1	880	580	220	44	6
2	1040	840	360	44	8
3	950	520	660	40	10
4	690	790	710	34	5
5	510	450	210	48	5
6	700	640	580	41	10
7	890	780	590	47	3
8	920	520	420	46	5
9	790	480	660	42	9
10	910	780	530	38	10
11	800	660	310	37	4
12	950	690	240	47	5
13	420	600	400	40	8
14	300	600	410	42	5
15	800	650	420	48	6
16	430	350	500	48	10
17	750	600	420	48	8
18	430	350	480	51	5

编　号	长/mm	宽/mm	高/mm	数量/个	重量/kg
19	640	330	700	52	3
20	710	550	410	47	5

通过计算，最终需要使用 4 个 20 尺箱、1 个 45 尺高箱。待装物品总体积是 20 尺箱容积的 6 倍，45 尺高箱的容积约是 20 尺箱的 3.3 倍，相当于一共使用了 7 个 20 尺集装箱。各集装容器的空间利用率如表 9-22 所示。

表 9-22　各集装容器的空间利用率

集装箱名称	序　号	利用率/%
20 尺箱	1	89.4
	2	89.8
	3	89.3
	4	88.9
45 尺高箱	5	88.3
平均利用率	—	89.1

由表 9-22 可见，每个容器的利用率非常平均，装箱效果如图 9-24 所示。

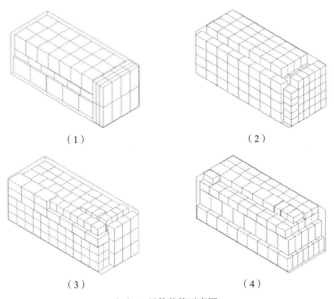

（1）

（2）

（3）

（4）

（a）20 尺箱装箱示意图

图 9-24　多种类集装容器下的装箱效果

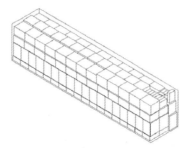

（b）45 尺高箱装箱示意图

图 9-24　多种类集装容器下的装箱效果（续）

3．装备战备器材小修基数组配装箱仿真实例分析

以小修基数器材中的一组器材为例，由于已经界定只针对小型箱和大型箱进行分析，在此不考虑发动机相关的装箱情况（图 9-12 已给出其装箱形式），仅对 307 项 1220 件大件及小件器材进行装箱分析。

小型箱的容积为 1030mm×850mm×262mm=229.381m³，大型箱的容积为 1030mm×850mm×670mm=586.585m³，所需战备器材的总体积为 6476.985m³，其中大件器材 2669.260m³，小件器材 3807.725m³，考虑使用衬垫以保护战备器材等因素，集装箱内要留有固定器材的衬垫的空间。

经过仿真分析，使用小型箱数量为 3807.725/229.381≈17 个，大型箱数量为 2669.260/586.585≈5 个，部分装箱方案如图 9-25 所示，图中不显示集装箱缓冲内衬的结构，只突出战备器材。

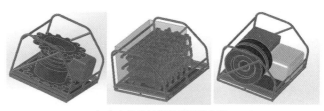

（a）大件器材集装箱装箱方案

（b）小件器材集装箱装箱方案

图 9-25　装备战备器材小修基数组配装箱方案

第 10 章

装备器材应急调度模型与仿真

装备器材应急调度是装备保障物流研究的一项重要内容，其目的是为应急需求方提供及时、准确、可靠、高效的服务，即在满足时间和安全性要求的前提下，力求投入最少。因此，装备器材应急调度的目标可以概括为在尽可能短的时间内，以较低的危险性和较少的成本将合理数量的装备器材提供给需求方。我们称之为装备保障应急物流。本章针对装备器材应急调度问题，分析了装备器材应急调度的特点、原则、运作流程，建立了装备器材多式联运调度模型，提出了优化算法并进行了仿真求解。

10.1　装备器材应急调度问题分析

装备器材应急调度是具有多种约束条件的装备器材运输及分配问题，其求解相当困难。为了更好地解决该问题，首先对装备器材应急调度问题进行系统的研究是非常必要的。鉴于此，本节对装备器材应急调度问题的基本概念、特点、原则、运作流程和实施途径进行研究，对目前装备器材应急调度中存在的问题和装备器材保障资源管理与调度系统进行分析。

10.1.1　装备器材应急调度的基本概念

装备器材应急调度的基本任务是根据应急调度方案组织实施装备器材的供应。它通过调节"供"和"需"之间的平衡，解决供需双方在时间、空间、装备器材数量上存在的矛盾。为了更方便地进行讨论，这里明确以下几个概念：

（1）多式联运：根据欧洲交通部长会议（European Conference of Ministers of Transport）上的定义，多式联运具有广义和狭义之分。狭义上的多式联运

描述为：使用连续的运输方式进行且在运输方式转换时不对货物本身进行单独处理的货物移动（使用同一装载单位或工具）。广义上的多式联运描述为：使用至少两种不同的运输方式进行的货物移动。本章基于广义的多式联运进行研究。

（2）基于多式联运的装备器材应急调度：指根据装备器材应急任务需求，基于保障原则，科学选择多种运输方式优化运输路径，合理分配装备器材，最终生成装备器材应急调度方案的过程。该过程以满足装备器材应急任务对及时性、灵活性和有效性的要求为目标，组织与实施装备器材的供应，是装备器材保障工作的重要组成部分。

（3）资源点：指有装备器材保障储备的单位，即有能力提供装备器材保障资源的单位。它包括全军装备保障物流中心（全军器材仓库）、区域装备保障物流中心（战区器材仓库）、基点装备保障物流中心（队属仓库）和工厂等。

（4）需求点：指装备器材供应的对象，即装备器材保障需求单位。

（5）运输方式：将铁路、水路、航空、一级公路、二级公路、三级公路、四级公路等统称为运输方式。

10.1.2　装备器材应急调度的特点

装备器材应急调度的目标是为应急需求方提供及时、准确、可靠、高效的服务。及时是指资源点对需求做出的快速反应能力，随时满足应急需求；准确是指调度方案中的时间和安全性满足要求，准确性由供应的数量、时间、地点及方式来体现，是评价调度效率的重要指标；可靠是指调度方案提供的运输路径安全度和装备器材保障资源分配的可靠性；高效是指调度方案的效率要高，即在满足时间和安全性要求的前提下，力求投入最少。因此，装备器材应急调度的目标可以概括为在尽可能短的时间内，以较低的危险性和较少的成本将合理数量的装备器材提供给需求方。综上，装备器材应急调度主要有以下特点。

1）影响因素复杂

应急事件无论是事件类型、事件规模还是事件持续的时间与空间都不确定，对装备器材的需求呈现随机性，很难预测其发展和波及范围，无法在应急反应初期准确测算装备器材的需求量和资源点的供给量。应急需求与资源点的库存储备情况密切相关，制订调度方案不仅需要考虑资源点的地理位

置，还要考虑运输方式、路线等。而在实际的资源调度过程中还存在很多随
机的、不确定的因素，装卸作业、运输系统之间相互影响、相互作用，每个
调度作业要考虑交货期限、装卸时间、运输方式转换和组合优化等问题，加
上气象条件、道路状况等自然条件的不可预见性，这些不确定因素相互交织、
相互影响，并随时间变化而改变，使得应急条件下的调度问题相当复杂。随
着问题规模的增大，求解最优解的计算量呈指数增长，使得一些常规的最优
化方法往往无能为力。

2）要求响应快速

应急事件往往会在短时间内给社会带来巨大且持续的损失，为了在尽可
能短的时间内满足应急需求，装备器材应急调度必须满足快速响应要求。目
前，正在发展中的陆、海、空甚至地方企业协同供应的新模式，以及高科技
通信、运输等设备的投入，使在特定的时间和空间内迅速供应装备器材成
为现实。

3）调度目标多元

实际的调度方案往往是多目标的，例如要求整个调度过程时间最短、运
输路径危险性最低、调度过程成本最少、调度方案涉及的资源点数量最少等，
这些目标间也可能发生冲突。有学者曾将调度目标分为基于调度费用的目标
和基于调度性能的目标，而在应急条件下则可将调度目标分为基于作业完成
时间的目标、基于调度危险性的目标、基于调度费用的目标等。

4）经济效益淡化

应急事件对社会系统的基本价值和行为准则架构产生严重威胁，因此在
应急反应中，在给定时间内，尽可能控制事态蔓延、减少人员损失、尽快恢
复社会秩序等非经济目标往往是应急调度的最重要目标，而成本、效益等经
济目标不再是问题的唯一目标。

10.1.3　装备器材应急调度的原则

依照目前装备器材保障体制，装备器材调度资源点包括各级装备保障物
流中心、装备器材生产工厂。

在制订装备器材调度方案时，考虑所有的资源点是没有意义的，资源点
数目的增长会大大增加计算的工作量。因此，装备器材应急调度首先面临的
问题是装备器材资源点范围的划分。划分范围后，由范围之内的资源点对需
求点进行供应。这个范围并不是简单的距离的概念，而涉及部队编制隶属关

系等多方面的内容，需要从全局的高度来科学、合理地确定这样一个范围。为了快速地确定这个范围，本章对资源点的级别进行了界定。

（1）第一级资源点——本战区基点装备保障物流中心，亦即队属资源点。

基点装备保障物流中心指战区以下的装备器材储备单位，装备器材储备量较少，一般只是辅助区域装备保障物流中心对应急需求点进行供应的。

（2）第二级资源点——本战区区域装备保障物流中心，亦即战区资源点。

区域装备保障物流中心主要指战区级的仓库，在前送装备器材过程中，是主要的资源提供单位。

（3）第三级资源点——全军装备保障物流中心，亦即全军资源点。

全军装备保障物流中心为战略级资源点，装备器材储备丰富，但一般距离需求点比较远，因此常常为应急调度初期需求点需求量较大、前方资源难以供应的情况下使用。

（4）第四级资源点——其他战区装备保障物流中心，亦即其他战区资源点和队属资源点。

（5）第五级资源点——装备器材生产工厂。

在应急情况下，装备器材调度的原则主要是：首先由队属资源点对需求点提供装备器材供应，如果能够由本级资源点满足需求，则直接供应；若不能，则向所属战区上报不能满足的需求量，生成应急任务需求。战区收到任务需求后，根据装备器材需求量和区域装备保障物流中心装备器材库存及战备情况确定调度方案。如果本战区能够自行供应，则由本战区实施供应；如果本战区不能全部供应，则由本战区其他基点装备保障物流中心供应未满足部分。若战区和基点装备保障物流中心都不能全部供应，不能供应部分由本战区向全军保障机关提出申请，由机关调剂，进行调度。在调度决策过程中，一方面要考虑需求点与物流中心的位置远近、道路情况等因素对运输时间的影响程度，另一方面要考虑各级物流中心装备器材储备情况。全军保障机关首先实施越级装备器材供应，直接从全军装备保障物流中心筹措装备器材，运往装备器材需求点，实施供应；若不能满足装备器材需求，则由全军保障机关调剂实施跨战区供应，根据保障原则选取物流中心进行装备器材应急调度；若全军装备保障物流中心和附近战区区域装备保障物流中心部分满足或完全不能满足应急任务的装备器材需求量时，则由机关向装备器材生产工厂紧急订货、采购，实施多方的联合供应。

应急任务需求产生后，各级资源点的供应顺序为：本战区区域装备保障物流中心→本战区基点装备保障物流中心→全军装备保障物流中心→其他战区各物流中心→工厂，全部需求量是否已经被某级别资源点的储备总值满足作为确定是否需要下一级供应的标准，如果已满足，则后面的供应值均取零。

　　由装备器材应急调度原则可知，装备器材应急调度与平时的装备器材调度的不同主要体现在：一是应急情况下，调度原则和平时不同，应急情况下主要强调的是时间效益，装备器材调度可以打破平时供应体系，实施跨战区直达供应；二是装备器材筹措方式不同，应急情况下，主要强调临时筹措、快速供应。

10.1.4　装备器材应急调度的运作流程

　　根据装备器材应急调度的原则，装备器材应急调度的一般运作流程如图 10-1 所示。

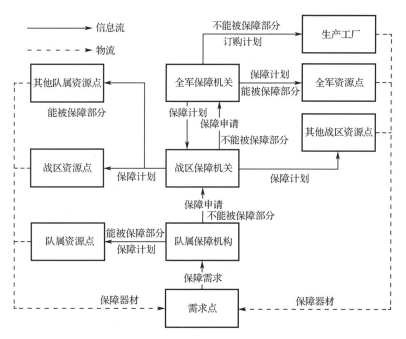

图 10-1　装备器材应急调度的一般运作流程

　　装备器材应急调度的一个关键步骤就是生成调度方案，它的形成过程是由需求点提出装备器材需求开始，到战区或全军保障机关依据现有装备器材储备量，确定装备保障资源点，制订调度方案，并发出调拨通知单的工作过

程。调度方案是否科学合理决定了调度过程的成功与否。作为装备器材应急调度的决策人员，主要工作是对整个装备器材供应过程的指挥、决策和控制，因此其工作的主要内容也就是制订装备器材保障应急调度方案。本章研究的一个重点就是在考虑多种运输方式的条件下，如何根据各种影响因素和条件，科学合理地制订调度方案。

10.1.5　装备器材应急调度的途径

装备器材应急调度的实现是一个系统工程，应该规划和建立应急保障系统，依托该系统，除建立应急调度机制外，还应建立应急调度技术平台，实施应急装备器材的筹措与采购、储备、运输与配送管理等。

1）应急事件处理机构的建立

根据需要可以建立全军或战区级应急事件处理机构，该机构业务上可实行垂直管理，行政上归同级部队管理。机构可由两部分人员构成，一是专职人员，二是兼职人员。专职人员包括：应急事件预测预报人员，事件情况收集、处理、发布人员，调剂处理人员，通信传媒技术支持人员。兼职人员为常见应急事件相关的部队、政府、企业的主要领导或专家。兼职人员的主要职责之一是在非应急状态下，向应急事件处理机构提供应急装备器材保障的生产、储备、分布等信息。而在应急事件发生时，兼职人员要以双重身份参与指挥、调剂、监督应急救援的相关事宜。

应急事件处理机构主要职能是：应急事件的状况收集、处理、发布；应急装备器材保障的预测与准备；应急调度的组织与实施；应急事件的应对与处理；参与应急救援有关事宜的联络和调剂；行使应急事件处理法律法规所赋予的其他权利。

2）应急调度技术平台的构建

应急调度技术平台的构建是发挥应急事件处理机构职能的基础和关键。应急调度技术平台包括通信平台、信息平台、电子商务技术平台，应用应急调度包装技术、应急调度装卸运输技术等。其中，通信平台包括电话、无线通信、传真、可视电话系统等通信设备，用于应急调度系统中信息的传播、交流和反馈；电子商务技术平台要求能方便地实现装备器材在地方企业的采购和交易，从而有效缩短装备器材采购时间。应急调度包装技术和应急调度装卸运输技术要充分体现简洁、快速、稳妥、实用、方便的原则。

3）应急手段的启用

应急调度的特点体现在"急"和"快"。如何实现装备器材在应急情况下的快速供应，归纳起来可从以下两个方面来考虑。

① 应急装备器材准备快速化：在应急需求点附近，若装备器材储备量有限，不能满足需求，则可以以最快速度通过应急事件处理机构，从邻近资源点、全军资源点、其他战区资源点调拨、征集，快速获取缺额装备器材。必要时，可在非应急时期通过应急事件处理机构，与信誉高、质量好、价格合理的生产厂家或专业公司进行协议采购，在应急事件发生时这些协议采购能在规定的时间内将协议订购的装备器材运达约定地点。

② 装备器材运输快速化：积极动用军用运输装备、军用运输专用线路及相关设施，必要时可通过应急事件处理机构与一些大型的运输公司预先签订协议或临时签订协议，提出紧急运输要求，从而实现应急装备器材的运输快速化。

4）应急装备器材调度问题评价体系的建立

在应急事件发生时，装备器材调度问题的主要目标是尽快将装备器材运输到目的地，在此前提下才能追求调度成本最小化。当前，调度问题的主要方向是建立正确合理、符合应用实践需要的应急装备器材调度问题的评价体系，在此基础上才能正确地辅助科学合理的应急调度决策的制定。

10.2 基于多式联运的装备器材应急调度模型

装备器材应急调度问题包括路径决策和分配决策两项内容，可以把路径决策作为分配决策的一个约束条件，把问题分解成路径优化和资源分配两个问题。根据这一分解思路，本节进行装备器材应急调度两个子模型的构建，即基于多式联运的广义最优路径模型和运输模型，试图解决装备器材应急调度中的两个决策问题，找到数学知识和军事实践上的一些切入点，为军队机关和战区决策部门正确制定决策提供客观的数据支持。

10.2.1 基于多式联运的装备器材应急调度模型构建思路

装备器材应急调度问题的核心思想是选取合适的资源点以合适的供应量供应给对应的需求点，因此，在对该问题进行建模时，按照先求解资源点与需求点之间的最优路径，后求解装备器材保障资源分配量的思路，建立基于多式联运的装备器材应急调度的两个子模型，即基于多式联运的广义最优路径模型和运输模型。第一个子模型在各级资源点范围内选取从资源点到需求点调度单位装备器材（指一个基数）的最优路径，第二个子模型在资源点范围内以给定的限制时间为约束进行装备器材分配决策，即确定每个资源点对各个需求点的装备器材供应量。

采用这样的分解模型主要从以下两个方面考虑：

（1）采用分解模型可以大大降低问题的复杂度，减少计算工作量，缩短优化时间，提高装备器材保障指挥部门制订和调整调度方案的效率，这对于装备器材保障调度，特别是应急条件下的调度来说，就愈发显得重要。

（2）对于装备器材应急调度问题，它本身是一个多目标优化问题，并且受到很多因素的影响，在一定假设条件下通过求解得到的只是相对最优解，从这个意义上讲，采用分解的方法降低了装备器材保障运输量、运输路径等因素之间的耦合度。

在每级资源点范围内，均使用广义最优路径模型和运输模型来求解本级的调度方案，即阶段调度方案。其中，广义最优路径模型用于描述单个资源点和单个需求点之间调度单位装备器材的运输路径问题。在任意有道路相通的节点之间都有若干种运输方式可供选择，并且不同运输方式的运输时间、运输费用不尽相同，但整个运输过程的总时间不超过调度限制时间。由于装备器材运输量与调度时间有着紧密的联系，模型中以单位装备器材作为调度过程的初始运量，并在该模型中通过判断单位装备器材在最优路径上花费的时间是否满足调度限制时间来对资源点进行初步筛选。考虑到不同资源点的保障能力有所不同，这里对每个资源点的装载活动，即运输活动的起点，做如下处理：在不同运输方式条件下，以资源点的单位装备器材装载时间体现资源点之间保障能力的差异，一个资源点具有一种或几种单位装备器材装载时间，数量根据其提供的运输方式而定。模型以时间最短、危险性最小和成本最低为目标，可以采用加权法处理这三个目标，并定义反映目标重要程度的权重系数为 $\omega_1, \omega_2, \omega_3$。权重系数的确定关键在于决策者对目标的偏好。决策者根据应急任务需求和实际条件的限制，权衡三个目标的权重，赋予三个目标不同的权重系数。这里将经过加权处理的值定义为道路和节点的代价值，代价值之和（即单位装备器材的运输代价值）最小的路径即为最优路径，则多目标问题就可转化为单目标优化问题。

运输模型用于计算从资源点分别提取多少数量的装备器材运达哪些需

求点。它是一个以广义最优路径模型为基础的运输问题模型。对于运输问题中道路上的单位运输费用，这里以广义最优路径模型生成的单位装备器材的运输代价值代替，并将调度限制时间作为决策变量的约束，以代价值最小作为求解目标。

两个模型建立的先后顺序表明，整个调度模型的调度原则是：在满足时间要求的条件下，当本级资源点装备器材储备量不能满足需求量时，由下一级资源点对剩余需求量进行供应。也就是说，即使本级资源点的储备量大于现有剩余需求量，若其不能在限定时间内完成调度任务，仍需下一级资源点参与到调度任务中。这与现有的装备器材应急调度中以储备量是否满足需求量来判断是否由下一级资源点进行供应的原则有所区别。

另外，在应急条件下的运输过程中，不可避免地会有自然条件或战争等因素对路况产生影响，如发生地震、泥石流，经过敌占区、极易遭受敌方攻击的交通要道和一些不能承载运输的桥梁、隧道等情况，往往一个影响因素就会使一个甚至多个资源点不能向其周边的需求点供应装备器材。一些重要的交通枢纽和特殊地段更是对资源点和需求点之间的沟通往来起着至关重要的作用。鉴于此类情况在应急条件下的发生频率极高，装备器材应急调度模型中必须考虑设置禁止节点和禁止路段，即指部队运输过程中不能经过的地点和路线。对于禁止节点的处理，在路网中可将禁止节点以及与禁止节点相连的路段对应系数设置为一个足够大的数，通过增大选择该路段的权值而在权值最小化的条件下排除该路段。对禁止路段的处理同上。

10.2.2　基于多式联运的装备器材应急调度问题描述和假设

1. 问题描述

基于多式联运的装备器材应急调度问题可以描述为：在某一级资源点范围内，由 s 个资源点 $P_m(m=1,2,\cdots,s)$ 向 h 个需求点 $D_n(n=1,2,\cdots,h)$ 提供器材供应，各资源点的储备量为 $a_m(m=1,2,\cdots,s)$ ，各需求点的需求量为 $b_n(n=1,2,\cdots,h)$ 。从 P_m 运送器材到 D_n 需经过若干个（ k 个）节点，任意相邻的两个节点之间都有若干种（ g 种）运输方式可供选择。路段和节点自身有危险性系数。在相邻的两个节点之间，各种运输方式的运输时间、运费、危险性不同。当在某节点需要从一种运输方式转换到另一种运输方式时，会产生一定的装卸载时间和装卸载费用，但在整个运输过程中的总时间不能超过

调度限制时间（T）。在考虑上述各种因素的前提下确定从第 m 个资源点到第 n 个需求点最优运输路径，使得该路径的单位器材的运输代价值最小。该级资源点范围内其他资源点到需求点的最优路径情况同上。

得到各级资源点范围内所有资源点到需求点的最优路径以及单位器材的运输代价值后，问题转化为运输问题。这里将单位器材的运输代价值定义为一般运输问题中广义的费用，以各条路径总代价最小为目标，通过求解即可得到资源点对需求点各自的供应量，并生成该级资源点范围内的阶段调度方案。在各级资源点范围内，按照该流程求解，直至需求全部被满足，从而生成最终的调度方案。

2．模型的假设条件

任何实际问题的建模求解过程都需要对客观现实进行一定的抽象和简化。同样，对装备器材应急调度问题进行数学建模求解也是如此。对装备器材应急调度问题进行假设主要遵循两个原则：一是科学性原则，即假设不能影响问题的性质；二是可行性原则，即假设的内容必须基本符合现实情况。经过研究，给出以下假设：

（1）只以装备器材应急调度为研究对象，不考虑与其他活动的交互。

（2）所有资源点和需求点都是点目标。

（3）装备器材保障以团基数（即小修基数）为单位。

（4）单位装备器材的装卸载时间、成本设为固定值。

（5）考虑应急条件下道路和节点危险性对调度过程的影响。

（6）装备器材需求点分布和需求量已知。

（7）资源点分布和装备器材储备已知。

（8）各个资源点的单位装备器材装载时间已知。

（9）考虑采用多种运输方式运输装备器材，这里要求运量在节点之间不能分割，即在两个节点之间只能选择一种运输方式。

（10）装备器材应急调度过程中所需的运载工具都能满足。

（11）一个资源点可以经由其他资源点向需求点供应资源（即存在转运情况），同时它可以给多个需求点供应装备器材。

（12）各个需求点的需求量一次运输完成，所有运输方式均取军车运行速度的经验值作为平均速度，为常数。

10.2.3　基于多式联运的装备器材应急调度广义最优路径模型构建

1．基于多式联运的传统模型

这里描述的是 Reddy 于 1995 年提出的模型，该模型的特点是以总费用最小为目标函数。假设在任意两节点间采用同一运输方式，运输方式的转换只在节点处发生，运输费用和运输距离呈线性关系，建立的目的函数如下。

$$\min z = \sum_i \sum_k x_{i,i+1}^k c_{i,i+1}^k + \sum_i \sum_k \sum_l y_i^{kl} t_i^{kl} \tag{10-1}$$

$$\text{s.t.} \quad \sum_k x_{i,i+1}^k = 1, \quad \forall i \tag{10-2}$$

$$\sum_k \sum_l y_i^{kl} = 1, \quad \forall i \tag{10-3}$$

$$x_{i-1,i}^k + x_{i,i+1}^l \geq 2 y_i^{kl}, \quad \forall i,k,l \tag{10-4}$$

$$y_i^{kl}, x_{i,i+1}^k \in \{0,1\}, \quad \forall i,k,l \tag{10-5}$$

式中，$c_{i,i+1}^k$ 为从节点 i 到节点 $i+1$ 采用运输方式 k 时的运输费用；t_i^{kl} 为在节点 i 处运输方式由 k 转换为 l 时的中转费用。

$$x_{i,i+1}^k = \begin{cases} 1, & \text{从节点}i\text{到节点}i+1\text{进行货物运输时，采用运输方式}k \\ 0, & \text{其他} \end{cases}$$

$$y_i^{kl} = \begin{cases} 1, & \text{在节点}i\text{处运输方式从}k\text{转为}l, \ k \neq l \\ 0, & \text{其他} \end{cases}$$

该模型的目标函数式（10-1）为两个单独的线性成本函数之和，等号右边第一部分表示将装备器材由起点运送到终点时的总运输费用，等号右边第二部分表示在中转地改变运输方式时的中转费用之和。约束条件中，式（10-2）表示在两个节点之间运输货物，只能使用一种运输方式；式（10-3）表示在一个节点只采用一种中转方式；式（10-4）用来保证内部的一致性，即如果在节点 i 运输方式由 k 转换为 l，则从节点 $i-1$ 到节点 i，运输方式采用 k，从节点 i 到节点 $i+1$，运输方式采用 l；式（10-5）表示对决策变量的 0-1 约束。

2．多式联运网络描述

由上述总费用最小化模型可知，多式联运过程中的总运输费用包括节点间的运输费用和节点内的中转费用两部分。本节中也将起始资源点到末端需求点间的整个运输过程分为运输活动和中转活动，中转活动只考虑装备器材的装卸载活动。其中涉及的路径寻优是以多式联运为基础的，为简明起见，这里通过图 10-2 以一级公路、铁路、航空 3 种运输方式构成的联运网络为例，描述多式联运过程。

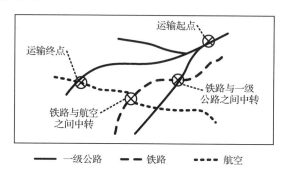

图 10-2　多式联运过程示意图

节点间的运输时间、成本和危险性首先与所采用的运输方式有关，在后续节点转换运输方式产生的中转活动也是影响运输时间、成本和危险性的关键因素。

假设多式联运在节点 1 到节点 q 的 q 个节点间进行，每个节点可提供的运输方式最多有铁路、航空、水路等 g 种，同一个节点内任意两种运输方式间的相互中转是否引起器材的装卸载活动，以及中转活动引起的装卸载费用和装卸载时间都是根据运输方式中转矩阵决定的。根据问题的特点，可构建如图 10-3 所示的多式联运网络图，为简便起见，图中省略了对节点标号和各边权值的标注。

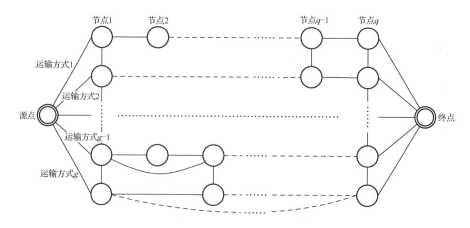

图 10-3　多式联运网络图

图 10-3 为一无向图 $G = (V, E)$，实际上也是一个 $g \times q$ 的立体空间图。其中，水平层面有 g 个，每个层面对应着一种运输方式（当该种运输方式存在时）；垂直层面有 q 个，每个层面对应着一个节点。无向图 G 的节点 v 为节点与运输方式的交叉点，对于任意的两个节点 v_i 和 v_j（$v_i, v_j \in V$）构成的边 $e = [v_i, v_j]$，根据所赋予的权值 w_{ij} 的不同分为两类，这里称之为水平边和竖直边。水平边是指水平层面上的各个节点之间的连线，它表示在两节点之间采用同一种运输方式进行器材运送，因而其权值 w_{ij} 表示器材在两节点间耗费的运输代价；竖直边是指垂直层面上各节点之间的连线，它表示在某节点进行运输方式的转换，因而其权值 w_{ij} 表示器材在出发节点发生的中转代价。

现就图 10-3 的一些实际特点做如下说明：

（1）由于与源点（或终点）相连接的节点的运输方式是已知的，所以从源点到达第一个节点（即某个资源点）再到其相邻节点，以及从最后一个节点（即某个需求点）再到终点，只是采用某种运输方式进行装备器材保障运送的单纯运输活动。决定该活动的因素应与影响水平边权值的因素相同。

（2）运量在某一对节点之间不能分割，即在某一对特定的节点之间，若存在路径，则在这对节点之间只能选择一种运输方式。

（3）如果某节点和某种运输方式的交叉处不存在节点，这表示该节点没有提供这种方式的装备器材运输服务。

（4）对于某个节点的各种运输方式，考虑到装备器材运输在任意两种运输方式之间都可能存在中转，故垂直层面上的任意两个节点都应有竖直边连接。

（5）水平层面上的任意两个相邻节点都应有水平边连接，表示任意两个相邻节点间理论上都存在着某种方式的装备器材保障运输通道。

（6）对于水平层面上的不相邻节点，如果两个节点间有弧形水平边连接，则表示这两个节点间除经由其他节点进行装备器材保障运输外，还存在着以某种运输方式进行装备器材保障运送的直接通道，这与多式联运的网络性是相一致的。

（7）如果水平层面上的两个节点没有水平边连接，则表示这两个节点间不提供此种方式的装备器材保障运输服务。

3. 参数和变量符号说明

T ——从资源点到需求点容许的时间期限；

G ——可供选择的多式联运运输方式集合；

M ——一个充分大的惩罚因子；

N_n ——第 n 个需求点的标号；

$\overline{v}^k$ ——采用第 k 种运输方式时的平均行驶速度；

c_k ——采用第 k 种运输方式运输单位器材每千米所需的费用；

$\omega_1,\omega_2,\omega_3$ ——时间权重、危险性权重、成本权重；

p_1 ——单位器材的价值；

p_2 ——危险性对应的单位器材损失价值；

ρ ——单位时间内资金的占用耗费；

$t_{N_n}^k$ ——单位器材在第 n 个需求点采用第 k 种运输方式的卸载时间；

$r_{N_n}^k$ ——单位器材在第 n 个需求点采用第 k 种运输方式的卸载费用；

以下符号中的 θ 均表示在第 θ 级资源点范围内。

$S(\theta)$ ——多式联运运输网络的资源点集合；

$D(\theta)$ ——多式联运运输网络的需求点集合；

$V(\theta)$ ——多式联运运输网络的节点集合；

$E(\theta)$ ——多式联运运输网络的弧集合；

z_{mn}^{θ} ——从第 m 个资源点到第 n 个需求点单位器材的运输代价值；

$\lambda(\theta)_{i,i+1}^k = \begin{cases} M, & \text{禁行路段} \\ 1, & \text{普通路段} \end{cases}$ ，从节点 i 到节点 $i+1$ 第 k 种运输方式条件下的道路通行系数；

$\lambda(\theta)_i^{k,l} = \begin{cases} M, & \text{禁行节点} \\ 1, & \text{普通节点} \end{cases}$ ，在节点 i 处从第 k 种运输方式转为第 l 种运输方式的道路通行系数；

$d(\theta)_{i,i+1}^k$ ——从节点 i 到节点 $i+1$ 采用第 k 种运输方式的距离；

$f(\theta)_{i,i+1}^k$ ——从节点 i 到节点 $i+1$ 采用第 k 种运输方式的危险性系数；

$e(\theta)_i$ ——节点 i 的危险性系数；

$t(\theta)_i^{k,l}$ ——单位器材在节点 i 处从第 k 种运输方式转为第 l 种运输方式的中转时间；

$r(\theta)_i^{k,l}$ ——单位器材在节点 i 处从第 k 种运输方式转为第 l 种运输方式的中转费用；

t_m^k ——单位器材在第 m 个资源点采用第 k 种运输方式的装载时间；

r_m^k ——单位器材在第 m 个资源点采用第 k 种运输方式的装载费用；

e_m ——第 m 个资源点的危险性系数；

e_{N_n}——第 n 个需求点的危险性系数；

$$a(\theta)_{i,i+1}^k = \begin{cases} 1, & \text{从节点}i\text{到节点}i+1\text{进行器材运输时，采用第}k\text{种运输方式} \\ 0, & \text{其他} \end{cases},$$

运输方式系数；

$$B(\theta) = \begin{bmatrix} b(\theta)_{1,1} & b(\theta)_{1,2} & \cdots & b(\theta)_{1,g} \\ b(\theta)_{2,1} & b(\theta)_{2,2} & \cdots & b(\theta)_{2,g} \\ \vdots & \vdots & \ddots & \vdots \\ b(\theta)_{g,1} & b(\theta)_{g,2} & \cdots & b(\theta)_{g,g} \end{bmatrix}，\text{运输方式中转矩阵，}$$

式中，$b(\theta)_{k,k} = 0, b(\theta)_{k,l} = b(\theta)_{l,k}(k,l = 1,2,\cdots,g)$，

$$b(\theta)_{k,l} = \begin{cases} 1, & \text{在节点}i\text{处，运输方式从}k\text{转为}l(k \neq l) \text{ 时需中转器材} \\ 0, & \text{其他} \end{cases}。$$

4. 模型建立

在一级资源点范围内，同时考虑时间、危险性和费用这三个路径优化问题的约束因素，利用线性加权法定义了节点间的运输代价、节点内的中转代价、起始资源点的装载代价、末端需求点的卸载代价，并将这四个代价之和作为起始资源点至末端需求点路径选取的评价标准，同时考虑给定的时间限制，对资源点进行初步筛选，若单位装备器材保障在最优路径上调度的总时间满足时间限制，则资源点可选，反之不可选。由于目标为时间最短、危险性最低和费用最少，因此代价均由时间代价、危险性代价和费用代价三部分构成。

运输代价由运输时间代价、运输危险性代价和运输费用代价三部分构成。节点间的运输代价与所采用的运输方式有关，运输方式确定后，两节点间的距离、所运送器材的数量等也是影响运输代价的关键因素。由定义的参数可知，从节点 i 到节点 $i+1$ 采用第 k 种运输方式的时间为 $d(\theta)_{i,i+1}^k / \overline{v}^k$，则从节点 i 到节点 $i+1$ 采用第 k 种运输方式进行器材运输所需的运输代价 $\alpha(\theta)_k^{i,i+1}$ 可表示如下：

$$\alpha(\theta)_k^{i,i+1} = \omega_1 \times p_1 \times \left[(1+\rho)^{\frac{d(\theta)_{i,i+1}^k}{\overline{v}^k}} - 1 \right] + \omega_2 \times f(\theta)_{i,i+1}^k \times p_2 + \omega_3 \times c_k \times d(\theta)_{i,i+1}^k \quad (10\text{-}6)$$

节点内的中转代价主要由三部分构成：中转时间代价、中转危险性代价和中转费用代价。在节点 i 从第 k 种运输方式转换为第 l 种运输方式所需的中转代价 $\beta(\theta)_{k,l}^i$ 可表示如下：

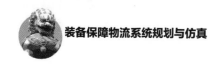

$$\beta(\theta)_{k,l}^i = \omega_1 \times p_1 \times \left[(1+\rho)^{t(\theta)_i^{k,l}} - 1\right] + \omega_2 \times e(\theta)_i \times p_2 + \omega_3 \times r(\theta)_i^{k,l} \quad (10\text{-}7)$$

对于运输危险性系数 $f(\theta)_{i,i+1}^k$ 和节点的危险性系数 $e(\theta)_i$，由于运输过程和器材中转过程中往往存在一定的危险性，如自然条件下道路可能的塌方、道路状况不好可能存在的翻车等，特别在应急条件下，由于自然破坏、敌方火力的袭击等因素影响，危险性更高。由于危险性是对未知因素预测的结果，并且影响因素比较多，且影响的程度和形式都是未知的。因此，分别定义了运输危险性系数和节点的危险性系数，并把危险性系数分为几个等级，由决策人员根据实际的条件和经验进行确定。

起始资源点和末端需求点可看作是特殊的节点，在这两个点分别考虑装载活动和卸载活动。在某种运输方式条件下，起始资源点的装载活动涉及的单位装备器材保障装载时间根据资源点有所区分，其单位装备器材保障装载时间根据其保障能力确定，涉及装载活动的等待时间和具体装载搬运活动所用的时间，并依据资源点以往的装载活动时间取近似值，因此这里的单位装备器材保障装载时间是一个广义的装载时间。每个资源点均有各自的单位装备器材保障装载时间，其危险性系数和单位装备器材保障装载费用与其他节点取法相同。末端需求点的卸载活动与其他节点的中转活动类似。

因此，本节建立某级资源点范围内从第 m 个资源点到第 n 个需求点之间，路径代价值 z_{mn}^θ 最小的广义最优路径模型如下：

$$\min z_{mn}^\theta = \omega_1 \times p_1 \times \left[(1+\rho)^{t_m^k} - 1\right] + \omega_2 \times e_m \times p_2 + \omega_3 \times r_m^k +$$

$$\sum_{i \in V(\theta)} \sum_{k \in G} a(\theta)_{i,i+1}^k \times \lambda(\theta)_{i,i+1}^k \times \left\{ \omega_1 \times p_1 \times \left[(1+\rho)^{\frac{d(\theta)_{i,i+1}^k}{v^k}} - 1\right] + \omega_2 \times f(\theta)_{i,i+1}^k \times p_2 + \omega_3 \times c_k \times d(\theta)_{i,i+1}^k \right\} +$$

$$\sum_{i \in V(\theta)} \sum_{k \in G} \sum_{l \in G} b(\theta)_{k,l} \times \lambda(\theta)_i^{k,l} \times \left\{ \omega_1 \times p_1 \times \left[(1+\rho)^{t(\theta)_i^{k,l}} - 1\right] + \omega_2 \times e(\theta)_i \times p_2 + \omega_3 \times r(\theta)_i^{k,l} \right\} +$$

$$\omega_1 \times p_1 \times \left[(1+\rho)^{t_{N_n}^k} - 1\right] + \omega_2 \times e_{N_n} \times p_2 + \omega_3 \times r_{N_n}^k \quad (10\text{-}8)$$

$$\text{s.t.} \quad \sum_{k \in G} a(\theta)_{i,i+1}^k = 1, \quad \forall i \in V(\theta) \quad (10\text{-}9)$$

$$\sum_{k \in G} \sum_{l \in G} b(\theta)_{k,l} = 1, \quad \forall i \in V(\theta) \quad (10\text{-}10)$$

$$\omega_1 + \omega_2 + \omega_3 = 1 \quad (10\text{-}11)$$

$$a(\theta)_{i-1,i}^k + a(\theta)_{i,i+1}^l \geqslant 2b(\theta)_{k,l}, \quad \forall i \in V(\theta), k \in G, l \in G \quad (10\text{-}12)$$

$$t_m^k + \sum_{i \in V(\theta)} \sum_{k \in G} a(\theta)_{i,i+1}^k \times \lambda(\theta)_{i,i+1}^k \times \frac{d(\theta)_{i,i+1}}{v^k} + \sum_{i \in V(\theta)} \sum_{k \in G} \sum_{l \in G} b(\theta)_{k,l} \times \lambda(\theta)_i^{k,l} \times t(\theta)_i^{k,l} + t_{N_n}^k \leqslant T$$

$$(10\text{-}13)$$

$$\lambda(\theta)^{k}_{i,i+1},\lambda(\theta)^{k,l}_{i},b(\theta)_{k,l},a(\theta)^{k}_{i,i+1}\in\{0,1\}, \quad \forall i\in V(\theta),k\in G,l\in G \qquad （10\text{-}14）$$

该模型的目标函数表达式（10-8）中，在第 θ 级资源点范围内，从第 m 个资源点到第 n 个需求点的单位器材的运输代价值 z^{θ}_{mn} 为四部分代价之和，第一部分为第 m 个资源点的装载代价，第二部分为从第 m 个资源点到第 n 个需求点之间所有节点运输代价的和，第三部分为第 m 个资源点到第 n 个需求点之间所有节点中转代价的和，第四部分为第 n 个需求点的卸载代价。

约束条件中，式（10-9）表示在两个节点之间运输装备器材，只能使用一种运输方式；式（10-10）表示在一个节点只能采用一种中转方式；式（10-11）表示三个指标的权重和为 1；式（10-12）用来保证内部的一致性，即如果在节点 i 处运输方式由 k 转换为 l，则从节点 $i-1$ 到节点 i，运输方式采用 k，从节点 i 到节点 $i+1$，运输方式采用 l；式（10-13）表示单位装备器材在起始资源点的装载时间、中间节点间的运输时间、中转时间以及末端需求点的卸载时间之和满足时间限制；式（10-14）表示对决策变量的 0-1 约束。

对该模型反复求解，直至本级资源点范围内所有资源点到所有需求点的最优路径全部生成。

10.2.4　基于多式联运的装备器材应急调度运输模型构建

当多式联运网络图构建完成以后，结合对运输代价和中转代价的分析评估，接下来就可利用 Dijkstra 算法进行求解，从而获取广义最优路径和单位装备器材的运输代价值。由此，应急调度问题转化为动态规划的运输问题。

1．一般运输问题模型

一般运输问题模型通常是建立在单一运输方式的基础上的，其运价或运距也是从单一运输方式的角度来衡量的，即单纯地考虑公路运输，或水路运输（河运或海运），或铁路运输，或航空运输。其建模方法如下。

设：有 m 个供应地 $A_i(i=1,2,\cdots,m)$，其供应量为 $a_i(i=1,2,\cdots,m)$；有 n 个需求地 $B_j(j=1,2,\cdots,n)$，其需求量为 $b_j(j=1,2,\cdots,n)$；从 A_i 到 B_j 的单位运价（或运距）为 $c_{ij}(i=1,2,\cdots,m;j=1,2,\cdots,n)$，从 A_i 到 B_j 的运输量为 $x_{ij}(i=1,2,\cdots,m;j=1,2,\cdots,n)$，则求使总运费（或运距）$z$ 最小的运输模型如下。

$$\min z=\sum_{i=1}^{m}\sum_{j=1}^{n}c_{ij}x_{ij} \qquad （10\text{-}15）$$

$$\text{s.t.} \quad \sum_{i=1}^{m} x_{ij} \geqslant b_j \qquad j = 1, 2, \cdots, n \tag{10-16}$$

$$\sum_{j=1}^{n} x_{ij} \leqslant a_i \qquad i = 1, 2, \cdots, m \tag{10-17}$$

$$x_{ij} \geqslant 0 \qquad i = 1, 2, \cdots, m; j = 1, 2, \cdots, n \tag{10-18}$$

上一节中，通过广义最优路径模型可获取各个资源点范围中资源点到需求点的最优路径，并得到每条路径上单位装备器材的运输代价值（即为运输问题中费用的广义扩展）。该模型以广义最优路径模型已求解出最优路径为前提，在第 θ 级资源点范围内，计算资源点与需求点的供需关系。

2. 参数和变量符号说明

以下符号中的 θ 均表示在第 θ 级资源点范围内。

Z_θ——阶段调度方案的总代价值；

S_m——第 m 个资源点的储备量；

D_n——第 n 个需求点的初始需求量；

x_{mn}^{θ}——第 θ 级资源点范围内第 m 个资源点（含工厂）向第 n 个需求点的供应量；

SNum_θ——第 θ 级资源点范围内资源点总数，本战区资源点和全军资源点各一个，所以 $\text{SNum}_1 = \text{SNum}_3 = 1$；

$M_\theta = \left[\sum_{i=1}^{\theta-1} \text{SNum}_i + 1, \sum_{i=1}^{\theta} \text{SNum}_i \right]$——第 θ 级资源点范围内资源点编号取值区间，第一级取 [1]，第三级取 [$\sum_{i=1}^{2} \text{SNum}_i + 1$]；

DNum_θ——需求点的数量区间，下限为 1，上限为需求未被满足的需求点数 h；

$b_n^1 = \begin{cases} D_n, & D_n \leqslant S_1 \\ S_1, & D_n > S_1 \end{cases}$——第一级资源点范围内，第 n 个需求点的需求量；

$b_n^2 = \begin{cases} D_n - \sum_{m=1}^{\text{SNum}_1} x_{mn}^1, & D_n - \sum_{m=1}^{\text{SNum}_1} x_{mn}^1 \leqslant \sum_{m=2}^{\text{SNum}_2+1} S_m \\ \sum_{m=2}^{\text{SNum}_2+1} S_m, & D_n - \sum_{m=1}^{\text{SNum}_1} x_{mn}^1 > \sum_{m=2}^{\text{SNum}_2+1} S_m \end{cases}$——第二级资源点范围内，第 n 个需求点的需求量；

$$b_n^3 = \begin{cases} D_n - \sum\limits_{m=\sum\limits_{i=1}^{\theta-1} \mathrm{SNum}_i +1}^{\sum\limits_{i=1}^{\theta} \mathrm{SNum}_i} \sum\limits_{\theta=1}^{2} x_{mn}^{\theta}, & D_n - \sum\limits_{m=\sum\limits_{i=1}^{\theta-1} \mathrm{SNum}_i +1}^{\sum\limits_{i=1}^{\theta} \mathrm{SNum}_i} \sum\limits_{\theta=1}^{2} x_{mn}^{\theta} \leqslant S_{\mathrm{SNum}_2+2} \\[6pt] S_{\mathrm{SNum}_2+2}, & D_n - \sum\limits_{m=\sum\limits_{i=1}^{\theta-1} \mathrm{SNum}_i +1}^{\sum\limits_{i=1}^{\theta} \mathrm{SNum}_i} \sum\limits_{\theta=1}^{2} x_{mn}^{\theta} > S_{\mathrm{SNum}_2+2} \end{cases}$$ ——第三级

资源点范围内，第 n 个需求点的需求量；

$$b_n^4 = \begin{cases} D_n - \sum\limits_{m=\sum\limits_{i=1}^{\theta-1} \mathrm{SNum}_i +1}^{\sum\limits_{i=1}^{\theta} \mathrm{SNum}_i} \sum\limits_{\theta=1}^{3} x_{mn}^{\theta}, & D_n - \sum\limits_{m=\sum\limits_{i=1}^{\theta-1} \mathrm{SNum}_i +1}^{\sum\limits_{i=1}^{\theta} \mathrm{SNum}_i} \sum\limits_{\theta=1}^{3} x_{mn}^{\theta} \leqslant \sum\limits_{\mathrm{SNum}_2+3}^{2+\mathrm{SNum}_2+\mathrm{SNum}_4} S_m \\[6pt] \sum\limits_{\mathrm{SNum}_2+3}^{2+\mathrm{SNum}_2+\mathrm{SNum}_4} S_m, & D_n - \sum\limits_{m=\sum\limits_{i=1}^{\theta-1} \mathrm{SNum}_i +1}^{\sum\limits_{i=1}^{\theta} \mathrm{SNum}_i} \sum\limits_{\theta=1}^{3} x_{mn}^{\theta} > \sum\limits_{\mathrm{SNum}_2+3}^{2+\mathrm{SNum}_2+\mathrm{SNum}_4} S_m \end{cases}$$ ——第

四级资源点范围内，第 n 个需求点的需求量；

$$b_n^5 = D_n - \sum\limits_{m=\sum\limits_{i=1}^{\theta-1} \mathrm{SNum}_i +1}^{\sum\limits_{i=1}^{\theta} \mathrm{SNum}_i} \sum\limits_{\theta=1}^{4} x_{mn}^{\theta}$$ ——第五级资源点（即工厂）范围内，第 n 个

需求点的需求量。

3．模型建立

建立使第 θ 级资源点范围内代价值 Z_θ 最小的运输模型：

$$\min Z_\theta = \sum\limits_{m=\sum\limits_{i=1}^{\theta-1} \mathrm{SNum}_i +1}^{\sum\limits_{i=1}^{\theta} \mathrm{SNum}_i} \sum\limits_{n=1}^{h} z_{mn}^{\theta} x_{mn}^{\theta} \qquad (10\text{-}19)$$

$$\mathrm{s.t.} \qquad \sum\limits_{m \in M_\theta} x_{mn}^{\theta} = b_n^{\theta}, \quad n \in \mathrm{DNum}_\theta \qquad (10\text{-}20)$$

$$\sum\limits_{n \in \mathrm{DNum}_\theta} x_{mn}^{\theta} \leqslant S_m, \quad m \in M_\theta \qquad (10\text{-}21)$$

$$\sum\limits_{i \in V(\theta)} \sum\limits_{k \in G} a(\theta)_{i,i+1}^{k} \times \lambda(\theta)_{i,i+1}^{k} \times \frac{d(\theta)_{i,i+1}}{\overline{v}^{k}}$$
$$+ \left(t_m^k + \sum\limits_{i \in V(\theta)} \sum\limits_{k \in G} \sum\limits_{l \in G} b(\theta)_{k,l} \times \lambda(\theta)_i^{k,l} \times t(\theta)_i^{k,l} + t_{N_n}^k \right) \times x_{mn}^{\theta} \leqslant T \qquad (10\text{-}22)$$

$$x_{mn}^{\theta} \geq 0, \quad m \in M_{\theta}; n \in \mathrm{DNum}_{\theta} \tag{10-23}$$

约束条件中，式（10-20）表示资源点对某个需求点的供应量之和等于该需求点的需求量；式（10-21）表示某个资源点的供应量不大于其储备量；式（10-22）中，不等号左侧第一部分为装备器材在路段上的运输时间，第二部分为给定分配量在起始资源点的装载时间、运输过程中的中转时间和运达目标需求点后的卸载时间之和，两部分之和表示装备器材分配量在对应最优路径上的总调度时间，该式要求各个决策变量（即装备器材分配量）在相应的最优路径上的调度总时间满足时间限制；式（10-23）表示任意路径的运送量均满足非负要求。

10.3　基于多式联运的装备器材应急调度仿真算法

应急情况下，装备器材调度的优化是装备器材应急保障工作首要考虑的问题之一。合理的装备器材应急调度是在充分考虑各种运输方式组合优化的条件下，经最少的环节、最少的时间，以最低的危险性和最少的费用，及时地把装备器材从资源点运到需求点。本节对基于多式联运的装备器材应急调度模型中的广义最优路径模型和运输模型进行优化计算和求解，为装备器材应急调度方案的高效、快速制订服务。

10.3.1　基于多式联运的装备器材应急调度模型求解过程

根据构建基于多式联运的装备器材应急调度模型的思路和子模型建立顺序，这里确定了求解装备器材应急调度问题的过程：首先寻找资源点到需求点之间的最优路径，然后在此基础上再进行装备器材资源的分配。装备器材应急调度问题的具体求解过程如图 10-4 所示。

10.3.2　模型求解基本相关算法

1. 传统 Dijkstra 算法

传统 Dijkstra 算法是由 E. W. Dijkstra 于 1959 年提出的一个适于所有弧的权均非负的最短路径算法，也是目前公认的求解最短路径问题的最经典算法。它可以给出从某指定节点到图中其他所有节点的最短路径。该算法的时间复杂度为 $O(n^2)$，其中 n 为网络中节点的数量。

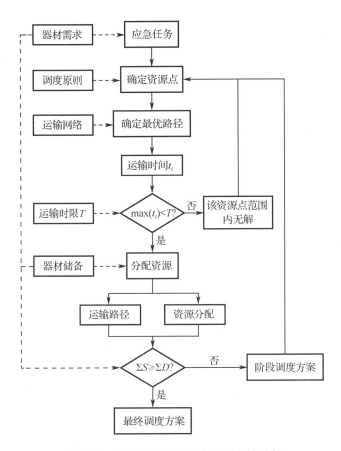

图 10-4 装备器材应急调度问题求解过程

传统 Dijkstra 算法的主要思想是用逐点增长的方法构造一颗路径树，从而得到从该树的根节点到其他所有节点的最优路径。传统 Dijkstra 算法将网络节点分为未标记节点、临时标记节点和永久标记节点 3 种类型。网络中所有节点首先初始化为未标记节点，在搜索过程中和最短路径节点相连通的节点为临时标记节点，每一次循环都是从临时标记节点中搜索距源点路径长度最短的节点作为永久标记节点，直至找到目标节点或者所有节点都成为永久标记节点。传统 Dijkstra 算法的基本思想是，设置一个节点集合 S 并不断地做贪心选择来扩充这个集合。

假定需要在某赋权有向图中计算某一指定节点 v_s 到其他节点 v 之间的最短路径，算法首先从源点 v_s 开始，给每一个节点记一个标号，标号分为 P 标号和 T 标号两种，T 标号表示从源点 v_s 到该点的最短路径的上界，又称为临时标号；P 标号表示从 v_s 到该点的最短路径，又称固定标号。在标号过程

中，已得到 P 标号的节点其标号不再改变，凡是没有标上 P 标号的节点，都标上 T 标号。算法每执行一步，把某一节点的 T 标号改变为 P 标号，经过有限步以后，就可以把所有的 T 标号都改变成 P 标号，即获得了从源点 v_s 到网络中任意一个节点的最短路径，标号过程结束。

记 V 为所有节点的集合；S_i 为第 i 步时具有 P 标号节点的集合，即为已求出最短路径的节点集合；$r(v)$ 为节点 v 的父节点；w_{ij} 为路段 (i,j) 的权重；$d(v_i, v_j)$ 为节点 v_i 到节点 v_j 的最短路径；$P(v)$ 为从 v_s 到 v 的最短路径；$T(v)$ 为从 v_s 到 v 的最短路径上界。

Dijkstra 算法描述如下。

Step0：初始化。令 $i = 0$，$S_0 = \{v_s\}$，$P(v_s) = 0$，$r(v_s) = 0$。$\forall v \in V$ 且 $v \neq v_s$，令 $T(v) = +\infty$，$r(v) = M$（M 表示一个很大的正数），置 $k = s$。

Step1：若 $S_i = V$，迭代停止，转入 Step4，此时对 $\forall v \in V$，均有 $d(v_s, v) = P(v)$；否则转入 Step2。

Step2：考察每个使 $(v_k, v_j) \in V$ 且 $v_j \notin S_i$ 的节点 v_j，如果 $T(v_j) > P(v_k) + w_{kj}$，则令 $T(v_j) = P(v_k) + w_{kj}$，$r(v_j) = v_k$，$P(v_j) = T(v_j)$，$S_{i+1} = S_i \cup \{v_j\}$，同时置 $k = j$，令 $i = i + 1$，转入 Step1 中继续进行迭代计算；否则转入 Step3。

Step3：在所有的 T 标号节点中寻找一个最小的 T 值，并将该节点标为 P 标号，即令 $T(v_j) = \min_{v_j \notin S_i} \{T(v_j)\}$，$P(v_j) = T(v_j)$，$S_{i+1} = S_i \cup \{v_j\}$，同时置 $k = j$，令 $i = i + 1$，转入 Step1 中继续进行迭代计算。

Step4：根据 $r(v)$ 并利用反向追踪的方法即可以获得指定节点 v_s 到网络中其他任意节点 v 的最优路径以及最短距离 $d(v_s, v)$，算法终止。

Dijkstra 算法的优点是程序设计简单，通用性强，适于求解两点间的最短路径问题，只要路径为正，能 100% 找到两点间的最短路径。图论中的最优路径算法是针对所有的实际问题而抽象出的最一般的模型。两点间的路径既可以表示长度，也可以表示工程时间、工程费用等各种属性。因此，在通用性和完备性的意义上，Dijkstra 算法无疑是非常优秀的。

理论上，用该算法解决最短路径问题已经很成熟，但是在实际应用中存在以下 3 点不足：

（1）不适合大规模网络的最短路径搜索。在路网模型大、节点数目多的系统（如交通网络系统）中，若采用传统 Dijkstra 算法计算最短路径，其存储空间和计算时间都会相当庞大，这将直接影响搜索效率。

（2）算法采用邻接矩阵描述网络节点和弧的特征，存在大量空间冗余，而且邻接矩阵难以全面地描述真实路网信息，如节点属性信息及弧的属性信息等。

（3）搜索过程中选择具有最短路径长度的临时标记节点加入 S 中，这个选择没有考虑终点的位置和方向，是贪心策略的体现，即在每个阶段都保持局部最优，而从全局来看，总的结果可能不是最优的。

2．遗传算法

遗传算法是一种"生成+检测"的全局优化搜索算法，它以群体中的所有个体为操作对象，每个个体对应研究问题的一个解，在本质上是一种不依赖具体问题的直接搜索方法。选择、交叉和变异是遗传算法的三个主要操作算子。

遗传算法是从代表问题可能解集的一个种群开始的，每一个种群则由经过基因编码的一定数目的个体组成。每个个体实际上是染色体上带有特征的实体。染色体作为遗传物质的主要载体，即多个基因的组合。初始种群产生后，按照适者生存和优胜劣汰的原则，逐代演化产生出越来越好的近似解。在每一代，根据问题域中个体的适应度大小选择个体，并借助自然遗传学遗传算子进行组合交叉和变异，产生出代表新的解集的种群。这个过程使得种群像自然进化一样，后代种群比前代更加适应环境，末代的最优个体解码可作为问题的近似最优解。

遗传算法的运行过程为一个典型的迭代过程，其基本步骤如下：

① 初始化：设置进化代数计数器 t（初始值为 0）；设置最大进化代数 T；随机生成 m 个个体作为初始群体 $M(0)$。

② 个体评价：计算群体 $M(t)$ 中每个个体的适应度 $U(m)$。

③ 选择运算：将选择算子作用于群体。

④ 交叉运算：将交叉算子作用于群体。

⑤ 变异运算：将变异算子作用于群体。依概率从群体 $M(t)$ 中选择若干个体，经过选择、交叉、变异运算之后产生下一代群体 $M(t+1)$。

⑥ 终止条件判断：若 $t \leqslant T$，则 $t+1 \rightarrow t$，转到步骤②；若 $t > T$，则以进化过程中所得到的具有最大适应度的个体作为最优解输出，终止计算。

3．存储结构

由于路网是大型稀疏网络，具有转向限制、节点带有权重等特点，很多文献在改进数据存储结构时，都舍弃冗余较多的邻接矩阵和邻接表而改为前向关联边结构。

前向关联边结构最早是由 Dial 等人于 1979 年提出的。其核心在于将由同一个节点发出的所有弧存放在一起，同时引进了两个数组 NodePointer 和 PointedNodes。假设 n 为路网中节点数，m 为路段数。数组 NodePointer 用来存储与弧有关的数据，其长度为 n，该数组中的每一个指针对应一个节点，记录由此节点发出的第一条弧在整个弧集中的起始位置。数组 PointedNodes 用来存储与节点有关的数据，其长度为 m，该数组存储 NodePointer 数组中的指针所指向的节点。假设 NodePointer 数组的下标从 1 开始，则该下标恰好是每一条弧的起点，PointedNodes 数组中存储的实际上是每一条弧的终点，两者结合起来正好完整地描述了每一条弧。

前向关联边结构用到下列存储单元：

（1）节点指针数组 NodePointer：每一指针对应一个节点，存储由此节点发出的第一条弧在弧集中的起始位置，其长度为 n。

（2）终点数组 PointedNodes：存储 NodePointer 数组中的指针所指向的节点序列（按照起始节点的自然顺序排列），其长度为 m。

（3）运输代价数组 RoadCost：对应 NodePointer 数组的下标与 PointedNodes 数组元素合在一起所描述的弧，存储该弧所代表路段上的行程时间，其长度为 m。

下面举一个简单的例子来说明前向关联边结构。例子的路网抽象图如图 10-5 所示，其前向关联边结构如表 10-1 和表 10-2 所示。

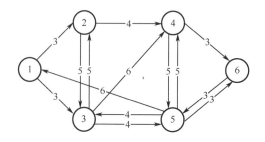

图 10-5　路网抽象图

表 10-1　前向关联边结构数组

节点 Node	节点指针数组 NodePointer	终点数组 PointedNodes	运输代价数组 RoadCost
1	1	2	3
		3	3
2	3	4	4
		3	5
3	5	2	5
		4	6
		5	4
4	8	5	5
		6	3
5	10	1	6
		3	4
		4	5
		6	3
6	14	5	3

表 10-2　前向关联边结构数组简化

节点 Node	节点指针数组 NodePointer	终点数组 PointedNodes
1	1	2，3
2	3	4，3
3	5	2，4，5
4	8	5，6
5	10	1，3，4，6
6	14	5

　　这种存储结构的一个明显好处在于节省了存储空间。仅使用了一个长度为 n 的数组和一个长度为 m 的数组，而通常的存储结构需占用两个长度为 m 的数组（一般地，有 $n \ll m$）。此外，该结构可方便地对某一给定节点发出的所有弧进行操作。

　　前向关联边结构的总存储量为 $n+2m$。在该存储结构的基础上进行扩展，就可以表达节点之间的中转关系。

10.3.3　基于多式联运的装备器材应急调度广义最优路径模型求解

路径寻优是 GIS 网络分析中的一个基本问题。目前，基于 GIS 的最短路径搜索算法研究很多，但使用最广泛的还是 Dijkstra 算法。该算法运行的结果是某一顶点到其他所有顶点的最短路径。在传统算法的运行过程中，主要存在以下问题：

（1）基于 GIS 数据生成的电子地图是由许多个大小相同的图层组成的，每个图层里又有多个要素层，分别为公路层、水路层、行政区划层等。平均一种交通方式的图层上有近千个节点、几千条路段，在一个图层上进行最优路径选择，其选择量相当大，如果要联合搜索几个图层，则计算的时间会比较长。

（2）Dijkstra 算法的搜索过程可近似为做以源点为圆心的一系列同心圆，搜索过程没有考虑终点所在的方向或位置，在从源点出发的搜索过程中，其他节点与终点被搜索到的概率是相同的。当 GIS 中道路交通网比较复杂、地图数据比较多时，这种搜索算法明显不能满足决策者对于生成调度方案的时间要求。

针对传统算法和存储结构存在的问题，本节为提高搜索效率，对 Dijkstra 算法进行三个方面的改进：①根据路网的特点，在局部而不是全局范围内来搜寻最优路径，利用限制搜索区域的策略来对路径的选择范围进行限制；②采用扩展的前向关联边结构改进传统 Dijkstra 算法使用的存储结构；③改进 Dijkstra 算法本身，即修改 Dijkstra 算法的终止条件。

1.　限制搜索区域

当 Dijkstra 算法搜索范围扩大时会降低算法的效率，因此本节首先考虑缩小节点的搜索区域来提高算法的效率。限制区域进行路径搜索并不是一个新的概念，它的总思路是：在拓扑网络中，按照给定的顶点（包括起点和终点），通过某种计算或方法划出一定的区域，并将路径搜索的范围限制在该区域当中，从而达到减少路网中最短路径搜索时间、提高最短路径规划效率的目的。椭圆限制搜索区域算法、矩阵限制搜索区域算法等，都是限制区域搜索算法的例子。椭圆限制搜索区域算法最早见于文献[13]。由于起点和终点距离较远时，椭圆限制搜索区域算法没有效率优势，且本节建立的模型中，其最优路径也并不是以距离最短为目标的，因此本节采用搜索区域相对较大的矩形限制搜索区域算法，以相对较大的范围进行搜索。

　　矩形限制搜索区域算法是陆锋等人针对椭圆限制搜索区域算法效率不高的缺点提出的改进算法，较好地解决了大规模复杂路网有效求解最优路径的难题[14]。其基本思想为：以终点和起点作为焦点，以最短路径对应的极限距离为长轴确定一个椭圆，求出限制椭圆的最小包含矩形，矩形的四条边处于水平或是垂直方向，如图 10-6 中的矩形，以此作为限制区域，减少算法的搜索范围。以椭圆的最小包含矩形作为限制搜索区域，对新扩展出的节点，若要判断其是否落在限制搜索区域内，只需将其坐标与矩形边界进行比较即可，不需要其他复杂运算。该算法将搜索节点限制在一定范围内，简化了判断线段是否在区域内的过程。该过程既继承了椭圆限制搜索区域算法对搜索规模合理地进行限制的思想，又避免了算法中大量的乘积与开方计算，大幅度减少了最优路径算法的搜索范围，具有较椭圆限制搜索区域算法更高的效率。

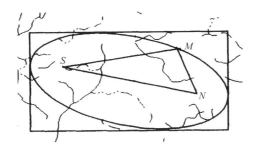

图 10-6　矩形限制搜索区域

　　设起点和终点的坐标分别为 $S(x_s, y_s)$、$N(x_n, y_n)$，以 S、N 为焦点确定的椭圆方程为：

$$\frac{[\cos\theta(x-a)+\sin\theta(y-b)]^2}{A^2}+\frac{[-\sin\theta(x-a)+\cos\theta(y-b)]^2}{B^2}=1 \quad （10\text{-}24）$$

其中，

$$\theta=\arctan\left(\frac{y_n-y_s}{x_n-x_s}\right)；\quad a=\frac{x_s+x_n}{2}；\quad b=\frac{y_s+y_n}{2}；$$

$$A=\frac{\tau}{2}\sqrt{(y_n-y_s)^2+(x_n-x_s)^2}；\quad B=\sqrt{A^2-\frac{(y_n-y_s)^2-(x_n-x_s)^2}{4}} \quad （10\text{-}25）$$

$\tau=E/P$ 为比例因子，E 为 S、N 两点间的直线距离，P 为对应的大致极

限距离。τ 的设置对于搜索区域的确定也起着重要的作用，通常其是通过对路网进行抽样并统计计算得到的。

对 x、y 分别求导，可得 x、y 的极值分别为：

$$x_{\max} = a + \sqrt{A^2 \cos^2 \theta + B^2 \sin^2 \theta} \; ; \; x_{\min} = a - \sqrt{A^2 \cos^2 \theta + B^2 \sin^2 \theta} \; ;$$

$$y_{\max} = b + \sqrt{A^2 \sin^2 \theta + B^2 \cos^2 \theta} \; ; \; y_{\min} = b - \sqrt{A^2 \sin^2 \theta + B^2 \cos^2 \theta} \quad (10\text{-}26)$$

以 $(x_{\max}, y_{\max})$，$(x_{\min}, y_{\max})$，$(x_{\min}, y_{\min})$，$(x_{\max}, y_{\min})$ 为顶点的矩形构成了搜索区域。判别某点是否在矩形内，只需和 x、y 的极值比较，就可以得出结果。

比例因子 τ 的确定，直接影响着搜索区域的大小。对北京市城市道路网采样并统计计算得到的 $\tau = 1.379$。当起点和终点之间的直线距离 D 比较小的时候，τ 的不确定度比较大，甚至有时 τ 大于 2 才能找到最优路径；当 D 比较大时，虽然实际的 τ 值可能大于 1.1，但把 τ 设为 1.1，算法依然能在绝大多数情况下找到最优路径。分析原因，主要是城市道路一般都是直线，或近似于直线，而一般的县级公路或县级以下行政区域的公路弯曲程度比较大（尤其是在山区比较多的地区）。根据这一性质，如果仍使用固定的 τ，显然是不准确的。这里根据 D 的大小划分几个区间，每个区间的 τ 的大小都不同，其值随着 D 的增加而递减。

随着 τ 的确定，一般情况下，都能搜索到一条路径，但也不能排除在极个别的道路结构比较特别的情况下，在所定的区域内找不到一条连通的路线，这时候就需要自动拓宽搜索区域。

另外，由于路段数量在单幅地图上就有上千条，如果没有选好一个合适的判断算法，则不但不能提高整个最优路径的算法效率，反而有可能降低其效率。其实采用矩形限制搜索区域方法就是为了减少判断路段是否落在选定区域的计算量。

路段的图元是以一个个点的形式存储的，一个路段至少有两个点——起点和终点。很明显，当路段的起点和终点都在区域内时，那么该路段在区域内。根据分析，本节提出了判断路段是否在区域内的具体计算原则：先计算起点和终点是否在区域内，如果两点都在区域内，则判断该路段在区域内，反之，则不在区域内。落在限定的矩形区域内的路段就是最优路径算法的搜索路段。

2．扩展的前向关联边结构

绝大多数图的存储结构只能够存储边或者弧的权，而不能够存储节点的权。这对于使用要求不高的路网来说，通常的存储结构基本上能够满足需求。但是在广义最优路径模型中，要考虑多种运输方式的组合优化，其中涉及运输方式转换时发生的中转代价，就必须构造新的存储结构来存储路网信息。因此这里以 10.2.3 节中建立的多式联运网络图为基础，对原有三个数组进行扩展。

（1）节点指针数组 NodePointer：每一节点的每一种运输方式对应一个指针，存储由此节点以某种运输方式发出的第一条弧在弧集中的起始位置。

（2）终点数组 PointedNodes：存储 NodePointer 数组中的指针所指向的其他节点及其某种运输方式的序列（依次按照起始节点和运输方式的自然顺序排列），其结构同 Node 数组，长度为弧的数目 m。

（3）代价数组 RoadCost：对应 NodePointer 数组元素与 PointedNodes 数组元素合在一起所描述的弧，存储该弧所代表路段上的运输代价或节点代价，其长度为弧的数目 m。

为了说明扩展的前向关联边存储结构，仍然以图 10-5 所示的路网抽象图来加以说明，并假设节点 3 能够提供运输方式 1（即公路运输）和运输方式 2（即铁路运输），其他节点仅能提供运输方式 1（即公路运输），起点和终点分别为 1 和 6，其存储结构如表 10-3 所示。

表 10-3　扩展的前向关联边结构数组

节点 Node	节点指针数组 NodePointer	终点数组 PointedNodes	代价数组 RoadCost
1 1	1	2 1	3
		3 1	5
		3 2	5
2 1	4	4 1	4
		3 1	4
		3 2	5
3 1	7	2 1	5
		4 1	6
		5 1	4
3 2	10	2 1	5
		4 1	6
		5 1	4

节点 Node	节点指针数组 NodePointer	终点数组 PointedNodes	代价数组 RoadCost
4 1	13	5 1	5
		6 1	3
5 1	15	1 1	6
		3 1	3
		3 2	4
		4 1	5
		6 1	3

Node 数组中节点 1 对应的代价为在某种运输方式条件下的装载代价；Node 数组中其他节点的运输方式若与 PointedNodes 数组中节点的运输方式不同，则其对应代价为运输代价与中转代价之和；其他节点对应的代价为运输代价。

此外，各种存储结构的比较见表 10-4。

表 10-4　存储结构比较

名　　称	实 现 方 法	占用存储空间	是否能够存储节点及节点间代价值
邻接矩阵	二维数组	$n+n^2$	否
邻接表	链表	$2n+3m$	否
十字链表	链表	$2n+3m$	否
前向关联边结构	一维数组	$n+2m$	否
扩展的前向关联边结构	一维、二维数组	$2n+2m$	是

扩展的前向关联边结构完整地存储了广义最优路径模型求解所需的路段和节点信息，可以反映网络中的每个节点与相邻边的拓扑关系，并且可以完整反映一个交通网络的拓扑和数据特征，最明显的好处是可以大大减少存储空间，是非常理想的路网存储结构。

3. 改进 Dijkstra 算法

传统 Dijkstra 算法适用于计算某指定节点到图中其他所有节点的最短路径，算法迭代终止的条件为 $S_i = V$。对于装备器材应急调度广义最优路径模型而言，仅需求解从起点到终点的一条最优路径，而没有必要计算从起点至其他各顶点的多条最优路径，也是说一旦找到了起点到终点的最优路径，算法马上终止。现在我们假设要计算某指定起点 v_s 到某指定终点 v_t 之间的最短路径，则只需将迭代终止条件修改为"若 $v_t \in S_i$，则迭代停止"，即当终点获得了 P 标号时，则表明已经找到了从指定起点到指定终点的最短路径，其余的计算过程与传统 Dijkstra 算法完全一致，由此得到改进的算法。这样不但大大减少了问题的规模，而且减少了循环次数。

10.4　基于多式联运的装备器材应急调度仿真运输模型求解

广义最优路径求解出各级资源点范围内资源点到需求点的最优路径和每条最优路径上单位器材的运输代价值（即为运输问题中费用的广义扩展）。若某级资源点范围内储备量不等于需求量，则可添加虚拟的资源点或需求点使产销不平衡问题转化为产销平衡问题，新增虚拟点到其他各点的单位器材运输代价值均为一个充分大的数值，如 M。假定转化后某级资源点范围内的资源点 A_i 有 m 个 $(i = 1, 2, \cdots, m)$，其储备量为 $a_i(i = 1, 2, \cdots, m)$；需求点 B_j 有 n 个 $(j = 1, 2, \cdots, n)$，其需求量为 $b_j(j = 1, 2, \cdots, n)$；从 A_i 到 B_j 的单位代价值为 $c_{ij}(i = 1, 2, \cdots, m; j = 1, 2, \cdots, n)$。若储备量等于需求量，则直接进行假设。下面以代价值最小为目标，利用遗传算法求解该产销平衡运输问题。

10.4.1　确定编码方案

编码作为遗传算法构建的第一步，它不但决定了如何将现实问题转化为遗传算法可操作的基因型个体，还决定了如何从搜索空间的基因型转换到解空间的表现型时的解码方法，而且编码方式在很大程度上还决定了如何进行群体的遗传进化计算及其效率。针对一个具体应用问题，编码方式可能有多种，往往需要在编码/解码难易程度、时空消耗、遗传算子执行效率等方面取得平衡。可以说目前还没有一套既严密又完整的指导理论及评价准则能够帮助设计编码方案。常见的编码形式有：二进制编码、浮点数编码和符号编码。二进制编码具有编码、解码操作简单，交叉、变异操作易于实现，搜索能力强等优点。根据运输问题的特点，本节采用二进制编码，将装备器材应急调度运输模型中的决策变量 x_{mn}^{ℓ} 转化为二进制数。

10.4.2　选择初始群体

执行遗传算法的第一步，就是要生成一个包含一定数量的个体的初始群体，作为遗传算法的最初种群。大群体含有较多模式，为遗传算法提供了足够的模式采样容量，可以改进搜索质量，防止成熟前收敛；但大群体增加了个体适应性评价的计算量，从而使收敛速度降低。现实中，该类运输问题规模一般较大，故初始群体选择偏大些为佳，个体数取 20～100 较为合适。

10.4.3　确定适应函数

在遗传算法中，以个体适应度的大小来确定该个体被遗传到下一代的概率。个体适应度越大，说明该个体所对应解的质量越高，被遗传到下一代的概率也就越大。为正确计算不同情况下各个个体的遗传概率，要求个体的适应度必须为正或零，不能为负数。为满足适应度值取非负数的要求，本节将目标函数 $f(x) = \min z$ ［式（10-15）］转化为个体的适应度函数 $F(x)$。

这里使用比例选择算子来确定群体中各个个体遗传到下一代群体中的数量，为此，上述运输问题的适应度函数可以表示为：

$$F(x) = \begin{cases} c_{\max} - f(x) & f(x) < c_{\max} \\ 0 & f(x) > c_{\max} \end{cases} \qquad （10\text{-}27）$$

式中，$f(x) = \displaystyle\sum_{i=1}^{m}\sum_{j=1}^{n} c_{ij} x_{ij}$。

为正确计算不同情况下各个个体的遗传概率，要求所有个体的适应度必须非负。故 $c_{\max}$ 为一个适当的相对比较大的数，其选取方法主要有三种：预先指定一个较大的数；进化到当前代为止的最大目标函数值；当前代或最近几代群体中的最大目标函数值。本节选取 $c_{\max} = 10000$。

10.4.4　对约束进行处理

在构造遗传算法时，处理约束条件的常用方法主要有如下三种：搜索空间限定法、可行解变换法、罚函数法。罚函数法的基本思想是：在对解空间中无对应可行解的个体，计算其适应度时，处以一个罚函数，从而降低该个体的适应度，使该个体被遗传到下一代群体中的机会减少。本节采用的罚函数处理为，对在解空间中无对应可行解的个体，将其适应度的倒数作为其新的适应度，从而使该个体绝对不会遗传到下一代群体中。即：

$$F'(x) = \begin{cases} F(x) & \text{个体满足约束} \\ 1/F(x) & \text{个体不满足约束} \end{cases} \qquad (10\text{-}28)$$

10.4.5　设计遗传算子

标准遗传算法的操作算子一般都包括选择、交叉和变异三种基本形式，遗传算法具备强大搜索能力的核心由此三者构成。

1．选择

选择即从群体中选择优胜的个体，淘汰劣质的个体的操作。其目的是把优胜的个体直接遗传到下一代或是通过配对交叉产生新的个体再遗传到下一代。这里使用比例选择算子，也叫作轮盘赌选择，各个个体被选中的概率与其适应度的值呈比例，适应度较高的个体被遗传下一代群体中的概率较大，适应度较低的个体被遗传到下一代群体中的概率较小。越适合于生存环境的优良个体将有越多的繁殖后代的机会，从而使得优良特性得以遗传。

2．交叉

遗传算法的交叉算子模仿自然界有性繁殖的基因重组过程，是把两个父代个体的部分结构加以替换重组而产生出新个体的操作。交叉算子包括两个基本内容：①在由选择操作形成的配对库中，对个体随机配对并按预先设定的交叉概率来决定每对个体是否需要进行交叉操作；②随机设定配对个体的交叉点，并对这些点前后的配对个体的部分结构进行交换，其目的是将原有的优良基因遗传给下一代个体，并生成包含更复杂基因结构的新个体。

现采用两点交叉法进行交叉操作。两点交叉法是将当前种群中的一对个体按照交叉概率进行交叉，然后返回新种群。通过交叉可以使寻优种群范围在原来基础上扩大。

3．变异

变异模拟了生物进化过程中的偶然基因突变现象，是保持群体的多样性的有效手段，保证了算法能搜索到解空间中的每一部分，从而使搜索到的解具有全局最优的特点。个体的交叉操作结束后，交配池中的全部个体位串上的每位等位基因按变异概率 P_m 被随机指定某一位或某几位执行变异操作。

这里采用基本位变异，对种群中的个体以变异概率 P_m 随机指定两位基因值执行变异操作。

10.5　基于多式联运的装备器材应急调度仿真实例

假设 X 军区器材调度部门现有一个应急调度任务，该任务中有两个应急任务需求点，分别为 A 单位和 B 单位，其器材需求量 D_1、D_2 分别为 9 个、7 个基数，调度限制时间为 18 小时。已知该战区资源点的器材储备量 S_1 为 10，其战区队属资源点有 2 个，分别为 x1 和 x2，器材储备量 S_2、S_3 分别为 4 和 6。假设地图上节点之间有两种运输方式可供选择：一级公路和铁路（一级公路的定义取自国家《城市规划定额指标暂行规定》的有关规定）。

不同运输方式的平均行驶速度和单位距离运输费用、目标权重、运输方式和节点的危险性系数及对应的单位装备器材损失价值等数据详见表 10-5 ~表 10-9。

表 10-5　不同运输方式的平均行驶速度和单位距离运输费用

编　　号	运 输 方 式	平均行驶速度/（km/h）	单位装备器材保障的每千米运输费用/元
1	一级公路	60	20
2	铁路	80	15

表 10-6　目标权重

权　　重	权　重　值
时间权重 ω_1	0.48
危险性权重 ω_2	0.48
费用权重 ω_3	0.04

表 10-7　运输方式和节点的危险性系数及对应的单位装备器材损失价值

编　　号	危 险 等 级	危险性系数	单位装备器材损失值/万元
1	无危险	0	0
2	轻微	0.2	1
3	一般	0.4	3
4	较严重	0.6	5
5	严重	0.8	10
6	很危险	1	20

表 10-8　各种运输方式之间单位装备器材的装、卸载费用和时间

转换前运输方式	一 级 公 路	铁　　路
一级公路	0/0/0/0	200/100/0.25/0.2
铁路	180/110/0.2/0.2	90/90/0.1/0.1

说明：对于 $a/b/c/d$，其中 a 为装载费用，b 为卸载费用，c 为装载时间，d 为卸载时间，a、b 的单位为元，c、d 的单位为 h。

表 10-9　资源点单位装备器材装载时间

资 源 点	单位装备器材装载时间/h	
	公 路	铁 路
X 战区资源点	0.75	1.5
x1 资源点	1.2	$+\infty$
x2 资源点	1.7	2

资源点与需求点的分布如图 10-7 所示。

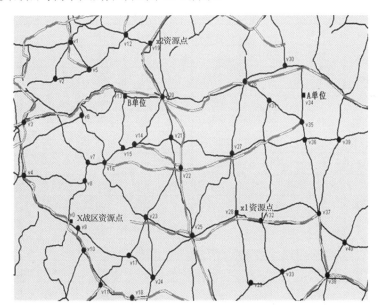

图 10-7　资源点与需求点分布

各节点的危险性系数如表 10-10 所示。

表 10-10　各节点危险性系数

节　点	v0	v1	v2	v3	v4	v5	v6	v7	v8	v9	v10
危险性系数	0	0.2	0	1	0.4	0.2	0.6	0	0	0	0.2
节　点	v11	v12	v13	v14	v15	v16	v17	v18	v19	v20	
危险性系数	0	0	0	0.6	0.2	0	0	0.2	0	0	
节　点	v21	v22	v23	v24	v25	v26	v27	v28	v29	v30	
危险性系数	0	0	1	0.2	0	0	0.2	0	0.4	0.8	
节　点	v31	v32	v33	v34	v35	v36	v37	v38	v39	v40	
危险性系数	0	0.2	1	0	0	0.4	0.8	0	0.2	0.2	

各路段在各运输方式下的运输距离、危险性系数如表 10-11 所示。

表 10-11　各路段在各运输方式下的运输距离、危险性系数

节点1	节点2	运输距离	危险性系数	运输方式	节点1	节点2	运输距离	危险性系数	运输方式
v0	v4	48	0	铁路	v13	v20	42	0.2	铁路
v0	v4	50	0.2	公路	v14	v15	17	0	公路
v0	v8	32	0	公路	v14	v21	28	0	公路
v0	v9	8	0	公路	v14	v22	40	0.2	铁路
v3	v4	37	0	铁路	v15	v16	22	0	公路
v3	v6	58	0	公路	v16	v22	62	0	铁路
v3	v13	87	0.4	铁路	v17	v23	20	0	公路
v4	v8	49	0.4	公路	v17	v24	19	0	公路
v6	v13	42	0	公路	v19	v20	29	0.4	公路
v6	v16	27	0	公路	v19	v20	35	0.4	铁路
v7	v8	7	0	公路	v20	v21	39	0	公路
v7	v16	14	0	公路	v20	v22	58	0.4	铁路
v9	v10	12	0	公路	v20	v26	89	0.4	铁路
v9	v17	43	0.2	公路	v21	v23	65	0.4	公路
v10	v11	18	0	公路	v21	v27	73	0.2	公路
v11	v18	24	0	铁路	v22	v35	88	0	铁路
v13	v15	31	0	公路	v22	v23	46	0.2	公路
v13	v20	29	0	公路	v22	v25	53	0	公路

续表

节点 1	节点 2	运输距离	危险性系数	运输方式	节点 1	节点 2	运输距离	危险性系数	运输方式
v23	v25	47	0.2	公路	v29	v33	32	0	公路
v24	v25	45	0.2	公路	v30	v34	20	0	公路
v25	v28	60	0.2	铁路	v31	v35	18	0	公路
v26	v30	33	0	公路	v32	v37	47	0.2	铁路
v26	v31	17	0	公路	v33	v38	16	0	公路
v27	v28	62	0	公路	v34	v35	9	0	公路
v27	v36	77	0.4	公路	v35	v36	8	0	公路
v28	v32	14	0	铁路	v36	v37	52	0.2	公路

现要求根据已有资源点器材基数储备情况，通过仿真计算得出优化的应急调度方案。

仿真实例的求解分为三个步骤：确定资源点范围、搜索资源点到需求点的最优路径、装备器材分配。各个步骤的具体操作如下：

（1）确定资源点范围。根据调度原则，首先从战区资源点进行供应。

（2）搜索资源点到需求点的最优路径。根据前述改进 Dijkstra 算法，求得战区资源点到各个需求点的最优路径，以及单位装备器材的调度时间和调度费用（见表 10-12）。

表 10-12　战区资源点到各个需求点的最优路径

起　点	终　点	最优路径	调度时间/h	调度费用/元
战区资源点 （v0）	A 单位（v34）	v0—v8—v7—v16==v22==v35—v34	2.91+2	4880
	B 单位（v13）	v0—v8—v7—v16—v15—v13	1.77+0.95	1770

说明：—表示公路运输，==表示铁路运输。

调度时间为运输时间与其他时间之和，其他时间包括装备器材在资源点的装载时间、调度过程中的中转时间和装备器材到需求点的卸载时间。

（3）装备器材分配。在上一步中获得了该级资源点范围内所有资源点到需求点之间的最优路径，即可得到两点间单位装备器材的总运输代价值。根据遗传算法的计算方法，决策变量取 20 位二进制数，种群规模取 100，交叉概率为 0.9，变异概率为 0.08，最大迭代次数为 500。以调度限制时间为约束，计算得到该级资源点范围内装备器材分配情况如表 10-13 所示。

表 10-13　在战区资源点范围内的装备器材分配结果

起　点	终　点	供 应 量
战区资源点	A 单位	7
	B 单位	2

判断该级资源点范围内的总供应量是否满足总需求量，若满足，则停止计算；若不满足，则根据调度原则选取下一级别的资源点进行供应，回到步骤（1）。可以看出，战区资源点未能满足需求点所有需求，因此剩余需求由下一级资源点，即战区内的队属资源点进行供应。

经过计算，X 战区内的队属资源点的装备器材储备量满足剩余需求。本系统的调度方案（如表 10-14 所示）总时间为 16.91h，由战区资源点和战区内的队属资源点对需求点进行供应。

表 10-14　装备器材供应应急调度方案

	A 单位（v34）			B 单位（v13）			储备量
	供应量	供应时间/h	供应费用/元	供应量	供应时间/h	供应费用/元	
X 战区资源点（v0）	7	16.91	34160	2	3.67	3540	10
	v0—v8—v7—v16==v22==v35—v34			v0—v8—v7—v16—v15—v13			
x1 队属资源点（v28）	2	7.81	9610	0			4
	v28==v25—v22==v35—v34			v28—v27—v21—v20—v13			
x2 队属资源点（v19）	0			5	13.92	8125	6
	v19==v20—v13—v15—v16==v22==v35—v34			v19==v20—v13			
需求量	9			7			

其中，各资源点至需求点的供应时间=运输时间+（资源点的单位装备器材装载时间+单位装备器材中转时间+需求点的单位装备器材卸载时间）×装备器材供应量，因此各资源点至需求点的供应时间计算结果如下：

X 战区资源点至 A 单位的供应时间=2.91+2×7=16.91（h）；

X 战区资源点至 B 单位的供应时间=1.77+0.95×2=3.67（h）；

x1 队属资源点至 A 单位的供应时间=2.91+2.45×2=7.81（h）；

x2 队属资源点至 B 单位的供应时间=0.92+2.6×5=13.92（h）。

各资源点至需求点的供应费用=（资源点的单位装备器材装载费用+每千米单位装备器材的运输费用×运输距离+单位装备器材中转费用+需求点的单

位装备器材卸载费用）×装备器材供应量，各资源点至需求点的供应费用计算结果如下：

　　X 战区资源点至 A 单位的供应费用=4880×7=34160（元）；

　　X 战区资源点至 B 单位的供应费用=1770×2=3540（元）；

　　x1 队属资源点至 A 单位的供应费用=4805×2=9610（元）；

　　x2 队属资源点至 B 单位的供应费用=1625×5=8125（元）。

　　由此可以看出，在考虑多种运输方式的条件下，涉及的运输网络庞大，运输时间也不仅仅与距离有关，还与网络节点、运输方式转换等有关，运输路线的选择也并不仅仅倾向于距离短的路段，还要将危险性和成本综合考虑进来。这样生成的装备器材应急调度方案综合效益高。另外，在涉及多个资源点和需求点时，手动计算复杂且准确性低，运用计算机运行改进算法求解简单快速。

第 11 章

装备保障物流系统过程建模与仿真

　　装备保障物流系统的过程建模，实际上是通过选择合适的方式、方法把装备保障物流过程的要素及其相互关系表示出来。装备保障物流过程良好的表达形式，将有助于对装备保障物流系统的深入理解，并为后续的仿真模型的建立和分析提供方便。本章运用 Petri 网方法，建立了基于筹供中心的装备保障物流系统过程模型；基于 HLA 架构，建立了装备保障物流系统仿真模型，对装备保障物流仿真系统进行了设计，并初步实现了系统过程的仿真，分析了前面提出的装备保障物流系统的可行性。

11.1　装备保障物流系统过程建模仿真方法概述

　　装备保障物流系统是复杂的离散事件系统，在系统运作与控制过程中存在许多优化问题，用传统的解析方法难以获得最优解或满意解。系统仿真为解决现代物流系统的问题提供了有效的手段，它不仅可提供用于决策的定量信息，而且可以提高决策者对物流系统工作原理的理解水平，为复杂物流系统设计提供了技术性和经济性的最佳结合点和直观有效的分析方法。

　　目前，研究较多的现代物流系统建模仿真方法有基于 Petri 网的建模仿真方法、面向对象的建模仿真方法、基于多 Agent 系统的建模仿真方法，以及分布交互式仿真方法等。

　　1）基于 Petri 网的建模与仿真

　　Petri 网是一种用简单图形表示的组合模型，具有直观、易懂和易用的优点，能较好描述系统结构，表示系统中的并行、同步、冲突和因果依赖等关系，并以网图的形式，简洁、直观地模拟离散事件系统，分析系统的动态性质。

2）面向对象的建模与仿真

面向对象技术最初是由一组面向对象的程序设计概念发展起来的。面向对象技术将系统的属性映射为一组数据结构，将系统与外界的交互映射为一组操作，系统对外部状态的访问必须经过操作进行，这种描述更接近客观实际，更有利于系统集成。面向对象的建模仿真方法不仅已经广泛应用于以软件为核心的系统建模，而且可以用来对各种业务系统进行描述。因为面向对象方法中的概念和显示系统具有很好的一致性，随着统一建模语言 UML 的推出及其得到的广泛认知，利用面向对象技术和 UML 对物流及供应链系统建模，可以更好地刻画其体系结构。

3）基于多 Agent 系统的建模与仿真

多 Agent 系统（Multi-Agent System，MAS）是一个由多个 Agent 组成的系统，它能解决单个 Agent 不能解决的复杂问题。在 MAS 中，每个智能 Agent 除发挥本身所具有的自治/自适应性、协作性、异构性和通信性等特点外，还与其他 Agent 一起共享有关问题和求解方法的知识，有效地提高系统的并行计算能力、灵活性和扩展性，从而实现共同的全局目标。

4）分布交互式仿真

分布交互式仿真是指用计算机网络将分布在不同地点的仿真系统联结起来，实现多用户、多方式的信息通信功能。为了推动仿真的可重用性和可操作性，建模仿真领域的通用技术框架被先后推出，包括空间概念模型、高层体系结构（High Level Architecture，HLA）和一系列的数据标准。分布交互式仿真以计算机网络为支撑，构成了一个大规模、多参与者协同作用的综合仿真虚拟环境。分布交互式仿真为解决大规模的现代物流系统仿真问题开辟了有效的途径。

装备保障物流系统具有物流规模大、时间要求紧、器材流转与消耗快、不确定因素多等特点，将计算机仿真技术运用于装备保障物流系统运行过程，可以使物流保障人员通过对装备保障物流方案的模拟仿真，对各类保障器材的消耗、补充与调整进行预测。在未来战场状况不确定的情况下，利用计算机模拟所得的数据对于科学制定各种预案有着重要意义。另外，通过仿真，可以为决策者提供多种决策预案的仿真结果，还可以对这些方案进行多次仿真，以验证其可靠程度和科学性。

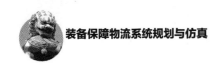
11.2　基于 Petri 网的装备保障物流过程建模

装备保障物流系统的过程建模，实际上是通过选择合适的方式、方法把装备保障物流过程的要素及其相互关系表示出来。装备保障物流过程良好的表达形式，将有助于对物流系统的深入理解，并为后续的仿真模型的建立和分析提供方便。通过综合分析装备保障物流系统的特点以及过程建模方法，采用层次模块化 Petri 网建模方法构建装备保障物流过程的 Petri 网模型。

11.2.1　Petri 网的基本理论

1. Petri 网的概念

任何系统都是由两类元素组成的：表示状态的元素和表示状态变化的元素。在 Petri 网中，用库所（Place）表示前者，用变迁（Transitions）表示后者。库所的作用是决定变迁能否发生，变迁的作用是改变状态。两者之间的这种依赖关系用有向弧（Arc）表示出来就是一个 Petri 网。

定义 11-1：三元组 $N=(P, T, F)$ 称为有向网（简称网）的充分必要条件是：

① $P \cap T = \varnothing$；

② $P \cup T \neq \varnothing$；

③ $F = P \times T \cup T \times P$（"×"为笛卡儿积）；

④ $\mathrm{dom}(F) \cup \mathrm{cod}(F) = P \cup T$。

库所集 P 和变迁集 T 是有向网的基本成分。其中，$P = \{P_1, P_2, \cdots, P_m\}$ 表示一个有限的库所集合；$T = \{T_1, T_2, \cdots, T_m\}$ 表示一个有限的变迁集合。Petri 网的标准图形表示是用圆表示库所，用方框或竖线表示变迁，用从 x 到 y 的有向弧表示有序偶 (x, y)。如果 (x, y) 是从 x 到 y 的有向弧，就称 x 是 y 的输入，y 是 x 的输出。用库所中的黑点表示库所的状态，称为托肯（Token）。

定义 11-2：六元组 $\Sigma = (P, T, F, K, W, M)$ 构成网系统的基本条件是：

① $N = (P, T, F)$ 构成有向网，称为 Σ 的基网；

② K, W, M 依次为 N 上的容量函数、权函数和标识。M_0 称为 Σ 的初始标识。

容量函数 $K(P)$ 表示库所中允许存放托肯的最大数量，其值标在库所圆圈旁边，默认为无限。

权函数 $W(x,y)$ 表示变迁发生时消耗和产生的托肯数量，其值标在弧（x,y）上，默认为 1。

标识 $M_0(s)$ 表示初始状态下库所中托肯的分布。

定义 11-3：T_j 在 M 有发生权的条件是：

$$\forall P_i \in {}^{\bullet}T_j : M(P_i) \geqslant W(P_i,T_j) \ \land \forall P_i \in T_j^{\bullet} : M(P_i)+W(T_j,P_i) \leqslant K(P_i)$$

式中，${}^{\bullet}T_j$ 表示第 j 个变迁的紧前集合或输入集合；$T_j^{\bullet}$ 表示第 j 个变迁的紧后集合或输出集合。

T_j 在 M 有发生权，记作 $M[T_j >$，也说 M 授权 T_j 发生，或者 T_j 在 M 授权发生。变迁发生的结果表示为：

$$M'(P_i) = \begin{cases} M(P_i)-W(P_i,T_j) & P_i \in {}^{\bullet}T_j - T_j^{\bullet} \\ M(P_i)+W(T_j,P_i) & P_i \in T_j^{\bullet} - {}^{\bullet}T_j \\ M(P_i)-W(Pi,T_j)+W(T_j,P_i) & P_i \in {}^{\bullet}T_j \cap T_j^{\bullet} \\ M(P_i) & P_i \notin {}^{\bullet}T_j \cup T_j^{\bullet} \end{cases} \qquad （11\text{-}1）$$

若 $M[T_j >$，则 T_j 在 M 可以发生，将标识 M 变为 M 的后继标记 M'。M' 的定义是：对于任何 $P_i \in P$，均可以按照式（11-1）求出变迁触发后的结果。M' 为 M 的后继标记，记作 $M[T_j > M']$。

2．Petri 网的分析方法

Petri 网模型的主要分析方法有可达标识图和可覆盖树、关联矩阵和不变量、语言分析方法等。

1）可达标识图和可覆盖树

对于有界 Petri 网，采用可达标识图分析可达状态、可逆性、活性、公平性和位置有界性等；对于无界 Petri 网，则采用可覆盖树或可覆盖图分析 Petri 网的有界性、部分活性等。

2）关联矩阵和不变量

关联矩阵一般用来描述网系统的结构，所以经常用来分析 Petri 网中不依赖于初始标志、仅和网结构有关的特性，如结构有界性、结构公平性和可重复性等。不变量有位置不变量（P 不变量）和变迁不变量（T 不变量）两种，这两种不变量的概念是对称的，所以被称为对偶概念。前者反映部分位置的托肯数的一种加权守恒性（即变迁过程中托肯总数不变），可用于研究网的死锁性（活性）、互斥行为和错误恢复等；后者表示使状态回归的可能变迁序列，可用于分析网的周期性和循环性等。

3）语言分析方法

一个变迁序列是一个字符串，字符串集合为一种语言。所有变迁序列的集合表征了一个 Petri 网，可用网中可能出现的变迁序列来分析 Petri 网的性能。这种分析方法的第一步为标识 Petri 网，每个变迁对应字母表中的一个符号，变迁序列就对应了一个语言，可用于规范和自动综合 Petri 网。若一个系统所要求的行为可用一种语言来描述，则有可能自动综合出一个 Petri 网，使其语言为所要求的行为语言，这种 Petri 网就可作为一个控制器。

4）计算机仿真分析

计算机仿真分析作为一种有效工具，也可用于 Petri 网的性能分析。通过计算机仿真，可分析 Petri 网的有界性、活性、回复性等性能。

5）结构分析

Petri 网的许多性能由网的结构所决定，所以利用变迁之间的顺序关系、选择关系、冲突关系、冲撞关系、同步异步关系以及守恒性等，可研究网的性能。目前，对 Petri 网的结构分析，或是针对某一类特殊网，或是针对一个具体的网的某个性能。在结构分析中，可利用网的结构和连接关系进行化简或细化。例如，通过分析系统是否存在死锁结构或陷阱结构来分析系统出现死锁的必要条件。对大规模 Petri 网，通过分解和采用这种方法，可以避免生成和分析全部状态空间，从而避免出现"组合爆炸"问题。由于实际系统一般规模较大，在分析系统的性能时，常会遇到维数灾难和计算复杂性问题。因此，采用分解的方法已成为一种必要的趋势。

3. 层次模块化 Petri 网建模方法

装备保障物流系统是由多个环节、多个单位、多种资源、多个业务流程组成的复杂动态系统。系统中元素众多，变量之间关系复杂、关联形式多样，难以定量描述。当用 Petri 网技术对其建模时，网规模会随着系统复杂性的增加而急剧扩大，当对象系统复杂性过大时，Petri 网自身包含着"组合爆炸"问题。同时，由于 Petri 网模型含有大量的不确定点及可能分支，为判断求解带来了困难。基于此，本书采用层次模块化的处理方法解决装备保障物流过程的 Petri 网建模问题。

1）层次模块化 Petri 网建模的概念

对于 Petri 网建模，已有的系统模型构建方法主要有自顶向下的逐步求精和自底向上的深入综合两种类型。当单一应用这两种方法对复杂系统进行建模与分析时，所得到的 Petri 网往往因为庞大、复杂而不可用。为了应用于装备保障物流过程的建模，本节将这两种建模方法结合应用，形成层次模块化 Petri 网建模方法。模块化是指对可分离的单元单独建模，然后将其连接形成主 Petri 网，每一模块都是系统的一个子系统。层次化是指每一层次的 Petri 网中的某些部分可以被描述为更详细的 Petri 网模型。层次模块化 Petri 网建模方法有利于简化复杂问题的建模过程，也利于仿真软件的模块化设计。同时，模块化建模可以很好地实现共享和再使用，支持供应链的敏捷化重组过程。这样，通过对装备保障物流系统的良好构造，使得分析评估工作既能在不同的业务阶段进行，同时也可以保证评估结果应用于总体模型时有效。

层次模块化是应对复杂系统建模的一种手段和方法，它的应用使复杂系统模型的规模得到缩减，便于应用 Petri 网技术开展相关研究，能够清晰地反映出模型的层次，便于对模型及被模拟的系统进行性能分析。同时，层次模块化的建模方法也适宜于对物流系统的控制策略，由协调控制模块对各子系统之间的运行进行协调，可以实现对整体的控制目标。

2）层次模块化 Petri 网建模的步骤

对于所研究的系统，应用层次模块化 Petri 网建模方法主要有以下 4 步。

一是对系统进行分层。采用自顶向下逐层分解的方法，根据研究问题的需要，确定系统的分层结构。从主体层到构成模块层再到单元内部操作流程层等。

二是确定组成系统的各个模块的结构。主要包括：①从研究的问题里选择出要构成系统的模块；②对每一模块确定其自身行为及与其他模块的关系；③对较复杂的模块，进一步提取子模块，对每一子模块重复进行上述分析，对较简单的模块，用简单 Petri 网构建该模块的内部行为；④用消息队表示模块的外部接口；⑤将内部控制中的变迁与相应的消息队相连。

三是构建系统的静态结构。包括：①确定各模块间的通信关系；②将模块间对应的输入消息队与输出消息队通过共享库所相连。

四是确定系统的初始标识。包括：①确定各模块的实例；②确定各实例的初始状态；③将代表实例的各个托肯放入与各自初始状态相对应的库所中。

经过以上 4 个步骤就可以建立一个层次模块化 Petri 网模型。

11.2.2　装备器材保障业务流程仿真

装备器材保障过程仿真系统的业务流程是在实际器材保障业务流程的

基础上增加了人工导调与控制功能，并将仿真数据通过 GIS 平台进行仿真显示。

1. 现行保障模式下器材保障过程仿真系统业务流程

现行保障模式下器材保障过程仿真系统业务流程如图 11-1 所示。

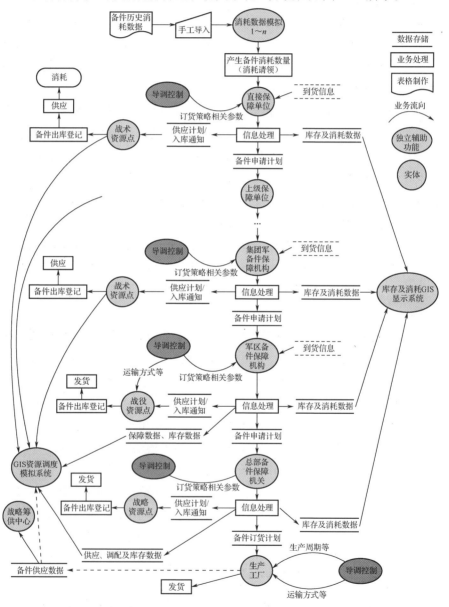

图 11-1　现行保障模式下器材保障过程仿真系统业务流程

其中，消耗数据模拟模块的功能是根据导入的器材真实消耗数据产生器材仿真消耗数据，是仿真系统运行的基础；GIS 资源调度模拟系统和库存及消耗 GIS 显示系统是辅助模块，在仿真过程中不进行处理，但是可以根据需要进行相关数据的展示。

为使用户能够对仿真过程进行干预，各仿真系统的全局参数和各实体的控制参数都由导调控制模块进行统一管理和控制，在用户需要进行干预时，可以暂停仿真过程，调整完参数后再回到仿真过程中去。

2. 多级联合保障模式下器材保障过程仿真系统业务流程

多级联合保障模式下器材保障过程仿真系统业务流程如图 11-2 所示。

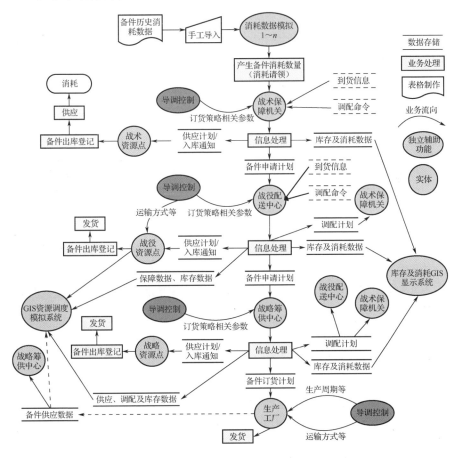

图 11-2　多级联合保障模式下器材保障过程仿真系统业务流程

两种模式下业务流程的区别是，现行模式下战区和战略器材保障机构不产生器材调配指令，同时下级器材保障机构也没有调配器材的操作。

11.2.3　装备保障物流过程顶层 Petri 网模型

装备保障物流过程涉及装备器材筹措、储存、供应和使用与消耗等环节。本节运用层次模块化建模思想，按照实际的功能环节，将装备保障物流过程分为决策与控制模块、器材筹措模块、器材储存模块、器材供应模块、使用与消耗模块 5 个模块。

1．主模块运行结构及流程

为了简化研究并抓住实质性问题，可以给出如图 11-3 所示的简化的装备保障物流过程总体结构。其中，位于顶层的决策与控制模块负责器材信息的汇总、处理和决策。

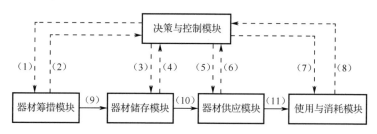

图 11-3　装备保障物流过程总体结构

在图中，数字标号代表各模块之间的"流"输入与输出关系，包括物流和信息流。其中的流行为具体含义如下：

（1）决策与控制模块向器材筹措模块下达筹措计划，主要包括采购器材的种类、数量等信息；

（2）器材筹措模块向决策与控制模块反馈器材订货情况；

（3）决策与控制模块向器材储存模块下达器材接收指令；

（4）器材储存模块向决策与控制模块反馈器材仓储信息；

（5）决策与控制模块向器材供应模块下达分配供应计划；

（6）器材供应模块向决策与控制模块进行信息反馈，如器材调拨完成情况；

（7）决策与控制模块向使用与消耗模块下达器材补给计划；

（8）使用与消耗模块向决策与控制模块反馈器材使用与消耗情况；

（9）器材入库储存；

（10）器材储存模块向器材供应模块提供器材；

（11）器材供应模块向使用与消耗模块提供器材保障。

2．顶层 Petri 网模型的建立

根据装备保障物流过程的总体结构可建立物流过程的顶层 Petri 网模型，如图 11-4 所示。其中的库所和变迁可以称之为复杂库所和复杂变迁，因为其内部有更细节的描述。

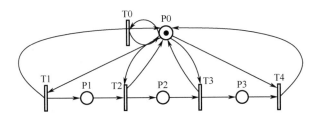

图 11-4　装备保障物流过程顶层 Petri 网模型

在顶层 Petri 网模型中，相应的变迁和库所含义如下。

T0：决策与控制流程；

T1：器材筹措流程；

T2：器材储存流程；

T3：器材供应流程；

T4：使用与消耗流程；

P0：决策与控制信息接口；

P1：器材筹措模块和器材储存模块的接口；

P2：器材储存模块和器材供应模块的接口；

P3：器材供应模块和使用与消耗模块的接口。

3．细化的顶层 Petri 网模型

对装备保障物流过程顶层 Petri 网模型进一步细化，可得到装备保障物流过程详细顶层 Petri 网模型（见图 11-5）。

图 11-5 中，①～⑤分别表示器材筹措、储存、供应、使用与消耗以及决策与控制模块。模型中，库所和变迁的含义如表 11-1 所示。

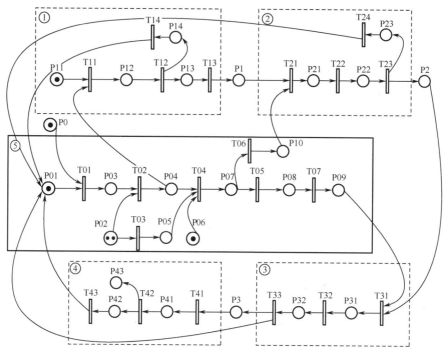

图 11-5　装备保障物流过程详细顶层 Petri 网模型

表 11-1　详细顶层 Petri 网模型的库所和变迁

库　　所	含　　义	变　　迁	含　　义
P0	表示物流系统运行准备就绪	T01	查询器材消耗、库存信息
P01	表示信息中心	T02	器材筹措决策
P02	表示各单位的修理任务量、消耗定额等信息	T03	预测各单位器材需求量
P03	器材消耗、库存信息	T04	器材分配决策
P04	器材筹措计划	T05	器材运输供应决策
P05	各单位器材需求情况	T06	向各单位下达器材分配计划
P06	经费限额情况	T07	向各单位下达器材供应方案
P07	器材分配计划	T11	选择器材供应商
P08	器材运输供应方案	T12	与供应商签订订货合同
P09	器材运输供应任务	T13	按照合同实施器材筹措
P10	各单位获得的器材分配量	T14	向信息中心上报合同信息
P11	备选器材供应商信息	T21	接收器材仓储任务
P12	供应商选择结果	T22	仓库接收器材

库　所	含　义	变　迁	含　义
P13	器材筹措准备	T23	器材的保管与保养
P14	器材订货及合同信息	T24	更新并上报库存信息，反馈器材接收情况
P1	器材筹措完成，为接口库所	T31	运输供应准备
P21	准备入库的器材	T32	实施器材供应
P22	入库的器材	T33	上报器材供应实施情况
P23	器材储存情况	T41	修理部（分）队从仓储部门申请器材
P2	器材储存完成，为接口库所	T42	器材消耗
P31	运输供应准备完毕		
P32	器材供应完毕		
P3	器材储存完成，为接口库所	T43	上报器材消耗信息
P41	使用与消耗准备就绪		
P42	使用与消耗信息		
P43	物流系统运行结束		

11.2.4　装备保障物流过程详细 Petri 网模型

装备保障物流过程详细顶层 Petri 网模型虽然对物流过程的运行做了进一步细化，但仍无法完全反映物流过程的实际运行过程。因此，为更加准确地描述装备保障物流过程，需要进一步细化变迁和库所，建立更为详细的各功能模块的 Petri 网模型。

1. 装备器材筹措过程 Petri 网模型

器材筹措是由器材使用单位提出需求开始，到器材供应商或生产企业运送器材到使用单位或器材管理机构，办理完财务结算手续为止的工作过程。我们可以按照结构化的设计方法把筹措过程分为相应的三个阶段：筹措决策阶段、生产管理阶段和进货作业阶段。上述过程之间的关系是：机关对各战区的器材申请情况进行审核，结合年度经费进行经费的分配，对于统一筹措的专用器材进行统一管理，具体内容包括，根据全军装备保障物流中心现有库存情况和申请情况确定器材的分配计划，对于不满足需求的器材要进行器材的采购，确定采购方式，选定器材供应商，对器材供应商进行管理。

通过对器材筹措过程的分析,构建的器材筹措过程 Petri 网模型如图 11-6所示。

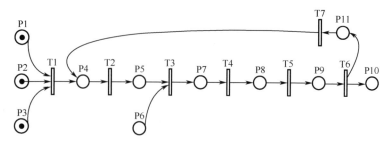

图 11-6　器材筹措过程 Petri 网模型

其中库所与变迁的含义如表 11-2 所示。

表 11-2　器材筹措过程 Petri 网模型的库所和变迁

库　　所	含　　义	变　　迁	含　　义
P1	供应商信息	T1	信息中心收集汇总供应商、器材需求、库存等信息
P2	器材需求信息	T2	信息中心将信息上报至筹供中心
P3	器材消耗、库存信息	T3	制定筹措计划
P4	信息中心	T4	选择供应商
P5	筹供中心	T5	召开订货会、签订订货合同
P6	筹措经费限额	T6	按照合同实施器材筹措
P7	器材筹措计划		
P8	供应商选择结果		
P9	器材订货合同	T7	向信息中心上报器材筹措信息
P10	器材筹措完成		
P11	器材筹措信息		

2．装备器材储存过程 Petri 网模型

在物流系统中，器材储存主要表现为器材的仓储活动。器材仓储包括了器材入库、堆存、管理、保管、保养、维护等一系列活动。仓储的作用主要表现在两个方面：一是完好地保障货物的使用价值；二是为将货物配送给用户，在物流中心进行必要的加工活动而进行的保存。

仓储作业过程是指对进入装备保障物流系统的器材从接收入库开始，到按需要把器材全部完好地发送出去的全部过程。仓储作业过程主要由入库、出库阶段组成。从系统的层面上考虑问题，仓储系统的输入是需要储存的器材，输出则是经过保存的器材。在仓储作业过程中，器材在各个作业环节上运行，同时又被一系列作业活动所处理。

（1）入库过程。入库一般是指仓库根据器材入库凭证接收器材入库储存，而进行卸货、搬运、清点数量、检查质量、办理入库手续等一系列操作的总称。入库是仓储工作的第一步，标志着仓储工作的正式开始。

（2）出库过程。器材的出库、发运是仓储作业的最后一个过程，承担着出库器材的准备工作，如包装整理、组合配装、转至备货区作业，此外还有出库器材的交接工作和出库之后的销账存档等工作。

物流中心仓储的类型不同，具体的作业过程会有所区别，上文列出的划分方法是按照器材在系统中的输入、停留及输出进行划分的，是一种比较基本的划分方法。下文所涉及的仓储作业过程是在此基本作业过程基础上，结合仓储系统的实际情况得来的。鉴于器材的出库与入库流程的相似性，考虑一般性和简化建模过程，因此本节只建立器材的入库过程 Petri 网模型。

以"仓储任务到达"为入库作业过程的起始点来考虑问题，首先仓储管理部门接受任务，接着进行查阅分析资料、制订仓储计划等准备工作。器材到达之后各部门按计划操作，接、卸货部门接收器材，验收部门对器材的数量和质量进行验收，验收合格的器材会被重新分类、包装、堆码、入库上架，验收不合格的器材会被搬运到指定的位置，等待退货处理。在整个作业过程中还要不断地进行信息反馈，使各部门之间信息一致，减少出错概率。根据此作业过程，建立的 Petri 网模型如图 11-7 所示。

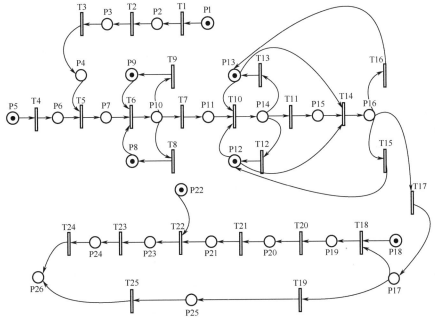

图 11-7　器材入库过程 Petri 网模型

图中，P1 的托肯表示仓储任务到达，等待管理部门接受；P5 的托肯表示器材到达，将要进入系统；P8、P12、P18、P22 的托肯分别表示接货、验收、分类以及入库人员空闲或者准备就绪；P9、P13 的托肯分别表示相应的工具或设备可用。模型中各个库所与变迁的含义如表 11-3 所示。

表 11-3　器材入库过程 Petri 网模型的库所与变迁

库　所	含　义	变　迁	含　义
P1	仓储任务到达	T1	接到任务，并上传信息
P2	仓储部门接到器材入库信息	T2	管理部门查阅分析信息
P3	查阅分析完成	T3	根据分析结果制订仓储计划
P4	仓储计划制订完成	T4	将器材到达信息传给管理部门
P5	器材到达	T5	通知接货、卸货及验收准备
P6	管理部门接到器材到达信息	T6	接卸货人员卸货
P7	相关部门接到通知	T7	卸货完成信息上传，下达验收命令
P8	接货卸货人员空闲	T8	释放接货人员
P9	搬运设备可用	T9	释放接货设备
P10	货物搬到指定地点	T10	验收人员核对器材数量
P11	验收人员接到数量验收命令	T11	核对信息上传，下达质量验收
P12	验收人员空闲	T12	释放验收人员
P13	验收工具可用	T13	释放验收工具
P14	数量核对完成	T14	验收人员进行质量检验
P15	验收人员接到质量验收命令	T15	释放验收人员
P16	质量验收完成	T16	释放验收工具
P17	仓库管理部门收到信息	T17	填写数量质量报告，信息上传
P18	分类人员准备就绪	T18	对合格器材分类、标签
P19	完成器材的分类和标签	T19	不合格器材放入退货区
P20	搬运方式及储位分配完成	T20	安排搬运方式，分配储位
P21	入库人员接到通知	T21	通知仓储人员准备入位上架
P22	入库人员做好准备	T22	器材托盘堆码
P23	堆码完成	T23	器材入位上架
P24	入位上架完成	T24	记录货位信息并上传
P25	入库完成，等待后续处理	T25	退货信息上传
P26	管理部门收到信息并汇总		

3. 装备器材供应过程 Petri 网模型

器材供应的基本过程是：下级机关首先向上级机关逐级上报申请计划和库存情况，然后由全军机关向工厂订货。工厂接到订货申请后向全军器材仓库供应器材，同时向全军机关反馈生产、供应情况；全军机关根据下级上报申请与库存，结合工厂生产情况，制订分配计划并下发至全军器材仓库和战区机关；全军器材仓库根据分配计划进行器材的分配等，并向全军机关反馈分配计划的执行情况。战区机关根据上级分配计划和下级申请及库存情况，制订本级以下的器材分配计划并下发至战区仓库；战区仓库根据计划向队属仓库进行器材的分配，并向战区机关反馈计划执行情况；队属仓库接到器材后即可开展本年度的维修保障工作，并在年末向战区机关上报消耗及库存情况，进而产生下一年的器材需求。

装备器材的实际供应过程涉及多个生产工厂、器材仓库（含战区级）、队属仓库和部队，但是为了避免可达图规模过大，构建的子网模型只描述了包含单一工厂、全军器材仓库、战区仓库和队属仓库的供应过程，同时，过程每次只处理一份器材申请。如此建立的模型比多个工厂和战区仓库、队属仓库的情况只是在模型的规模上简化了，但从整体过程的角度来看，建立的模型仍具代表性。按照上述简化，建立装备器材供应过程 Petri 网模型如图 11-8 所示。

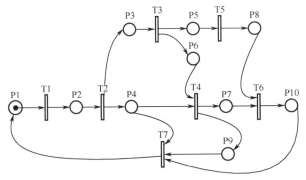

图 11-8　器材供应过程 Petri 网模型

上图所示的器材供应过程既包含了器材由生产工厂至队属仓库的逐级供应，也包括了由全军器材仓库到队属仓库的越级供应。而基于全军物流筹供中心的器材物流运行机制是一种网络化的运行机制，其供应过程还应包括器材由工厂向战区仓库、队属仓库的直达供应，这里未做具体展开。另外，在器材供应过程的实际执行过程中，可以通过设置器材供应变迁的输入权函数或将变迁拆分为多个变迁来控制器材供货批量、批次等。模型中库所和变迁的含义见表 11-4。

表 11-4　器材供应过程 Petri 网模型的库所与变迁

库　所	含　　义	变　迁	含　　义
P1	需求和库存信息	T1	处理并上报器材申请与库存信息
P2	生产完成	T2	向全军器材仓库供应器材，并在到货后向全军机关反馈供应情况
P3	全军机关收到生产、供应情况	T3	全军机关分别向战区机关和全军器材仓库下达分配计划
P4	全军器材仓库收到工厂供应的器材	T4	全军器材仓库向战区仓库、队属仓库供应器材
P5	全军器材仓库收到分配计划	T5	全军器材仓库向战区仓库下发分配计划
P6	战区机关收到分配计划	T6	战区仓库向队属仓库供应器材
P7	战区仓库收到上级供应的器材		
P8	战区仓库收到分配计划	T7	上报当年器材的使用、消耗情况
P9	队属仓库收到全军器材仓库直接供应的器材		
P10	队属仓库收到战区仓库供应的器材		

4．器材使用与消耗过程 Petri 网模型

器材使用与消耗过程中主要业务过程是：

① 接收从器材供应模块发运的申请补给的器材；

② 向决策与控制模块反馈接收器材补给的情况；

③ 器材使用与消耗过程；

④ 监控器材使用与消耗信息，并向决策与控制部门进行信息反馈。

根据以上业务过程，器材使用与消耗过程 Petri 网模型如图 11-9 所示。

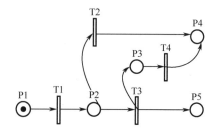

图 11-9　器材使用与消耗过程 Petri 网模型

该模型中相应的变迁、库所说明如表 11-5 所示。

表 11-5 器材使用与消耗过程 Petri 网模型的库所与变迁

库 所	含 义	变 迁	含 义
P1	待接收的申请补给的器材，为接口库所	T1	接收从器材供应模块发运的器材
P2	待用器材及器材补给完成信息	T2	上报器材补给完成信息
P3	器材使用与消耗过程中的信息	T3	器材使用与消耗
P4	上报的器材使用与消耗信息，为接口库所	T4	上报器材使用与消耗过程中的信息
P5	任务结束状态		

5．决策与控制过程 Petri 网模型

决策与控制模块是装备保障物流过程运行的核心，负责对装备保障物流过程的整体运行进行决策与控制，同时在总体上对各功能模块运行中的信息流进行汇总和协调控制，在此基础上制订器材保障计划。在决策与控制过程中主要的业务过程包括：

① 接收器材筹措模块、器材储存模块、器材供应模块以及使用与消耗模块上行的信息；

② 根据器材保障任务及物流过程各模块的信息制订器材保障计划；

③ 向筹措、储存、供应和使用与消耗各模块下达器材保障指令。

根据以上业务过程，建立的决策与控制过程 Petri 网模型如图 11-10 所示，图中相应的变迁、库所说明如表 11-6 所示。

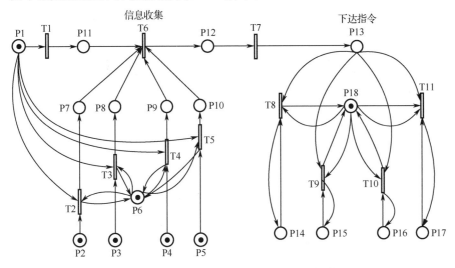

图 11-10 决策与控制过程 Petri 网模型

表 11-6　决策与控制过程 Petri 网模型的库所与变迁

库　所	含　义	变　迁	含　义
P1	决策与控制模块待命状态	T1	有器材保障任务，物流系统运行开始
P2	筹措模块上行的信息，为接口库所	T2	接收筹措模块上行的信息
P3	储存模块上行的信息，为接口库所	T3	接收储存模块上行的信息
P4	供应模块上行的信息，为接口库所	T4	接收供应模块上行的信息
P5	使用与消耗模块上行的信息，为接口库所	T5	接收使用与消耗模块上行的信息
P6	全军物流筹供中心接收信息并处理	T6	决策与控制模块受领器材保障任务
P7	接收的筹措模块上行的信息	T7	制订器材保障计划
P8	接收的储存模块上行的信息	T8	决策与控制模块向筹措模块下达指令信息
P9	接收的供应模块上行的信息	T9	决策与控制模块向储存模块下达指令信息
P10	接收的使用与消耗模块上行的信息	T10	决策与控制模块向供应模块下达指令信息
P11	全军物流筹供中心接收的器材保障任务（军事需求）		
P12	决策与控制模块汇总信息、保障计划运行准备		
P13	器材保障计划制订完毕		
P14	决策与控制模块向筹措模块下达的指令信息，为接口库所		
P15	决策与控制模块向储存模块下达的指令信息，为接口库所	T11	决策与控制模块向使用与消耗模块下达指令信息
P16	决策与控制模块向供应模块下达的指令信息，为接口库所		
P17	决策与控制模块向使用与消耗模块下达的指令信息，为接口库所		
P18	决策与控制模块传送指令资源		

　　以上针对装备保障物流过程的各功能模块分别构建了相应的 Petri 网模型，而由于使用与消耗模块是基于对装备保障物流过程的整体性和完整性上的考虑而设计的功能模块，不是研究的重点，因此，在这里没有对其进行详细建模。

11.3　基于 HLA 的装备保障物流系统仿真模型建立

11.3.1　HLA 及其仿真开发过程分析

HLA（High Level Architecture，高层次体系架构）是一个可重用的用于建立基于分布式仿真部件的仿真系统的软件构架，它支持由不同仿真部件组成的复杂仿真。HLA 本身并不是软件应用，而是一个构架和功能集，以帮助设计和运行仿真应用。HLA 的提出，主要是解决计算机仿真领域中的软件可重用性和互操作性问题，使得仿真软件的开发应用实现标准化、规范化，而这与当前计算机软件领域强调的开放化、标准化的总体趋势是一致的。

1．HLA 概述

HLA 定义了一个通用的技术框架，在这个技术框架下，可以接受现有各类仿真过程的加入，并实现彼此的互操作。每个描述了一定功能的仿真过程称为联邦成员。每个联邦成员可包含若干对象，为实现某种特定的仿真目的而进行交互作用的若干联邦成员的集合称为联邦，整个运行过程称为联邦运行。

1）相关概念

HLA 中所定义的术语如下：

① 联邦（Federation）：用于达到某一特定仿真目的的分布式仿真系统。

② 联邦成员（Federate）：构成联邦的每一个仿真子系统。

③ 联邦执行（Federation Execution）：一个联邦运行的整个期间。

在基于 HLA 的仿真系统中，所有参与联邦运行的应用程序都可以称为联邦成员，并且联邦可以作为一个成员加入更大的联邦中。装备保障物流系统由多个子系统组成，包括器材筹措系统、器材储存系统和器材供应系统等，决定了装备保障物流系统具有多个联邦成员；同时，装备保障物流系统作为装备保障系统的子系统，也是装备保障联邦的联邦成员。

2）构成要素

联邦主要包含以下要素。

① 运行支撑环境（Run Time Infrastructure，RTI）：一种通用的分布式仿真支撑软件，用于集成分布的各联邦成员，在联邦运行时提供各种标准的服务。RTI 作为联邦执行的核心，运行于仿真节点的后台，完成对仿真实验中各个联邦成员的服务支持。

② 联邦对象模型（Federation Object Model，FOM）：联邦中联邦成员进行数据交换的共同对象模型。FOM 的主要作用是提供联邦成员之间进行数据交换的内容，包括参与联邦成员信息交换的对象类、对象类属性、交互类、交互参数等特性信息。

③ 仿真对象模型（Simulation Object Model，SOM）是单一联邦成员的对象模型，描述了联邦成员可以对外公布或者需要定购的对象类、对象类属性、交互类和交互参数等特性。

各联邦成员和运行支撑环境一起构成一个开放的分布式仿真系统，整个系统具有可扩充性。在 HLA 框架下，一个典型仿真联邦的逻辑结构如图 11-11 所示。

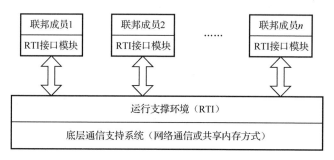

图 11-11　典型仿真联邦的逻辑结构

2. 基于 HLA 仿真研究的基本过程

联邦的设计与开发是一项复杂的工程活动，为此美国国防部（DMSO）提出了一个通用的联邦开发和执行过程模型（Federation Development and Execution Process Model，FEDEP）对联邦的设计与开发进行指导，最大限度地避免联邦开发过程中的失误。FEDEP 规定了联邦开发中所有必需的活动以及每个活动所需的输入与输出，通过一定步骤，可以将需要仿真的问题从抽象的逻辑概念逐步转化为系统实现。

HLA 仿真开发模型体系从总体上给出了联邦开发过程的步骤（见图 11-12），也就是说，HLA 仿真开发模型体系解决的是在开发仿真应用中如何制定需求，如何根据需求产生概念模型，如何根据需求和概念模型生成适用于 HLA 的仿真模型以及仿真中联邦划分等问题。至于如何开发具体的联邦成员，HLA 仿真开发模型体系并没有提出具体的要求，对其的开发可以遵从一般软件工程方法。HLA 仿真开发模型体系分析出来的联邦成员职责就相当于各个联邦成员软件的需求，制定的 FOM 就相当于各个联邦成员的必须实现的公共接口。其他的功能以及各个联邦成员如何实现仿真功能，由各个联邦成员的设计者根据软件工程方法自行设计。

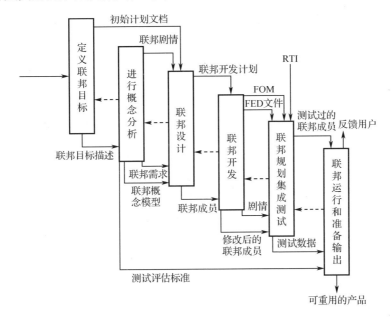

图 11-12　FEDEP 模型的顶层视图

11.3.2　基于 HLA 的装备保障物流系统仿真设计

1. 装备保障物流系统仿真的特点

装备保障物流系统仿真模型是由多层次的器材保障任务系统和器材保障对象系统组成的复杂仿真系统。保障环节涵盖生产工厂到基层部队，层次之间的运行具有紧密联系；保障过程涉及对象系统与保障系统本身多种要素的协调运行，不确定性因素较多，任何一个因素的变化都可能导致仿真模型发生变化。因此，在研究装备保障物流系统仿真时，需要从以下几个方面进行考虑。

1）仿真系统的可扩展性

由于仿真系统具有多层次性，并且实体繁多，过程复杂，使得仿真模型不可能一步达到较高的精度和真实度，随着仿真研究的不断深入，应允许不断改进仿真模型，并且不影响仿真系统的运行。

2）仿真系统的开放性

随着需求的不断增长，考虑到更多的因素，仿真系统应允许轻松加入更多的仿真子系统（如装备维修系统、作战仿真系统等），实现子系统间互联互通，进行大规模甚至超大规模的保障仿真。

3）仿真系统的高性能

由于仿真过程中存在大量的实体，使得仿真模型多样且复杂，而且模型之间也有大量的数据交互，仿真系统运行负荷巨大，因此应尽可能提高仿真系统的运行效率。

2. 装备保障物流系统联邦的目标

物流系统联邦是一个具有分布式体系结构的仿真系统，能够支持装备保障物流系统运行仿真。物流系统联邦的总体目标是通过对基于筹供中心的装备保障物流系统的运行仿真，在仿真环境下模拟器材保障的消耗、筹措、储存和分配供应等保障环节的物流、信息流和指挥决策的运行过程，同时，模拟筹供中心的信息中心和决策中心职能，形成器材保障信息在联邦成员间的实时共享，并以精确的信息流引导和控制，实现效益型物流，最终为部队用户提供适时、适量、精准、高效的器材保障，也就是前文提出的"精确效益型"装备保障物流模式。物流系统联邦的具体目标主要包括以下几个方面：

一是利用仿真手段，模拟出系统中各对象成员的变化规律，以便系统能够在一个模拟的"真实"环境中运行，为制订器材保障方案提供辅助决策支持。

二是分析给定条件下装备保障物流系统各节点的器材保障能力，通过对系统运行过程中的各种参数和运行指标进行实时的或事后的量化分析，对系统的技术指标做出结论性意见，为系统的优化提出改进意见。

三是该仿真系统可进行参数修改和运行过程中的时间、安全性和成本分析，并提供保障过程的实时查询，监控运行或中转状态。

四是提供良好的人机界面，能对仿真系统的运行过程和器材保障方案等仿真结果进行动态可视化显示并输出。

基于上述仿真目标，装备保障物流系统联邦的总体逻辑结构如图 11-13 所示。

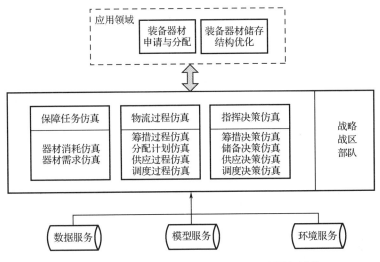

图 11-13　装备保障物流系统联邦的总体逻辑结构

物流系统仿真模型的设计目标是建立分布交互的仿真运行环境，平台需要对物流系统的运作过程进行全过程仿真。因此，物流系统仿真模型应该具备如下的技术特性：

① 分布性：各个子系统要相对独立，可以单独操作。

② 可重用性：系统应具有良好的可重用性，便于系统随着设计的改进而扩展。

③ 实时性：系统应具有较好的实时性。

④ 交互性：系统要具有友好的人机交互界面。

基于上述仿真特性，本节将从仿真系统的功能、结构、运行模型、对象模型以及成员模型等几个方面进行深入研究。

3．装备保障物流系统仿真模型的体系构成

基于 HLA 的装备保障物流系统仿真模型的体系构成如图 11-14 所示。

（1）系统层：系统层的主要任务是根据仿真应用目标，清晰完整地界定问题空间边界，确定问题空间的层次、规模与范围。

（2）概念模型层：概念模型层的主要任务是根据界定的问题空间的层次、规模和范围，对物流系统的要素构成、功能结构、运行模式、信息流程和物流过程等内容进行概念设计，为仿真模型的建立奠定基础。

（3）仿真模型层：仿真模型层的主要任务是在概念模型设计的基础上，确定联邦功能、划分联邦的构成、确定联邦的运行过程及联邦中要做交换的

信息，同时，描述联邦成员内部结构与功能的实现，将概念性实体（或对象）和过程转化为具体的程序，这些也是本章的主要研究工作。

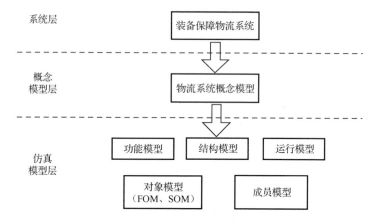

图 11-14　基于 HLA 的装备保障物流系统仿真模型的体系构成

仿真模型层中，功能模型主要说明了仿真系统应具备的仿真功能；结构模型说明了仿真系统的具体组成；运行模型描述了仿真系统的运行过程；对象模型定义了成员对外信息交换的能力以及仿真系统中各个成员之间的信息交换的内容与格式；成员模型则描述了成员的接口模块、执行逻辑以及成员内部的仿真过程和仿真中所需的数据信息。

11.3.3　装备保障物流系统联邦模型

1. 装备保障物流系统联邦功能模型

装备保障物流系统联邦的基本功能是对物流系统的整体运行过程进行仿真。通过联邦成员的协调配合，模拟基于筹供中心的装备保障物流系统的筹措、储存和分配供应等物流流程的实际运行；并依托筹供中心的信息中心和决策中心职能，实现对物流系统中信息流、决策流的汇总和协调控制，为器材供应方案的制订提供决策支持。物流系统联邦的功能模型结构如图 11-15 所示。

具体功能如下。

（1）系统运行管理：包括器材筹措、器材储存、器材供应、信息汇总与分析处理，以及各级器材保障管理部门的指挥控制活动。其中对于器材筹措、器材储存和器材供应等物流环节，本书 11.2 节运用层次模块化建模方法对其过程进行了深入分析，本节建立的仿真模型重点实现其保障方案的拟制任务；对于信息汇总与分析处理，主要是依托筹供中心的信息中心和决策中心的职能实现的。

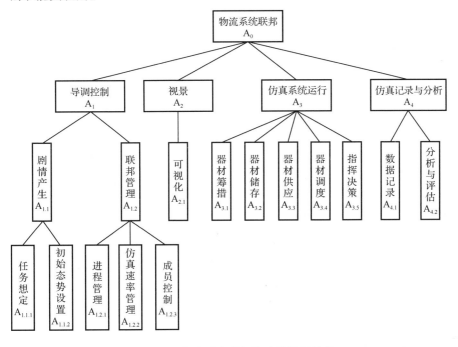

图 11-15　物流系统联邦的功能模型结构

（2）可视化显示：以可视化方式显示联邦的运行过程，将仿真过程数据和结果数据显示出来，提供比较直观的仿真过程。

（3）联邦管理：对仿真初始态势进行设置，并在仿真运行时进行实时干预，并对仿真的运行速率、联邦成员的加入与退出等进行有效的管理与控制。

（4）仿真记录分析：通过对系统运行过程中数据的存储和分析，为下一步仿真系统的优化提供依据。

2. 装备保障物流系统联邦结构模型

1）装备保障物流系统联邦结构分析

装备保障物流系统联邦的结构是在器材保障概念模型中确定的实体、活动和交互分析的基础上确定的，充分考虑仿真的功能性，从仿真需求出发，采用面向对象的分析技术和模块化思想把真实系统及其运行过程抽象化、条理化和模块化，选取功能上相对独立、承担着主要仿真任务或具有独立行为

能力的实体作为联邦成员。物流系统联邦既可以由真实系统中的实体模型构成，如全军装备保障物流中心等；还可以由具有管理和协调能力的某类功能的抽象模型构成，如导调成员等；也可以由便于仿真系统控制和显示的模型构成，如仿真管理成员、视景显示成员、数据收集成员等。

对于不同的仿真系统来说，根据其领域范围和用户需求的不同，建立联邦结构模型的标准也各不相同。一般来说，在基于规程的模拟仿真系统中，可以按照某些关键步骤以及操作部件建立结构模型；在复杂大系统中，可以按照承担各个仿真子任务的仿真子系统建立结构模型；在以人的活动为中心的训练仿真系统中，可以按照各个不同的角色建立结构模型。

装备保障物流系统的运行过程是生产工厂、各级物流中心、部队用户等子系统相互协作共同完成的联合活动。每个实体按照预先分配的任务进行活动。由于不同组织实体之间的信息与物资传输内容是根据其承担的具体任务事先确定的，所以可以按照实体担负的不同任务建立装备保障物流系统联邦结构模型。

综上所述，物流系统联邦是一个具有层次化结构的复杂仿真系统，其突出了器材保障活动离散层次——从基层部队的器材需求开始，到器材经过消耗规律分析、生产、储存、分配供应等活动最终到达基层部队，各个保障环节共同协作完成器材保障任务，这些特点决定了装备保障物流系统联邦的层次化，其结构如图 11-16 所示。

2）装备保障物流系统联邦成员仿真功能

在明确了物流系统联邦结构组成的基础上，可以将物流系统联邦应具有的基本功能与其他辅助功能分配到各个联邦成员，以实现物流系统联邦的基本功能，即主要分为导演监控子系统、筹供中心子系统、生产工厂子系统、物流辅助子系统、战略器材保障子系统、战区器材保障子系统和战术器材保障子系统 7 个部分（见图 11-16）。

（1）导演监控子系统。

仿真管理成员：对仿真运行过程进行实时管理和控制，确定仿真开始与结束时间，运行过程中调整时钟变化，根据仿真想定选择加入联邦的成员，并控制成员的加入、退出以及仿真运行时的跳时、暂停、继续与结束。

想定管理成员：设定仿真层次，设置器材保障仿真的初始态势，包括各级仓库的初始库存情况、保障机构的功能设置、上下级之间的关系，以及对器材需求的预测等。

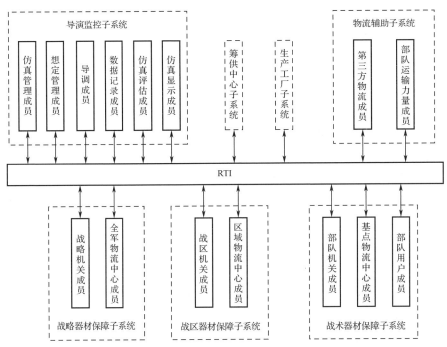

图 11-16　装备保障物流系统联邦结构

导调成员：在仿真运行过程中实时传输导调信息与命令，修改仿真实体的模型参数，对仿真过程进行干预。

数据记录成员：实时记录仿真过程中传输的各种信息，以便在仿真结束后能够多角度、多层次观察仿真过程。

仿真评估成员：模拟并控制器材保障任务的执行过程，评估器材保障各子系统的运行情况，评价保障指挥人员的训练水平。

仿真显示成员：利用二维或三维实体模型，显示不同层次器材保障的运行过程。

（2）筹供中心子系统。

模拟全军信息管理中心和决策中心的职能，通过信息网络对装备保障物流系统内的信息进行收集处理、协调控制，实施器材保障指挥调度和协调决策等职能。

（3）物流辅助子系统。

第三方物流成员：模拟器材保障过程中的地方运输保障力量的各种运输活动。

部队运输力量成员：模拟器材保障过程中的部队运输保障力量的各种运输活动。

（4）生产工厂子系统。

模拟器材生产厂商的器材生产与供应保障活动。

（5）战略器材保障子系统。

战略机关成员：模拟全军器材保障决策活动，指挥控制全军器材保障过程的运行。

全军物流中心成员，又称全军器材仓库成员、战略仓库成员：模拟战略级器材保障所担负的器材储备与分配供应活动。

（6）战区器材保障子系统。

战区机关成员：模拟战区级器材保障决策活动，指挥控制战役器材保障过程的运行。

区域物流中心成员，又称战区仓库成员、战役仓库成员：模拟战区级器材保障所担负的器材储备与分配供应活动。

（7）战术器材保障子系统。

战术机关成员，又称部队机关成员：模拟战术级器材保障决策活动，指挥控制战术器材保障过程的运行。

基点物流中心成员，又称队属仓库成员、战术仓库成员：模拟战术级器材保障所担负的器材储备与分配供应活动。

部队用户成员：模拟器材保障活动的保障对象活动。

3. 装备保障物流系统联邦运行模型

按照系统运行的时间顺序，物流系统联邦的运行过程可以分为三个阶段：初始化阶段、仿真运行阶段、仿真结束阶段。

1）初始化阶段

联邦初始化阶段的主要流程包括：各个联邦成员启动并加入联邦，向仿真管理成员发出加入成功的交互信号，然后等待命令；想定管理成员根据想定方案，设置仿真初始态势，将器材保障任务分解至相应的仿真层次，并向仿真管理成员通知初始化设置完毕；仿真管理成员向筹供中心发出初始化设置完毕的命令，筹供中心收到初始化设置完毕的命令后，从指定数据文件中读取器材保障想定，并根据需要调整保障计划，调整信号完毕后向仿真管理成员通知保障计划调整完毕；仿真管理成员收到保障计划调整完毕的交互信号后，向其他联邦成员发送仿真初始化命令；其他联邦成员收到仿真初始化命令后，从指定的数据文件中读取相关的初始化想定数据，初始化完毕后向仿真管理成员发送初始化完毕的交互信号。仿真初始化阶段运行过程如图 11-17 所示，前文想定管理成员工作由仿真管理成员实施。

图 11-17　仿真初始化阶段运行过程

2）仿真运行阶段

仿真运行阶段分为器材筹措和器材分配供应两个阶段。

（1）器材筹措阶段。

仿真管理成员确定所有成员都完成初始化后，设置仿真时间，向各个联邦成员发送开始仿真的命令。接到仿真开始的命令后，部队用户（队属修理分队）根据下年训练任务量、消耗定额等信息计算得出下年预计器材需求量，并将信息提交至部队机关；部队机关审核所属修理部（分）队的年度需求、查询所属队属仓库的现有库存等信息，并结合本级经费限额编制器材申请，而后向筹供中心提交器材申请计划及现有库存量、器材周转留用量等其他器材申请相关信息；战区机关通过筹供中心查询信息，审核汇总部队机关提交的计划及信息，并结合本级器材使用、储存情况编制本级器材申请并上报至筹供中心；生产工厂向筹供中心上报器材生产情况；筹供中心能够方便快捷地获取各级结点的上报信息，并依据汇总信息分析器材消耗规律，最后，筹供中心以器材消耗规律为依据编制更加科学合理的器材订购计划，并根据器材订购计划组织实施器材订购。需要说明的是，军队内部可以实行较为透明的信息共享，但军地（军队与工厂）之间的信息共享需要加以控制：筹供中心能够掌握工厂的生产信息，并根据部队需求的变动对其进行实时的生产控制；考虑到保密问题，筹供中心仅向生产工厂公开部分生产必需的需求信息。器材筹措阶段运行过程如图 11-18 所示。

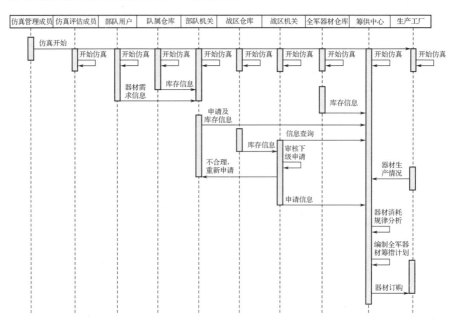

图 11-18　器材筹措阶段运行过程

（2）器材分配供应阶段。

首先，筹供中心根据各战区经费分配情况、器材资源情况以及下级需求情况确定各战区的器材分配量，并编制全军器材供应计划；战区机关通过筹供中心获取总部分配计划并以此为依据，编制战区本级分配计划，并上报至筹供中心；部队机关可通过筹供中心获取战区向本级分配的器材情况，编制本级分配计划，并上报至筹供中心。而后，筹供中心审核各级器材分配计划，结合器材订货、库存等信息制定全军范围的供应计划，优化供应流程，实施器材供应；各级器材保障机关将出入库信息反馈至筹供中心，以便根据实际情况及时调整器材的分配和供应。

3）仿真结束阶段

当到达供应保障任务结束时间时，仿真管理成员向其他联邦成员发送仿真结束的命令，并判断全部仿真是否结束，若仿真次数达到预定次数，则全部仿真结束，否则仿真管理成员再次向其他联邦成员发送开始仿真的命令；仿真评估成员根据仿真数据进行评估，给出评估结果。

器材分配供应阶段与仿真结束阶段的运行过程如图 11-19 所示。

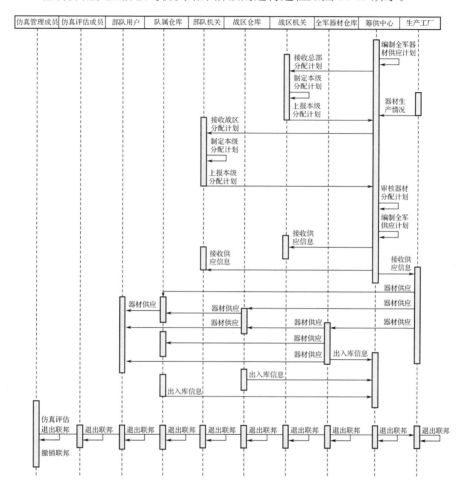

图 11-19　器材分配供应阶段及仿真结束阶段运行过程

4. 装备保障物流系统联邦对象模型

对象模型的构建从本质上说就是建立仿真系统中的对象类和交互类，包括对象类结构、对象类属性、交互类结构和交互类参数。主要描述了联邦运行过程中成员之间需要交换的各种数据以及相关信息，其设计的优化程度极大影响仿真系统的性能。与传统的面向对象建模技术不同，对象模型只是描述了仿真系统对外信息交换的接口规范，仅仅关注联邦和联邦成员进行数据交换所必需的要求和能力，而不限定联邦成员内部的具体仿真实现，所以可以说对象模型就是一种信息交换的标准接口。对象模型包括仿真对象模型和联邦对象模型。

1）仿真对象模型（SOM）

在物流系统联邦结构模型基础上，依据器材保障的概念模型，通过分析各个联邦成员担负的具体仿真功能以及与其他联邦成员的关系，可以确定联邦成员的对象类和交互类，其过程如图 11-20 所示。

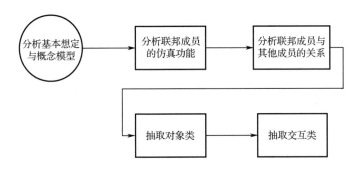

图 11-20　SOM 的建立过程

由于装备保障物流系统的复杂性，在此只以全军物流中心（全军器材仓库）成员为例说明 SOM 的建立过程，包括成员的仿真功能、与其他成员的关系、对象类建模和交互类建模 4 个方面。

（1）全军物流中心成员的仿真功能。

全军物流中心成员担负全军器材的储备和供应任务：综合考虑自身器材的储备情况（包括库存布局、规模、品种、数量）和下级的器材申请等信息，根据战略机关的指示进行器材筹措；依据器材分配计划与供应计划，对本级和下级单位实施器材补充和供应。

（2）全军物流中心成员与其他联邦成员的关系。

全军物流中心成员与其他联邦成员之间的关系如图 11-21 所示。通过分析成员之间的关系，可以将这种关系抽象为 HLA 中的对象类或交互类。

（3）对象类建模。

SOM 对象类的建模应尽量与联邦成员中客观存在的实体相对应。对象类的选取通常由联邦成员能够公布和需要订购的对象类确定，而对象类属性的选取则由该属性是否需要对外公布或是否被其他联邦成员订购确定。

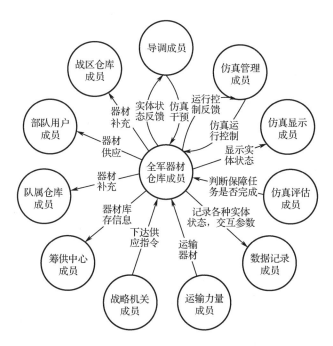

图 11-21 全军物流中心成员与其他联邦成员的关系

（4）交互类建模。

通常，把一定条件下或某时刻发生的某个瞬间事件定义为交互类。在联邦执行中，交互实例不会持续存在，交互实例由发送者构造、发送后，该交互实例被自动删除。交互类一般根据联邦成员对外表现的行为特征以及在联邦执行中，联邦成员能够初始化或感知、响应该交互类的实例来确定，而交互类参数的选取则根据该参数是否能够记录或反映该交互类的特点来确定。

2）联邦对象模型（FOM）

由于每个联邦成员担负的仿真任务不同，所以虽然成员 SOM 中的对象类与交互类可能相同，但对象类属性与交互类参数不会完全相同，需要合并各个成员 SOM 中的对象类和交互类，协调对象类属性和交互类参数特性。

联邦对象模型的协调过程分为两个步骤：一是属性名与参数名的一致化处理；二是属性特性与参数特性的一致化处理。通过对属性名与参数名的一致化处理，可以消除同一个属性或参数重复命名和不同属性或参数重名的现象，为每个对象类或交互类确定一个命名唯一、含义唯一的属性表或参数表；在对象类属性及属性名、交互类参数及参数名取得一致的基础上，通过对属性特性与参数特性的一致化处理，可以消除属性或参数各方面的不一致，如

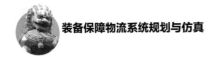
单位、数据类型等。经过协调处理后，可以得到物流系统联邦的对象类与交互类。

5．装备保障物流系统联邦成员模型

联邦成员既是联邦的组成部分，也是联邦执行的参与者，联邦成员是和RTI连接的一个运行程序或系统。所有参与联邦运行的应用程序都可以称为联邦成员。联邦成员由若干相互作用的对象构成，对象是联邦的基本元素。

1）联邦成员的执行逻辑结构分析

在建立了联邦 FOM 和 SOM 的基础上，需要采取合适的程序结构、控制机制和数据机构进行高效的联邦模型管理，实现联邦成员的程序设计。

通常，每个联邦成员都承担着相对独立的仿真任务，根据相关的规则内容，按照其内部的执行逻辑完成特定的仿真任务，并通过 RTI 接口与其他联邦成员进行信息交互，其一般执行逻辑结构如图 11-22 所示。联邦成员一般包括 4 个部分：RTI 接口模型、主控模型、仿真模型以及相关的数据库。RTI接口模型主要完成与其他成员的信息交互；主控模型与仿真模型类型相关，主要负责对联邦成员运行过程的控制；仿真模型担负具体的业务仿真功能；相关的数据库为仿真模型的运行提供初始数据和与底层模型相关的数据。

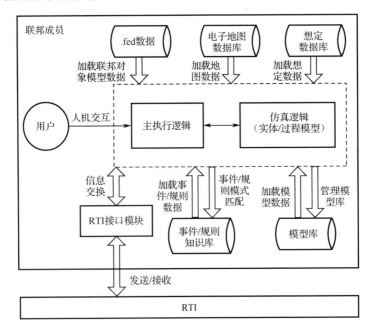

图 11-22　联邦成员的执行逻辑结构

图 11-22 所示的成员执行逻辑结构具有一定通用性，适合大多数承担业务仿真任务的成员，但对于模型特殊的联邦成员，如仿真显示成员、数据记录成员、仿真管理成员等，由于担负的任务特定，功能较为单一，所以执行逻辑结构也相对较为简单。

2）联邦成员的仿真模型

仿真模型描述了实体的行为特征，可以是一组动力学和运动学方程，也可以是一组事件流，分别对应着连续仿真系统或离散仿真系统。对于每个联邦成员来说，其都是在底层仿真模型的支持下，通过接口模块与其他联邦成员交换信息，共同完成仿真任务。所以说仿真模型是联邦的核心，联邦是在仿真模型的基础上运行的。由于联邦成员担负的功能不同，其底层的仿真模型也不相同。

由前面的知识可知，装备保障物流系统主要分为静态模型与动态模型。静态模型描述战略器材保障部门（包括机关和物流中心）、战区器材保障部门、部队器材保障部门、筹供中心以及运输力量等的结构层次关系与特征属性，为动态模型提供了初始输入数据；动态模型在静态模型的基础上描述了器材筹措过程、器材储备过程和分配供应过程等物流过程，以及其中的申请信息、指挥决策信息和所需的支持数据等信息的传输过程。同时，装备保障物流系统联邦又是连续与离散混合的仿真系统，如器材筹措过程、储存过程和供应过程等都可对应为由一组事件流组成的连续仿真系统；而器材消耗或运输过程则是典型的离散仿真过程，可以用动力学方程进行描述。

如图 11-23 所示为装备保障物流系统联邦中的仿真模型体系，其中，战略器材保障部门、战区器材保障部门、部队器材保障部门、筹供中心和运输力量系统为静态模型，可以将其表示为一组想定数据，由想定管理成员生成，其他各个仿真模型成员根据仿真管理成员的指示从指定数据库中将需要的想定数据下载到本地进行初始化。本地数据库描述了器材消耗信息、生产工厂信息、库存信息和运输能力信息等，为联邦成员的运行提供了信息查询、逻辑判断等功能，保证仿真结果的正确性。想定数据可以应用数据库技术或 XML 语言描述。在建立静态模型的基础上，应用相应的建模语言与开发工具就可以建立各个联邦成员的动态仿真模型。

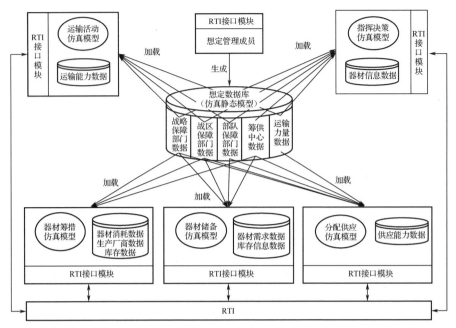

图 11-23　装备保障物流系统联邦中的仿真模型体系

11.4　装备保障物流仿真系统设计

11.4.1　仿真系统分析

装备器材保障过程是由一系列事件（包括器材申请、筹措、生产、发货、器材到达等）和一系列有时间跨度的过程（消耗过程、筹措过程、生产过程、运输调度过程等）组成的，是一种典型的离散事件系统。离散事件系统指的是系统状态仅在离散时间点上发生变化的系统，而且这些离散时间一般是不确定的。

1.仿真策略的选择

离散事件系统的仿真策略主要有事件调度法、活动扫描法和进程交互法三种。事件调度法以事件为基本单元，通过定义事件以及每个事件发生对系统状态变化的影响，按发生的时间顺序执行与每个事件有关的逻辑关系，并产生新的事件来驱动仿真的运行。活动扫描法主要是通过扫描系统实体进行的活动，并设定引起活动开始或结束的条件来驱动仿真的运行。该方法主要用来解决比较复杂的显示系统。进程交互法的每个进程是由若干事件的时间序列和活动组成，进程交互法为每个实体建立一个进程，反应实体从建立开始到结束的全部活动。装备保障物流仿真系统主要是对器件消耗、申请、筹措、库存控制、供应和应急调度过程进行模拟，故选用事件调度法作为仿真策略。

事件调度法通过事件来反映真实系统，事件是相互关联的，每个事件的发生都会使系统状态发生变化，同时可能会产生新的事件。所有事件均放在事件队列中，并按照发生时间的先后顺序依次排列，系统始终从事件队列中选取时间最早的事件执行，并将仿真中时间修改为事件发生时间。事件有多种类型，每种事件的属性和处理方式不同，因此每种事件都对应一个处理子程序。随着事件的发生，仿真钟不断向后推移，直到仿真终止。

2．建模的主要工作

构建基于事件调度法的仿真模型需要完成以下几个方面工作：

（1）确定仿真实体以及实体之间的关系。实体是从现实系统中抽象出来的，是事件的载体，每种实体都有自己特有的属性和事件。

（2）确定仿真事件。分析系统中各个仿真实体可能发生的事件，针对不同的实体确定事件的优先级别，以及事件发生时各个实体所执行的操作。

（3）设计系统中的控制变量和统计变量。控制变量控制着保障过程中的各种规则参数，包括器材的消耗、申请与供应的具体规则。控制变量一般是在仿真系统运行前或在运行过程中，通过人机交互输入到系统中的，是仿真系统最重要的变量之一。统计变量是评价系统优劣的指标，对应着预先调剂的供应模型中的目标函数，是仿真运行结束后，通过对仿真数据分析和统计得来的。在仿真系统中可以设置多个统计变量，从多方面对系统的运行状态进行评价，这也是系统仿真方法的优点之一。

11.4.2　系统总体结构

1．系统结构模型

前面已经对基于筹供中心的装备保障物流系统联邦成员构成在宏观上进行了初步划分，为了验证基于筹供中心的装备保障物流系统的可行性，本节结合仿真实例对基于 HLA 的分布交互仿真系统进行实证研究。首先需要从仿真运行的角度对系统的联邦成员的构成做进一步的细化，在划分联邦成员时，由于各级器材保障机构中的器材保障机关与相应的器材仓库之间的信息交互较为简单，如果单独划分联邦成员会增加网络通信的负担，所以在设计中，将同级器材保障机关和器材仓库结合为同一联邦成员加以实现，并将其归类为仓库成员。按照这一思路构建的联邦结构模型如图 11-24 所示。

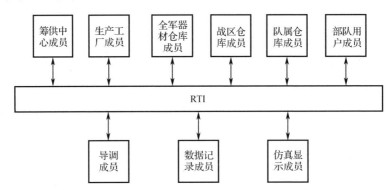

图 11-24　基于筹供中心的装备保障物流系统联邦结构模型

在上图所示的框架结构中，构成仿真系统的各个联邦成员都是自治的实体。其中，每个联邦成员分别拥有各自的状态控制器，用以存储相应成员所有活动的标识及其运行状态信息，并对成员内的活动运行进行协调。除此之外，在成员之间数据和信息交换通过 RTI 接口实现，用以获取如筹措计划、分配计划和供应计划等信息。

系统以图形化界面显示，用户建模时只需要在图形界面上拖放相应的模块单元，并定义联邦成员的控制策略和供申关系即可，方便了用户操作，简便了建模过程。此外联邦的运行状态和结果也可以在图形界面上显示。

2．系统功能结构

装备保障物流仿真系统完成的主要功能如图 11-25 所示，主要包括了 5 个具体的功能模块和 4 个信息存储库。

1）功能模块

（1）仿真管理模块。仿真管理模块主要用于创建联邦、注册联邦成员实例、启动联邦成员进程、删除退出仿真的联邦成员和管理联邦时间等。仿真管理模块负责管理整个分布式仿真系统各联邦成员的时间推进，各联邦成员均采用保守的时间管理机制和时间步进机制，即各联邦成员既为时间受限又为时间调节，以实现仿真同步和确保成员间仿真数据接收和发送的逻辑顺序。

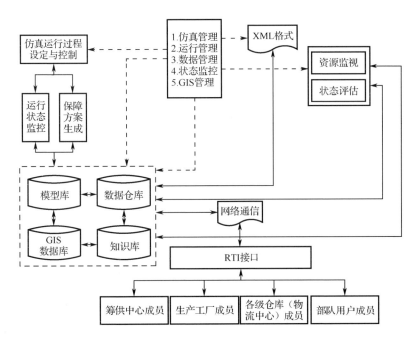

图 11-25　系统功能构成

（2）运行管理模块。在对系统中各节点状态与运行流程进行设定的基础上，依托筹供中心对系统中的信息进行汇总和分析处理；同时借助模型库，在对系统整体运行流程的协调控制状态下，依托模型库、知识库完成器材保障方案的拟制任务，所有这些操作得以实现的依据是一个已有物流过程管理定义下的序列。

其中拟制的器材保障方案主要是指构成物流系统主要环节的器材筹措方案、器材储存方案和器材供应方案，本系统主要实现了器材供应调度方案的生成。另外，运行管理模块依托的知识库、模型库是由装备保障物流系统的决策模型作为底层的数学模型的基础上实现的。

（3）数据管理模块。主要是通过筹供中心实现对生产工厂成员、仓库成员和部队用户成员的各种信息的分析处理，依托消耗规律模型库分析器材消耗规律。该模块先定时以 XML 格式接收外部传来的数据，再将该 XML 格式数据转换到数据仓库中，确保传递的数据在进入某模块时与其中的数据一致。它的作用是通过对数据的有效管理为仿真方案的生成提供数据支持。

（4）状态监控模块。状态监控模块负责对各仿真节点的仿真资源监视、仿真状态评估、负载评估、联邦迁移寻址及代码迁移。从第一个联邦成员发

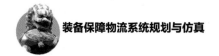

出创建仿真联邦的请求开始，状态监控就开始对整个仿真网络进行监视、评估。它在仿真过程中相当于一台信息服务器，整个仿真系统的所有信息都存储在该服务器上，随时被仿真调用。

（5）GIS 管理模块。CIS 管理模块主要实现对电子地图的管理，具有 GIS 属性数据维护和管理、保障点与资源点联邦成员的地理数据处理、地图设置与显示控制、专题图生成等功能。

2）信息存储库

（1）数据仓库。数据仓库中存储着大量的信息，包括成员运行过程中使用到的数据、物流系统中各实体的数据信息、外部用户的若干数据以及系统使用和维护中产生的数据等，它是筹供中心乃至整个物流系统仿真模型能够顺利运行的重要信息来源。

（2）GIS 数据库。其中主要存储联邦成员的地理信息数据，包括地理位置信息、地理环境信息、器材的"在筹""在储""在供"等情况，并在电子地图上实时、透明、直观、形象地显示，为器材保障可视化提供基础数据。

（3）模型库。其中存储各种模型，通常包括实体模型和多种决策模型，如器材消耗模型、订货决策模型、库存控制模型、供应决策优化模型和运输决策模型等，通过这些模型的驱动，以及数据、知识的集成，为物流系统的决策支持系统提供服务。

（4）知识库。知识库也是用来为系统的决策服务的，是实现高层次集成的条件，尤其在系统数据冗余的情况下，如何利用数据挖掘技术对定性数据加以处理，实现模块的信息集成和知识发现十分重要。在仿真过程中，系统过程被划分为不同的基本事件，根据仿真钟的推进和事件的优先级决定所执行的事件，并且执行相应的事件处理子程序，最终将运行过程中的数据存储起来以便结果输出和分析。因为是离散事件系统仿真，所以系统模型中会有大量的随机参数，要在计算机模型中再现实际系统的随机性，首先要用数学拟合的方法将实际系统的随机过程参数化后输入模型，在仿真过程中使用随机数发生器产生随机序列再现系统的随机过程。

在模型的运行过程中，上述各库之间的信息并不是孤立的，它们通过联邦集成的 RTI 接口，如数据存取接口、模型调用接口和知识推理接口等，实现物流系统的信息共享、各模块间的信息交互，以及对流程的协调管理等功能。

11.4.3　仿真系统设计

1．系统成员及关系

联邦成员的相互关系如图 11-26 所示。

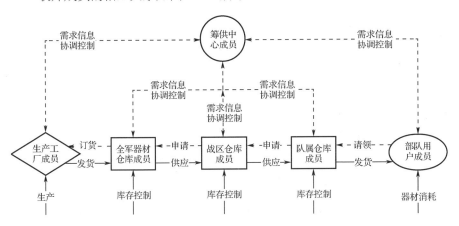

图 11-26　联邦成员关系图

1）筹供中心成员

筹供中心成员是系统的核心成员，在整体上控制整个联邦的进程，负责对全局的协调和总体控制，加强了各节点成员间的协作，避免各成员运行中产生冲突，能够协调联邦中各成员的信息交换和仿真运行。筹供中心成员通过对联邦信息的汇总和分析，依据模型库和知识库辅助生成保障计划，其中，联邦信息的来源为生产工厂成员、仓库成员和部队用户成员，通过数据转换等程序的执行将数据自动录入数据仓库中，再通过实时的供应和需求情况对数据进行加工，并将得到的新数据输出给生产工厂成员、仓库成员和部队成员，同时，当器材需求单位的上一级单位不能满足器材供应时，筹供中心成员依托知识库在系统内寻求适合的器材保障单位，制定最佳的器材调度方案实施器材保障。

2）生产工厂成员

生产工厂成员主要负责器材的生产和运送。生产工厂按照筹供中心的器材订购合同，开始生产器材，器材生产完毕后，按照筹供中心制定的器材调度方案向相应的单位运送器材。在本系统的设计中，器材的生产时间计算公式为：

$$T = T_1 + m \div V \qquad\qquad (11\text{-}2)$$

式中，T 为总生产时间（天）；T_1 为生产准备时间（天）；m 为生产数量（件）；V 为器材的生产速度（天/件）。

在仿真运行过程中，生产工厂成员将记录每一笔订单和发货明细。

3）各级装备保障物流中心成员

物流中心存放多种装备器材，当物流中心通过筹供中心得到部队用户的消耗请领或下级仓库的订货请求时，根据不同种类器材结合本仓库相应的订货策略进行库存情况的连续检查或周期性检查，并按照筹供中心的调度计划实施订货，以保证库存数量能够满足本级部队用户和下级仓库的需求。在本系统的设计中，所有的物流中心成员都包含订货策略和发货策略两个属性，为物流中心选择相应的订货策略和发货策略并配置策略的详细参数，物流中心严格按照订货、发货策略进行器材申请与供应。在仿真过程中，物流中心成员将记录每一笔出入库信息，并统计缺货情况。

2. 系统变量的设计

1）随机变量

器材的保障过程受多种因素的影响，这些因素中有一部分因素是固定的，如装备年度训练任务、维修保养任务等；还有一部分因素是随机的，如应急任务等。这些不可预知的随机因素是影响保障能力的主要因素，因此在进行器材保障过程仿真时需要充分考虑随机因素造成的影响。

随机变量是仿真系统的灵魂，科学合理的随机变量能使仿真系统更准确地表现真实系统，综合考虑器材保障过程中的各种随机因素，本节给出了以下几种类型的随机变量。

① 某时刻的器材消耗量。

器材的消耗驱动器材的保障过程。通过本节第 6 章的研究内容，可以对资源点的器材需求进行预测，由于对器材消耗的预测是固定时间间隔的，为了增加器材消耗的随机性，系统将对预测的需求进行随机性处理。对于一次器材消耗，系统将从两个方面进行随机性处理：消耗数量和发生时间。具体做法是以消耗数量和发生时间为期望，按照设定的方差产生符合正态分布的消耗数据。

假设预测 T 时刻将产生 K 个器材需求，则经随机性处理后，器材消耗数量 x 和发生时间 t 的概率分布密度函数为：

$$f(x) = \frac{1}{\sigma\sqrt{2\pi}} \exp\left[-\frac{1}{2}\left(\frac{x-\mu}{\sigma}\right)^2\right] \qquad (11\text{-}3)$$

$$f(t) = \frac{1}{\sigma\sqrt{2\pi}} \exp\left[\left(\frac{t-T}{2\sigma}\right)^2\right] \qquad (11\text{-}4)$$

② 应急需求的发生概率。

应急需求是一种特殊形式的需求，如进行重大军事演习时和应急军事斗争准备时的临时需求，一般情况下这类需求的产生是无法预知的。这类需求对保障时间要求非常高，如果器材保障系统本身不能满足，则需以更高的成本从工厂进行紧急订货。本书在仿真系统设计中增加了应急需求的发生概率，假设某一时刻产生的需求是应急需求的概率服从 0-1 分布，其概率分布密度函数为：

$$p(x) = \begin{cases} p_0 & x = 1 \\ 1-p_0 & x = 0 \end{cases} \qquad (11\text{-}5)$$

③ 信息传递时间。

当缺货的资源点向上级提出临时请领计划后，由于上级机构事务性工作的影响，申请计划的处理需要一定的时间，假设此时间服从 0～2 天的均匀分布。

④ 工厂订货时间。

当所有资源点都无法满足器材需求，需要从工厂采购器材时，此刻工厂可能存有一定的需求器材，省去了一部分器材的生产时间。对于这可能存有的器材数量，概率分布密度函数设为：

$$p(r) = \begin{cases} 2/R & r \leq R/2 \\ 0 & r > R/2 \end{cases} \qquad (11\text{-}6)$$

式中，R 表示总需求数量；r 表示工厂已存有器材数量。

2）控制变量

仿真系统的控制变量主要反映在仿真开始阶段进行的器材调剂的供应方案。

3）统计变量

统计变量主要用于优化过程的参考和对保障过程的保障效率统计，因此统计变量基本上与模型的目标函数对应，包括保障成本的统计变量、保障时间的统计变量、器材满足保障率的统计变量和保障体系资源存储状态统计变量等。

3. 仿真事件的设计

采用基于事件调度法的仿真策略，事件是仿真系统的基础。实体是事件的运行载体，根据模型的研究内容与目标，系统一共定义了 10 种实体的仿真事件，事件的定义及描述如表 11-7 所示。

表 11-7 仿真事件定义及描述

事件分类	事件	事件描述	状态变化	运行的实体
申请过程	提出申请	由资源点向上级提出器材申请	未满足需求量增加	资源点
	接到申请	上级单位接收到下级申请计划		资源点
供应决策过程	制定决策方案	决策部门指定保障决策		资源点
	接到供应命令	决策部门制定保障方案后，各个资源点接到供应命令		资源点
	接到采购订单	决策部门制定保障方案后，工厂接到采购订单		工厂
供应过程	器材发货	资源点（或工厂）向需求点发出器材	资源点库存减少（如果是工厂则无变化）	工厂、资源点
	器材到货	供应的器材到达资源点、需求点	资源点、需求点库存增加	资源点、需求点
消耗过程	器材消耗	资源点、需求点产生器材消耗	资源点、需求点库存减少	资源点、需求点
生产过程	开始生产	工厂开始生产器材		工厂
	生产完毕	工厂生产器材完毕		工厂

在仿真过程中，实体之间通过事件的触发与传递进行交互，带动了仿真系统的运行。在仿真系统的设计中，依据对实体的事件触发原则进行设计。

1）工厂实体事件触发

工厂实体内部拥有接到采购订单、开始生产、生产完毕和器材发货 4 种事件。工厂实体的事件触发原则如图 11-27 所示。工厂实体的事件触发从接到采购订单开始直到器材发货结束。具体的设计见表 11-8。

2）资源点实体事件触发

资源点实体内部拥有提出申请、接到申请、制定决策方案、接到供应命令、器材发货、器材到货、器材消耗七种事件。

资源点实体是本系统研究的重点，事件的触发过程比较复杂，资源点实体的事件触发原则如图 11-28 所示。资源点实体的事件触发入口有 3 个：接到下级资源点的器材申请、接收到供应命令和器材消耗事件。具体的设计见表 11-9。

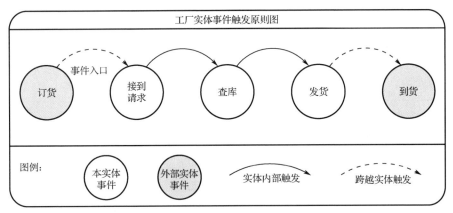

图 11-27　工厂实体事件触发原则图

表 11-8　工厂实体事件触发原则具体设计

过　　程	事　件　触　发	描　　　　　述
供应决策过程	接到采购订单→开始生产	工厂接到器材采购订单后，组织器材生产
生产过程	开始生产→生产完毕	工厂根据当前储备的器材量和订单任务组织器材生产
	生产完毕→器材发货	生产完毕后，工厂组织向资源点供应器材
供应过程	器材发货→器材到货	从工厂向资源点进行器材供应，经一定的运输时间后，器材到达资源点

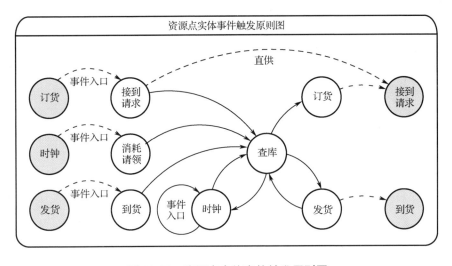

图 11-28　资源点实体事件触发原则图

表 11-9　资源点实体事件触发原则具体设计

过　　程	事 件 触 发	描　　述
消耗过程	消耗→提出申请	当资源点库存消耗到一定水平后，根据资源点的库存策略，考虑是否向上级提出器材申请
申请过程	提出申请→接到申请	资源点向上级提出申请，经一定时间，上级资源点接到申请并准备处理
	接到申请→提出申请	资源点接到下级申请后，继续向上传递申请
决策过程	接到申请→制定决策方案	资源点接到下级资源点器材申请后，如果本级具有决策权限，则制定决策方案
	制定决策方案→接到供应命令	制定决策方案后，根据决策方案向相关资源点下达供应命令
	制定决策方案→接到采购命令	制定决策方案后，根据决策方案向工厂进行采购
供应过程	接到供应命令→器材发货	资源点接到供应命令后，组织器材发货
	器材发货→器材到货	从资源点向需求点进行器材供应，经一定的运输时间后，器材到达需求点

3）部队用户实体事件触发

部队用户实体内部拥有器材到货和器材消耗两种事件。

部队用户实体事件的触发原则如图 11-29 所示。事件的触发入口有两个：战术资源点下发的备件到达本单位和周期性发生的时钟事件。具体的设计见表 11-10。

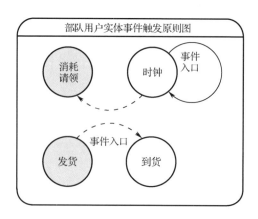

图 11-29　部队用户实体事件触发原则图

表 11-10　部队用户实体事件触发原则具体设计

事件触发	描述	信息流向	数据包内容	执行操作
时钟→消耗请领	本单位按照器材消耗规律产生周期性的备件消耗，向对应的资源点请领器材，经过一定的时间，请领信息到达资源点	本级单位→本级资源点	单位代码、备件代码、请领数量	传送数据、存储数据
发货→到货	本单位从对应的资源点请领备件后，经过一定的运输时间，请领的器材来到本单位入库	上级资源点→本级单位	单位代码、备件代码、到货数量	存储数据

4．仿真事件队列的存储和实现

本系统中采用强类型列表存储未来的仿真事件，通过控制仿真事件元素出入仿真事件队列来实现仿真算法。在仿真模型中，每当触发新的事件时，先将此事件按照优先级顺序加入仿真事件队列当中，然后按照仿真时钟的推进，从仿真事件队列中弹出事件发生时间等于当前仿真时间的事件并执行此事件。

仿真事件元素加入队列的原则如下：

（1）所有事件按照发生时间先后顺序进入队列，发生时间早的事件排在队列首部。

（2）发生时间相同但发生实体不同的事件，按照 FIFO（先来先服务）的顺序进入队列。

（3）发生时间、实体相同的事件，按照事件的优先级进行排序。优先级高的事件排在队列首部。

本系统中，仿真钟的步长等于一天，仿真钟每推进一天，执行一次当前仿真钟时间仿真事件弹出队列操作。

仿真事件元素弹出队列的实现逻辑如图 11-30 所示。

5．仿真系统的主程序结构

使用事件调度法进行系统仿真，本系统的仿真算法主程序结构如图 11-31 所示。

（1）获取模型结构及实体策略参数步骤中主要完成：

① 获取每个实体相应的库存策略参数。例如，仓库实体要设定相应的订货策略、发货策略。

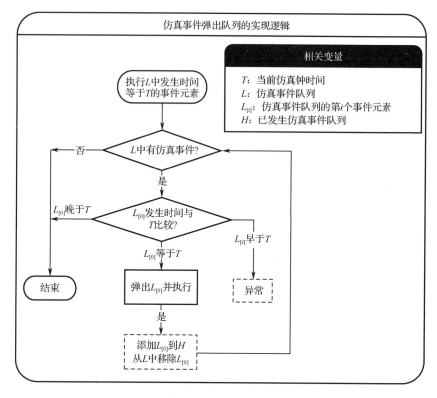

图 11-30　仿真事件弹出队列的实现逻辑

② 获取实体之间的申请关系、直供关系。例如，战役仓库 B 向战略仓库 A 提出订货申请，队属仓库 C 的器材申请由战役仓库 D 直供。

（2）设置仿真环境参数步骤中主要完成：

① 设置仿真钟起始时间、步长。仿真起始时刻是哪天，仿真钟每推进一次日期增长多少等都需要在仿真开始前预先设定。

② 初始化仿真事件列表。每个实体的库存策略都可能会有仿真起始事件，例如，某仓库采用周期性的订货策略，则需要将本仓库订货策略的时钟事件添加到仿真事件队列，又如，基层消耗单位每天都可能产生器材消耗，需要将本单位消耗策略的时钟事件添加到仿真事件队列。

（3）调用仿真事件步骤中主要完成：

① 根据本系统定义的事件调度原则，调用仿真队列中发生时间等于当前仿真钟时间的事件。

② 生成将来仿真事件并添加到仿真队列。

最后，仿真结果步骤中完成装备器材保障方案的仿真生成。

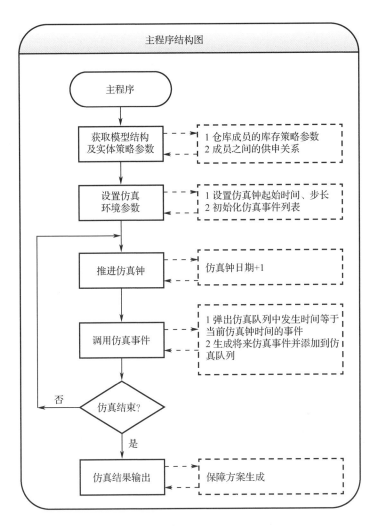

图 11-31　仿真算法主程序结构图

11.5　装备保障物流仿真系统实现

11.5.1　仿真初始化

下面以装甲装备器材保障为例，介绍具体装备保障物流仿真系统的实现。如图 11-32 所示，在系统的主登录界面中共有 5 个菜单，他们分别对应于仿真管理、数据管理、运行管理、状态监控和帮助 5 个功能模块。主要实现的功能在 11.4.2 节已经进行了阐述，这里不再赘述。

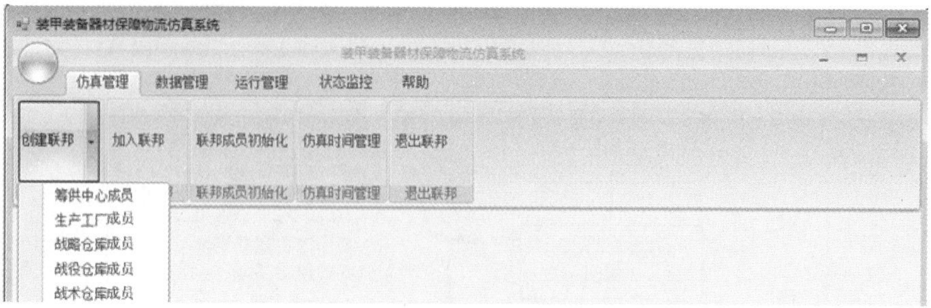

图 11-32　装备保障物流仿真系统主界面

由上图可以看到，在仿真管理主菜单下，系统用户可以完成的操作有创建联邦、加入联邦、联邦成员初始化、仿真时间管理和退出联邦。当系统第一次运行时，需要进行系统设定，包括设定整个仿真系统下各联邦成员的网络 IP 地址和各实体的当前状态数据等信息。

在仿真运行开始阶段，首先需要创建联邦、加入联邦，并对相应的联邦成员进行初始化。本系统以 A 战区为研究的原型背景，构建基于 A 战区的装备保障物流系统仿真模型，仿真系统由生产工厂成员、筹供中心成员、各级仓库成员（考虑到基点物流中心较多，因此，仿真时将全军装备保障物流中心对应为总部战略仓库，区域装备保障物流中心对应为军区战役仓库，基点装备保障物流中心包括军区训练基地、集团军战术仓库、装甲师仓库、机步旅仓库、装甲旅仓库、团仓库和修理大队仓库）及部队最终用户成员等联邦成员。系统中"加入联邦"和"联邦成员初始化"界面如图 11-33 和图 11-34 所示。

11.5.2　装备器材消耗规律分析仿真

器材消耗规律分析是在仿真系统"数据管理"功能模块下的一个子功能模块，其功能的实现主要是依托系统的数据库，在对器材消耗的历史数据分析的基础上，通过计算得出器材消耗满足的分布曲线和分布规律，并在 SuperMap 地图上实时显示各单位消耗信息。

以系统选取的 A 战区 A5 团修理连的某项石棉制品（器材 X）为例，通过对以往消耗数据的统计分析，模拟器材的消耗分布曲线，进而得出器材 X 服从的消耗规律。器材 X 在该修理连连续五年的月消耗数据如表 11-11 所示。

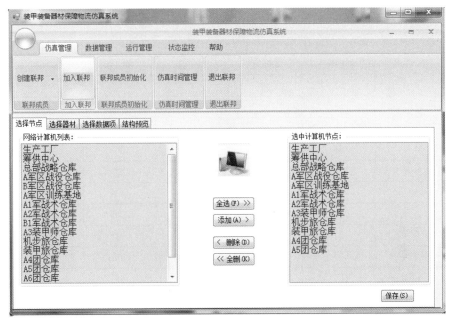

图 11-33 "加入联邦"界面

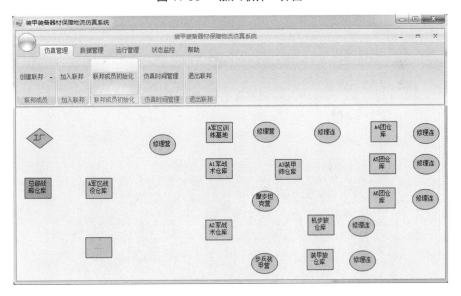

图 11-34 "联邦成员初始化"界面

表 11-11　A5 团修理连器材 X 五年的月消耗数据

单位：件

月　　份	2005 年	2006 年	2007 年	2008 年	2009 年
1 月	53	59	60	55	50
2 月	63	62	64	64	59
3 月	69	83	67	65	68
4 月	65	80	72	70	68
5 月	75	85	77	73	72
6 月	70	81	82	77	73
7 月	71	83	80	78	70
8 月	67	70	71	71	66
9 月	60	77	77	68	57
10 月	54	69	66	66	61
11 月	43	72	68	64	53
12 月	49	57	65	50	45

　　运行系统"数据管理"下拉菜单中的"消耗规律模型"选项，对器材 X 消耗规律分析如下，首先，系统建立器材 X 五年的月消耗数据分布如图 11-35 所示，进而统计出器材 X 的月消耗曲线和年消耗柱状图如图 11-36 所示。

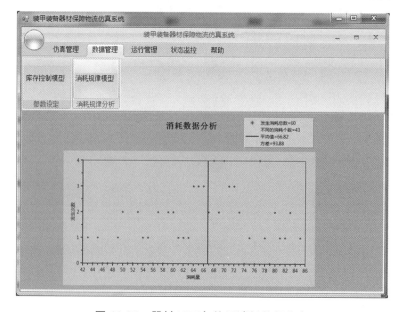

图 11-35　器材 X 五年的月消耗数据分布

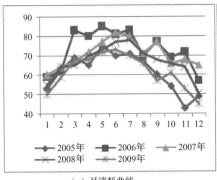

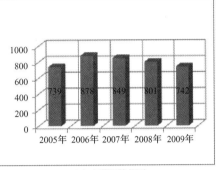

(a) 月消耗曲线　　　　　　　　　　　　(b) 年消耗柱状图

图 11-36　器材 X 的月消耗曲线与年消耗柱状图

从图 11-36 中可以看出，器材 X 五年的月消耗趋势基本一致，3—7 月由于训练任务较重，消耗相对较高，相反 11 月、12 月、1 月消耗较低，平均消耗量在 67 件/月上下波动，消耗曲线与正态分布曲线相似。通过对消耗数据进行 $\chi^2(n)$ 拟合优度检验。做检验假设 H_0：器材 X 在 A5 团修理连月消耗量符合 $N(\mu, \sigma^2)$ 正态分布。由于 μ, σ^2 未知，因此需求出它们的最大似然估计。它们的最大似然估计分别是：

$$\hat{\mu} = \frac{1}{n} \sum_{i=1}^{n} X_i = \overline{X} = 66.82$$

$$\hat{\sigma}^2 = \frac{1}{n} \sum_{i=1}^{n} (X_i - \overline{X})^2 = 93.88 = 9.69^2$$

经过仿真计算，器材消耗的正态分布的自由度是 11-2-1=8，对 $a = 0.05$，查得 $\chi^2_{0.05}(8) = 15.5$。由于 $\hat{\chi}^2_n = 5.0489 < 15.5 = \hat{\chi}^2_{0.05}(8)$，故可以认为器材 X 在 A5 团修理连月消耗量服从 $N(66.82, 9.69^2)$ 正态分布。

同理，通过对 A 战区其他修理分队的历史消耗数据进行统计分析，获得各修理单位器材 X 的消耗规律曲线，可以得出器材 X 在系统中各单位的消耗规律。

11.5.3　装备器材库存信息显示及需求汇总仿真

器材消耗规律确定之后，通过对器材消耗参数和库存控制策略的设定，仿真系统开始运行。运行仿真过程依据本书 11.3 节构建的基于筹供中心的装备保障物流系统的运行模式，即筹供中心是装备保障物流系统整体运作的核心，依托筹供中心的统一协调和控制，统一进行器材的筹措、储存、分配和供应管理。在本系统中，筹供中心成员通过高速通信网络提供的仿真信息流

实时掌控各级仓库、器材保障机构以及部队的器材消耗和库存情况，并对信息进行分析处理，为器材保障计划的制定提供依据。为此，选择的数据类型如图 11-37 所示。

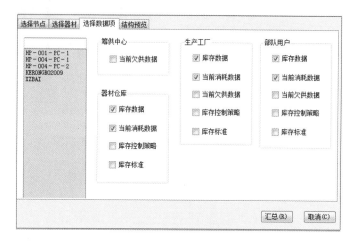

图 11-37　选择的数据类型

选择需要汇总的信息内容后，运行"联邦成员信息汇总"选项，系统中选定的信息内容即汇总至筹供中心成员，如图 11-38 所示。汇总的信息以可视化的形式显示，如图 11-39 所示。

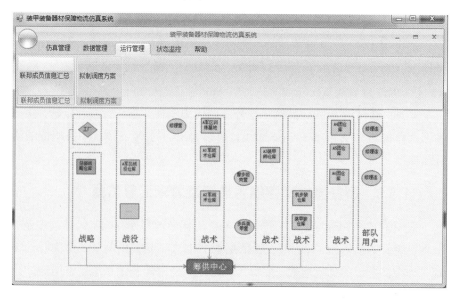

图 11-38　信息汇总至筹供中心

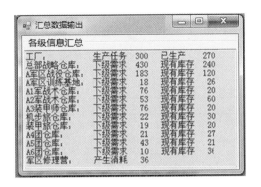

图 11-39　汇总信息的显示

11.5.4　装备器材供应调度保障方案输出仿真

完成器材保障信息的汇总后，系统进入"拟制调度方案"界面。该功能的实现是依托筹供中心对器材消耗规律的分析和对各节点联邦成员的信息汇总、分析处理的基础上的。形成的器材供应关系如图 11-40 所示。

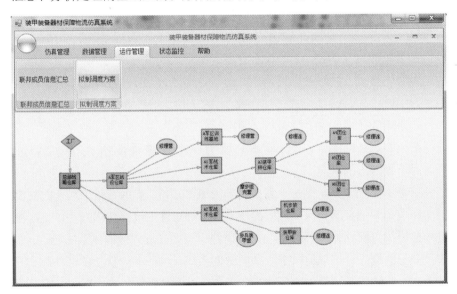

图 11-40　形成的器材供应关系

系统通过事先定义的模型库、算法库，对汇总的信息进行加工处理，仿真结束后，对仿真结果进行输出，得到 A 战区器材调度方案如图 11-41 所示。

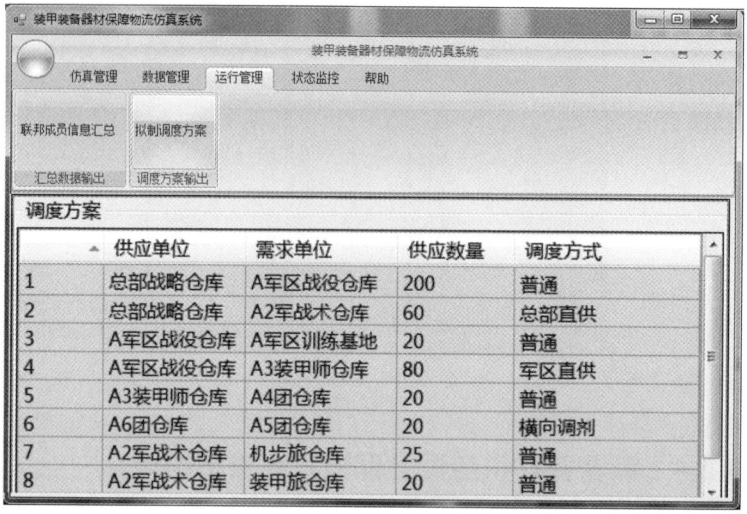

图 11-41　生成的器材调度方案

由上图可以看出，通过系统运行得出了 A 战区的器材供应保障方案，其中即包括了总部战略仓库（全军器材仓库）到 A 军区战役仓库、A 军区战役仓库到 A 军区训练基地、A2 军战术仓库到装甲旅仓库的逐级供应方式，也包括了全军器材仓库到 A2 军战术仓库、A 军区战役仓库到 A3 装甲师仓库的越级直供方式；同时考虑到 A6 团仓库的器材 X 现有库存为 36 件，下级需求为 10 件，而 A5 团仓库的库存较少为 21 件，下级器材需求量较多为 43 件，如果只依托本单位上级保障，则不能满足本单位的需求，所以选择了横向调剂的方式，即由 A6 团仓库向 A5 团仓库调剂 20 件器材，以满足 A5 团仓库对下级需求的供应。

装备保障物流系统是一个复杂的离散事件系统，如何在错综复杂的物流活动和关系中把握器材保障流程的特点，有针对性地选择建模方法，是物流过程建模仿真面临的首要问题。HLA 借鉴了一些开放式标准体系的特点，引入了分层的概念，可以将一个复杂的仿真系统看成一些层次上的部件总和。基于 HLA 的装备保障物流系统仿真研究，目的是针对复杂大系统，提高建立模型与仿真的效率，促进系统之间的互操作和可重用性。随着信息技术、网络通信技术和计算机技术等高新技术的不断发展，特别是仿真建模方法的日渐完善，探索仿真建模技术在装备保障物流系统中的应用具有重要的理论意义和现实意义。

本书实现的装备保障物流仿真系统，应用模块化仿真思想设计了筹供中心、生产工厂、各级仓库和部队用户等联邦成员，规范和简化了系统建模过程。建立的基于事件调度法的算法结构有效解决了复杂模型的优先级处理、仿真运行状态存储以及库存策略实现等问题。通过运行仿真案例，模拟装备保障物流系统的运行，分析了基于筹供中心的装备保障物流系统的可行性与有效性。

参考文献

[1] Jeroslow R G. The polynomial hierarchy and a simple model for competitive analysis[J]. Mathematical Programming, 1985, 32(2): 146-164.

[2] Vogl T P, Mangis J K, Rigler A K, et al. Accelerating the convergence of the back-propagation method[J]. Biological Cybernetics, 1988, 59(4-5): 257-263.

[3] 郑振忠. 装甲装备战斗毁伤学概论[M]. 北京：兵器工业出版社. 2004.

[4] Zhang D F, Kang Y, Deng A S. A new heuristic recursive algorithm for the strip rectangular packing problem[J]. Computers & operations research, 2006, 33(8): 2209-2217.

[5] Bortfeldt A, Gehring H, Mack D. A parallel tabu search algorithm for solving the container loading problem[J]. Parallel Computing, 2003, 29(5): 641-662.

[6] 王秀清. 基于混合分组遗传算法的装箱问题研究[D]. 济南：山东大学，2011: 11-22.

[7] 陈开峰. 改进的遗传算法及其在多目标优化中的应用研究[D]. 合肥：安徽大学，2006: 2-7.

[8] 孙晓云，蔡远利. 利用改进遗传算法的参数估计[J]. 自动化技术与应用，2004, 23(1): 23-26.

[9] Morabito R, Arenales M. An AND/OR-graph approach to the container loading problem [J]. International Transactions in Operational Research, 1994, 1(1): 59-73.

[10] Eley M. Solving container loading problems by block arrangement[J]. European Journal of Operational Research, 2002, 141(2): 393-409.

[11] 郭贝贝. 复杂集装箱装载问题研究及可视化实现[D]. 大连：大连海事大学，2009: 40-44.

[12] 江娜，丁香乾，刘同义，等. 集装箱装载问题的模拟退火遗传算法

[J].电子技术应用，2005, 10: 14-16.

[13] Nordbeck S, Rystedt B. Computer Cartography Shortest Route Programs[M]. Sweden: The Royal University of Lund, 1969.

[14] 陆锋，卢冬梅，崔伟宏. 交通网络限制搜索区域时间最短路径算法[J]. 中国图象图形学报，1999, 4(10): 849-853.

[15] 董维忠. 物流系统规划与设计[M]. 北京：电子工业出版社，2011.

[16] 李波. 现代物流系统规划[M]. 北京：中国水利水电出版社，2006.

[17] 王铁宁，王兵，王玉泉，等. 装备物流[M]. 北京：国防工业出版社，2007.

[18] 王铁宁. 战略装甲装备器材保障工程[M]. 北京：兵器工业出版社，2006.

[19] 姜大立. 现代物流系统规划与设计[M]. 北京：中国石化出版社，2008.

[20] 郭齐胜，董志明，李亮，等. 系统建模与仿真[M]. 北京：国防工业出版社，2007.

[21] 田新月. 基于多式联运的装甲装备器材应急调度优化研究[D]. 北京：装甲兵工程学院，2009.

[22] 何海宁，舒正平. 装备维修器材供应链保障模式初探[J]. 国防技术基础. 2006(6): 24-27.

[23] 赵学峰，张金隆. 定量分析模型在维修配件库存控制中的应用[J]. 中国机械工程，2004, 15(9): 824-827.

[24] 杨宇航，赵建民，李志忠，等. 备件管理系统仿真研究[J]. 系统仿真学报，2004, 16(5):981-986.

[25] 王正元，宋建社，何志德，等. 一种备件多级库存系统的仿真优化模型[J]. 系统仿真学报，2007, 19(3): 103-106.

[26] 司书宾，孙树栋. 基于供应成本的维修备件协同库存控制模型及其算法研究[J]. 西北工业大学学报，2006, 24(5): 662-666.

[27] 徐胜良. 基于多级联合保障的通用装备备件库存控制仿真与优化研究[D]. 北京：装甲兵工程学院，2012.

[28] 刘洪水. 装甲装备器材保障物流系统建模与仿真研究[D]. 北京：装甲兵工程学院，2011.

[29] 梁波. 通用装备器材区域保障网络设计与抗毁性研究[D]. 北京：装

甲兵工程学院，2012.

[30] 于双双. 面向任务的装甲装备战备器材基数组配方法研究[D]. 北京：装甲兵工程学院，2012.

[31] 高铁路，高崎，张桦. 新型军械陆军装备器材联储联供模式研究[J]. 价值工程，2011, 30(18): 273-274.

[32] 于双双. 陆军装备器材供应网构建及供应优化方法研究[D]. 北京：装甲兵工程学院，2016.

[33] 可荣博. 基于 OSM/USM 量化分析的装甲装备器材供应决策研究[D]. 北京：装甲兵工程学院，2014.

[34] 张仰平，安欣. 创新装备维修器材供应保障模式探究[J]. 汽车运用，2012(3): 13.

[35] 宋杨. 复杂装备可维修备件供应保障策略仿真优化研究[D]. 北京：北京科技大学，2015.

[36] 姜金贵，梁静国. 基于粒子群优化算法的应急资源调度研究[J]. 统计与决策，2009(02): 53-54.

[37] 张宁. 混合资源调度的遗传算法研究[J]. 贵州大学学报（自然科学版），2009(02): 78-80.

[38] 张西山，连光耀，闫鹏程，等. 基于混沌遗传算法的维修保障资源优化方法研究[J]. 计算机测量与控制，2012(03): 741-746.

[39] 孙宝琛，贾希胜，程中华. 战时装备维修保障资源优化模型[J]. 火力与指挥控制，2013, 38(6): 159-162.

[40] 周德群，张钦，陈超. 应急时间不确定下应急资源调度模型研究[J]. 技术经济与管理研究，2011(5): 3-5.

[41] 牛天林，王洁，杜燕波，等. 战时维修保障资源优化调度的 μPSO 算法研究[J]. 计算机工程与应用，2011(9): 210-213.